ANTHOLOGIE
DE LA LITTÉRATURE QUÉBÉCOISE

CLAUDE VAILLANCOURT

Guide méthodologique
Ateliers Odilon
Marc Savoie
Collège Ahuntsic

Beauchemin
CHENELIÈRE ÉDUCATION

Anthologie de la littérature québécoise

Claude Vaillancourt

© 2008 Les Éditions de la Chenelière inc.

Édition : Sophie Gagnon
Coordination : Dominique Lapointe
Révision linguistique : Jacques Audet
Correction d'épreuves : Christine Langevin
Révision des questions reliées aux textes : Marie Élaine Philippe
Conception graphique et infographie : Infoscan Collette Québec
Conception de la couverture : Object Design
Recherche iconographique : Marie-Chantal Laforge
Impression : Imprimeries Transcontinental

Les Éditions de la Chenelière tiennent à remercier chaleureusement les personnes suivantes pour leur participation active à l'élaboration initiale de cet ouvrage :

Robert Claing (Collège Ahuntsic) ;
Geneviève Ouellet (Collège Mérici) ;
Josée Simard (Collège Montmorency) ;
Karine Vigneau (Collège Ahuntsic) ;
Pierre-Luc Desmeules (Collège de Valleyfield) ;
Marie Élaine Philippe (Cégep de Saint-Hyacinthe).

Source iconographique

Page couverture : Fernand Leduc, *Île de Ré*, 1950.

Fernand Leduc, l'un des signataires du manifeste *Refus global*, est un peintre important du groupe automatiste. Il se fait remarquer par ses toiles abstraites aux couleurs vives, mais aussi par son implication à la promotion des avant-gardes artistiques, des années 1940 jusqu'aux années 1960.

**Catalogage avant publication
de Bibliothèque et Archives nationales du Québec
et Bibliothèque et Archives Canada**

Vedette principale au titre :

Anthologie de la littérature québécoise

Comprend des réf. bibliogr. et des index.
Pour les étudiants du niveau collégial.

ISBN 978-2-7616-5140-0

1. Littérature québécoise.   2. Littérature québécoise – Histoire et critique.   I. Vaillancourt, Claude, 1957-   .

PS8255.Q8A67 2008   C840.8'09714   C2008-940707-5
PS9255.Q8A67 2008

Beauchemin

CHENELIÈRE ÉDUCATION

7001, boul. Saint-Laurent
Montréal (Québec)
Canada H2S 3E3
Téléphone : 514 273-1066
Télécopieur : 514 276-0324
info@cheneliere.ca

ISBN 978-2-7616-5140-0

Dépôt légal : 2e trimestre 2008
Bibliothèque et Archives nationales du Québec
Bibliothèque et Archives Canada

Imprimé au Canada

1 2 3 4 5 ITIB 12 11 10 09 08

Nous reconnaissons l'aide financière du gouvernement du Canada par l'entremise du Programme d'aide au développement de l'industrie de l'édition (PADIÉ) pour nos activités d'édition.

Gouvernement du Québec – Programme de crédit d'impôt pour l'édition de livres – Gestion SODEC.

AVANT-PROPOS

Concevoir une anthologie de la littérature québécoise, c'est se lancer dans une aventure à la fois fascinante et remplie de pièges. Certes, le plaisir l'emporte. De sa naissance jusqu'à aujourd'hui, la littérature québécoise offre un florilège de romans, poèmes, pièces de théâtre, essais dont la qualité n'est plus à démontrer. En parcourant ces œuvres parfois très connues, parfois enfouies comme des trésors cachés, les lecteurs sont sans cesse interpellés par la diversité et la vitalité d'une littérature à l'image d'un peuple qui, autrefois conquis, a refusé de mourir et poursuit, depuis de nombreuses années, sa quête d'émancipation et de transformation.

S'il demeure captivant de suivre l'évolution de notre littérature, de lire tant de textes qui étonnent et éblouissent, il devient plus difficile, voire douloureux, de sélectionner les œuvres qui prendront place dans les pages de l'anthologie. Le choix des œuvres a été déterminé par leur grande qualité littéraire, par l'importance de leurs auteurs, reconnus du public et de l'institution littéraire, et parfois aussi, par le flair de l'auteur. Ces textes ne constituent, bien sûr, qu'une infime partie de ce qui aurait mérité d'être retenu. Ainsi faut-il voir ce livre comme l'humble porte d'entrée d'une vaste bibliothèque, comme une invitation à lire les auteurs québécois dans toute leur diversité, à entrer dans leur monde, à aimer et faire vivre cette littérature qui se consolide par l'accroissement du nombre de lecteurs enthousiastes.

* * *

Il existe mille façons de présenter des textes à des lecteurs. Cette anthologie a choisi le voyage dans le temps, depuis les origines jusqu'à nos jours, avec un respect rigoureux de l'ordre chronologique de leur publication. Ainsi, les œuvres, regroupées par genres et ordonnées selon leur année de parution, donnent aux lecteurs des portraits variés de l'époque qui les a vues naître. Cet agencement permet de confronter les points de vue et d'exposer les différents visages d'une société en transformation. Le dialogue entre les textes est aussi suscité par des associations dynamiques, sous forme de *correspondances* et de *parallèles*, qui montrent que les œuvres choisies dans ces sections, tant du Québec que du reste de la Francophonie, se font écho et s'enrichissent mutuellement.

Le découpage rigoureux de cette anthologie classe les œuvres en sept périodes significatives de l'histoire du Québec. Des explications sur le contexte social et historique dans lequel elles sont apparues permettent de mieux saisir leur propos. Notre approche rappelle constamment que le Québec n'est pas isolé du reste du monde. Ainsi son histoire est-elle présentée dans ses particularités, mais aussi dans ses rapports avec des événements majeurs qui affectent les autres nations sur la planète.

Toute littérature s'anime de débats entre auteurs, de tendances qui naissent et disparaissent, de prises de parole en commun, de polémiques, de jugements critiques sans cesse remis en question. Les différents mouvements qui animent la littérature québécoise sont tour à tour expliqués et replacés dans le contexte de leur période historique. Ces explications sont complétées par des encadrés portant sur diverses tendances littéraires associées à un genre ou à une période précise.

Cette anthologie présente aussi quelques-unes des plus belles chansons québécoises. Celles-ci font l'objet d'un traitement spécial. Une chanson, en effet, ne peut vivre vraiment sans la musique qui accompagne ses paroles; la chanson fréquente aimablement la littérature, sans jamais s'y confondre, à cause de la musique qui la distingue et lui donne tout son sens. Ainsi, notre approche vise à souligner l'existence de la musique. Nous invitons donc les lecteurs à se procurer, dans la mesure du possible, une version enregistrée de ces chansons, afin de profiter pleinement de leur saveur.

* * *

«Et s'il me fallait fuir sur-le-champ et que j'aie le loisir d'apporter avec moi quelques livres, ce serait ceux de quelques auteurs dont j'ai besoin dans le moment présent, en qui je m'identifie et qui formulent mes intuitions», a répondu Gaston Miron lorsqu'on lui a demandé de choisir ce que contiendrait sa bibliothèque idéale. Certes, la littérature québécoise contribue à rattacher ses lecteurs à la réalité d'ici, à favoriser leur identification aux œuvres par sa proximité culturelle et géographique, et à exprimer des intuitions collectives qui sont peut-être propres à la culture d'ici. Mais la littérature québécoise, comme toutes les autres, est d'abord et avant tout le fait d'auteurs qui s'expriment avec une totale liberté, qui cherchent à percer des mystères – sans toujours y parvenir – et à rendre compte des multiples facettes de la condition humaine. Parcourir cette littérature, œuvre après œuvre, ramène les lecteurs à la nécessité de continuer à lire, encore et toujours, pour le plaisir, pour apprendre, pour comprendre l'expérience humaine dans son inépuisable diversité.

PARTICULARITÉS DE L'OUVRAGE

Des tableaux chronologiques

Chaque chapitre de l'anthologie s'ouvre sur un tableau chronologique accompagné d'images permettant aisément de situer dans le temps les événements importants survenus dans le monde, au Québec, puis plus précisément dans le domaine des arts et des lettres.

Le contexte sociohistorique

La contextualisation proposée fait d'abord un survol des principaux événements mondiaux de l'époque, lesquels sont mis en parallèle avec la réalité sociale et culturelle du Québec. Présenté ainsi, le contexte sociohistorique est plus dynamique et il est facile d'y repérer des liens, des influences et des mouvements d'idées.

Des encadrés

Plusieurs encadrés fournissent de l'information complémentaire au contexte sociohistorique. On y détaille une tendance littéraire, un événement, un genre ou un thème particulièrement pertinents pour analyser les œuvres.

Des rubriques *Parallèle*

Les rubriques *Parallèle* attirent l'attention sur des liens originaux à faire entre les œuvres. Voilà l'occasion de faire dialoguer les textes entre eux, d'établir des rapprochements thématiques ou formels.

La présentation des œuvres

Cette partie offre des extraits substantiels, une biographie pertinente et des notes explicatives en bas de page.

Une rubrique *Vers la dissertation*

Tous les extraits présentés dans l'anthologie sont accompagnés d'une rubrique *Vers la dissertation*. De plus, tous les extraits font l'objet d'une question de dissertation critique aisément repérable par ses caractères rouges.

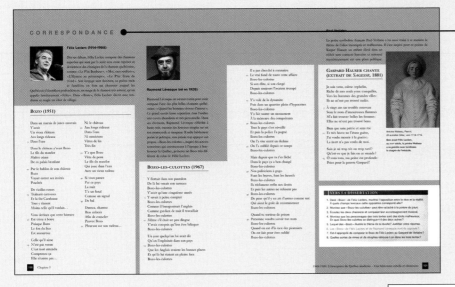

Des rubriques *Correspondance*

Des rapprochements intéressants sont proposés dans ces rubriques faisant le pont entre la littérature québécoise et française.

Des pages synthèses

Ces pages rappellent l'essentiel du contexte sociohistorique et du contenu littéraire de chaque chapitre.

Un guide méthodologique

Afin de bien préparer les étudiants à l'épreuve de français, ce guide propose une méthodologie de la dissertation critique claire et efficace, ainsi qu'une brève récapitulation des courants et des genres littéraires de même que des principaux procédés stylistiques.

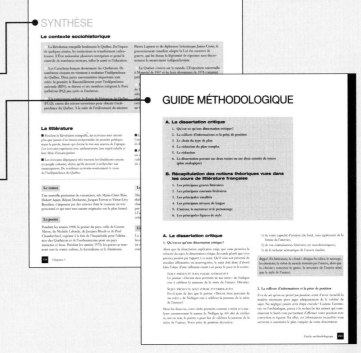

TABLE DES MATIÈRES

À la suite de Jacques Cartier, des aventuriers, des nobles, des soldats, des prêtres et des colons découvrent avec étonnement un territoire qui semble sans limites. Cherchant d'abord une voie pour atteindre l'Orient, ces voyageurs choisissent d'explorer ce pays neuf, de l'apprivoiser et même de l'habiter. Ils côtoient les populations autochtones, qu'ils qualifient alors de « sauvages », mais dont ils ont pourtant beaucoup à apprendre. Ils découvrent un pays aux hivers durs, auquel ils devront s'adapter, un pays qui les force à adopter de nouvelles mœurs. Leurs écrits racontent leur fascination, celle de voyageurs éblouis devant tant de nouveauté et devant l'immensité sauvage. Mais ils relatent aussi le difficile combat pour survivre dans un monde qui ne ressemble pas à l'Europe et qui ne cesse de les surprendre.

DE 1534 À 1760

Le monde	La Nouvelle-France

1492 : Premier voyage de Christophe Colomb en Amérique

1517 : Publication des 95 thèses de Martin Luther ;
diffusion du protestantisme

1519 : Début du premier voyage de Fernand de Magellan autour
du monde
Arrivée de Fernand Cortès au Mexique

1534 : Premier voyage de
Jacques Cartier au Canada

1572 : À Paris, massacre des protestants à la Saint-Barthélemy ;
début d'une période de guerres entre catholiques
et protestants en Europe

1589 : Assassinat d'Henri III ; Henri IV devient roi de France

1610 : Assassinat d'Henri IV ; Louis XIII devient roi de France

1608 : Fondation de Québec par Samuel de Champlain

1615 : Arrivée des Récollets en Nouvelle-France

1625 : Arrivée des Jésuites en Nouvelle-France

1627 : Fondation de la Compagnie des Cent-Associés

1634 : Fondation de Trois-Rivières par Laviolette

1641 : Début de la guerre entre les Français et les Iroquois

1642 : Fondation de Ville-Marie par Paul Chomedey de Maisonneuve ;
Ville-Marie prendra plus tard le nom de Montréal

1648-1650 : Destruction de la Huronie par les guerres avec les Iroquois
et par les maladies contagieuses

1661 : Louis XIV devient roi de France

1665 : Arrivée de l'intendant Jean Talon en Nouvelle-France ;
il favorise le peuplement et l'autonomie de la colonie

1673 : Louis Jolliet et Jacques Marquette atteignent le Mississippi

1682 : Cavelier de La Salle atteint l'embouchure du Mississippi

1687 : Isaac Newton explique la loi
de la gravitation universelle
et du mouvement des planètes

1690 : Frontenac défait l'Anglais Phips devant Québec

1713 : À la suite des guerres coloniales, la France signe le traité d'Utrecht
et rend à l'Angleterre l'Acadie, Terre-Neuve et la baie d'Hudson

1715 : Louis XV devient roi de France

1751 : Publication en France du premier tome de l'*Encyclopédie*
de Diderot et d'Alembert ; diffusion de la pensée des Lumières
en Europe

1755 : Déportation de 7000 Acadiens

1756 : Début de la guerre de Sept Ans entre l'Angleterre et la France

1756 : Début de la guerre de Sept Ans ;
elle oppose Français et
Anglais dans les colonies

1759 : Défaite des Français lors de la bataille
des plaines d'Abraham, à Québec

1760 : Capitulation de Montréal

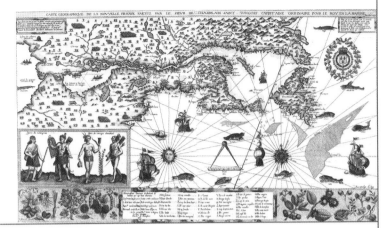

1534-1542 : Jacques Cartier, *Voyages en Nouvelle-France*

1604-1618 : Samuel de Champlain, *Voyages*

1606 : Marc Lescarbot, *Le Théâtre de Neptune,* première pièce de théâtre en Amérique, jouée sur l'eau par des colons et des Indiens micmacs

1632 : Gabriel Sagard, *Le Grand Voyage du pays des Hurons*

1632-1672 : Jésuites, *Relations*

1639-1672 : Marie de l'Incarnation, *Correspondance*

1694 : La présentation de *Tartuffe* de Molière à Québec est interdite par l'évêque Saint-Vallier

1703 : Baron de Lahontan, *Dialogues curieux entre l'auteur et un sauvage de bon sens qui a voyagé*

1748-1753 : Élisabeth Bégon, *Lettres à son gendre*

La découverte et la colonisation du Nouveau Monde

Avec la Renaissance, l'Europe se transforme radicalement et connaît une expansion sans précédent. Des progrès s'accomplissent dans tous les secteurs. Des artistes comme Botticelli, Michel-Ange et Léonard de Vinci produisent des chefs-d'œuvre incomparables. L'humanisme transforme la vision du monde qui avait cours jusque-là et place l'être humain au centre des nouvelles préoccupations. Des découvertes techniques et scientifiques facilitent la vie des gens. L'imprimerie permet de diffuser le savoir comme il ne l'avait jamais été auparavant.

Les besoins de cette Europe nouvelle, plus raffinée et en plein développement, se font plus grands. Les Européens cherchent à la fois des épices et des métaux précieux. Il faut trouver de nouvelles voies maritimes pour atteindre l'Extrême-Orient, où se trouvent tant de ressources appréciées, puisque les Turcs en bloquent désormais l'accès. Une véritable fièvre exploratrice s'empare alors des Européens. L'invention du gouvernail, de la boussole et de navires plus faciles à manœuvrer permet à des explorateurs courageux de se lancer sur l'océan, de franchir de longues distances et de découvrir un nouveau continent, l'Amérique.

Simon de Vlieger, *The Brederode off Hellevoetsluis,* date inconnue.

Les Européens, grâce à leur grande maîtrise de la navigation, parviennent à conquérir des territoires lointains et à y établir de puissants empires coloniaux.

Le **premier voyage de Jacques Cartier,** qui explore le golfe du Saint-Laurent en 1534, s'ajoute à une **longue série d'expéditions** :

- En 1492, Christophe Colomb aborde les côtes de l'Amérique.
- En 1497-1498, Vasco de Gama contourne l'Afrique et atteint l'océan Indien.
- En 1497, Giovanni Cabotto atteint les côtes du Labrador.
- En 1519, Magellan quitte l'Espagne pour entreprendre le premier voyage autour du monde.

À la suite de ces explorations, les Européens se partagent le monde et installent de grands empires coloniaux. L'Amérique du Sud devient le territoire des Espagnols et des Portugais, alors que les Français et les Anglais s'installent en Amérique du Nord. Ces empires permettent à l'Europe de s'enrichir considérablement. Cependant, le coût humain de cette richesse est particulièrement élevé :

- Pour pouvoir s'installer en Amérique latine, les conquistadores massacrent la population autochtone, qui est en plus décimée par les maladies que leur transmettent ces Européens.
- Les colons, en manque de main-d'œuvre, font venir en Amérique, contre leur gré, des esclaves africains qu'ils traitent sans ménagement et font travailler dans des conditions insoutenables.

Dans le nord de l'Amérique, la Nouvelle-France s'étend sur un territoire immense et peu peuplé. Moins riche que l'Amérique du Sud, handicapée par son climat particulièrement rigoureux, la Nouvelle-France demeure une colonie fragile, considérée avec mépris par Voltaire, qui la réduit à «quelques arpents de neige». Une population européenne s'y implante pourtant, s'y attache et y développe peu à peu une culture qui lui est propre. Les habitants de cette nouvelle colonie prennent le nom de «Canadiens».

La vie en Nouvelle-France

*A*vant l'arrivée des Français, **le futur territoire du Québec est habité par plusieurs nations autochtones** qui comptaient, selon certaines évaluations, de 20 000 à 25 000 individus éparpillés dans l'ensemble du territoire. Certaines nations semi-nomades, comme les Algonquins et les Montagnais (ou Innus), vivaient de chasse et de pêche. D'autres, tels les Hurons et les Iroquois, habitaient dans des villages palissadés, pratiquaient l'agriculture et profitaient d'une organisation sociale et politique développée, de tendance matriarcale.

L'arrivée des Européens vient transformer en profondeur leur mode de vie. Le commerce des fourrures devient l'enjeu principal des rapports entre Amérindiens et Français. En échange des fourrures, les Amérindiens obtiennent des objets en métal, des armes à feu, de l'eau-de-vie. Ce commerce accentue les tensions guerrières. Les populations amérindiennes finissent par migrer vers de nouveaux territoires, sous la pression de nombreux problèmes : guerres, avancement de la colonisation, maladies transmises par les nouveaux venus et alcoolisme.

La colonisation française, quant à elle, s'amorce véritablement en 1608 lors de la fondation de la ville de Québec par Champlain. La population est au départ peu nombreuse et très dispersée sur le territoire ; elle prend lentement de l'expansion jusqu'à ce qu'elle soit soumise au conquérant anglais à la suite de la bataille des plaines d'Abraham.

La société de la Nouvelle-France se caractérise, entre autres, par :

Benjamin West,
La Mort du général Wolfe, 1770.

Cette peinture glorifie le vainqueur de la bataille des plaines d'Abraham. Le narrateur du roman *Prochain Épisode* (1965) d'Hubert Aquin voue une grande admiration à cette œuvre, même s'il se bat pour l'indépendance du Québec.

- **Des rapports complexes avec les Amérindiens.** Des missionnaires récollets et jésuites se donnent comme mission de convertir les Amérindiens. Leur succès est limité, mais leur entreprise leur permet de mieux connaître les premiers habitants du pays, ce qui aide ultérieurement leurs compatriotes à explorer le continent. Les Français, alliés des Hurons, affrontent les Iroquois dans une guerre qui a comme enjeu le contrôle du commerce des fourrures.

- **L'importance du commerce des fourrures.** Ce commerce est vital pour l'économie de la Nouvelle-France. Pour s'approvisionner, les voyageurs et les coureurs des bois parcourent de grands territoires et établissent des liens soutenus avec les Amérindiens.

- **De grandes explorations.** Les Français explorent avec enthousiasme le nouveau continent. Louis Jolliet et le père Marquette se rendent jusqu'au Mississippi ; Cavelier de La Salle atteint la Louisiane ; Pierre Gaultier de la Vérendrye avance jusqu'aux Rocheuses.

- **L'établissement de colons.** Un grand nombre de Français du Canada préfèrent une vie sédentaire et choisissent de cultiver la terre. Ces colons, qui travaillent dans des conditions difficiles et sous un rude climat, deviennent l'épine dorsale de cette nouvelle société.

- **Le régime seigneurial.** En vertu de ce système, l'État distribue des terres à des seigneurs qui, à leur tour, les concèdent à des censitaires. Les terres sont ainsi divisées en bandes étroites sur lesquelles les paysans sont libres de cultiver ce qui leur convient.

- **Une rivalité avec les Anglais.** Cette rivalité concerne surtout le commerce des fourrures, mais elle relève aussi des guerres entre la France et l'Angleterre. Elle finit par menacer les Français, dont le territoire est vaste et peu peuplé, contrairement à celui de la Nouvelle-Angleterre, moins grand mais plus populeux.

En 1759, l'armée du général Wolfe vainc celle de Montcalm sur les plaines d'Abraham. Cette **Conquête** a de graves conséquences pour la population de la Nouvelle-France : l'élite canadienne fuit et le reste de la population doit se soumettre à un colonisateur étranger. La défaite pousse les Canadiens français dans un repli qui freine pendant longtemps leur développement.

La littérature : écrire en Nouvelle-France

Au XVIIIᵉ siècle, en Nouvelle-France, les habitants commencent à construire des maisons en pierre des champs et au toit remarquablement incliné.

*L*es auteurs qui prennent la plume à l'époque de la Nouvelle-France n'écrivent pas de romans ni de pièces de théâtre, et la production poétique reste très limitée. La dimension esthétique des textes de cette époque ne correspond pas à celle qu'on trouve habituellement aux œuvres littéraires. Les seuls écrits publiés le sont en France et s'adressent d'ailleurs à des lecteurs européens.

Les textes écrits en Nouvelle-France appartiennent aux catégories suivantes :

- **Des récits de voyages.** Ce genre est nettement dominant et permet aux explorateurs et aux missionnaires de faire part d'étonnantes découvertes : des lieux géographiques vierges et, surtout, une population autochtone aux mœurs étranges, que les auteurs abordent avec un sentiment de supériorité, mais par laquelle ils sont malgré tout fascinés.

- **Des essais, des livres d'histoire et des chroniques.** Dans ces livres, les auteurs ne témoignent plus directement des découvertes et tentent de définir les particularités de la nouvelle colonie ; le cas du baron de Lahontan est unique : il tire des leçons philosophiques de ses observations.

- **De la correspondance.** Les lettres envoyées par les voyageurs ou les résidants de la Nouvelle-France rendent compte de leurs préoccupations et donnent un bon aperçu de la vie quotidienne dans la colonie. Parmi ces correspondances, il faut souligner les lettres aux propos souvent mystiques de Marie de l'Incarnation et celles de la bourgeoise Élisabeth Bégon.

- **De la poésie.** Les poèmes écrits par les Français qui voyagent en Nouvelle-France sont pour la plupart d'un style convenu et de qualité moyenne.

Peut-on alors parler de littérature ? De nombreux historiens de la littérature croient que oui, parce que plusieurs de ces textes – particulièrement les récits de voyages – sont écrits avec soin et possèdent de véritables qualités stylistiques.

Ces textes restent surtout précieux parce qu'ils racontent la naissance d'un peuple, parce qu'ils ont été lus, appréciés et commentés par nombre d'écrivains québécois des générations suivantes, et parce qu'ils forment le premier maillon d'une littérature qui puise à ces sources et fait revivre, dans des poèmes et des œuvres de fiction, l'âme et les aspirations d'ancêtres admirés.

Jacques Cartier (1491-1557)

En 1534, Jacques Cartier quitte Saint-Malo avec deux navires et atteint les côtes du Canada. À la recherche de la mer d'Asie et d'un passage vers la Chine, il se heurte à un nouveau continent qu'il parcourt avec fascination. Il y revient deux fois et prolonge son séjour en y passant l'hiver. Il prend contact avec les habitants du territoire, les Iroquois principalement, et établit avec eux des rapports difficiles, faits de méfiance et de manipulations réciproques. Jacques Cartier croit ramener de son troisième voyage de l'or et des diamants, qui s'avèrent des pierres sans valeur. Le Canada n'est donc pas cet Eldorado dont les Européens avaient rêvé. Il faut attendre plus de soixante ans avant que les Français songent sérieusement à coloniser ce nouveau territoire.

Il semble peu probable que Jacques Cartier ait écrit lui-même les relations de ses voyages. Cela n'enlève rien à l'intérêt de ces textes. Le récit de ses explorations est marqué par un grand sens de l'observation, celui d'un esprit vif qui fait face à un univers nouveau et l'aborde parfois avec naïveté et avec les préjugés d'un Européen peu enclin au doute. Les descriptions des paysages, justes et sobres, parviennent à bien transmettre l'effet produit par les immenses territoires qui étonnent les explorateurs. L'intérêt de ces textes vient en grande partie du récit des relations avec les Amérindiens, caractérisées par beaucoup d'incompréhension et par des ententes peu spontanées, comme le montre ce célèbre passage où Jacques Cartier plante une croix pour s'emparer d'un territoire.

VOYAGES EN NOUVELLE-FRANCE (1534-1542)

Première Relation

Comment les nôtres plantèrent une grande croix sur la pointe de l'entrée dudit havre, et comment est venu le capitaine de ces sauvages, et comment après une grande harangue[1], il fut apaisé par notre capitaine, et resta content que deux de ses fils allassent avec lui.

Le vingt-quatrième jour dudit mois, nous fîmes faire une croix de trente pieds de haut, qui fut faite devant plusieurs d'entre eux, sur la pointe de l'entrée dudit havre [Gaspé], sous le croisillon de laquelle mîmes un écusson en bosse, à trois fleurs de lys, et au-dessus, un écriteau en bois, engravé en grosses lettres de formes, où il y avait, *VIVE LE ROI DE FRANCE.* Et cette croix, la plantâmes sur ladite pointe devant eux, lesquels la regardaient faire et planter. Et après qu'elle fût élevée en l'air, nous mîmes tous à genoux, les mains jointes, en adorant celle-ci devant eux, et leur fîmes signe, regardant et leur montrant le ciel, que par celle-ci était notre rédemption, devant quoi ils firent plusieurs signes d'admiration, en tournant et regardant cette croix.

---

1. Discours.

Gravure d'après Louis-Charles Bombled, *Jacques Cartier prend possession du Canada au nom de la France*, 1904.

Il est intéressant d'observer dans cette gravure l'opposition entre l'allure fière et triomphante de Jacques Cartier et la soumission des Amérindiens. Cette vision ne correspond pas à la description que Jacques Cartier fait de l'événement.

Étant retournés en nos navires, vint le capitaine, vêtu d'une vieille peau d'ours noir, dans une barque, avec trois de ses fils et son frère, lesquels
20 n'approchèrent pas aussi près du bord comme ils avaient coutume, et il nous fit une grande harangue, nous montrant ladite croix, et faisant le signe de la croix avec deux doigts ; et puis il nous montrait la terre, tout à l'entour de nous, comme s'il eût voulu dire, que toute la terre était à lui, et que nous ne devions pas planter ladite croix sans sa permission.
25 Et après qu'il eût fini sadite harangue, nous lui montrâmes une hache, feignant de la lui bailler pour sa peau. À ceci il acquiesça, et peu à peu s'approcha du bord de notre navire, croyant avoir ladite hache. Et l'un de nos gens, étant dans notre bateau, mit la main sur sadite barque, et incontinent il en entra deux ou trois dans leur barque et on les fit entrer
30 dans notre navire, de quoi ils furent bien étonnés. Et étant entrés ils furent assurés par le capitaine qu'ils n'auraient nul mal, en leur démontrant grands signes d'amour ; et on les fit boire et manger, et faire grande chère. Et puis leur montrâmes par signes, que ladite croix avait été plantée comme borne et balise pour entrer dans le havre ; et que nous
35 y retournerions bientôt, et leur apporterions des articles de fer et autres choses ; et que nous voulions amener deux de ses fils avec nous, et puis les rapporterions audit havre. Et accoutrâmes sesdits fils de deux chemises, et en livrées, et de bonnets rouges, et à chacun, sa chaînette de laiton au col. De quoi se contentèrent fort, et donnèrent leurs vieux
40 haillons à ceux qui retournaient. Et puis donnâmes aux trois que nous renvoyâmes, à chacun sa hachette et des couteaux, dont ils furent très joyeux. Et eux, étant retournés à terre, dirent les nouvelles aux autres. Vers midi environ de ce jour, retournèrent six barques à bord, où il y avait dans chacune cinq ou six hommes, lesquels venaient pour dire adieu
45 aux deux que nous avions retenus ; et leur apportèrent du poisson. Et nous firent signe qu'ils n'abattraient pas ladite croix, en nous faisant plusieurs harangues que nous ne comprenions pas.

◢ VERS LA DISSERTATION

1. Montrez que l'élévation de la croix est une cérémonie.
2. En quoi le passé simple rend-il le ton du texte solennel ?
3. En l'absence d'une langue commune, comment se fait la communication entre les Micmacs et les Français ?
4. Comment les Français arrivent-ils à apaiser les revendications des Micmacs ?
5. D'après cet extrait, quel portrait peut-on esquisser des Micmacs ?
6. À la lumière de cet extrait, serait-il juste d'affirmer que les Français affichaient une attitude hautaine à l'égard des Micmacs ?

Paul Le Jeune (1591-1664)

Les Jésuites, un ordre religieux missionnaire, entreprennent au XVIIe siècle la difficile tâche d'évangéliser les peuples autochtones en Nouvelle-France. Précédés dans cette mission par les Récollets, un ordre mineur dont fait partie Gabriel Sagard, auteur d'un remarqué *Grand Voyage du pays des Hurons* (1632), ils confèrent à leur mission le prestige de leur congrégation. L'énergie qu'ils y consacrent n'en vaut pas toujours la peine : les « Sauvages » ne souhaitent pas abandonner leurs traditions ni se soumettre à ces « robes noires » qui, bien souvent, les intriguent davantage qu'ils ne les convainquent. Les *Relations* des Jésuites, par l'abondance et la précision des observations qu'elles contiennent, restent le document original le plus important sur l'établissement des Français en Nouvelle-France.

La contribution de Paul Le Jeune à ces *Relations* est exceptionnelle, ne serait-ce que par le nombre élevé de volumes qu'on lui doit. Comme ses semblables jésuites, il choisit de vivre avec les « Sauvages », de partager leur vie quotidienne, dans le but de mieux les connaître, puis de leur inculquer la foi chrétienne. Même si les préjugés d'Européen de Le Jeune ne cessent d'entacher le regard qu'il porte sur les Amérindiens, ses observations sont particulièrement riches et révèlent autant ses propres limites que celles des gens qu'il observe. Son incompréhension d'étranger envers les coutumes de ses hôtes devient particulièrement flagrante lorsqu'ils lui font découvrir leur musique.

RÉCIT DE VOYAGE

LES RELATIONS DES JÉSUITES (1632-1672)

Chants et tambours, par Paul Le Jeune

Les Sauvages sont grands chanteurs; ils chantent comme la plupart des nations de la terre par récréation, et par dévotion, c'est-à-dire en eux par superstition. Les airs qu'ils chantent par plaisir sont ordinairement graves et
5 pesants; il me semble qu'ils ont parfois quelque chose de gai, notamment les filles; mais pour la plupart, leurs chansons sont massives, pour ainsi dire, sombres, et malplaisantes; ils ne savent ce que c'est d'assembler des accords pour composer une douce harmonie; ils profèrent
10 peu de paroles en chantant, variant les tons, et non la lettre. J'ai souvent ouï mon Sauvage faire une longue chanson de ces trois mots *Kaie, nir, khigatoutaouim*, et tu feras aussi quelque chose pour moi. Ils disent que nous imitons les gazouillis des oiseaux en nos airs, ce qu'ils n'éprouvent pas,
15 prenant plaisir quasi tous tant qu'ils sont à chanter, ou à ouïr chanter, et quoi que je leur dise que je n'y entendais rien, ils m'invitaient souvent à entonner quelque air, ou quelque prière. [...]

Ils joignent leurs tambours à leurs chants; je demandai l'ori-
20 gine de ce tambour; le vieillard me dit que peut-être quelqu'un avait eu en songe qu'il était bon de s'en servir, et que de là l'usage s'en était ensuivi. Je croirais plutôt qu'ils auraient tiré cette superstition des peuples voisins, car on me dit (je ne sais s'il est vrai) qu'ils imitent fort les Canadiens qui habitent
25 vers Gaspé, peuple encore plus superstitieux que celui-ci.

Au reste, ce tambour est de la grandeur d'un tambour de basque; il est composé d'un cercle large de trois ou quatre doigts, et de deux peaux roidement[1] étendues de part et d'autre; ils mettent dedans des petites pierres ou petits cailloux
30 pour faire plus de bruit: le diamètre des plus grands tambours est de deux palmes ou environ; ils le nomment *chichigouan*, et le verbe *nipagahiman*, signifie je fais jouer ce tambour. Ils ne le battent pas comme font nos Européens; mais ils le tournent et remuent, pour faire bruire les cailloux qui sont dedans; ils
35 en frappent la terre, tantôt du bord, tantôt quasi du plat, pendant que le sorcier fait mille singeries avec cet instrument. Souvent les assistants ont des bâtons en main, frappant tous ensemble sur des bois, ou manches de haches qu'ils ont devant eux, ou sur leurs *ouragans*, c'est-à-dire, sur leurs plats d'écorce
40 renversés. Avec ces tintamarres, ils joignent leurs chants et leurs cris, je dirais volontiers leurs hurlements, tant ils s'efforcent parfois: je vous laisse à penser la belle musique. Ce misérable sorcier avec lequel mon hôte et le renégat m'ont fait hiverner contre leurs promesses, m'a pensé faire perdre la
45 tête avec ses tintamarres: car tous les jours à l'entrée de la nuit, et bien souvent sur la minuit, d'autres fois sur le jour, il faisait l'enragé. J'ai été un assez long temps malade parmi eux, mais quoi que je le priasse de se modérer, de me donner un peu de repos, il en faisait encore pis, espérant trouver
50 sa guérison dans ces bruits qui augmentaient mon mal.

---

1. Avec raideur.

VERS LA DISSERTATION

1. Paul Le Jeune aborde la musique des «Sauvages» avec d'importants préjugés. Quels termes emploie-t-il pour en parler?

2. Montrez que l'auteur, malgré ses préjugés, reste un bon observateur.

3. À la fin du dernier paragraphe, comment l'auteur fait-il part des tensions entre le sorcier et lui?

4. D'après cette description de la musique amérindienne, peut-on dire que Paul Le Jeune est un bon observateur?

François du Creux a écrit en latin une histoire du Canada (intitulée *Historiæ Canadensis*) à partir des témoignages des auteurs des *Relations* des Jésuites, dont Paul Le Jeune. La gravure ci-contre, tirée de cet ouvrage, montre l'habillement et les bijoux de femmes et d'enfants iroquois.

Louis-Armand de Lom d'Arce de Lahontan (1666-1715)

Le baron de Lahontan, officier de marine au caractère rebelle, s'est établi au Canada de 1683 à 1693. Il n'est pas un observateur méticuleux de la vie en Nouvelle-France et certains de ses constats demeurent très contestés. Il est surtout un homme d'idées qui se sert de ce qu'il observe lors de son séjour pour élaborer une pensée qui annonce, par certains aspects, celle des philosophes des Lumières. Ses écrits remportent un important succès en Europe, jusqu'à ce qu'ils soient éclipsés par ceux des philosophes auxquels il a pavé la voie.

Ses *Dialogues curieux entre l'auteur et un sauvage de bon sens qui a voyagé* mettent en scène l'affrontement entre Lahontan lui-même et Adario, un «Sauvage» surtout très sage. Lahontan joue à l'Européen qui cherche à défendre la supériorité de la civilisation européenne, mais dont les arguments sont systématiquement contestés par l'habile Adario. Ce point de vue de l'étranger qui critique sévèrement les mœurs européennes annonce *Les Lettres persanes* de Montesquieu. Mais surtout, Lahontan présente dès 1703 le «bon Sauvage» tel qu'il apparaît plus tard sous la plume de Voltaire et de Jean-Jacques Rousseau, c'est-à-dire un homme vrai et proche de la nature, à l'abri des abus d'une société corrompue.

DIALOGUES CURIEUX ENTRE L'AUTEUR ET UN SAUVAGE DE BON SENS QUI A VOYAGÉ (1703)

LAHONTAN

Appelles-tu vivre heureux, d'être obligé de gîter sous une misérable cabane d'écorce, de dormir sur quatre mauvaises couvertures de castor, de ne manger que du rôti et du
5   bouilli, d'être vêtu de peaux, d'aller à la chasse aux castors, dans la plus rude saison de l'année; de faire trois cents lieues à pied dans des bois épais, abattus et inaccessibles, pour chercher les Iroquois; aller dans de petits canots se risquer à périr chaque jour dans vos grands lacs, quand vous
10 voyagez. Coucher sur la dure à la belle étoile, lorsque vous approchez des villages de vos ennemis: être contraints le plus souvent de courir sans boire ni manger, nuit et jour, à toutes jambes, l'un deçà, l'autre delà, quand ils vous poursuivent, d'être réduits à la dernière des misères,
15 si par amitié et par commisération les coureurs de bois

Scène d'échange entre Français et Amérindiens, tirée de *Histoire de l'Amérique septentrionale* (1722) par Bacqueville de la Potherie.

Les échanges commerciaux occupaient une grande part des relations entre Français et Amérindiens. Pour sa part, le baron de Lahontan préfère les dialogues philosophiques, comme ceux qui composent son livre, où un Français et un Huron s'interrogent sur la nature de leur civilisation.

n'avaient la charité de vous porter des fusils, de la poudre, du plomb, du fil à faire des filets, des haches, des couteaux, des aiguilles, des alènes[1], des hameçons, des chaudières, et plusieurs autres marchandises.

ADARIO

20 Tout beau, n'allons pas si vite, le jour est long, nous pouvons parler à loisir, l'un après l'autre. Tu trouves, à ce que je vois, toutes ces choses bien dures. Il est vrai qu'elles le seraient extrêmement pour ces Français, qui ne vivent, comme les bêtes, que pour boire et manger; – qui n'ont été élevés que dans la mollesse; mais dis-moi, je t'en conjure, quelle différence il y a de coucher sous
25 une bonne cabane, ou sous un palais; de dormir sur des peaux de castor, ou sur des matelas entre deux draps; de manger du rôti et du bouilli; ou de sales pâtés et ragoûts, apprêtés par des marmitons crasseux? En sommes-nous plus malades, ou plus incommodés que les Français qui ont ces palais, ces lits, et ces cuisiniers? Hé! combien y en a-t-il parmi vous, qui couchent sur la paille,
30 sous des toits ou des greniers que la pluie traverse de toutes parts, et qui ont de la peine à trouver du pain et de l'eau? J'ai été en France, j'en parle pour l'avoir vu. [...] Tu finis en concluant que les Français nous tirent de la misère par la pitié qu'ils ont de nous. Et comment faisaient nos Pères, il y a cent ans, en vivaient-ils moins sans leurs marchandises: au lieu de fusils, de poudre, et
35 de plomb, ils se servaient de l'arc et des flèches, comme nous faisons encore. Ils faisaient des rets avec du fil d'écorce d'arbre; ils se servaient des haches de pierre; ils faisaient des couteaux, des aiguilles, des alènes, etc., avec des os de cerf ou d'élan; au lieu de chaudière on prenait des pots de terre. Si nos Pères se sont passés de toutes ces marchandises, tant de siècles, je crois que nous
40 pourrions bien nous en passer plus facilement que les Français ne se passeraient de nos castors, en échange desquels, par bonne amitié, ils nous donnent des fusils qui estropient, en crevant, plusieurs guerriers, des haches qui cassent en taillant un arbrisseau, des couteaux qui s'émoussent en coupant une citrouille, du fil à moitié pourri, et de si méchante qualité, que nos filets sont plutôt usés
45 qu'achevés; des chaudières si minces que la seule pesanteur de l'eau en fait sauter le fond. Voilà, mon frère, ce que j'ai à te répondre sur les misères des Hurons.

---

1. Poinçons utilisés pour percer le cuir.

VERS LA DISSERTATION

1. Par quels moyens Lahontan démontre-t-il que la vie des Amérindiens est misérable?

2. Quels sont les deux grands arguments d'Adario pour contrer le raisonnement de Lahontan?

3. Montrez que ce dialogue est enrichi par le fait que chacun des personnages connaît bien le pays de l'autre.

4. Comparez le point de vue de Lahontan sur les Amérindiens à ceux de Jacques Cartier et de Paul Le Jeune.

5. L'intérêt pour le mode de vie des Amérindiens que manifeste Lahontan dans son texte est-il réel?

6. Peut-on affirmer que l'extrait des écrits de Lahontan contribue au mythe du «bon Sauvage»?

Élisabeth Bégon (1696-1755)

Élisabeth Bégon entreprend en 1748, alors qu'elle est veuve, une correspondance régulière avec son gendre, qui est établi en Louisiane et dont elle garde la fille. Ses lettres constituent une sorte de journal intime dans lequel elle note ses observations attentives de son entourage et raconte de façon anecdotique la vie en Nouvelle-France. Surtout, ses écrits manifestent un amour qui n'ose pas se nommer pour ce gendre lointain qu'elle ne rencontrera plus après son départ, qu'elle a pris comme confident et dont on ne connaît pas les réponses. La correspondance s'arrête à la suite du décès du gendre en 1752.

Les lettres d'Élisabeth Bégon sont pleines d'esprit et de vivacité. Malgré les nombreuses descriptions de fêtes et de bals, qui nous montrent la vie animée des nobles et bourgeois de la Nouvelle-France, l'épistolière nous transmet aussi sa solitude et parfois son ennui, elle qui mène une existence routinière qui ne parvient pas à la satisfaire entièrement. Ses lettres forment l'un des plus précieux témoignages sur la vie quotidienne des élites en Nouvelle-France.

GENRE ÉPISTOLAIRE

LETTRES À SON GENDRE (1748-1753)

Le 20 novembre 1748

Tous nos vaisseaux sont partis. Je souhaite, mon cher fils, que tu reçoives en France ce que je t'ai écrit et ton coffre dont M. de Tilly est chargé. Je ne sais, aimable fils, ce que je dois souhaiter pour ma satisfaction. Je te voudrais en France, mais, de la façon dont
5 tu écris, tu auras bien de l'avantage en allant à la Louisiane. Que la divine Providence en décide donc pour ton bien et celui de mes chers enfants et un peu pour ma consolation ! J'essaye tous les jours à faire des sacrifices bien et solidement faits, mais ils ne peuvent partir que des lèvres.

10 Je ne sais, cher fils, si je t'ai mandé que M. Varin avait loué la maison de madame Montigny pour sept ans et qu'il lui donne deux cents livres par année et qu'il y doit faire toutes les réparations nécessaires à ses dépens. Il y a bientôt un an qu'il l'a et il n'y loge que depuis un mois, ayant fait refaire cette maison du haut en bas, les plafonds,
15 cheminées, planchers, couverture tout à neuf, des cheminées de plâtre partout. C'est une maison magnifique aujourd'hui. Il y fait faire une galerie avec un fer à cheval à mettre une table de 20 couverts. Et tout cela se paye, à ce qu'ont dit les ouvriers, avec des certificats sur les réparations des maisons du Roi et sur celles des fortifications.

20 Avoue donc que tu n'as été, cher fils, qu'une grosse dupe de n'avoir pas mieux su t'arranger ; au moins en aurais-tu eu quelque chose en sortant du Canada. Mais je t'assure que j'en serais fâchée et t'aime mieux comme tu es que si habile, puisqu'il fait faire des raisonnements qui ne lui font point d'honneur. J'ai vu tous les jours
25 sa femme en son absence : c'est son père tout copié. Adieu, cher fils, aime la plus tendre et la plus malheureuse mère qu'il y ait. Je voudrais bien savoir ton sort.

Le 9 janvier 1749

Il fait un froid, cher fils, et un nord-est qui me fait trembler pour le feu, car M. Varin, notre voisin, a des feux et des poêles partout et, comme il se chauffe sans qu'il lui en coûte, on n'épargne pas le bois. Tu connais ma faiblesse et mes peurs pour cet élément. Juge
5 de ma situation ! Tu me rassurais, lorsque je t'avais, par le secours dont tu es dans les occasions périlleuses, mais je ne t'ai plus, cher fils, et n'ai plus que mon cher père qui me donne toujours des inquiétudes dont je ne puis me guérir. Il est toujours comme tu l'as vu ; fermant les contrevents, ôtant la neige de la galerie, faisant
10 du feu et des étincelles à son aise, et je suis comme une victime

sans oser parler, crainte de le fâcher. Je fais quelquefois parler
ta fille qu'il aime tendrement, mais elle ne réussit pas toujours.

Elle me fait passer le temps moins ennuyant que je ne ferais,
en lui montrant tout ce qu'elle veut apprendre : tantôt l'histoire
15 de France, tantôt la romaine, la géographie, le rudiment à lire
français et latin, écrire, exemples, vers, histoire, tels qu'elle les veut,
pour lui donner de l'inclination à écrire et à apprendre. Mais elle
n'aime point l'ouvrage ; je la laisse, aimant mieux qu'elle apprenne
que de travailler, ce qu'elle saura quand je voudrai. Adieu, cher
20 fils bien-aimé.

VERS LA DISSERTATION

1. Montrez comment Élisabeth Bégon exprime
   son affection pour son gendre.

2. Que nous apprend l'auteure sur la vie
   en Nouvelle-France dans ces deux lettres ?

3. Dans la lettre du 20 novembre 1748, comparez
   la situation du gendre à celle du voisin, M. Varin.

4. Qu'est-ce qui caractérise, selon la lettre
   du 9 janvier 1749, la relation de l'auteure
   avec son père et sa petite-fille ?

5. Quel est le procédé d'écriture le plus fréquemment
   utilisé dans ces deux lettres ?

6. Est-il juste de dire, d'après ces deux lettres,
   qu'Élisabeth Bégon est une femme qui s'ennuie ?

George Heriot, *Danse ronde,* 1807.

Dans ses lettres, Élisabeth Bégon aime décrire à son gendre, établi
en Louisiane, les fêtes qui ont lieu en Nouvelle-France. Des fêtes
semblables à celle de cette illustration ont continué à avoir lieu
en Louisiane, toujours française, après que le Canada a été conquis
par l'Angleterre.

À l'écoute de la chanson de la Nouvelle-France

*L*es colons qui s'établissent en Nouvelle-France amènent avec eux certaines traditions de leur région natale, dont un riche folklore. Ainsi, ils reprennent des chansons entendues dans la métropole, qu'ils conservent intactes ou dont ils font de nouvelles versions. Presque toujours anonymes, les chansons folkloriques de l'époque jouent néanmoins un rôle d'une importance capitale : bien avant que les procédés d'impression soient fonctionnels, et alors que les déplacements sont marqués par une lenteur à laquelle nous ne sommes plus habitués aujourd'hui, la chanson est un mode de transmission de la culture très important. Des thèmes français tels que la belle à sauver ou la galanterie y sont exploités, de même que des légendes.

Ces chansons françaises, encore transmises de nos jours, forment la base d'un répertoire qui s'enrichit, après la Conquête, des influences irlandaise et écossaise. À ces chansons, que les Canadiens français entonnent dans les veillées, s'ajoutent des gigues et des valses sur lesquelles on danse, et qui sont jouées au piano, au violon, à l'accordéon et à la « musique à bouche » (harmonica). Avec le temps, une chanson donne lieu à de multiples variantes qui intégreront les modifications apportées par un peuple dont l'identité s'ébauche graduellement. Des groupes comme La Bottine Souriante, Les Charbonniers de l'enfer ou Mes Aïeux permettent de maintenir bien vivant cet héritage. Leur succès montre que ce répertoire ancien recèle un aspect essentiel de l'âme québécoise.

La Bottine Souriante est l'un des groupes qui ont réussi à mettre au goût du jour la musique traditionnelle québécoise.

Isabeau s'y promène

«Isabeau s'y promène» est l'une des chansons les plus populaires de Nouvelle-France. Comme dans bien des chansons de l'époque, la mélodie, simple et agréable, est longuement répétée, sans variations, alors que les paroles relatent une histoire qui évolue lentement, dans le premier vers de chacune des strophes. Cette chanson galante est marquée par une douce mélancolie, qui se transforme en tragédie à la dernière strophe.

CHANSON

ISABEAU S'Y PROMÈNE

Isabeau s'y promène, le long de son jardin (bis)
Le long de son jardin, sur le bord de l'île
Le long de son jardin, sur le bord de l'eau
Sur le bord du ruisseau

5 Elle fit une rencontre de trente matelots (bis)
De trente matelots, sur le bord de l'île
De trente matelots, sur le bord de l'eau
Sur le bord du ruisseau

Le plus jeune des trente, il se mit à chanter (bis)
10 Il se mit à chanter, sur le bord de l'île
Il se mit à chanter, sur le bord de l'eau
Sur le bord du ruisseau

La chanson que tu chantes, je voudrais la savoir (bis)
Je voudrais la savoir, sur le bord de l'île
15 Je voudrais la savoir, sur le bord de l'eau
Sur le bord du ruisseau

Embarque dans ma barque, je te la chanterai (bis)
Je te la chanterai, sur le bord de l'île
Je te la chanterai, sur le bord de l'eau
20 Sur le bord du ruisseau

Quand elle fut dans la barque, elle se mit à pleurer (bis)
Elle se mit à pleurer, sur le bord de l'île
Elle se mit à pleurer, sur le bord de l'eau
Sur le bord du ruisseau

25 Qu'avez-vous donc la belle, qu'av-vous à tant pleurer (bis)
Qu'av-vous à tant pleurer, sur le bord de l'île
Qu'av-vous à tant pleurer, sur le bord de l'eau
Sur le bord du ruisseau

Je pleure mon anneau d'or, dans l'eau il est tombé (bis)
30 Dans l'eau il est tombé, sur le bord de l'île
Dans l'eau il est tombé, sur le bord de l'eau
Sur le bord du ruisseau

Ne pleurez point la belle, je vous le plongerai (bis)
Je vous le plongerai, sur le bord de l'île
35 Je vous le plongerai, sur le bord de l'eau
Sur le bord du ruisseau

De la première plonge, il n'a rien ramené (bis)
Il n'a rien ramené, sur le bord de l'île
Il n'a rien ramené, sur le bord de l'eau
40 Sur le bord du ruisseau

De la seconde plonge, l'anneau-z-a voltigé (bis)
L'anneau-z-a voltigé, sur le bord de l'île
L'anneau-z-a voltigé, sur le bord de l'eau
Sur le bord du ruisseau

45 De la troisième plonge, le galant s'est noyé (bis)
Le galant s'est noyé, sur le bord de l'île
Le galant s'est noyé, sur le bord de l'eau
Sur le bord du ruisseau

▶ VERS LA DISSERTATION

1. Montrez que l'eau est omniprésente dans les paroles de cette chanson.

2. Observez l'évolution de l'histoire d'Isabeau d'une strophe à l'autre.

3. Écoutez une version enregistrée de cette chanson. Qu'est-ce que la musique et l'interprète ajoutent aux paroles de cette chanson?

4. Tant la chanson que le conte sont issus de la tradition populaire. Comparez la chanson «Isabeau s'y promène» à l'extrait de *La Chasse-galerie* (p. 31-32). Est-il juste de dire que cette chanson et ce conte appartiennent à deux modes d'expression qui n'ont rien en commun?

SYNTHÈSE

Le contexte sociohistorique

→ À l'arrivée des Français au Canada, le pays est habité par des Amérindiens qui occupent le territoire depuis des milliers d'années et qui ont développé une organisation sociale originale et une culture propre.

→ La colonisation française repose sur le commerce des fourrures, l'exploration d'un gigantesque territoire et l'établissement de colons qui cultivent la terre. Les intérêts liés au commerce des fourrures provoquent une guerre contre les Iroquois.

→ Les autorités coloniales mettent en place un régime seigneurial selon lequel un seigneur concède des terres à des censitaires.

→ La Nouvelle-France reste peu peuplée, beaucoup moins que les colonies de la Nouvelle-Angleterre.

→ À la suite d'une guerre intercoloniale engendrée par des conflits en Europe, les Français sont vaincus par les Anglais et la Nouvelle-France est soumise à l'Angleterre.

La littérature

■ Il ne se développe pas de véritable littérature de fiction en Nouvelle-France. Les auteurs préfèrent se consacrer à des récits de voyages, des chroniques, des livres d'histoire ou de la correspondance.

■ La confrontation avec les populations autochtones est l'un des principaux sujets abordés. Le plus souvent, les auteurs expriment manifestement un sentiment de supériorité envers les Amérindiens. Mais ils demeurent très curieux de découvrir leurs mœurs et deviennent parfois d'excellents observateurs.

■ L'évangélisation de la colonie est aussi une grande préoccupation. Les écrits qui abordent des sujets religieux, parfois mystiques, sont nombreux. Ils sont l'œuvre de prêtres et de religieuses responsables de cette évangélisation, notamment les Jésuites, auteurs des *Relations*.

■ Parmi les écrits profanes, les lettres d'Élisabeth Bégon à son gendre sont les plus remarquables. Elles donnent une juste description de la vie quotidienne de la classe aisée en Nouvelle-France.

2

1760-1900
Un peuple en quête de lui-même
La naissance de la littérature québécoise

Pendant la longue période qui va de la Conquête à la fin du XIXᵉ siècle, le Québec se transforme lentement, mais subit parfois des soubresauts. Alors que le monde connaît des bouleversements majeurs et change radicalement, les Canadiens français, abandonnés par leurs élites après la Conquête, cherchent à survivre sous la domination des Anglais et y arrivent difficilement. La littérature d'ici naît dans ce contexte peu favorable. Jusqu'à la rébellion des Patriotes en 1837-1838, une activité journalistique constante vient compenser l'absence de publications littéraires. Puis, aux lendemains de la rébellion, fouettés par les propos de Lord Durham selon lesquels les Canadiens français seraient un peuple «sans histoire et sans littérature», des auteurs de plus en plus nombreux s'efforcent de créer une véritable littérature nationale. Cette période riche et chargée dans l'histoire de l'humanité correspond à la naissance lente et courageuse de la littérature québécoise.

DE 1760 À 1900

Le monde	Le Québec
	1763 : Signature du traité de Paris
	1774 : Signature de l'Acte de Québec
1776 : Déclaration d'indépendance des États-Unis d'Amérique	**1775 :** Tentative d'invasion de Québec par les troupes américaines
1783 : Signature du traité de Versailles qui met fin à la guerre d'Indépendance des États-Unis	
1789 : Prise de la Bastille ; début de la Révolution française	**1791 :** Signature de l'Acte constitutionnel ; le Canada est divisé en deux : le Haut-Canada et le Bas-Canada
1799 : Prise du pouvoir de Napoléon Bonaparte en France	
1803 : Vente de la Louisiane aux États-Unis	
1814 : Invention en Angleterre de la locomotive à vapeur	**1813 :** Bataille de Châteauguay ; les Canadiens repoussent les Américains
1815 : Défaite de Napoléon à Waterloo ; son régime a été marqué par de nombreuses guerres et l'instauration d'un Code civil	**1815 :** Louis-Joseph Papineau élu président de l'Assemblée législative ; il conserve cette fonction jusqu'en 1837
	1826 : Fondation du Parti patriote
1830 : Révolution de Juillet en France ; triomphe du romantisme, avec la pièce de théâtre *Hernani* de Victor Hugo, *La Symphonie fantastique* de Berlioz et le roman *Le Rouge et le Noir* de Stendhal	**1834 :** Présentation des « 92 résolutions » du Parti patriote à l'Assemblée
	1837 : Rejet des 92 résolutions par Londres ; début de la rébellion des Patriotes
	1839 : Pendaison de 12 Patriotes au Pied-du-Courant à Montréal Présentation du rapport Durham en Angleterre
1848 : Révolutions dans de nombreux pays européens	**1840 :** Signature de l'Acte d'Union
	1849 : Obtention de la responsabilité ministérielle
1856 : Fondation de la Première Internationale par Karl Marx	
1861-1865 : Guerre de Sécession aux États-Unis	
1865 : Abolition de l'esclavage aux États-Unis	
1870-1871 : Guerre franco-allemande	**1867 :** Signature de l'Acte de l'Amérique du Nord britannique (AANB) ; le Canada devient une confédération de quatre provinces
1871 : Prise du pouvoir momentanée de la Commune, un gouvernement révolutionnaire, à Paris et dans plusieurs villes de France	
1885 : Pendaison de Louis Riel, chef de la rébellion des Métis au Manitoba Invention de l'automobile	
1886 : Aux États-Unis, grève des ouvriers le 1er mai dans le but d'obtenir la journée de travail de huit heures ; dans plusieurs pays, la fête du Travail commémore cet anniversaire	
1895 : Première projection publique d'un film, organisée par les frères Lumière	
1896 : En France, première révision du procès de Dreyfus, qui est arrêté en 1894 et emprisonné jusqu'en 1899	
1899 : Début en Afrique du Sud de la guerre des Boers contre la domination anglaise	

Illustration de la page précédente : Lucius O'Brien, *Sunrise on Percé Beach*, 1882.

Les arts et les lettres

1764 : Fondation de *The Quebec Gazette / La Gazette de Québec,* premier journal du pays

1778 : Fondation du premier journal francophone, *La Gazette littéraire de Montréal,* par Fleury Mesplet

1789 : Joseph Quesnel, *Colas et Colinette,* première œuvre lyrique à être composée et jouée (en 1790) au Canada

1806 : Fondation du journal *Le Canadien* par Étienne Parent

1830 : Michel Bibaud, *Épîtres, satires, chansons, épigrammes et autres pièces de vers,* premier recueil de poésie publié au Bas-Canada

1837 : Philippe Aubert de Gaspé (fils), *L'Influence d'un livre,* premier roman publié au Bas-Canada

1839 : Chevalier de Lorimier, rédaction des lettres
Lord Durham, *Le Rapport Durham*

1845 : François-Xavier Garneau, *Histoire du Canada depuis sa découverte jusqu'à nos jours*

1846 : Patrice Lacombe, *La Terre paternelle,* premier roman du terroir

1853 : Pierre-Joseph-Olivier Chauveau, *Charles Guérin* (roman)

1858 : Octave Crémazie, « Le Drapeau de Carillon » (poésie)

1861 : Lancement des *Soirées canadiennes,* recueils qui visent entre autres à faire connaître les contes et légendes du Québec

1863 : Philippe Aubert de Gaspé (père), *Les Anciens Canadiens* (roman)

1868 : Fondation du journal *La Lanterne* par Arthur Buies

1878 : Eudore Évanturel, *Premières Poésies* (poésie)

1879 : Louis Fréchette, *Les Fleurs boréales* (poésie)

1882 : Laure Conan, *Angéline de Montbrun* (roman)

1884 : Fondation du journal *La Presse* par William Blumhart
Arthur Buies, « Décadence d'un peuple » (essai)

1887 : Louis Fréchette, *La Légende d'un peuple* (poésie)

1898 : Louis Fréchette, « Le Revenant de Gentilly » (conte)

1899 : Retentissant succès d'Émile Nelligan à la lecture de « La Romance du vin »
lors d'une soirée de l'École littéraire de Montréal

1900 : Honoré Beaugrand, « La Chasse-galerie » (conte)

Le monde : de nouveaux rapports de classes

*L*e territoire du Québec reste relativement à l'abri des grands changements qui transforment le monde pendant cette période charnière. Mais les Canadiens français ne peuvent vivre sans ressentir les effets des bouleversements qui se produisent dans le reste de l'Amérique et en Europe. Notre société, à la fin du XIXᵉ siècle, subit de réelles transformations à la suite de l'évolution du reste du monde, en dépit de quelques retards. Parmi les grands événements qui ont marqué cette période, retenons les suivants :

L'indépendance des États-Unis

Treize colonies anglaises se révoltent en Amérique et forment en 1776 un nouveau pays : les États-Unis. Ce pays est de type républicain : le pouvoir est partagé par plusieurs et n'est pas héréditaire. Une Constitution indique clairement comment le pays doit être gouverné. Cette nouvelle république établit des rapports difficiles avec le Canada. Certains citoyens, appelés «loyalistes», refusent de rompre avec l'Angleterre et viennent s'établir au sud de Montréal et en Ontario. À deux reprises, en 1775-1776 et en 1812-1813, les Américains tentent d'exporter leur révolution et d'envahir le Canada. De nombreux Canadiens prennent les États-Unis comme modèle et veulent implanter ici le libéralisme mis de l'avant par cette société.

T. Picken, *South-East View of Sheffield, South Yorkshire*, 1855.

La révolution industrielle change la vie quotidienne des gens, détermine de nouveaux rapports entre les classes sociales et transforme les paysages.

La Révolution française

En France, la Révolution qui éclate en 1789 met fin de façon radicale à la monarchie. La Déclaration des droits de l'homme et du citoyen affirme, pour la première fois dans l'histoire, que tous les individus naissent libres et égaux. Par contre, la violence des révolutionnaires, surtout pendant la période la plus radicale, appelée la « Terreur », vient refréner l'enthousiasme soulevé par la Révolution. Au Canada, la Révolution est très mal vue par le clergé, qui tente longtemps d'en limiter l'influence et les effets.

Le triomphe de la classe bourgeoise

Avant la Révolution française, le pouvoir appartient aux nobles et est exercé par le roi en vertu du droit divin. Les nobles, qui détenaient leur pouvoir par leur naissance, sont détrônés par les bourgeois, qui valorisent principalement le travail et l'argent. Les bourgeois prennent une place de plus en plus grande au XIXᵉ siècle : ils exercent les professions libérales et occupent les postes les plus importants dans la politique et la grande entreprise. Aux bourgeois s'oppose la classe des prolétaires, qui travaillent dans les usines et les industries, et qui sont durement exploités.

La révolution industrielle

La période de 1760 à 1900 se caractérise par le passage d'une société essentiellement agricole à une société transformée profondément par l'industrialisation. Ce passage est si marqué qu'on l'a qualifié de « révolution industrielle ». De nouvelles inventions, dont le moteur à vapeur, permettent la fabrication en grande quantité de biens non alimentaires. La métallurgie change la façon dont on construit les structures des édifices et favorise la production de masse. L'urbanisation s'accélère, les machines de toutes sortes se multiplient, le travail se réorganise. Plusieurs vagues successives d'industrialisation modifient en profondeur la vie de tous les citoyens. La révolution industrielle touche le Canada vers la fin du XIXᵉ siècle, alors que de nombreux Canadiens français quittent la terre pour travailler dans des usines au pays ou aux États-Unis. L'exode vers les États-Unis est majeur et prend de l'ampleur avec les années.

L'extension de la colonisation

La puissance exceptionnelle de l'Europe et sa supériorité militaire lui permettent de se bâtir d'immenses empires coloniaux. L'Angleterre et la France ont les plus importants d'entre eux et occupent des territoires sur tous les continents. Cette colonisation apporte certains avantages aux peuples colonisés, mais, surtout, elle permet aux conquérants d'exploiter sans limites les ressources des pays sous leur domination et de brimer, parfois avec mépris et violence, la liberté des individus. Aux lendemains de la Conquête, le Québec s'intègre à l'Empire britannique et ses habitants sont eux aussi victimes de répression et d'une certaine exploitation.

La société québécoise : survivre en dépit du colonisateur

Les lendemains de la Conquête sont difficiles pour les habitants du Canada. Le peuple est abandonné par ses élites, qui préfèrent revenir dans la métropole. Ceux qui restent doivent apprendre à vivre avec le colonisateur anglais, qui prend tous les pouvoirs. Celui-ci craint toutefois de se mettre à dos les descendants des Français, largement majoritaires. Ainsi les Anglais hésitent-ils entre une politique autoritaire et une attitude plus conciliante.

Trois décrets viennent déterminer le sort des habitants du Canada :

- **Le traité de Paris (1763).** Par ce traité qui met fin à la guerre de Sept Ans, la France cède de grands territoires à l'Angleterre, plus particulièrement le Canada. On accorde aux habitants de la Nouvelle-France un délai de six mois pour quitter le pays. Ceux qui restent peuvent conserver leur attachement à l'Église romaine, mais doivent le faire « en tant que le permettent les lois de la Grande-Bretagne », ce qui suppose d'évidentes limites à l'exercice de ce droit.

- **L'Acte de Québec (1774).** L'Acte de Québec est une nette avancée pour les Canadiens français. Il remet en application les lois civiles françaises, reconnaît la langue française et la religion catholique, et permet aux Canadiens français de participer au gouvernement civil de la colonie. Cette politique d'apaisement vise en grande partie à contrer les menaces causées par la révolution américaine.

- **L'Acte constitutionnel (1791).** Cet acte divise le pays en deux territoires, le Haut-Canada (l'Ontario d'aujourd'hui) et le Bas-Canada (le Québec d'aujourd'hui), qui auront chacun leur Chambre d'assemblée élue.

Les Canadiens d'origine française s'impliquent dans le nouveau gouvernement et les plus hardis forment le Parti canadien (qui devient le Parti patriote) dans le but de défendre les intérêts de la majorité francophone. Dirigé par Louis-Joseph Papineau, ce parti exige des changements radicaux, qu'il exprime dans une liste de 92 résolutions, comprenant un gouvernement responsable et le contrôle des revenus et de l'appareil législatif. Le Parti patriote est de tendance **libérale**, c'est-à-dire qu'il préconise les libertés individuelles et la défense des droits.

Cornelius Krieghoff,
Sans titre, 1860.

Avec le regard neuf de l'étranger, Cornelius Krieghoff, peintre hollandais établi au Québec, a su peindre avec humour le pittoresque de la vie rurale au Québec.

Devant le refus des Britanniques de céder à leurs revendications, les Patriotes prennent les armes. La **rébellion des Patriotes** tourne mal. Après certaines victoires des rebelles, l'armée britannique, nettement supérieure en nombre, bien équipée et entraînée, vient à bout des résistants. La répression est dure : des villages sont incendiés, des milliers de personnes sont emprisonnées, une soixantaine sont exilées et 12 rebelles sont exécutés, dont Chevalier de Lorimier. L'échec des Patriotes provoque aussi un affaiblissement majeur de l'influence de la pensée libérale chez les élites du pays.

À la suite de la rébellion, Londres envoie un enquêteur, Lord Durham, pour faire la lumière sur les événements. Bien accueilli par la population, il en arrive malgré tout à des conclusions accablantes, voire racistes, qui affecteront le sort des Français d'Amérique. Selon lui, ceux-ci forment un peuple « sans histoire et sans littérature ». Il ajoute : « C'est pour les tirer de leur infériorité que je désire donner aux Canadiens notre caractère anglais. » Pour éviter une nouvelle rébellion et pour le « bien » des Canadiens, Durham recommande l'assimilation.

En 1840, le Parlement britannique adopte l'Acte d'Union, qui rassemble le Bas-Canada et le Haut-Canada sous un même gouvernement unilingue anglophone. Mais, avec le temps, la situation s'améliore : la responsabilité ministérielle – c'est-à-dire l'obligation de suivre la majorité en Chambre – est accordée et le bilinguisme est établi. L'Acte d'Union ne vise plus l'assimilation des Canadiens français, mais permet de créer, par la Confédération en 1867, un pays neuf et démocratique, le Canada. Ce nouveau pays, prospère, de plus en plus industrialisé, traite cependant durement ses minorités. La **révolte des Métis** et la pendaison de leur chef, Louis Riel, en 1885, montrent que tous ne sont pas égaux au Canada.

Au Québec, la méfiance envers les Anglais et la baisse d'influence des libéraux laissent le champ libre au clergé, qui adhère à un courant de pensée radical : l'**ultramontanisme**. Les ultramontains placent l'Église et la religion au cœur de l'organisation sociale. Au Québec, le clergé occupe à cette époque une position centrale, intervient dans tous les domaines et conservera cette position prédominante pendant près de cent ans.

Les Canadiens français assurent leur survie par une remarquable fertilité des femmes. Ainsi, malgré la très importante vague d'émigration vers les États-Unis, la population du Québec passe de 70 000 habitants en 1763 à 1 649 000 en 1901.

La littérature québécoise : une longue naissance

*L*es conditions difficiles dans lesquelles vivent les Canadiens français ne favorisent en rien la naissance d'une littérature. Même durant le Régime français, aucune œuvre proprement littéraire n'a été écrite ici. Des auteurs osent cependant faire publier des premières œuvres, parfois qualifiées de maladroites, mais qui posent malgré tout les jalons d'une littérature en devenir.

Il faut signaler :

- Un premier recueil de poèmes, *Épîtres, satires, chansons, épigrammes et autres pièces de vers* de Michel Bibaud, qui paraît en 1830.

- Un premier roman, *L'Influence d'un livre* (ou *Le Chercheur de trésor*) de Philippe Aubert de Gaspé fils, qui paraît en 1837.

- Les débuts de la dramaturgie. Il est cependant difficile de dater avec précision la première pièce de théâtre : s'agit-il de *Colas et Colinette*, livret d'opéra écrit et mis en musique par Joseph Quesnel, présenté en 1790, ou de l'une de ses pièces, *L'Anglomanie ou Le Dîner à l'anglaise*, écrite en 1802 ? Quoi qu'il en soit, Joseph Quesnel est le premier à écrire pour la scène au Québec.

Une vie littéraire se développe peu à peu. Des auteurs, toujours plus nombreux, veulent aborder des sujets propres à leur pays. Leurs écrits s'inspirent soit des exploits des héros du passé (principalement ceux de la Nouvelle-France), soit de contes et de légendes de la tradition populaire. Des romanciers racontent avec émotion la vie des défricheurs et des cultivateurs. L'abbé **Henri-Raymond Casgrain**, premier critique littéraire, à la fois animateur et censeur des lettres québécoises, est de ceux qui tentent avec le plus d'énergie de stimuler les auteurs et d'encourager les publications.

Cette littérature naissante connaît cependant les problèmes suivants :

- **Les auteurs arrivent difficilement à créer des œuvres originales.** Ils cherchent d'abord à imiter de grands modèles qui viennent de la France, surtout les poètes romantiques comme Victor Hugo, dont l'influence reste considérable. Ils s'inspirent aussi du roman populaire, qu'il soit fantastique ou mélodramatique, sans toujours lui apporter une touche personnelle.

- **Les auteurs ne peuvent pas se consacrer entièrement à la littérature.** Ils exercent des professions rémunératrices comme notaire, journaliste, archiviste ou même politicien. Aucune institution littéraire importante et organisée ne peut soutenir efficacement leurs créations. De plus, le public instruit capable d'apprécier des œuvres littéraires est peu nombreux dans cette société encore largement rurale.

- **L'emprise du clergé et des ultramontains est grande.** Ceux-ci favorisent une littérature moralisatrice et religieuse. Une censure s'instaure contre les œuvres trop « audacieuses ». Les auteurs ne trouvent donc pas le climat de liberté favorable à l'éclosion de grandes œuvres.

L'héritage des écrivains du XIXᵉ siècle est aujourd'hui controversé. Pour certains, ces auteurs ont écrit peu d'œuvres marquantes ; leur intérêt est avant tout historique ou sociologique. D'autres cependant voient dans les écrits du XIXᵉ siècle les germes d'une littérature qui s'affirme de plus en plus, qui puise dans les sources de son passé relativement récent une matière déjà riche et stimulante, une matière qui permettra à leurs successeurs de soutenir leur imaginaire et de s'émanciper.

Patrice Lacombe (1807-1863)

Le notaire Patrice Lacombe a écrit une seule œuvre littéraire importante, *La Terre paternelle*, un très court roman qui a presque la longueur d'une nouvelle et qui a le mérite d'être la première œuvre du terroir au Québec, une tendance qui prend par la suite une ampleur considérable. Petit livre maladroit, d'une simplicité désolante, en parfaite conformité avec l'idéologie conservatrice dominante, ce roman sert de modèle au roman du terroir pendant de nombreuses années.

Dans *La Terre paternelle*, le cultivateur Jean-Baptiste Chauvin (dont le nom est révélateur!) a la mauvaise idée de laisser aller sa terre et de s'installer en ville. Chauvin et sa famille connaissent alors une série d'humiliations et le pauvre père de famille doit gagner sa vie comme «charroyeur d'eau». Heureusement, l'un de ses fils revient du Nord, rachète la terre – vendue à un Anglais – et la famille retrouve le bonheur. Non sans recourir à des ressorts mélodramatiques, Lacombe décrit d'abord la destinée malheureuse de la famille, puis il termine son roman par une franche leçon de morale.

Joseph Légaré, *Le Canadien*, 1833.

Voici le Canadien tel que pouvait aussi le concevoir Patrice Lacombe: un cultivateur heureux qui doit rester attaché à sa terre.

ROMAN

LA TERRE PATERNELLE (1846)

Premier extrait

Chauvin, comme l'on sait, n'avait point de métier qu'il pût exercer avec avantage à la ville, n'étant que simple cultivateur.

Aussi, ne trouvant pas d'emploi, il se vit réduit à la
5 condition de charroyeur[1] d'eau, un des métiers les plus humbles que l'homme puisse exercer sans rougir. Cet emploi, quoique très peu lucratif, et qu'il exerçait depuis près de dix ans, avait cependant empêché cette famille d'éprouver les horreurs de la faim. Au milieu de cette
10 misère, la mère et la fille avaient trouvé le moyen, par une rigide économie et quelques ouvrages à l'aiguille, de faire quelques petites épargnes; mais un nouveau malheur était venu les forcer à s'en dépouiller: le cheval de Chauvin se rompit une jambe. Il fallut de toute nécessité
15 en acheter un autre, qui ne valait guère mieux que le premier, et avec lequel Chauvin continua son travail. Mais ce malheur imprévu avait porté le découragement dans cette famille. Quelques petits objets que la mère et Marguerite avaient toujours conservés religieusement
20 comme souvenirs de famille et d'enfance furent vendus pour subvenir aux plus pressants besoins. L'hiver sévissait avec rigueur; le bois, la nourriture étaient chers; alors des voisins compatissants, dans l'impossibilité de les secourir plus longtemps, leur conseillèrent d'aller se
25 faire inscrire au *Bureau des pauvres*, pour en obtenir quelque secours. Il en coûtait à l'amour-propre et au cœur de la mère d'aller faire l'aveu public de son indigence. Mais la faim était là, impérieuse! Refoulant donc dans son cœur la honte que lui
30 causait cette démarche, elle emprunte quelques hardes[2] à sa fille, et se dirige vers le bureau. Elle y entra en tremblant; elle y reçut quelque modique secours. Mais, sur les observations qu'on lui fit, que le bureau avait été établi principalement pour
35 les pauvres de la ville, et, qu'étant de la campagne, elle aurait dû y rester et ne pas venir en augmenter le nombre, la pauvre femme fut tellement déconcertée du ton dont ces observations lui furent faites qu'elle sortit, oubliant d'emporter ce qu'on
40 lui avait donné, et reprit le chemin de sa demeure en fondant en larmes.

_____

1. Porteur.
2. Vêtements.

Deuxième extrait

Quelques-uns de nos lecteurs auraient peut-être désiré que nous eussions donné un dénouement tragique à notre histoire ; ils auraient aimé à voir nos acteurs disparaître violemment de la scène, les uns
5 après les autres, et notre récit se terminer dans le genre terrible, comme un grand nombre de romans du jour. Mais nous les prions de remarquer que nous écrivons dans un pays où les mœurs en général sont pures et simples, et que l'esquisse que nous
10 avons essayé d'en faire eût été invraisemblable, et même souverainement ridicule, si elle se fût terminée par des meurtres, des empoisonnements et des suicides. Laissons aux vieux pays que la civilisation a gâtés leurs romans ensanglantés ;
15 peignons l'enfant du sol tel qu'il est, religieux, honnête, paisible de mœurs et de caractère, jouissant de l'aisance et de la fortune sans orgueil et sans ostentation, supportant avec résignation et patience les plus grandes adversités, et quand il
20 voit arriver sa dernière heure, n'ayant d'autre désir que de pouvoir mourir tranquillement sur le lit où s'est endormi son père, et d'avoir sa place près de lui au cimetière, avec une modeste croix de bois pour indiquer au passant le lieu de son repos.

Pierre-Joseph-Olivier Chauveau (1820-1890)

Pierre-Joseph-Olivier Chauveau a mené une importante carrière politique qui lui permet de devenir le premier des premiers ministres du Québec, fonction qu'il a occupée de 1867 à 1873. Ses nombreuses activités politiques et ses autres occupations ne l'ont pas empêché d'être écrivain à ses heures. L'œuvre qu'il a produite est plutôt mince ; son ouvrage le plus important est *Charles Guérin : roman de mœurs canadiennes*.

Avec *Charles Guérin*, Chauveau écrit probablement le roman le plus critique de la société québécoise du XIXᵉ siècle. L'histoire assez convenue de Charles Guérin, qui cherche à gagner dignement sa vie et à préserver la terre de sa famille, permet à Chauveau d'illustrer la difficulté de vivre dans un pays victime du mercantilisme cynique et rapace du conquérant anglais. Il n'est pas plus tendre envers l'attitude de soumission, voire de collaboration, de certains de ses compatriotes. Au début du roman, le narrateur nous présente deux frères, Charles et Pierre, qui doivent choisir leur profession et dont l'avenir est limité dans un pays qui ne contrôle pas sa destinée.

■ VERS LA DISSERTATION

1. Faites la liste des humiliations et des malheurs subis par les Chauvin dans le premier extrait. Montrez que d'avoir quitté la campagne est un châtiment pour la famille Chauvin.

2. Montrez comment l'auteur utilise les procédés du mélodrame dans le premier extrait.

3. Que pensez-vous des choix de sujets traités par l'auteur dans le deuxième extrait ?

4. Y a-t-il un lien entre les intentions de l'auteur affichées dans le deuxième extrait et le mauvais sort de la famille Chauvin dans le premier extrait ?

5. « Hors de la terre, point de salut. » Cette affirmation s'applique-t-elle aux extraits de *La Terre paternelle* ?

ROMAN

CHARLES GUÉRIN (1853)

Que faire ? – Cela se demande de soi-même, mais la réponse ne vient pas comme on veut. Plus le choix est circonscrit, plus il est difficile, et chacun sait que dans notre pays, il faut se décider entre quatre mots, qui, chose épou-
5 vantable, se réduisent à un seul, et se résumeraient en Europe dans le terme générique de *doctorat*. Il faut devenir docteur en loi, en médecine ou en théologie, il faut être médecin, prêtre, notaire ou avocat. En dehors de ces quatre professions, pour le jeune Canadien instruit, il
10 semble *qu'il n'y a pas de salut*. Si par hasard quelqu'un de nous éprouvait une répugnance invincible pour toutes les quatre ; s'il lui en coûtait trop de sauver des âmes,

de mutiler des corps ou de perdre des fortunes, il ne lui resterait qu'un parti à prendre, s'il était riche, et deux s'il était pauvre : ne rien faire du
15 tout, dans le premier cas, s'expatrier ou mourir de faim, dans le second.

Sous tout autre gouvernement que sous le nôtre, les carrières ne manquent pas à la jeunesse. Celui qui se voue aux professions spéciales que nous venons de nommer le fait parce qu'il a, ou croit avoir, des talents, une aptitude, une vocation spéciale. Ici au contraire, c'est
20 l'exception qui fait la règle. L'armée et sa gloire bruyante, si belle par là même qu'elle est si péniblement achetée ; la grande industrie commerciale ou manufacturière, que l'opinion publique a élevée partout au niveau des professions libérales, et sur laquelle Louis-Philippe[1] a fait pleuvoir les croix de la Légion d'honneur ; la marine nationale, qui
25 étend ses voiles au vent plus larges que jamais, et, secondée par la vapeur, peut faire parcourir au jeune aspirant l'univers en trois ou quatre stations ; le génie civil, les bureaux publics, la carrière administrative, qui utilisent des talents d'un ordre plus paisible ; les lettres qui conduisent à tout, et les beaux-arts qui mènent partout, voilà autant de perspectives
30 séduisantes qui attendent le jeune Français au sortir de son collège. Pour le jeune Canadien doué des mêmes capacités, et à peu près du même caractère, rien de tout cela ! Nous l'avons dit : son lit est fait d'avance ; prêtre, avocat, notaire ou médecin, il faut qu'il s'y endorme.

Pierre Guérin avait longtemps réfléchi sur cet avenir exigu, et comme
35 il s'était dit à lui-même qu'il ne ferait pas ce que tout le monde faisait, ou plutôt essayait de faire, il venait d'annoncer à son frère une séparation, pour bien dire éternelle. Charles, aussi peu décidé que Pierre l'était beaucoup, penchait cependant pour l'état ecclésiastique, vers lequel le portaient des goûts sérieux, une enfance pieuse et des manières timides,
40 qui voilaient une ambition et des passions naissantes très dangereuses pour un tel état. Ajoutons qu'on avait promis de lui donner la *troisième* à faire, et que, sortant de sous la férule[2], il n'était pas fâché d'avoir à la manier à son tour. Cette considération, la pensée du respect qu'allaient lui porter dans quelques jours des camarades plus âgés que lui, qui,
45 après l'avoir taquiné l'année précédente, ne lui parleraient plus dorénavant que chapeau bas, et jamais sans lui dire *vous*, et l'appeler *monsieur* ; l'orgueil qu'il éprouvait par anticipation des beaux sermons qu'il ferait quand il serait prêtre ; tout cela entrait pour plus qu'il ne le croyait lui-même dans ce qu'il appelait *sa vocation*.

---

1. Roi de France de 1830 à 1848.
2. Sous l'autorité d'une personne.

**Philippe
Aubert de Gaspé
(1786-1871)**

Philippe Aubert de Gaspé, seigneur de Saint-Jean-Port-Joli, arrive tardivement à l'écriture. Il publie son premier roman, *Les Anciens Canadiens*, à l'âge de 76 ans. Son fils, qui porte le même nom, est l'auteur du premier roman publié au Québec, *L'Influence d'un livre*, auquel le père aurait aussi contribué.

Les Anciens Canadiens sont très bien accueillis par le public. Ce livre est un prétexte pour transmettre des contes et légendes qu'affectionne l'auteur. Mais il touche aussi un sujet particulièrement sensible : la conquête du Canada par les Anglais. Arché, un Écossais vivant au Canada, et Jules d'Haberville, fils d'un seigneur, se lient d'une belle amitié à l'époque heureuse de la Nouvelle-France. Mais cette amitié est sérieusement compromise lorsqu'éclate la guerre entre la France et l'Angleterre et que les deux camarades s'affrontent dans des armées ennemies. La défaite des Français laisse des marques profondes. Arché, qui a décidé de s'établir au pays, s'en rend douloureusement compte lorsqu'il demande la main de Blanche, la sœur de Jules.

◢ VERS LA DISSERTATION

1. Quelles sont les seules quatre professions qui s'ouvrent pour les jeunes Canadiens français de l'époque ? Quels autres choix le narrateur oppose-t-il à ces professions ?

2. Pourquoi le métier d'agriculteur ne fait-il pas partie de ces quatre professions ?

3. Pourquoi Charles veut-il devenir prêtre ? Ces raisons sont-elles valables ?

4. Est-il juste de dire que ce texte fait part d'une résignation face à l'avenir limité des jeunes au Canada français ?

ROMAN

LES ANCIENS CANADIENS (1863)

— Rien au monde ne pourra nous faire plus de plaisir. Oh! que Jules, qui vous aime tant, sera heureux! combien nous serons tous heureux!

— Oui, très heureux, sans doute; mais mon bonheur ne
5 peut être parfait, Blanche, que si vous daignez y mettre le comble en acceptant ma main. Je vous ai...

La noble fille bondit comme si une vipère l'eût mordue; et, pâle de colère, la lèvre frémissante, elle s'écria:

— Vous m'offensez, capitaine Archibald Cameron de
10 Locheill! Vous n'avez donc pas réfléchi à ce qu'il y a de blessant, de cruel dans l'offre que vous me faites! Est-ce lorsque la torche incendiaire que vous et les vôtres avez promenée sur ma malheureuse patrie est à peine éteinte, que vous me faites une telle proposition? Ce serait une
15 ironie bien cruelle que d'allumer le flambeau de l'hyménée[1] aux cendres fumantes de ma malheureuse patrie! On dirait, capitaine de Locheill, que, maintenant riche, vous avez acheté avec votre or la main de la pauvre fille canadienne; et jamais une d'Haberville ne consentira à une telle humiliation.
20 Oh! Arché! je n'aurais jamais attendu cela de vous, de vous, l'ami de mon enfance! Vous n'avez pas réfléchi à l'offre que vous me faites.

Et Blanche, brisée par l'émotion, se rassit en sanglotant.

Jamais la noble fille canadienne n'avait paru si belle aux yeux
25 d'Arché qu'au moment où elle rejetait, avec un superbe dédain, l'alliance d'un des conquérants de sa malheureuse patrie.

— Calmez-vous, Blanche, reprit de Locheill: j'admire votre patriotisme; j'apprécie vos sentiments exaltés de délicatesse, quoique bien injustes envers moi, envers moi votre ami
30 d'enfance. Il vous est impossible de croire qu'un Cameron of Locheill pût offenser une noble demoiselle quelconque, encore moins la sœur de Jules d'Haberville, la fille de son bienfaiteur. Vous savez, Blanche, que je n'agis jamais sans réflexion: toute votre famille m'appelait jadis le grave philo-
35 sophe et m'accordait un jugement sain. Que vous eussiez rejeté avec indignation la main d'un Anglo-Saxon, aussi peu de temps après la conquête, aurait peut-être été naturel à une d'Haberville; mais moi, Blanche, vous savez que je vous aime depuis longtemps, vous ne pouvez l'ignorer malgré

40 mon silence. Le jeune homme pauvre et proscrit aurait cru manquer à tous sentiments honorables en déclarant son amour à la fille de son riche bienfaiteur.

Est-ce parce que je suis riche maintenant, continua de Locheill, est-ce parce que le sort des armes nous a fait sortir
45 victorieux de la lutte terrible que nous avons soutenue contre vos compatriotes; est-ce parce que la fatalité m'a fait un instrument involontaire de destruction, que je dois refouler à jamais dans mon cœur un des plus nobles sentiments de la nature, et m'avouer vaincu sans même faire un effort pour
50 obtenir celle que j'ai aimée constamment? Oh! non, Blanche, vous ne le pensez pas: vous avez parlé sans réflexion; vous regrettez déjà les paroles cruelles qui vous sont échappées et qui ne pouvaient s'adresser à votre ancien ami. Parlez, Blanche, et dites que vous les désavouez; que vous n'êtes pas insensible
55 à des sentiments que vous connaissez depuis longtemps.

— Je serai franche avec vous, Arché, répliqua Blanche, candide comme une paysanne qui n'a étudié ni ses sentiments, ni ses réponses dans les livres, comme une campagnarde qui ignore les convenances d'une société qu'elle ne fréquente
60 plus depuis longtemps, et qui ne peuvent lui imposer une réserve de convention, et je vous parlerai le cœur sur les lèvres. Vous aviez tout, de Locheill, tout ce qui peut captiver une jeune fille de quinze ans: naissance illustre, esprit, beauté, force athlétique, sentiments généreux et élevés: que fallait-il
65 de plus pour fasciner une jeune personne enthousiaste et sensible? Aussi, Arché, si le jeune homme pauvre et proscrit eût demandé ma main à mes parents, qu'ils vous l'eussent accordée, j'aurais été fière et heureuse de leur obéir; mais, capitaine Archibald Cameron de Locheill, il y a maintenant
70 entre nous un gouffre que je ne franchirai jamais.

---

1. Mariage.

◤ VERS LA DISSERTATION

1. Pourquoi Blanche refuse-t-elle la demande en mariage d'Arché?

2. Quels arguments lui oppose Arché?

3. Observez le dialogue. Quels sont les procédés utilisés par l'auteur pour le rendre plus naturel? Quels sont les éléments qui font qu'il reste malgré tout très littéraire?

4. Le dernier paragraphe contient deux comparaisons. Trouvez-les et expliquez comment le narrateur perçoit les gens de la campagne.

5. Cet extrait vous semble-t-il une bonne illustration de la littérature patriotique?

Laure Conan (1845-1924)

Laure Conan, pseudonyme de Félicité Angers, est la première femme à entreprendre une véritable carrière littéraire au Québec. Elle écrit d'abord des romans psychologiques, genre qu'elle est seule à pratiquer à l'époque. Puis elle cède à la mode du temps et se lance dans le roman historique et patriotique. Toute son œuvre est marquée par le thème de la foi, qui est central chez elle.

Son roman le plus réussi est incontestablement *Angéline de Montbrun*. Angéline est marquée par deux malheurs qui lui arrivent en peu de temps : la mort de son père, qu'elle aimait d'un amour démesuré, et un accident qui la défigure et la force à rompre ses fiançailles. Il ne lui reste plus qu'à se retirer du monde et à se tourner entièrement vers Dieu. Le roman se caractérise par l'alternance entre plusieurs formes de narration : la lettre, le journal intime et la narration à la troisième personne. Angéline entreprend son journal intime lorsqu'elle revient à Valriant, lieu où elle fut heureuse avec son père et Maurice, son fiancé.

R O M A N

ANGÉLINE DE MONTBRUN (1882)

7 mai

Il me tardait d'être à Valriant; mais que l'arrivée m'a été cruelle! que ces huit jours m'ont été terribles! Les souvenirs délicieux autant que les poignants me déchirent le cœur. J'ai comme un saignement en dedans, suffocant, sans issue. Et personne à qui dire les paroles qui soulagent.

5 M'entendez-vous, mon père, quand je vous parle? Savez-vous que votre pauvre fille revient chez vous se cacher, souffrir et mourir? Dans vos bras, il me semble que j'oublierais mon malheur.

Chère maison qui fut la sienne! où tout me le rappelle, où mon cœur le revoit partout. *Mais jamais plus il ne reviendra dans sa demeure.* Mon Dieu, pardonnez-moi. Il faudrait
10 réagir contre le besoin terrible de me plonger, de m'abîmer dans ma tristesse. Cet isolement que j'ai voulu, que je veux encore, comment le supporter?

Sans doute, lorsqu'on souffre, rien n'est pénible comme le contact des indifférents. Mais Maurice, comment vivre sans le voir, sans l'entendre jamais, jamais!... Ô l'accablante pensée!... C'est la nuit, c'est le froid, c'est la mort.

15 Ici où j'ai vécu d'une vie idéale si intense, si confiante, il faut donc m'habituer à la plus terrible des solitudes, à la solitude du cœur.

Et pourtant, qu'il m'a aimée! Il avait des mots vivants, souverains, que j'entends encore, que j'entendrai toujours.

Dans le bateau, à mesure que je m'éloignais de lui, que les flots se faisaient plus
20 nombreux entre nous, les souvenirs me revenaient plus vifs. Je le revoyais comme je l'avais vu dans notre voyage funèbre. Oh! qu'il l'a amèrement pleuré, qu'il a bien partagé ma douleur. Maintenant que j'ai rompu avec lui, je pense beaucoup à ce qui m'attache pour toujours. Tant d'efforts sur lui-même, tant de soins, une pitié si inexprimablement tendre!

25 C'est donc vrai, j'ai vu l'amour s'éteindre dans son cœur. Mon Dieu, qu'il est horrible de se savoir repoussante, de n'avoir plus rien à attendre de la vie.

Je pense parfois à cette jeune fille *livrée au cancer* dont parle de Maistre. Elle disait : «Je ne suis pas aussi malheureuse que vous le croyez : Dieu me fait la grâce de ne penser qu'à lui. »

30 Ces admirables sentiments ne sont pas pour moi. Mais, mon Dieu, vous êtes tout-puissant, gardez-moi du désespoir, ce crime des âmes lâches. Ô Seigneur! que vous m'avez rudement traitée! que je me sens faible! que je me sens triste! Parfois, je crains pour ma raison. Je dors si peu, et d'ailleurs, il faudrait le sommeil de la terre pour me faire oublier.

La nuit après mon arrivée, quand je crus tout le monde endormi, je me levai. Je pris
35 ma lampe, et bien doucement je descendis à son cabinet. Là, je mis la lumière devant son portrait et je l'appelai.

J'étais étrangement surexcitée. J'étouffais de pleurs, je suffoquais de souvenirs, et, dans une sorte d'égarement, dans une folie de regrets, je parlais à ce cher portrait comme à mon père lui-même.

40 Je fermai les portes et les volets, j'allumai les lustres à côté de la cheminée. Alors son portrait se trouva en pleine lumière – ce portrait que j'aime tant, non pour le mérite de la peinture, dont je ne puis juger, mais pour l'adorable ressemblance. C'est ainsi que j'ai passé la première nuit de mon retour. Les yeux fixés sur son si beau visage, je pensais à son incomparable tendresse, 45 je me rappelais ses soins si éclairés, si dévoués, si tendres.

Ah, si je pouvais l'oublier comme je mépriserais mon cœur ! Mais béni soit Dieu ! La mort qui m'a pris mon bonheur, m'a laissé tout mon amour.

VERS LA DISSERTATION

1. Comment Angéline exprime-t-elle son amour pour son père ? Comment le fait-elle pour son fiancé ?

2. Quelles sont les caractéristiques de sa relation avec Dieu ?

3. Relevez les émotions contradictoires qui la bouleversent. Servez-vous, entre autres, des figures de style pour les faire ressortir.

4. Que signifie la périphrase « il faudrait le sommeil de la terre pour me faire oublier » ?

5. Est-il exact de dire que cet extrait est d'une grande justesse psychologique ?

La Malbaie au XIXᵉ siècle. Laure Conan a mené une carrière littéraire bien remplie et est toujours restée attachée à La Malbaie, sa ville d'origine.

LE CONTE FANTASTIQUE

Le conte fantastique devient particulièrement populaire vers la fin du XIXe siècle. Depuis longtemps, les Canadiens avaient développé une littérature orale bien vivante qu'ils se transmettaient avec plaisir lors des veillées. Les écrivains reprennent à leur tour ces histoires qui demeurent pour eux une riche source d'inspiration et qu'ils cherchent à protéger d'une disparition qu'ils redoutent en raison de l'industrialisation et de l'exode des paysans vers la ville.

Cet intérêt pour la littérature populaire – et les arts populaires en général – correspond à une tendance très large répandue aussi en Europe. La sensibilité romantique s'était attachée à l'expression artistique spontanée des peuples, qui offrait une réponse au rationalisme et aux rigidités du classicisme. Plusieurs écrivains et musiciens ont consacré une partie de leur travail à répertorier les contes et la musique populaire.

Au Québec, l'intérêt pour le conte est très vif au sein de l'École patriotique de Québec, pour qui les récits populaires offrent la possibilité de réclamer un précieux héritage, un bouquet d'histoires bien ancrées dans la réalité d'ici. Henri-Raymond Casgrain, l'animateur du groupe, a fondé la revue *Les Soirées canadiennes*, dont la devise reprend le mot d'ordre de l'écrivain français Charles Nodier : « Hâtons-nous de raconter la délicieuse histoire des peuples avant qu'ils l'aient oubliée. » Certains auteurs, comme Louis Fréchette, s'émancipent rapidement de la raideur idéologique du groupe de Québec pour exprimer, à travers le conte, leurs idées libérales.

Parmi les différents types de contes et légendes, le conte fantastique demeure le plus populaire, peut-être parce qu'il est celui qui va puiser le plus profondément dans l'imaginaire du peuple. Ce type de conte suit en général des règles fixes :

- **Le caractère fantastique se manifeste dans un contexte réaliste.** Ce contexte est celui d'une veillée ou d'une rencontre entre un narrateur qui rappelle la personne de l'auteur et le conteur. Très souvent, plusieurs personnages assemblés, dont le narrateur, parlent de choses et d'autres, jusqu'à ce que l'un d'entre eux commence à raconter l'histoire qui forme le cœur du conte.

- **Dans une société rurale surviennent des phénomènes surnaturels.** Ceux-ci consistent en différentes apparitions mystérieuses : diables, revenants, fantômes, loups-garous, bêtes monstrueuses, lutins, feux follets.

- **Les contes sont fortement imprégnés des croyances religieuses.** Les personnes victimes d'apparitions ou de mauvais sorts ont généralement désobéi aux préceptes de l'Église : ils ont

La Corriveau, accusée du meurtre de son second mari, et que la légende a transformée en sorcière et revenante – devenue un squelette sur cette illustration de Henri Julien –, a donné matière à l'un des contes d'épouvante les plus appréciés au Québec.

dansé ou fait la fête les jours saints, blasphémé, négligé leurs devoirs religieux, commis des crimes. Très souvent, le curé devient le héros qui a le pouvoir de faire disparaître les maléfices.

- **Ces phénomènes laissent un doute chez les protagonistes.** Les personnages eux-mêmes se demandent si ces manifestations surnaturelles se sont vraiment produites ou si elles sont le produit de l'imagination. « Vrai ou non, c'est ce qu'on m'a rapporté », dit la conteuse dans *La Maison hantée* de Louis Fréchette. Au lecteur de décider s'il faut croire ou non aux prodiges racontés.

- **Dans les contes, les auteurs cherchent à reproduire le langage du peuple.** Respectant les origines populaires des contes, les auteurs cherchent plus que dans les autres genres à reprendre les expressions du peuple et à parfois les reproduire phonétiquement.

De nombreux auteurs ont écrit des contes fantastiques. Les plus connus d'entre eux sont Philippe Aubert de Gaspé père et fils, Louis Fréchette, Honoré Beaugrand et Joseph-Charles Taché. L'intérêt pour le conte reste toujours très vif aujourd'hui et de nombreux conteurs poursuivent la tradition orale, qui n'est jamais disparue. Le succès de l'habile conteur Fred Pellerin montre bien le grand intérêt des Québécois pour cette part de leur patrimoine.

**Honoré Beaugrand
(1848-1906)**

Honoré Beaugrand a mené une importante carrière de notable. Après avoir voyagé pendant de longues années, il s'établit au pays et fonde le journal *La Patrie*, dans lequel il exprime avec force ses idées libérales. Il est élu maire de Montréal en 1885 et reste à la tête de la ville pour un court mandat de deux années. Il s'intéresse tardivement aux contes, alors qu'il a abandonné le journalisme et la politique.

« La Chasse-galerie » est considérée à juste titre comme l'un des meilleurs contes québécois. L'auteur de cette version – il en existe plusieurs – ne cherche pas à effrayer le lecteur comme dans la plupart des contes, mais se concentre sur la vie difficile des travailleurs de chantiers, qui passent certains des plus beaux moments de l'année, dont la période des fêtes, loin de leur famille et de leur communauté. Selon la légende, un canot d'écorce volant, guidé par le diable, franchit à la vitesse de l'éclair la distance entre le chantier et la ville de Lavaltrie, où les travailleurs veulent aller fêter. Seulement, pour revenir à bon port, les hommes ne doivent pas « prononcer le nom de Dieu ». Après la fête, le retour sera risqué et difficile.

CONTE

LA CHASSE-GALERIE (1900)

Et nous voilà repartis à toute vitesse. Mais il devint aussitôt évident que notre pilote n'avait plus la main aussi sûre, car le canot décrivait des zigzags inquiétants. Nous ne passâmes pas à cent pieds du clocher de Contrecœur, et au lieu de nous diriger
5 à l'ouest, vers Montréal, Baptiste nous fit prendre des bordées vers la rivière Richelieu. Quelques instants plus tard, nous passâmes par-dessus la montagne de Belœil, et il ne s'en manqua pas de dix pieds que l'avant du canot n'allât se briser sur la grande croix de tempérance [1] que l'évêque de Québec
10 avait plantée là.

— À droite ! Baptiste ! à droite ! mon vieux, car tu vas nous envoyer chez le diable, si tu ne gouvernes pas mieux que ça !

Et Baptiste fit instinctivement tourner le canot vers la droite en mettant le cap sur la montagne de Montréal que nous apercevions
15 déjà dans le lointain. J'avoue que la peur commençait à me tortiller car si Baptiste continuait à nous conduire de travers, nous étions flambés comme des gorets qu'on grille après la boucherie. Et je vous assure que la dégringolade ne se fit pas attendre, car au moment où nous passions au-dessus de Montréal, Baptiste
20 nous fit prendre une *sheer* [2], et avant d'avoir eu le temps de m'y préparer, le canot s'enfonçait dans un banc de neige, dans une éclaircie, sur le flanc de la montagne. Heureusement que c'était dans la neige molle, que personne n'attrapa de mal et que le canot ne fut pas brisé. Mais à peine étions-nous sortis de la neige
25 que voilà Baptiste qui commence à sacrer comme un possédé et qui déclare qu'avant de repartir pour la Gatineau, il veut descendre en ville prendre un verre. J'essayai de raisonner avec lui, mais allez donc faire entendre raison à un ivrogne qui veut se mouiller la luette !
30 Alors, rendus à bout de patience, et plutôt que de laisser nos âmes au diable qui se léchait déjà les babines en nous voyant dans l'embarras, je dis un mot à mes autres compagnons qui avaient aussi peur que moi, et nous nous jetons tous sur Baptiste que
35 nous terrassons, sans lui faire de mal, et que nous

---

1. Croix peinte en noir sur laquelle était inscrit le mot « tempérance » en blanc. Ces croix étaient souvent érigées durant les campagnes de tempérance qui visaient l'abolition de l'alcool.
2. Embardée.

Henri Julien, *La Chasse-galerie*, 1906.

Henri Julien a abondamment mis en images les légendes québécoises. Ses illustrations de *La Chasse-galerie* et ce tableau ont contribué à rendre ce conte encore plus vivant.

plaçons ensuite au fond du canot, – après l'avoir ligoté comme un bout de saucisse et lui avoir mis un bâillon pour l'empêcher de prononcer des paroles dangereuses, lorsque nous serions en l'air. Et:

Acabris! Acabras! Acabram!

40 nous voilà repartis sur un train de tous les diables car nous n'avions plus qu'une heure pour nous rendre au chantier de la Gatineau. C'est moi qui gouvernais, cette fois-là, et je vous assure que j'avais l'œil ouvert et le bras solide. Nous remontâmes la rivière Outaouais comme une poussière
45 jusqu'à la Pointe à Gatineau et de là nous piquâmes au nord vers le chantier. Nous n'en étions plus qu'à quelques lieues, quand voilà-t-il pas cet animal de Baptiste qui se détortille de la corde avec laquelle nous l'avions ficelé, qui s'arrache son bâillon et qui se lève tout droit, dans le canot, en lâchant
50 un sacre qui me fit frémir jusque dans la pointe des cheveux! Impossible de lutter contre lui dans le canot sans courir le risque de tomber d'une hauteur de deux ou trois cents pieds, et l'animal gesticulait comme un perdu en nous menaçant tous de son aviron qu'il avait saisi et qu'il faisait
55 tournoyer sur nos têtes en faisant le moulinet comme un Irlandais avec son shilelagh[1]. La position était terrible, comme vous le comprenez bien. Heureusement que nous arrivions, mais j'étais tellement excité, que par une fausse manœuvre que je fis pour éviter l'aviron de Baptiste, le canot
60 heurta la tête d'un gros pin et que nous voilà tous précipités en bas, dégringolant de branche en branche comme des perdrix que l'on tue dans les épinettes. Je ne sais pas combien je mis de temps à descendre jusqu'en bas, car je perdis connaissance avant d'arriver, et mon dernier souvenir
65 était comme celui d'un homme qui rêve qu'il tombe dans un puits qui n'a pas de fond.

———————————
1. Gourdin.

Arthur Guindon, *L'Ascension d'Agohao,* première moitié du XXe siècle.

Arthur Guindon, un prêtre sulpicien, a illustré avec imagination et fantaisie l'univers des légendes québécoises et amérindiennes. Cette toile illustre une légende iroquoise.

▲ VERS LA DISSERTATION

1. Relevez les expressions qui donnent un ton comique à cette histoire.
2. Montrez quels sont les effets de l'alcool sur Baptiste.
3. Montrez comment l'auteur intègre la géographie du Québec dans son conte.
4. En quoi les croyances religieuses transparaissent-elles dans cette légende?
5. Est-il juste de dire que l'auteur refuse de faire la morale et de juger ses personnages?

Le curé sauveteur

Face aux maléfices et aux apparitions du diable, le curé est le recours ultime. Il n'a pas toujours l'étoffe d'un héros, mais son statut de représentant de Dieu sur Terre lui donne de grands pouvoirs. Dans les deux extraits de contes qui suivent, le curé entreprend un difficile combat contre les forces du Mal: dans le premier cas, il s'en prend à Satan en personne, et dans le second, à un esprit qui vient hanter le presbytère.

PHILIPPE AUBERT DE GASPÉ FILS, L'ÉTRANGER (1837)

Il était temps que le curé arrivât; l'inconnu en tirant
sur le fil du collier l'avait rompu, et se préparait
à saisir la pauvre Rose; lorsque le curé, prompt
comme l'éclair, l'avait prévenu en passant son étole
5 autour du col de la jeune fille et, la serrant contre
sa poitrine où il avait reçu son Dieu le matin, s'écria
d'une voix tonnante:

— Que fais-tu ici, malheureux, parmi des chrétiens?

Les assistants étaient tombés à genoux à ce terrible
10 spectacle et sanglotaient en voyant leur vénérable
pasteur qui leur avait toujours paru si timide et
si faible, et maintenant si fort et si courageux,
face à face avec l'ennemi de Dieu et des hommes.

— Je ne reconnais pas pour chrétiens, répliqua
15 Lucifer en roulant des yeux ensanglantés, ceux qui,
par mépris de votre religion, passent à danser, à boire
et à se divertir, des jours consacrés à la pénitence
par vos préceptes maudits; d'ailleurs cette jeune
fille s'est donnée à moi, et le sang qui a coulé de
20 sa main est le sceau qui me l'attache pour toujours.

— Retire-toi, Satan, s'écria le curé, en lui frappant
le visage de son étole, et en prononçant des mots
latins que personne ne put comprendre. Le diable
disparut aussitôt avec un bruit épouvantable et
25 laissant une odeur de soufre qui pensa suffoquer
l'assemblée. Le bon curé, s'agenouillant alors,
prononça une fervente prière en tenant toujours
la malheureuse Rose, qui avait perdu connaissance,
collée sur son sein, et tous y répondirent par
30 de nouveaux soupirs et par des gémissements.

LOUIS FRÉCHETTE, LE REVENANT DE GENTILLY (1898)

Le soir de son retour, nous étions réunis comme les soirs précédents, attendant le moment des manifestations surnaturelles, qui ne manquaient jamais de se produire sur le coup de minuit.

Le curé était très pâle, et plus grave encore que d'habitude.

5 Quand le tintamarre recommença, il se leva, passa son surplis et son étole, et, s'adressant à nous:

— Mes enfants, dit-il, vous allez vous agenouiller et prier; et quel que soit le bruit que vous entendiez, ne bougez pas, à moins que je ne vous appelle. Avec l'aide de Dieu je remplirai mon devoir.

10 Et, d'un pas ferme, sans arme et sans lumière – je me rappelle encore, comme si c'était d'hier, le sentiment d'admiration qui me gonfla la poitrine devant cette intrépidité si calme et si simple – le saint prêtre monta bravement l'escalier, et pénétra sans hésitation dans la chambre hantée.

Alors, ce fut un vacarme horrible.

15 Des cris, des hurlements, des fracas épouvantables.

On aurait dit qu'un tas de bêtes féroces s'entre-dévoraient, en même temps que tous les meubles de la chambre se seraient écrabouillés sur le plancher.

Je n'ai jamais entendu rien de pareil dans toute mon existence.

20 Nous étions tous à genoux, glacés, muets, les cheveux dressés de terreur.

Mais le curé n'appelait pas.

Cela dura-t-il longtemps? je ne saurais vous le dire, mais le temps nous parut bien long.

Enfin le tapage infernal cessa tout à coup, et le brave abbé reparut, livide,
25 tout en nage, les cheveux en désordre, et son surplis en lambeaux...

Il avait vieilli de dix ans.

— Mes enfants, dit-il, vous pouvez vous retirer; c'est fini; vous n'entendrez plus rien. Au revoir; parlez de tout ceci le moins possible.

VERS LA DISSERTATION

1. Quelles sont les armes des deux curés contre les forces du Mal?
2. Comment réagissent les témoins dans ces deux contes?
3. Est-il juste de dire que, dans ces deux textes, les auteurs cherchent à renforcer le pouvoir des curés auprès de la population québécoise?

PATRIOTISME ET POÉSIE

Le passage du rapport Durham dans lequel l'auteur affirme que les Canadiens français sont un peuple sans histoire et sans littérature a provoqué de vives réactions. Pour nos notables et écrivains, il fallait désormais montrer au reste du monde, et surtout au peuple canadien lui-même, qu'il y avait ici au contraire une histoire très riche qui inspirerait une grande littérature. Avec sa volumineuse *Histoire du Canada depuis sa découverte jusqu'à nos jours*, François-Xavier Garneau a lancé le mouvement de riposte. Dans cette œuvre ambitieuse, documentée de façon approximative, il cherche à rendre sa dignité au peuple vaincu et se concentre sur les exploits des héros du passé.

L'historien inspire une génération d'écrivains que l'on regroupe sous le nom d'École patriotique de Québec. Ce groupe, dont le chef de file est l'abbé Henri-Raymond Casgrain, cherche à établir une littérature nationale exaltant les sentiments patriotiques et glorifiant le passé. Même si les auteurs de cette école pratiquent tous les genres littéraires pour transmettre ces sentiments, la poésie reste le genre dominant et le plus apprécié par eux.

Voici ce qui caractérise l'œuvre de ces poètes :

- **Les poètes patriotiques expriment leur amour pour la patrie.** Ils manifestent de façon très forte leur appartenance au territoire et à ce qui caractérise le peuple canadien-français : la langue française, la religion catholique et l'attachement à la France.

- **Les poètes patriotiques se tournent vers le passé, qui devient source d'inspiration.** Ils tiennent principalement à raconter les exploits des héros du passé, mais aussi à revenir sur le drame de la Conquête et de l'abandon par la France – et parfois même sur l'échec des Patriotes en 1837-1838.

- **Les poètes patriotiques s'inspirent principalement du romantisme.** Bien qu'à cette époque l'influence de ce courant décline en Europe, les poètes d'ici apprécient encore l'exaltation propre aux romantiques, l'expression d'émotions très marquées et les grandes fresques historiques. Le principal modèle reste Victor Hugo, auquel ils vouent une grande admiration.

- **Les poètes patriotiques écrivent dans un style lyrique, à grand renfort d'effets de rhétorique.** Ces procédés viennent appuyer lourdement le propos et laissent peu de place à la diversité des interprétations.

Cette poésie est très appréciée. Le poète devient un personnage important qui apparaît souvent sur la place publique. Il séduit par son discours fleuri et maîtrisé ; il souligne les événements importants par des poèmes de circonstance. Les deux poètes notables qui marquent le plus cette époque sont Octave Crémazie et Louis Fréchette, mais il faut aussi mentionner François-Xavier Garneau, Alfred Garneau, Pamphile Lemay et Pierre-Gabriel Huot.

La poésie de ces poètes a cependant très mal vieilli. À défaut d'être une contribution majeure à la littérature québécoise, elle reste un phénomène social et historique important : elle nous en apprend beaucoup sur l'époque et sur la volonté de résistance d'un peuple dont l'existence se révélait fragile.

Octave Crémazie (1827-1879)

Octave Crémazie a été longtemps considéré comme le poète national. Il a contribué à créer un premier véritable rassemblement d'intellectuels au pays. Ceux-ci se rencontraient dans sa librairie et ont lancé l'École patriotique de Québec. Les poèmes épiques de Crémazie évoquent de grands exploits guerriers et la douleur des Canadiens français d'avoir été abandonnés par la France. Ils ont longtemps été tenus comme la meilleure expression d'un patriotisme puissant et exemplaire. Crémazie est pourtant l'un de ses propres détracteurs : alors qu'il vit seul en exil à Paris après s'être ruiné ici avec sa librairie, il juge sévèrement son enthousiasme patriotique.

« Le Drapeau de Carillon », écrit 100 ans après une victoire de Montcalm contre les Anglais au fort de Carillon, raconte l'histoire d'un vieux soldat qui vient mourir sur les lieux de la bataille après avoir en vain tenté de rencontrer le roi de France pour l'intéresser au sort de la colonie abandonnée. Ce long poème, considéré à l'époque comme une œuvre majeure et dont on apprenait par cœur de larges extraits dans les collèges, semble aujourd'hui lourd et suranné. Mais peut-être les lecteurs d'aujourd'hui peuvent-ils encore ressentir une certaine tristesse à la mort du vieux soldat.

LE DRAPEAU DE CARILLON (1858)

[...]

Sur les champs refroidis jetant son manteau blanc,
Décembre était venu. Voyageur solitaire,
Un homme s'avançait d'un pas faible et tremblant
Aux bords du lac Champlain. Sur sa figure austère
5 Une immense douleur avait posé sa main.
Gravissant lentement la route qui s'incline,
De Carillon bientôt il prenait le chemin,
Puis enfin s'arrêtait sur la haute colline.

Là, dans le sol glacé fixant un étendard,
10 Il déroulait au vent les couleurs de la France;
Planant sur l'horizon, son triste et long regard
Semblait trouver des lieux chéris de son enfance.
Sombre et silencieux il pleura bien longtemps,
Comme on pleure au tombeau d'une mère adorée,
15 Puis, à l'écho sonore envoyant ses accents,
Sa voix jeta le cri de son âme éplorée:

«Ô Carillon, je te revois encore,
Non plus, hélas! comme en ces jours bénis
Où dans tes murs la trompette sonore
20 Pour te sauver nous avait réunis.
Je viens à toi, quand mon âme succombe
Et sent déjà son courage faiblir.
Oui, près de toi, venant chercher ma tombe,
Pour mon drapeau je viens ici mourir.

25 «Mes compagnons, d'une vaine espérance
Berçant encor leurs cœurs toujours français,
Les yeux tournés du côté de la France,
Diront souvent: reviendront-ils jamais?
L'illusion consolera leur vie;
30 Moi, sans espoir, quand mes jours vont finir,
Et sans entendre une parole amie,
Pour mon drapeau je viens ici mourir.

«Cet étendard qu'au grand jour des batailles,
Noble Montcalm, tu plaças dans ma main,
35 Cet étendard qu'aux portes de Versailles,
Naguère, hélas! je déployais en vain,
Je le remets aux champs où de ta gloire
Vivra toujours l'immortel souvenir,
Et, dans ma tombe emportant ta mémoire,
40 Pour mon drapeau je viens ici mourir.

Thomas Davies, *Vue du sud-ouest des lignes et du fort de Ticonderoga, lac Champlain,* 1759-1760.

C'est dans ce paysage que s'est déroulée la bataille de Carillon qui rend nostalgique
le vieux soldat dans le poème de Crémazie. Le fort est aujourd'hui parfaitement préservé.

«Qu'ils sont heureux ceux qui dans la mêlée
Près de Lévis moururent en soldats!
En expirant, leur âme consolée
Voyait la gloire adoucir leur trépas.
45 Vous qui dormez dans votre froide bière;
Vous que j'implore à mon dernier soupir,
Réveillez-vous! Apportant ma bannière,
Sur vos tombeaux, je viens ici mourir.»

À quelques jours de là, passant sur la colline
50 À l'heure où le soleil à l'horizon s'incline,
Des paysans trouvaient un cadavre glacé,
Couvert d'un drapeau blanc. Dans sa dernière étreinte
Il pressait sur son cœur cette relique sainte,
Qui nous redit encor la gloire du passé.

[...]

▲ VERS LA DISSERTATION

1. Comment le poète exprime-t-il son amour pour sa patrie, son pays?
2. Comment le poète considère-t-il la France, la mère patrie?
3. Que représente le drapeau dans cet extrait? À quoi est-il associé?
4. Par quels procédés stylistiques le poète arrive-t-il à exprimer le sort tragique de son personnage?
5. Est-il juste de dire que ce poème est patriotique?

CORRESPONDANCE

Eudore Évanturel (1854-1919)

Les *Premières Poésies* (1878) d'Eudore Évanturel sont aussi ses dernières. La réaction outrée des ultramontains à ce recueil décourage le jeune poète qui s'exile aux États-Unis, avant de revenir au pays pour travailler comme archiviste. Les *Premières Poésies* sont pourtant rééditées et encore appréciées aujourd'hui. L'œuvre poétique d'Évanturel, d'une grande singularité par rapport aux canons de la poésie romantique et patriotique de ses pairs, est sûrement l'une des plus réussies de la fin du XIXe siècle.

Évanturel reste une exception dans le paysage littéraire de son temps. Influencé par Musset et Verlaine, il écrit une poésie dépouillée, presque narrative, et refuse les grands effets rhétoriques privilégiés par ses contemporains. En toute sobriété, il introduit ses lecteurs dans un monde rempli de sous-entendus, de délicatesses, mais où la mort plane, inéluctable.

AU COLLÈGE (1878)

Il mourut en avril, à la fin du carême.

C'était un grand garçon, un peu maigre et très blême,
Qui servait à la messe et chantait au salut.
On en eût fait un prêtre, un jour : c'était le but ;
5   Du moins, on en parlait souvent au réfectoire.
Il conservait le tiers de ses points en histoire,
Et lisait couramment le grec et le latin.
C'était lui qui sonnait le premier, le matin,
La cloche du réveil en allant à l'église.
10 Les trous de son habit laissaient voir sa chemise,
Qu'il prenait soin toujours de cacher au dortoir.
On ne le voyait pas comme un autre au parloir,
Pas même le dimanche après le saint office.
Ce garçon n'avait point pour deux sous de malice,
15 Seulement, à l'étude, il dormait sur son banc.
Le maître descendait le réveiller, souvent,
Et le poussait longtemps – ce qui nous faisait rire.
Sa main tremblait toujours, quand il voulait écrire.
Le soir, il lui venait du rouge sur les yeux.
20 Les malins le bernaient et s'en moquaient entre eux ;
Alors, il préférait laisser dire et se taire.
L'on n'aurait, j'en suis sûr, jamais su le mystère,
Si son voisin de lit n'eût avoué, sans bruit,

Qu'il toussait et crachait du sang toute la nuit.

« Le Dormeur du val » de Rimbaud est l'un des poèmes les plus connus de la littérature française. Dans ce poème, le dernier vers vient brutalement renverser tout ce qui précède, ce qui force le lecteur à réinterpréter l'ensemble et à reprendre sa lecture. La confusion entre le sommeil et la mort ainsi que la description du lieu d'un drame comme un environnement paisible et beau créent un puissant déséquilibre qui contribue à la force d'évocation de ce texte.

LE DORMEUR DU VAL (1870)

C'est un trou de verdure où chante une rivière
Accrochant follement aux herbes des haillons
D'argent ; où le soleil, de la montagne fière,
Luit : c'est un petit val qui mousse de rayons.

5   Un soldat jeune, bouche ouverte, tête nue,
Et la nuque baignant dans le frais cresson bleu,
Dort ; il est étendu dans l'herbe, sous la nue,
Pâle dans son lit vert où la lumière pleut.

Les pieds dans les glaïeuls, il dort. Souriant comme
10 Sourirait un enfant malade, il fait un somme :
Nature, berce-le chaudement : il a froid.

Les parfums ne font pas frissonner sa narine ;
Il dort dans le soleil, la main sur sa poitrine
Tranquille. Il a deux trous rouges au côté droit.

VERS LA DISSERTATION

1. Dans « Au collège », pourquoi les premier et dernier vers sont-ils détachés de la longue strophe ? Qu'apprend-on grâce à ces deux vers ?

2. Montrez que le thème de la mort est abordé avec sobriété dans le poème d'Évanturel.

3. Comparez l'effet du dernier vers dans les deux poèmes.

4. Le poème d'Évanturel se distingue-t-il catégoriquement des poèmes patriotiques de Fréchette (p. 37) et de Crémazie (p. 35) ?

5. Est-il exact de dire que, malgré des similarités, ces deux poèmes abordent le thème de la mort de façon très différente ?

Louis Fréchette (1839-1908)

Homme de lettres complet, auteur d'une œuvre abondante, Louis Fréchette écrit de la poésie, du théâtre, des contes. Dans toutes ses œuvres transparaissent son patriotisme ardent et son esprit libéral. Son style grandiloquent porte la marque profonde de son modèle, Victor Hugo, dont il ne réussit jamais à égaler le souffle.

Les Fleurs boréales (1879) sont très caractéristiques de l'œuvre de Fréchette. On y retrouve de nombreux poèmes à la gloire de notre nation, composés de vers emphatiques et bien tournés, qui n'évitent pas toujours l'académisme et le cliché. Dans le long poème «Jolliet», le poète raconte avec un émerveillement un peu forcé la découverte du Mississippi par son premier explorateur français. La dimension héroïque, déjà très présente dans *Les Fleurs boréales*, est développée dans *La Légende d'un peuple* (1887), écho de *La Légende des siècles* (1859-1883) de Victor Hugo.

POÉSIE

LES FLEURS BORÉALES (1879)

Jolliet

I

[...]

Écharpe de Titan[1] sur le globe enroulée,
Le grand fleuve épanchait sa nappe immaculée
Des régions de l'Ourse aux plages d'Orion[2],
Baignant la steppe aride et les bosquets d'orange,
5   Et mariant ainsi, dans un hymen étrange,
          L'Équateur au Septentrion.

Fier de sa liberté, fier de ses flots sans nombre,
Fier du grand pin touffu qui lui verse son ombre,
Le Roi-des-Eaux n'avait encore, en aucun lieu
10 Où l'avait promené sa course vagabonde,
Déposé le tribut de sa vague profonde,
          Que devant le soleil et Dieu!...

II

Jolliet! Jolliet! quel spectacle féerique
Dut frapper ton regard, quand ta nef historique
15 Bondit sur les flots d'or du grand fleuve inconnu!
Quel sourire d'orgueil dut effleurer ta lèvre!
Quel éclair triomphant, à cet instant de fièvre,
          Dut resplendir sur ton front nu!

Le voyez-vous, là-bas, debout comme un prophète,
20 Le regard rayonnant d'audace satisfaite,
La main tendue au loin vers l'Occident bronzé,
Prendre possession de ce domaine immense,
Au nom du Dieu vivant, au nom du roi de France,
          Et du monde civilisé!

25 Puis, bercé par la houle, et bercé par ses rêves,
L'oreille ouverte aux bruits harmonieux des grèves,
Humant l'âcre parfum des grands bois odorants,
Rasant les îlots verts et les dunes d'opale,
De méandre en méandre, au fil de l'onde pâle,
30   Suivre le cours des flots errants!

À son aspect, du sein des flottantes ramures,
Montait comme un concert de chants et de murmures;
Des vols d'oiseaux marins s'élevaient des roseaux,
Et, pour montrer la route à la pirogue frêle,
35 S'enfuyaient en avant, traînant leur ombre grêle
          Dans le pli lumineux des eaux.

Et, pendant qu'il allait voguant à la dérive,
L'on aurait dit qu'au loin les arbres de la rive,
En arceaux[3] parfumés penchés sur son chemin,
40 Saluaient le héros dont l'énergique audace
Venait d'inscrire encor le nom de notre race
          Aux fastes de l'esprit humain!

[...]

---

1. Géant.
2. Ourse et Orion sont des constellations.
3. En forme d'arc.

▶ VERS LA DISSERTATION

1. Par quels éléments du texte le Mississippi est-il personnifié?

2. Quelles réactions le poète prête-il à Jolliet lorsque celui-ci explore ce fleuve alors inconnu des Européens?

3. Quel procédé l'auteur utilise-t-il pour magnifier cette découverte?

4. Le patriotisme dans ce poème est-il semblable à celui de Crémazie dans «Le Drapeau de Carillon» (p. 35)?

Chevalier de Lorimier (1805-1839)

François-Marie-Thomas Chevalier de Lorimier, notaire, père de cinq enfants, milite avec Louis-Joseph Papineau dans le Parti patriote. Lorsqu'éclate la rébellion des Patriotes, il s'engage activement dans les combats armés. Il est capturé par les Anglais en 1838 alors qu'il essaie de regagner la frontière états-unienne. Condamné à mort, il est pendu le 15 février 1839.

Chevalier de Lorimier envoie des lettres à sa famille et ses amis alors qu'il se sait condamné à mort et qu'il n'a aucun espoir d'absolution. Ces lettres sont empreintes de sagesse et d'un grand courage. De Lorimier devient touchant et attendri lorsqu'il s'adresse à son épouse. Il exprime son ardeur révolutionnaire et son espoir d'une libération de la colonisation anglaise dans une longue lettre en forme de testament politique, adressée au public la veille de son exécution.

VERS LA DISSERTATION

1. Quel est le ton général de cette lettre?
2. Quel message De Lorimier adresse-t-il à ses enfants? Quel est celui qu'il destine à ses compatriotes?
3. Quel bilan l'auteur fait-il de la rébellion des Patriotes?
4. Est-il juste de dire que cette lettre est une leçon de fierté?
5. Peut-on affirmer que cette lettre est porteuse d'espoir?

GENRE ÉPISTOLAIRE

LETTRE DU 14 FÉVRIER 1839

[...] Je meurs sans remords, je ne désirais que le bien de mon pays dans l'insurrection et l'indépendance, mes vues et mes actions étaient sincères et n'ont été entachées d'aucun des crimes qui déshonorent l'humanité et qui ne sont que trop communs dans l'effervescence de passions déchaî-
5   nées. Depuis 17 à 18 ans, j'ai pris une part active dans presque tous les mouvements populaires, et toujours avec conviction et sincérité. Mes efforts ont été pour l'indépendance de mes compatriotes; nous avons été malheureux jusqu'à ce jour. La mort a déjà décimé plusieurs de mes collaborateurs. Beaucoup gémissent dans les fers, un plus grand nombre sur
10 la terre d'exil avec leurs propriétés détruites, leurs familles abandonnées sans ressources aux rigueurs d'un hiver canadien. Malgré tant d'infortune, mon cœur entretient encore du courage et des espérances pour l'avenir, mes amis et mes enfants verront de meilleurs jours, ils seront libres. Un pressentiment certain, ma conscience tranquille me l'assurent. Voilà ce
15 qui me remplit de joie, quand tout est désolation et douleur autour de moi. Les plaies de mon pays se cicatriseront après les malheurs de l'anarchie et d'une révolution sanglante. Le paisible Canadien verra renaître le bonheur et la liberté sur le Saint-Laurent; tout concourt à ce but, les exécutions mêmes, le sang et les larmes versés sur l'autel de la liberté
20 arrosent aujourd'hui les racines de l'arbre qui fera flotter le drapeau marqué de deux étoiles des Canadiens. Je laisse des enfants qui n'ont pour héritage que le souvenir de mes malheurs. Pauvres orphelins, c'est vous que je plains, c'est vous que la main ensanglantée et arbitraire de la loi martiale frappe par ma mort. Vous n'aurez pas connu les douceurs
25 et les avantages d'embrasser votre père aux jours d'allégresse, aux jours de fêtes! Quand votre raison vous permettra de réfléchir, vous verrez votre père qui a expié sur le gibet des actions qui ont immortalisé d'autres hommes plus heureux. Le crime de votre père est dans l'irréussite. Si le succès eût accompagné ses tentatives, on eût honoré ses actions d'une
30 mention honorable. «Le crime et non pas l'échafaud fait la honte.» Des hommes, d'un mérite supérieur au mien, ont battu la triste voie qui me reste à parcourir de la prison obscure au gibet. Pauvres enfants! vous n'aurez plus qu'une mère tendre et désolée pour soutien. Si ma mort et mes sacrifices vous réduisent à l'indigence, demandez quelquefois en mon
35 nom, je ne fus jamais insensible aux malheurs de mes semblables. Quant à vous, mes compatriotes, mon exécution et celle de mes compatriotes d'échafaud vous seront utiles. Puissent-elles vous démontrer ce que vous devez attendre du gouvernement anglais!... Je n'ai plus que quelques heures à vivre, et j'ai voulu partager ce temps précieux entre mes devoirs
40 religieux et ceux dus à mes compatriotes. Pour eux je meurs sur le gibet de la mort infâme du meurtrier, pour eux je me sépare de mes jeunes enfants et de mon épouse sans autre appui, et pour eux je meurs en m'écriant: Vive la liberté! Vive l'indépendance!

Lord Durham (1792-1840)

John George Lambton, premier comte de Durham, a semblé, pour le gouvernement anglais, l'homme idéal pour venir enquêter sur la rébellion de 1837-1838. Libéral, courtois, cultivé, il compulse quantité de documents avant d'entreprendre son enquête et, pendant son long séjour au pays, il écoute attentivement des avis variés. Mais son rapport, dans lequel il préconise l'assimilation des Canadiens français, tombe comme un coup de massue.

Ce rapport n'a certes rien d'une œuvre littéraire, mais il laisse de telles marques chez les écrivains d'ici qu'il s'intègre indubitablement à l'histoire de notre littérature. En effet, pendant de longues années, nos auteurs n'ont cessé de lui répliquer, par une littérature patriotique surtout, afin de prouver que nous ne sommes pas un peuple « sans histoire et sans littérature ».

E S S A I

LE RAPPORT DURHAM (1839)

Premier extrait

Les deux races, ainsi distinctes, ont été amenées à former la même société dans des circonstances qui inévitablement faisaient de leurs contacts une occasion d'affrontement.

La différence de langue d'abord les tenait séparés.

5 Ce n'est nulle part une vertu de la race anglaise de tolérer toutes manières, coutumes ou lois qui lui apparaissent étrangères; accoutumés à se former une haute opinion de leur propre supériorité, les Anglais ne prennent pas la peine de cacher aux autres leur mépris et leur aversion pour leurs usages.

10 Ils ont trouvé chez les Canadiens français une somme égale de fierté nationale; fierté ombrageuse mais inactive qui porte ce peuple non pas à s'offenser des insultes, mais plutôt à se garder à l'écart de ceux qui voudraient le tenir dans l'abaissement.

15 Les Français ne pouvaient que reconnaître la supériorité et l'esprit d'entreprise des Anglais; ils ne pouvaient ignorer les succès remportés par les Anglais dans toutes les entreprises qu'ils touchaient ni la constante supériorité qu'ils acquéraient.

Ils regardèrent leurs rivaux avec alarme, jalousie et enfin 20 avec haine. Les Anglais le leur rendirent par une morgue[1] qui bientôt aussi revêtit la même forme de haine.

Les Français se plaignaient de l'arrogance et de l'injustice des Anglais; les Anglais reprochaient aux Français les vices d'un peuple faible et conquis et les accusaient de bassesse 25 et de perfidie.

Deuxième extrait

On ne peut guère concevoir de nationalité plus dépourvue de tout ce qui peut vivifier et élever un peuple que celle que présentent les descendants des Français dans le Bas-Canada, du fait qu'ils ont conservé leur langue 5 et leurs coutumes particulières.

Ils sont un peuple sans histoire et sans littérature.

La littérature d'Angleterre est écrite dans une langue qui n'est pas la leur; et la seule littérature que leur langue leur rend familière est celle d'une nation dont ils ont été séparés 10 par quatre-vingts ans de domination étrangère et encore plus par ces changements que la Révolution française et ses conséquences ont opérés dans tout l'état politique, moral et social de la France.

Cependant c'est d'un peuple, dont les séparent si complè-15 tement l'histoire récente, les mœurs et manières de penser, que les Canadiens français dépendent complètement en ce qui concerne presque toute l'instruction et toutes les distractions procurées par les livres; c'est de cette littérature essentiellement étrangère, qui traite d'événements, d'idées 20 et d'habitudes de vie qui leur sont tout à fait étrangers et inintelligibles, qu'ils sont contraints de dépendre.

De la même manière, leur nationalité a pour effet de les priver de l'influence civilisatrice des arts[2].

1. Arrogance.
2. Version française basée sur la traduction de Maurice Séguin.

▌ VERS LA DISSERTATION

1. Relevez, dans ces extraits, les principaux préjugés de l'auteur.
2. Malgré ces préjugés, l'auteur sait-il reconnaître des défauts aux Anglais et des qualités aux Français? Justifiez votre réponse.
3. Selon Durham, en quoi les Anglais et les Français s'opposent principalement?
4. Selon Lord Durham, quel type de rapport les Canadiens français entretiennent-ils avec la littérature française?
5. Peut-on dire que Lord Durham est aveuglé par les préjugés?

Arthur Buies (1840-1901)

Arthur Buies est l'auteur d'écrits virulents qui l'ont fait connaître. Il reçoit sa formation à la fois au Canada et en France, et participe auprès de Giuseppe Garibaldi à la révolution italienne. Lorsqu'il revient au pays pour s'y établir définitivement, il est riche d'enseignements multiples. Il choisit d'utiliser sa plume vive et polémique afin de prôner la liberté et le progrès, et de s'attaquer au cléricalisme et au conservatisme qui emprisonnent son peuple.

Arthur Buies énonce ses idées avec une rare franchise, et aucun autre auteur de son temps ne s'est montré aussi libre dans ses écrits et aussi ferme dans ses démarches. Il s'exprime avec fougue dans *La Lanterne*, journal qu'il fonde et qu'il dirige, mais qu'on interdit l'année même de sa fondation. « Décadence d'un peuple », dont des extraits suivent, est un exemple représentatif des textes où il attaque de façon virulente le clergé, qu'il accuse ici d'être responsable de l'inertie de ses compatriotes.

E S S A I

DÉCADENCE D'UN PEUPLE (1884)

Premier extrait

Notre peuple est profondément abaissé et humilié, parce que ce sont ces hommes-là qui ont fait son éducation. Ils lui apprennent à être faux, craintif, oblique, à employer toute espèce
5 de petits moyens, de sorte qu'il ne peut employer les grands, quand il le faut, et qu'il se voit d'un grand bout dominé par les autres races.

Nous sommes des moutons et, qui le veut, peut nous tondre.

10 On ne nous prêche que deux choses, l'obéissance et l'humilité, l'obéissance surtout, dont on fait la première des vertus.

Mais l'obéissance n'est que l'école du commandement et non pas une vertu en soi.

15 Et l'humilité, telle qu'on nous l'enseigne, n'est autre chose que l'humiliation.

La vraie vertu des nations n'est pas l'humilité, c'est l'orgueil, c'est la conscience de leur force qui leur fait faire de grandes choses.

Deuxième extrait

Le Canada offre un fait unique dans l'histoire. C'est le fait d'une grande majorité des habitants possédant le sol, écartée presque entièrement et dominée par une petite minorité d'hommes
5 venus de l'extérieur.

L'histoire montre bien des nations entières opprimées et décimées par une poignée de conquérants, réduites au dernier degré d'abjection, mais on ne vit jamais une nation jouissant
10 de droits égaux avec ceux qui la conquirent appelée comme eux à l'exercice de toutes les libertés publiques, à participer à tous les bienfaits de la civilisation, se condamner elle-même à l'absorption et à une déchéance qui équivaut à l'anéan-
15 tissement. Qu'une occasion se présente, les Canadiens n'oseront se faire valoir, mais ils brailleront pendant un mois si on le leur reproche.

Ils savent très bien se rendre aux neu-
vaines, aux confréries, mais ils ne savent
20 pas aller là où les attendent la rivalité,
la lutte des autres races, l'occasion de
s'affirmer, de se signaler, de manifester
leur caractère propre, à côté des Anglais,
des Irlandais et des Écossais.

25 Cependant, toute leur éducation de
collège leur a été donnée en français;
les prêtres n'ont cessé de se représenter
à eux comme les sauveurs de notre *nationalité*; ils leur ont fait entendre ce mot
30 sous toutes les formes; dans les élections,
sur les hustings[1], les conservateurs n'ont
cessé de le crier aux habitants des campagnes; d'où vient
donc que cette nationalité n'est guère qu'une dérision?

[...]

Par quelle suite de chutes, par quels abaissements successifs,
35 par quelles déchéances de plus en plus profondes, en
sommes-nous venus à ne plus compter sur notre propre
sol, à n'être plus rien, même à nos propres yeux?

Pourquoi? Voilà le mot répété bien des fois depuis quelques
années; grand nombre de gens soupçonnent le *parce que*,
40 mais il leur fait peur.

À moi il appartient de le dire.

Nous ne sommes plus un peuple, parce que depuis un quart
de siècle nous avons abdiqué entre les mains des prêtres
toute volonté, toute conduite de nos affaires, toute idée
45 personnelle, toute impulsion collective.

Cette abstraction de nous-mêmes a été poussée si loin
qu'aujourd'hui elle est devenue notre nature d'être, que
nous n'en concevons pas d'autres, que nos yeux sont fermés
à l'évidence, que nous n'apercevons même pas le niveau
50 d'abaissement où nous sommes descendus, et nous
considérons comme une bonne fortune unique de n'avoir
plus la charge de nos destinées.

Joseph Légaré, *Québec vu de la Pointe-Lévis*, 1835-1847.

---

1. Discours pendant les campagnes électorales.

VERS LA DISSERTATION

1. Quelles sont les expressions utilisées par Arthur Buies pour critiquer son peuple?

2. Quelles accusations porte-il contre le clergé?

3. Selon l'auteur, pourquoi le clergé ne défend-il pas le nationalisme?

4. Quelle ambition Arthur Buies nourrit-il pour son peuple?

5. En quoi ce texte tranche-t-il avec la pensée de l'époque?

6. Est-il exact de dire que, selon Arthur Buies, les Canadiens français sont responsables de leur déchéance?

SYNTHÈSE

Le contexte sociohistorique

→ Les lendemains de la Conquête sont difficiles. Mais le colonisateur anglais, fortement minoritaire, n'ose pas imposer des mesures trop contraignantes contre les Canadiens français, à qui l'on accorde le droit de parler leur langue et de pratiquer leur religion.

→ Le Parti patriote, de tendance libérale, défend les intérêts des Canadiens français. Devant le refus des Anglais de répondre à leurs revendications, les Patriotes se rebellent en 1837-1838. Leur soulèvement est violemment réprimé.

→ Lord Durham est nommé pour enquêter sur ces événements. Dans un rapport qu'il rédige à ce sujet, il prétend que les Canadiens français forment un peuple « sans histoire et sans littérature » et qu'il faut les assimiler.

→ La défaite des Patriotes permet au clergé et aux ultramontains d'exercer une très importante influence morale sur la population. Leur domination se prolongera jusqu'au début des années 1960.

→ En 1867, le Québec devient une des quatre provinces fondatrices du Canada. Le pays s'industrialise. La très forte natalité au Québec protège les Canadiens français de l'assimilation. Plusieurs d'entre eux quittent le pays pour aller travailler dans des manufactures en Nouvelle-Angleterre.

La littérature

■ Aux lendemains de la Conquête, des journaux sont créés. L'activité littéraire existe principalement par ces journaux. Il faut attendre les années 1830 avant que les premières œuvres littéraires soient publiées.

■ Les conditions dans lesquelles vivent les Canadiens français ne sont pas idéales pour que naisse une littérature. Entre autres conditions défavorables, l'emprise du clergé sur l'ensemble de la société brime les auteurs et limite leur liberté d'expression.

■ Plusieurs notables et écrivains jugent important de répliquer au rapport Durham. Défendant une littérature patriotique, ils relèvent les exploits des héros du passé et montrent que l'histoire des Canadiens peut donner naissance à une grande littérature.

■ L'influence du romantisme reste prédominante dans tous les genres littéraires. Quelques auteurs réussissent cependant à s'en libérer, comme le poète Eudore Évanturel et la romancière Laure Conan.

Le roman

Plusieurs romanciers choisissent de raconter la vie paisible et saine des cultivateurs. Ils exploitent largement le thème de l'attachement à la terre. D'autres se tournent vers le conte fantastique. Ces histoires hautes en couleur leur permettent d'explorer l'imaginaire du peuple québécois.

La poésie

Dans des poèmes ambitieux et emphatiques, les notables qui s'adonnent à la poésie chantent la gloire des héros du passé. Les poètes occupent une place prestigieuse dans la société et leurs publications sont relativement nombreuses dans la deuxième moitié du XIXe siècle. Mais il faut attendre Émile Nelligan avant qu'une œuvre poétique majeure soit produite au Québec.

L'essai

Les débats d'idées sont récurrents et parfois passionnés au Canada français. Ils ont lieu essentiellement dans les journaux. Vers la fin du XIXe siècle, l'abbé Casgrain impose en littérature le point de vue de l'Église, tandis qu'Arthur Buies ne craint pas d'afficher ses idées libérales.

1900-1945
Le Québec dans la tourmente
La littérature: terroir, exotisme et voyage intérieur

Au tournant du XXᵉ siècle, l'œuvre d'un jeune poète, Émile Nelligan, transforme le paysage litté-raire au Québec. Pour la première fois, un auteur d'ici écrit une œuvre d'une incontestable qua-lité, qui crée des émules et laisse présager l'émancipation de notre littérature. Pourtant, un grand nombre de nos écrivains ne sont pas toujours au diapason du Québec, qui s'urbanise et connaît d'importants bouleversements sociaux; ils ignorent aussi les grandes crises qui marquent le monde pendant ces années mouvementées. Le cultivateur reste encore le héros de maintes fictions québécoises, et le clergé continue de contrôler le travail des auteurs. Des œuvres importantes se démarquent cependant dans le roman et la poésie. Le roman *Maria Chapdelaine* de Louis Hémon connaît une audience internationale. À la fin de cette période, par les œuvres audacieuses et personnelles des poètes Saint-Denys Garneau et Alain Grandbois, notre littérature s'ouvre sans complexes à la modernité littéraire.

DE 1900 À 1945

Le monde	Le Québec

1900: Fondation de la première caisse populaire Desjardins

1910: Instauration de la Journée internationale des femmes (le 8 mars) par l'Internationale socialiste

1910: Fondation du journal *Le Devoir* par Henri Bourassa

1912: Naufrage du *Titanic*

1914: Assassinat de l'archiduc François-Ferdinand d'Autriche; début de la Première Guerre mondiale

1917: Révolution russe: les bolcheviks s'emparent du pouvoir
Obtention du droit de vote au niveau fédéral au Canada

1917: La population canadienne-française lutte contre la conscription

1918: Fin de la Première Guerre mondiale

1918: Cinq jours d'émeute contre la conscription à Québec; application de la loi martiale

1919: Signature du traité de Versailles

1921: Fondation de la Confédération des travailleurs catholiques du Canada (CTCC), l'ancêtre de la CSN
Étatisation de la vente des boissons alcooliques

1922: Mussolini prend le pouvoir en Italie

1922: Fondation de CKAC, la première station radiophonique de langue française

1927: Premier film parlant, *The Jazz Singer*
L'aviateur Charles Lindbergh traverse l'Atlantique

1929: Krach boursier à New York; début de la Grande Dépression

1929-1939: Le Québec est durement touché par la Grande Dépression

1931: Statut de Westminster; le Canada obtient sa pleine souveraineté face à l'Angleterre

1933: Hitler devient chancelier en Allemagne
Aux États-Unis, élection du président Roosevelt; il met en œuvre le «*New Deal*» pour combattre la Grande Dépression

1936: Début de la guerre civile en Espagne
Victoire du Front populaire en France

1936: Premier mandat de Maurice Duplessis

1937: Duplessis fait adopter la «loi du cadenas», une loi «protégeant la province de la propagande communiste»

1939: Invasion de la Pologne par Hitler; début de la Seconde Guerre mondiale

1939: Élection d'Adélard Godbout, chef du Parti libéral, comme premier ministre du Québec

1941: Attaque de Pearl Harbour; les États-Unis entrent en guerre

1940: Obtention du droit de vote par les femmes
Création du régime de l'assurance-chômage

1942: Création du Bloc populaire, un parti qui lutte contre la conscription au Québec
Adoption de la Loi de l'instruction obligatoire

1944: Débarquement de Normandie

1944: Réélection de Maurice Duplessis

1945: Fin de la Seconde Guerre mondiale
Bombes atomiques sur les villes d'Hiroshima et de Nagasaki

Illustration de la page précédente: Marc-Aurèle Fortin, *Arbres d'automne*, 1928.

1904: Rodolphe Girard, *Marie Calumet* (roman)
Émile Nelligan, *Émile Nelligan et son œuvre* (poésie)
Pamphile Lemay, *Les Gouttelettes* (poésie)

1906: Ouverture du premier cinéma à Montréal, le Ouimetoscope

1911: Paul Morin, *Le Paon d'émail* (poésie)

1914: Louis Hémon, *Maria Chapdelaine* (roman)

1918: Albert Laberge, *La Scouine* (roman)
Fondation de la revue *Le Nigog*

1920: Léon Petitjean et Henri Rollin, *Aurore, l'enfant martyre* (théâtre)

1929: Alfred Desrochers, *À l'ombre de l'Orford* (poésie)

1932: Jean Narrache (Émile Coderre), *J'parle tout seul quand Jean Narrache* (poésie)

1933: Claude-Henri Grignon, *Un homme et son péché* (roman)

1934: Jean-Charles Harvey, *Les Demi-civilisés* (roman)
Fondation de l'Orchestre symphonique de Montréal

1937: Félix-Antoine Savard, *Menaud, maître-draveur* (roman)
Fondation de la troupe de théâtre Les Compagnons de Saint-Laurent, par le père Émile Legault

Hector de Saint-Denys Garneau, *Regards et Jeux dans l'espace* (poésie)
Lionel Groulx, *Directives* (essai)

1938: Ringuet, *Trente Arpents* (roman)

1944: Alain Grandbois, *Les Îles de la nuit* (poésie)

1945: Germaine Guèvremont, *Le Survenant* (roman)

Le monde : l'ère des paroxysmes

*L*a première moitié du XXe siècle est sans aucun doute l'une des périodes les plus tourmentées de toute l'histoire du monde occidental. Des progrès considérables sont accomplis dans tous les domaines : la condition des travailleurs s'améliore, les femmes s'émancipent, les chercheurs accumulent les découvertes scientifiques, plusieurs mesures sociales viennent en aide aux citoyens démunis. Le niveau de vie augmente considérablement, surtout chez la classe moyenne. Mais aussi se succèdent des catastrophes d'une ampleur jamais atteinte : deux guerres mondiales, les plus destructrices de l'histoire, et une crise économique majeure, qui se prolonge pendant dix ans. La population du Québec, comme toutes les populations du monde, subit fortement les contrecoups des tourments de cette époque.

La Belle Époque (1900-1914)

Le XXe siècle commence par une grande période de prospérité. Des régimes politiques stables et des années de paix en Europe et aux États-Unis favorisent le bon fonctionnement de l'économie. Cette prospérité nouvelle semble profiter à la majorité des populations. Les villes se transforment et deviennent plus agréables. Les salaires augmentent et les conditions de travail sont moins aliénantes, dans les pays occidentaux tout comme au Québec. On a donné le nom de Belle Époque à cette période pendant laquelle on observe une amélioration marquée de la qualité de vie.

La Première Guerre mondiale (1914-1918)

Pendant les années précédant la guerre, un système d'alliance complexe s'établit entre les pays européens qui se divisent en deux grands axes regroupant la France, l'Angleterre et la Russie d'un côté, l'Allemagne et l'Autriche de l'autre. Lorsqu'un étudiant bosniaque tue l'héritier présomptif de l'empereur d'Autriche, les alliances se resserrent et la guerre est déclarée. On avait prévu que cette guerre, la **Première Guerre mondiale,** serait brève et décisive, mais elle dure quatre longues années. Elle est éprouvante pour les combattants qui affrontent des armes nouvelles : avions, chars d'assaut, mitraillettes, gaz toxiques. Elle fait environ neuf millions de morts. Elle se déroule principalement en Europe, mais nécessite l'intervention des forces armées de plusieurs régions du monde, dont l'Amérique, principalement. La conscription adoptée par le gouvernement canadien soulève une vive opposition au Québec. En 1917, en pleine guerre, les bolcheviks prennent le pouvoir en Russie et créent le **premier régime communiste.**

Les Années folles (1918-1929)

Le monde se remet plutôt rapidement de cette guerre et connaît dans les années 1920 une nouvelle période de prospérité. Mais la guerre a laissé ses marques. L'Europe, affectée par la ruine et par la disparition de forces vives – les très nombreux jeunes hommes morts à la guerre –, perd sa position prédominante aux mains d'une nouvelle puissance qui s'affirme de plus en plus, les États-Unis. L'Allemagne, humiliée par un traité de paix contraignant, le traité de Versailles, connaît d'importantes difficultés économiques, ce qui permet au parti nazi, dirigé d'une main de fer par Adolf Hitler, de gagner en popularité. Une forme d'euphorie et d'insouciance caractérise ces années qu'on qualifie d'«Années folles». L'économie se trouve gonflée artificiellement par une vague de spéculation à haute échelle qui finit par provoquer l'écroulement de la Bourse de New York.

La Grande Dépression (1929-1939)

Le krach boursier de 1929 a des conséquences terribles et la crise financière qui s'ensuit a des répercussions dans le monde entier. Cette crise provoque la ruine de plusieurs patrons; le chômage devient endémique et une part importante des populations est plongée dans la misère. La population du Québec en souffre particulièrement. Aux États-Unis, le gouvernement du président Franklin Delano Roosevelt lance le «*New Deal*», qui favorise une intervention vigoureuse de l'État pour relancer l'économie. En Europe, la crise économique profite en grande partie au fascisme, qui prétend rétablir l'ordre par un gouvernement autoritaire. Benito Mussolini a tracé la voie de ce type de gouvernement dès 1922. En 1933, Adolf Hitler accède au pouvoir en Allemagne et met l'Europe sous tension. Sa volonté ferme de s'attaquer au traité de Versailles et son antisémitisme fanatique ne suffisent cependant pas à alerter les autres grandes puissances européennes, qui laissent l'Allemagne s'armer massivement. Lorsque l'armée allemande envahit la Pologne en 1939, elles doivent enfin lui déclarer la guerre. Mais l'armée que dirige Hitler est alors puissante et efficacement organisée.

La Seconde Guerre mondiale (1939-1945)

La Seconde Guerre mondiale est encore plus désastreuse que la première. Elle fait environ 50 millions de morts, dont 20 millions en Union soviétique. Elle déborde largement l'Europe, touche l'Afrique du Nord, le Pacifique et l'Asie, et implique un nombre particulièrement élevé de pays. De nombreux soldats canadiens sont appelés à combattre; comme pendant la Première Guerre mondiale, la conscription soulève au Québec un important mouvement d'opposition. La cruauté des nazis dépasse tout ce qu'on aurait pu imaginer: les Allemands massacrent des villages entiers, déportent des populations civiles, exécutent les prisonniers de guerre, éliminent massivement les tziganes, les homosexuels, les handicapés; un plan appelé «solution finale» prévoit l'extermination totale des Juifs en territoires conquis. Ce n'est que lorsque la guerre est terminée que les populations du monde découvrent avec stupeur l'ampleur du désastre.

Tamara de Lempicka, *Autoportrait,* 1925.

La peinture art déco de Tamara de Lempicka est représentative de l'élégance et de l'esprit des Années folles.

La société québécoise entre immobilisme et changement

Dans le Québec du début du siècle, l'élite francophone tient fermement à ce que la province reste à l'abri des changements. L'agriculteur vaillant, attaché à la terre, bon catholique, qui élève une famille nombreuse, reste le meilleur modèle à suivre. L'élite se méfie du conquérant anglais et protestant, qui menace toujours d'assimiler les francophones. La France, quant à elle, n'est plus un exemple à suivre depuis que le pays devient officiellement laïque, avec la loi du 9 décembre 1905 sur la séparation des Églises et de l'État. Il faut donc que le Canada français se replie sur lui-même pour préserver son identité sans cesse menacée. Mais ces vœux se heurtent à des changements liés aux transformations qui surviennent dans le reste du monde et se font sentir jusque dans notre région lointaine du nord de l'Amérique.

Ces changements se produisent tôt dans le siècle et s'accentuent alors que notre économie s'intègre de plus en plus à celle du reste de l'Amérique, elle-même liée aux fluctuations des marchés mondiaux et aux grands événements politiques.

La société québécoise se trouve donc transformée par les changements inévitables qui jalonnent son histoire :

- La société québécoise est affectée par un **exode rural.** Les paysans sont attirés dans les villes où se développe un important secteur manufacturier qui a besoin de main-d'œuvre. En 1901, 60,3 % de la population est rurale. Cette proportion se réduit à 51,8 % en 1911 et à 36 % en 1921.

La ville de Montréal est, dans les années 1910, un important centre commercial. Elle est dynamique, de plus en plus peuplée... et très anglaise.

- **Les nouvelles entreprises où travaillent les Canadiens français sont détenues majoritairement par des Britanniques ou des Américains,** qui font aussi main basse sur les ressources naturelles du pays. Ainsi, les Canadiens français ne profitent pas autant qu'ils le devraient de l'expansion économique de la province.

- **L'émigration des Canadiens français aux États-Unis se poursuit.** Comme au siècle précédent, certains rentrent au Québec rapidement, mais un nombre important d'émigrés préfèrent encore s'installer définitivement dans leur nouveau pays et finissent par s'y assimiler. Le sujet de cette émigration est abordé dans certains romans.

- Lors de la Première Guerre mondiale, **les Canadiens français refusent avec vigueur la conscription,** généralement acceptée au Canada anglais. Le Québec se sent isolé et il se développe un ressentiment contre le Canada anglais parmi la population.

- **La Grande Dépression touche durement le Québec.** Les chômeurs sont nombreux, et la misère, bien réelle. La population doit apprendre à vivre avec très peu, dans des conditions difficiles. Le développement du Québec est sévèrement stoppé : la natalité baisse, l'immigration est réduite, l'exode vers les villes est momentanément ralenti.

- **La Seconde Guerre mondiale ramène la prospérité,** mais au prix de millions de morts en Europe. Une nouvelle crise de la conscription crée une fois de plus des tensions entre les anglophones et les francophones du pays. En 1942, lors d'un plébiscite tenu dans tout le Canada, les Canadiens français votent majoritairement contre la conscription, alors que les Canadiens anglais l'acceptent. Les soldats du Québec sont malgré tout nombreux à aller se battre en Europe.

Même si ces événements changent la vie au Québec, la société reste dans l'ensemble très conservatrice. Les élites continuent de se méfier du changement et d'édifier en modèle la société rurale, pourtant décimée. Même dans les villes, les Canadiens français conservent un esprit de paroissiens et ont tendance à reproduire un mode de vie semblable à celui qu'ils avaient développé à la campagne. Dans son roman *Bonheur d'occasion*, Gabrielle Roy décrit avec justesse la vie dans le quartier Saint-Henri à Montréal, où le mode de vie paroissial « se recomposait dans sa tranquillité et sa puissance de durée. École, église, couvent : bloc séculaire fortement noué au cœur de la jungle citadine comme au creux des vallons laurentiens. »

Ces années ne sont pas très propices à la création artistique. Les infrastructures (théâtres, maisons d'édition, bibliothèques, salles de spectacle, galeries d'art) ne sont pas nombreuses et la plupart d'entre elles demeurent contrôlées par le clergé. Cette situation amène beaucoup d'artistes à s'exiler et à tenter leur chance à Paris. Par contre, il existe une vive activité sur le plan de l'expression des idées. Plusieurs polémistes prennent la plume pour aborder divers sujets, principalement celui de la nation, et s'interrogent sur la survie d'un petit peuple fragile, de sa langue, de sa religion. Parmi ces auteurs, le chanoine Lionel Groulx est le plus prolifique; il se fait le défenseur du nationalisme canadien-français, avec un engagement profond, mais non sans excès.

La littérature québécoise entre idéalisme, réalité et fuite de la réalité

Le Québec de la première moitié du XXᵉ siècle n'est pas propice à l'éclosion d'une vie littéraire active. Le clergé, toujours très présent, exerce là comme ailleurs son contrôle, notamment sur la production, qu'il oriente au moyen des maisons d'édition qu'il possède. Le clergé pratique aussi la censure en interdisant la lecture des livres mis à l'*Index* par le Vatican, et cherche à déterminer les goûts du public. Il existe peu de moyens pour diffuser la littérature, ce qui freine le développement des vocations d'auteurs. Les écrivains qui cherchent à créer une œuvre personnelle dans laquelle ils s'expriment en toute liberté doivent faire face à la censure. Ceux qui, comme Albert Laberge, Rodolphe Girard, Jean-Charles Harvey, prennent le risque de montrer la société québécoise telle qu'ils la voient, sans l'idéaliser et sans édulcorer la critique qu'ils en font, sont durement réprimandés. D'autres évitent toute confrontation et préfèrent se construire un monde imaginaire à l'intérieur duquel ils s'exilent. Malgré ces difficultés, une vie littéraire se développe et suscite même de larges débats chez les écrivains et journalistes. À Montréal, de jeunes poètes sentent le besoin de se regrouper, de partager leurs découvertes et leurs créations. Ils forment l'**École littéraire de Montréal.** Par ce regroupement, ils visent moins à inventer un nouveau courant en poésie qu'à se donner un lieu de rencontre pour échanger sur la poésie. Le groupe se réunit d'abord dans un café, le Café Ayotte, avant d'organiser des séances publiques au Château Ramezay dans le Vieux-Montréal. Ces jeunes auteurs découvrent avec enthousiasme les grands poètes symbolistes français : Baudelaire, Rimbaud, Verlaine, pour ne citer que les plus célèbres. Les œuvres des jeunes poètes montréalais sont d'abord marquées par ces influences. Lors des séances publiques se signale Émile Nelligan, qui devient notre premier poète majeur. Peu à peu, l'École littéraire de Montréal se transforme, se coupe des influences françaises et défend la poésie du terroir.

Au début du XXᵉ siècle, le Château Ramezay, dans le Vieux-Montréal, servait de lieu de rencontre aux auteurs de l'École littéraire de Montréal.

Le début du XXᵉ siècle est marqué par une importante polémique littéraire : la **querelle des exotiques et des régionalistes.** Ce premier débat majeur est l'occasion, pour les écrivains, de poser un questionnement important sur notre identité : ils se demandent si la littérature doit s'intéresser d'abord et avant tout à nos particularités régionales ou être universelle, de façon à être comprise par tous les publics. Les exotiques et les régionalistes qui s'affrontent ont des points de vue difficilement conciliables. Par la suite, ce sujet ne cessera jamais vraiment d'être débattu.

Le roman, quant à lui, reste bien ancré dans la réalité rurale, mais beaucoup d'écrivains refusent d'actualiser cette réalité. Les auteurs continuent jusqu'à la fin de la Seconde Guerre mondiale à écrire des **romans du terroir** où ils mettent en scène des paysans attachés à leur terre, en dépit de l'exode rural et de l'apparition d'une importante classe ouvrière. L'appui du clergé et le succès international de *Maria Chapdelaine*, de Louis Hémon, un Français de passage au Canada, encouragent les écrivains à poursuivre dans cette tendance.

Les auteurs semblent donc rester à distance de l'évolution de la société québécoise. Les événements majeurs qui transforment le pays ont relativement peu de répercussions sur les œuvres littéraires. Même la Grande Dépression, qui frappe si durement le Québec, inspire relativement peu les auteurs. Ce sont surtout des artistes populaires, comme la chanteuse La Bolduc et le poète Jean Narrache, qui racontent, dans la langue toute simple de leurs semblables – et avec humour –, la misère quotidienne pendant les années difficiles de cette crise économique.

D'autres poètes choisissent de se replier sur eux-mêmes et d'explorer leur réalité intérieure. Leur poésie, marquée par la solitude et l'introspection, trouve une convaincante réalisation dans l'œuvre de Saint-Denys Garneau. C'est paradoxalement ce repli qui permet aux poètes de s'exprimer avec une grande liberté formelle, d'explorer le vers libre et d'écrire des textes audacieux et modernes. La littérature québécoise cesse pour la première fois d'être à la remorque de courants littéraires étrangers et d'être embrigadée pour défendre les intérêts du clergé ou d'autres groupes particuliers.

L'œuvre de ces **poètes de la solitude,** qui se poursuit aux lendemains de la Seconde Guerre mondiale, indique déjà les déchirements que subiront les auteurs québécois des années ultérieures : leur désir d'écrire des œuvres innovatrices se heurtera au conservatisme de la société dans laquelle ils vivent.

Rodolphe Girard (1879-1956)

Le sort réservé au roman *Marie Calumet* de Rodolphe Girard, publié à compte d'auteur, montre bien le poids de la censure et du clergé au début du XXᵉ siècle. Ce livre grivois, léger et plutôt inoffensif se voit immédiatement condamné. Son auteur est congédié du journal *La Presse* où il travaille comme journaliste et doit aller vivre à Ottawa. Il faut attendre plus de quarante ans avant que le roman ne soit remis en circulation, dans une version édulcorée par l'auteur lui-même.

Avec *Marie Calumet*, Rodolphe Girard décrit la vie rurale sans toutefois y plaquer la morale édifiante typique des romans du terroir. Il écrit un livre franchement comique, dans lequel il se moque avec tendresse de ses personnages dans une série de tableaux qui illustrent la vie quotidienne au presbytère du village de Saint-Ildefonse. Le curé, le bedeau, la jolie nièce et l'homme engagé y sont dépeints avec sympathie. Mais c'est la servante Marie Calumet, ménagère compétente, parfois un peu ridicule, qui retient le plus l'attention, par son grand cœur, son tempérament énergique et le charme spontané qu'elle dégage.

VERS LA DISSERTATION

1. Relevez les traits humoristiques dans le passage.
2. Montrez les aspects positifs et négatifs du personnage.
3. Montrez que l'aspect physique du personnage correspond à son portrait moral.
4. D'après le portrait que l'auteur dresse de la femme, est-il légitime de croire que Marie Calumet est un personnage féminin typique du terroir?

ROMAN

MARIE CALUMET (1904)

Marie Calumet, pour employer son expression propre, marchait sur ses quarante ans. Lorsqu'elle entra dans la trente-neuvième année de son âge, elle marchait sur ses quarante ans, et aujourd'hui
5 qu'elle comptait trente-neuf ans, onze mois et vingt-neuf jours, elle marchait encore sur ses quarante ans. Chaque anniversaire ramenait la même ritournelle. Elle marchait toujours, Marie Calumet, ne devant stopper qu'à la mort.

10 On ne pouvait pas prétendre qu'elle fût un beau type de femme. Non, mais c'était plutôt une criature [1] avenante, comme disaient les gens de Sainte-Geneviève, où elle avait vu le jour. Et cependant, quiconque, une fois dans sa vie, avait entrevu Marie Calumet,
15 ne l'oubliait jamais plus. Grande, forte de taille et de buste, elle débordait de santé et de graisse. Séparés sur le front par une raie irréprochable, lissés en bandeaux luisants, les cheveux d'un noir d'ébène se rejoignaient à la nuque en une toque imposante, dans laquelle était piqué un peigne à vingt sous.

Faut-il ajouter qu'elle avait la peau très blanche, les joues rouges comme
20 une pomme fameuse, sans une ride, tant sa vie jusqu'à présent avait été calme et pacifique? Pas un nuage dans son ciel, pas un pli sur son front. Certains envieux, il est vrai, lui trouvaient le nez trop retroussé, la bouche un peu large. Dans la fossette du menton, une toute petite touffe de poils follets n'atténuant en rien la grâce rustique de Marie Calumet. Voilà pour le physique.

25 Et au moral: à un naturel décidé, la nouvelle servante de monsieur le curé Flavel joignait un cœur d'or. Elle refusa, lorsque sa mère mourut, un matin d'automne, de quitter le vieux veuf. Voilà pourquoi, elle, l'aînée de la famille, ne s'était jamais mariée. Les petiots [2], elle en avait eu un soin maternel: les habillant, lavant, débarbouillant, torchant, le plus proprement possible. Au-
30 jourd'hui, les filles avaient trouvé des épouseux [3], les garçons s'étaient établis, le bonhomme venait de trépasser, et elle se trouvait désorientée. C'est à cela que le curé Lefranc avait songé lorsqu'il proposa cette vieille fille à son voisin.

Je dirai, pour terminer cette esquisse rapide, que Marie Calumet avait ses originalités, entre autres la passion des couleurs et des vêtements excentriques.
35 Avec cela, une touchante naïveté d'enfant, une crédulité sans bornes, une admiration et une dévotion exagérées pour toutes les choses de la religion, qu'elle incorporait dans l'auguste [4] personnalité de monsieur le curé. Elle aimait à commander et, se dévouait-elle pour quelqu'un, c'était pour toujours.

Il la vit sortir avec son petit banc et ses chaudières......

Illustration tirée de *Marie Calumet*.

---

1. Femme.
2. Jeunes enfants.
3. Époux.
4. Noble, vénérable.

LE ROMAN DU TERROIR

Ozias Leduc, *Labour d'automne*, 1901.

Il s'écrit des romans du terroir (ou romans de la terre) pendant près de cent ans au Québec, de la publication de *La Terre paternelle* de Patrice Lacombe en 1846 à celle du *Survenant* de Germaine Guèvremont en 1945. La vie des paysans est alors le sujet de prédilection des écrivains québécois, qui publient une soixantaine de romans du terroir pendant cette période. Au XIXe siècle, le sujet s'impose d'emblée, puisque la très forte majorité des Canadiens français vit de l'agriculture et que l'élite dans les villes est principalement anglophone. Le sujet reste cependant très populaire pendant la première moitié du XXe siècle, même si, à partir des années 1920, la population rurale n'est plus majoritaire.

C'est que le roman du terroir propage des valeurs auxquelles l'élite francophone demeure attachée, en dépit des transformations sociales. Le paysan humble, bon croyant, soumis, courageux devient une garantie de stabilité dans un monde en métamorphose, qu'un grand nombre de Canadiens français craignent de ne plus arriver à contrôler. Les valeurs du terroir, fortement présentes dans les premiers romans, sont peu à peu critiquées et remplacées par d'autres valeurs dans les romans subséquents, qui contestent le modèle d'origine.

Le roman du terroir se reconnaît aux caractéristiques suivantes :

- **Dans le roman du terroir, la vie du cultivateur est montrée comme un modèle à suivre.** Cette vie souvent difficile est perçue comme gratifiante et conforme à une volonté supérieure qui destine le paysan à sa terre. Pour la rendre plus attrayante, les romanciers idéalisent souvent les activités quotidiennes du paysan.

- **Le roman du terroir oppose la campagne à la ville.** La ville est un lieu de perdition pour le cultivateur. Il y perd tout : ses revenus, ses traditions, sa dignité. Le roman du terroir sert très souvent d'avertissement : un bon paysan ne doit jamais laisser sa terre pour vivre en ville. Il doit se contenter du monde clos et étroitement circonscrit dans lequel il vit.

- **Dans le roman du terroir, les personnages vivent dans un temps cyclique.** Très peu d'événements extérieurs viennent perturber leur existence. Leur vie s'intègre dans de grands cycles : alternance des saisons, du jour et de la nuit, des naissances, des mariages et des morts. Ainsi, les repères de temps, pour la plupart flous, ne sont marqués que par de rares événements qui ont rompu la routine.

- **Les romans du terroir sont liés à l'idéologie de la conservation.** Selon cette idéologie, les Canadiens français ont le devoir de préserver un héritage – la langue française, la religion catholique, des traditions – reçu des ancêtres et devant être retransmis aux descendants sans avoir été altéré. Le roman du terroir montre à quel point il est important de préserver cet héritage. Comme le dit l'une des voix qu'entend l'héroïne de *Maria Chapdelaine* de Louis Hémon : «Au pays de Québec rien ne doit mourir et rien ne doit changer [...]»

Le premier roman du terroir, *La Terre paternelle* de Patrice Lacombe, fixe le modèle à suivre : «[...] peignons l'enfant du sol tel qu'il est, en dit le narrateur, religieux, honnête, paisible de mœurs et de caractère, jouissant de l'aisance et de la fortune sans orgueil et sans ostentation, supportant avec résignation et patience les plus grandes adversités [...]» Avec *Maria Chapdelaine* de Louis Hémon, le roman du terroir atteint un sommet. Ce roman sensible et intelligent raconte une histoire en tous points conforme aux valeurs des élites conservatrices locales, même s'il a été écrit par un étranger qui cherchait à contester, indirectement, l'idéologie bourgeoise de son continent d'origine, l'Europe.

Après *Maria Chapdelaine*, le roman du terroir se transforme et joue de moins en moins le rôle de laudateur de la vie paysanne. Dans *La Scouine*, Albert Laberge inverse les préceptes du roman du terroir et dépeint avec une charge cruelle des paysans qui sont de véritables repoussoirs. *Menaud, maître-draveur* de Félix-Antoine Savard raconte la colère d'un vieux draveur qui n'accepte plus la résignation et se révolte devant l'étranger qui envahit le territoire de ses ancêtres.

Avec *Trente Arpents*, Ringuet livre un grand roman réaliste dans lequel il décrit l'ascension et la chute d'un cultivateur ambitieux. *Le Survenant* de Germaine Guèvremont peut être considéré comme le superbe chant du cygne du roman du terroir. L'intrusion d'un étranger qui perturbe la vie paisible des paysans est fatale. Par la suite, les romanciers se désintéressent de la vie rurale et se tournent vers la ville.

[Handwritten annotations: Message céleste, divin. comme interprété. déchirange. à la fois emplie de (fermeté. Bruit envahissante (déclanée) dans la tête de Maria.]

Louis Hémon (1880-1913)

Louis Hémon est un fils de bonne famille qui rompt avec son milieu pour vivre quelques années à Londres, puis voyager au Canada. Lors d'un séjour au Lac-Saint-Jean, il se mêle à la population et travaille comme journalier. De retour à Montréal, il écrit son œuvre majeure: *Maria Chapdelaine*. Louis Hémon meurt frappé par un train une année avant la publication du roman. Cette première publication passe inaperçue. Le manuscrit est repris en 1922 par l'éditeur Bernard Grasset, qui en fait un best-seller. Ironie du sort: *Maria Chapdelaine*, œuvre d'un jeune homme révolté qui tourne le dos à la bourgeoisie pour s'intéresser aux petites gens, sera citée en exemple par les élites conservatrices, tant au Québec qu'en France. *[Handwritten: Rappel à sa fidélité.]*

Maria Chapdelaine raconte les amours d'une jeune paysanne dans lesquels se reconnaissent les Québécois. À la suite du décès de son amoureux, le coureur des bois François Paradis, mort dans une tempête de neige, Maria doit choisir celui qui sera son mari: Lorenzo Surprenant ou Eutrope Gagnon. Le premier, Surprenant, s'est installé aux États-Unis, là où son peuple vit confortablement, mais perd son identité et s'assimile. Le cultivateur Eutrope Gagnon, pour sa part, engage l'héroïne à suivre le rude chemin tracé par ses ancêtres. Au moment où elle doit se décider, Maria entend des voix qui lui dictent la ligne à suivre.

MARIA CHAPDELAINE (1914)

Alors une troisième voix plus grande que les autres s'éleva dans le silence: la voix du pays de Québec, qui était à moitié un chant de femme et à moitié un sermon de prêtre. *[Handwritten: = bcq de bruit. — la voix]*

5 Elle vint comme un son de cloche, comme la clameur auguste des orgues dans les églises, comme une complainte naïve et comme le cri perçant et prolongé par lequel les bûcherons s'appellent dans les bois. Car en vérité tout ce qui fait l'âme de la province tenait dans cette voix: la solennité chère du vieux culte, la douceur de la vieille langue jalousement

10 gardée, la splendeur et la force barbare du pays neuf où une racine ancienne a retrouvé son adolescence.

Elle disait: «Nous sommes venus il y a trois cents ans, et nous sommes restés... Ceux qui nous ont menés ici pourraient revenir parmi nous sans amertume et sans chagrin, car s'il

15 est vrai que nous n'ayons guère appris, assurément nous n'avons rien oublié.

«Nous avions apporté d'outre-mer nos prières et nos chansons: elles sont toujours les mêmes. Nous avions apporté dans nos poitrines le cœur des hommes de notre pays, vaillant et vif, aussi

20 prompt à la pitié qu'au rire, le cœur le plus humain de tous

Clarence Gagnon, *François Paradis dans la tempête*, composition de la page 123 de *Maria Chapdelaine* (détail), 1932.

Le peintre Clarence Gagnon a illustré *Maria Chapdelaine* par des scènes qui évoquent davantage, pour la plupart, la vie quotidienne des paysans que les événements de l'intrigue du roman. Cependant, cette gouache de Gagnon est directement liée au récit.

les cœurs humains : il n'a pas changé. Nous avons marqué un plan du continent nouveau, de Gaspé à Montréal, de Saint-Jean-d'Iberville à l'Ungava, en disant : ici toutes les choses que nous avons apportées avec nous, notre culte, notre langue, nos vertus et jusqu'à nos faiblesses deviennent des choses sacrées, intangibles et qui devront demeurer jusqu'à la fin.

« Autour de nous des étrangers sont venus, qu'il nous plaît d'appeler les barbares ; ils ont pris presque tout le pouvoir ; ils ont acquis presque tout l'argent ; mais au pays de Québec rien n'a changé. Rien ne changera, parce que nous sommes un témoignage. De nous-mêmes et de nos destinées, nous n'avons compris clairement que ce devoir-là : persister... nous maintenir... Et nous nous sommes maintenus, peut-être afin que dans plusieurs siècles encore le monde se tourne vers nous et dise : Ces gens sont d'une race qui ne sait pas mourir... Nous sommes un témoignage.

« C'est pourquoi il faut rester dans la province où nos pères sont restés, et vivre comme ils ont vécu, pour obéir au commandement inexprimé qui s'est formé dans leurs cœurs, qui a passé dans les nôtres et que nous devrons transmettre à notre tour à de nombreux enfants : Au pays de Québec rien ne doit mourir et rien ne doit changer... »

L'immense nappe grise qui cachait le ciel s'était faite plus opaque et plus épaisse, et soudain la pluie recommença à tomber, approchant encore un peu l'époque bénie de la terre nue et des rivières délivrées. Samuel Chapdelaine dormait toujours, le menton sur sa poitrine, comme un vieil homme que la fatigue d'une longue vie dure aurait tout à coup accablé. Les flammes des deux chandelles fichées dans le chandelier de métal et dans la coupe de verre vacillaient sous la brise tiède, de sorte que des ombres dansaient sur le visage de la morte et que ses lèvres semblaient murmurer des prières ou chuchoter des secrets.

Maria Chapdelaine sortit de son rêve et songea : « Alors je vais rester ici... de même ! » car les voix avaient parlé clairement et elle sentait qu'il fallait obéir.

◤ VERS LA DISSERTATION

1. Quel constat Louis Hémon fait-il de la situation des Canadiens français ?

2. Comment l'auteur qualifie-t-il la voix qui s'adresse à Maria ? À quelles figures cette voix renvoie-t-elle ?

3. Que signifie la phrase : « Nous sommes un témoignage » ?

4. La voix est à moitié un chant de femme et à moitié un sermon de prêtre. À quelles valeurs traditionnelles cette situation renvoie-t-elle ?

5. Montrez que les verbes utilisés par la « voix » dictent clairement à Maria la conduite à adopter.

6. Selon vous, le romancier critique-t-il l'immobilisme des Canadiens français ou en fait-il l'éloge ?

7. Le discours de la voix est celui du clergé. Discutez.

Albert Laberge (1871-1960)

Dans *La Scouine*, Albert Laberge prend à contrepied les canons du roman du terroir. Plutôt que d'idéaliser la vie des paysans, il les montre coincés dans leur univers clos et souligne la médiocrité de leur vie éprouvante. S'inspirant du réalisme et du naturalisme, l'auteur s'acharne contre ses personnages qui semblent dépourvus de qualités. Albert Laberge publie une soixantaine d'exemplaires de son roman à compte d'auteur. Il subit les foudres du clergé qui condamne le livre, malgré sa faible diffusion.

Plutôt que de développer une intrigue conventionnelle, Albert Laberge présente dans *La Scouine* une série de tableaux sans intrigue continue, qui relatent la vie de Paulima Deschamps, surnommée « la Scouine », et celle de sa famille. Chacun de ces tableaux met en évidence la mesquinerie, la cruauté ou le manque d'empathie des personnages. Charlot, le frère handicapé de la Scouine, est aussi rebutant que sa sœur. Il ne connaît l'amour qu'une seule fois, avec une journalière alcoolique.

LA SCOUINE (1918)

Il plut le lendemain, et l'Irlandaise, ayant reçu un peu d'argent, partit pour aller chercher un flacon de genièvre [1]. Elle ne rentra qu'à la nuit noire, à moitié ivre.

Depuis le commencement des travaux, Charlot couchait sur le foin, dans la grange. Il dormait ce soir-là depuis un temps inappréciable, lorsqu'il fut
5 soudain éveillé. C'était l'Irlandaise qui montait péniblement, en geignant, l'échelle conduisant sur la tasserie. Charlot crut qu'elle ne parviendrait jamais à arriver en haut. À un énergique juron, il comprit qu'elle avait manqué un échelon. Il se demanda si elle n'allait pas échapper prise et tomber dans la batterie. Après beaucoup d'efforts, l'Irlandaise mit finalement le pied
10 sur le carré. D'une voix rauque et avinée, elle se mit à appeler:

— Charlot! Charlot!

— Quoi? demanda celui-ci.

Se dirigeant dans la direction de la voix, les jambes embarrassées dans le foin et trébuchant à chaque pas, l'Irlandaise arriva à Charlot. Elle s'affaissa près de
15 lui, les jupes trempées et boueuses, l'haleine puant l'alcool. Attisée par le genièvre, elle flambait intérieurement, et Charlot éprouvait lui aussi des ardeurs étranges. Ses trente-cinq ans de vie continente, ses nuits toujours solitaires dans le vieux sofa jaune,
20 allumaient à cette heure en ses entrailles de luxurieux et lancinants désirs. Cet homme qui jamais n'avait connu la femme, sentait sourdre en lui d'impérieux et hurlants appétits qu'il fallait assouvir. Toute la meute des rêves mauvais, des visions lubriques,
25 l'assiégeait, l'envahissait.

Une solitude immense et des ténèbres profondes, épaisses comme celles qui durent exister avant la création du soleil et des autres mondes stellaires, enveloppaient les deux êtres. La pluie battait la couverture
30 de la grange, chantant sa complainte monotone, et la sempiternelle et lugubre plainte des grenouilles s'entendait comme un appel désespéré.

Alors Charlot se rua.

Et le geste des races s'accomplit.

35 Ce fut sa seule aventure d'amour.

---

1. Alcool distillé sur des baies de genièvre.

VERS LA DISSERTATION

1. Montrez que l'auteur inverse systématiquement les clichés du romantisme amoureux dans cet extrait.

2. Par quels procédés d'écriture l'auteur décrit-il le désir qui attise Charlot?

3. Comment l'auteur décrit-il la solitude des personnages?

4. À l'aide de cet extrait, expliquez quelles raisons ont amené le clergé à placer ce titre à l'*Index*.

5. Est-il juste de dire que l'auteur aborde ses personnages avec cruauté et sans montrer d'empathie pour eux?

Horatio Walker, *La Traite du matin*, 1925.

Claude-Henri Grignon (1894-1976)

Sous le pseudonyme de Valdombre, Claude-Henri Grignon écrit de virulents pamphlets dans lesquels il défend les valeurs traditionnelles avec ténacité et un sens aigu de la provocation. Il se fait surtout connaître par le personnage de Séraphin Poudrier dans le roman *Un homme et son péché*, un paysan usurier et avare, qui devient une véritable figure mythique au Québec. L'histoire de Séraphin et de sa jeune épouse Donalda, innocente victime du vice de son mari, semble inépuisable et alimente par la suite un feuilleton à la radio, un très populaire téléroman et un film générant d'importantes recettes.

Claude-Henri Grignon concentre l'intrigue d'*Un homme et son péché* sur la passion dévorante de Séraphin, son appétit pour l'argent qui n'a pas de limites. Le héros sacrifie tout à son avarice : l'estime des autres, la vie de sa jeune épouse, sa propre vie. Sa passion lui fait éprouver à la fois de grandes extases et de vives inquiétudes ; elle le rend cruellement indifférent au malheur qu'il provoque. Ainsi, la disparition de sa femme, morte parce qu'il a trop hésité avant d'aller chercher un médecin, lui permet de plonger à fond dans son vice et d'en tirer une grande jouissance.

ROMAN

UN HOMME ET SON PÉCHÉ (1933)

Il se souciait peu de Donalda. Il n'y pensait plus. Il l'avait déjà oubliée. Il reprit sa vie de bête solitaire. Il économisait au point de s'étonner lui-même. Il se nourrissait exclusivement de galettes de sarrasin,

5 de patates dans de l'eau blanche et d'une soupe infecte qu'il préparait le lundi (une pleine chaudronnée à la fois) et qui devait le nourrir toute la semaine. Faite d'un gigot blanc, d'un peu de riz et d'eau, il la mangeait froide, cette soupe, pour ménager le bois. Rien de

10 meilleur pour sa passion. Un soir qu'il calculait mentalement les sommes qu'il avait sauvées, depuis novembre, en vivant seul, il fut effrayé par ce chiffre exorbitant : douze dollars cinquante. Aussi, sa cheminée fumait-elle rarement, et jamais la lumière n'allait

15 se perdre par les fenêtres. Pendant quelque temps, on le crut mort ou en voyage.

Il vivait, cependant. Il souffrait du froid et de la faim, mais il respirait son péché capital, le palpait, s'en soûlait ; et cela le rendait plus heureux que les artistes les plus

20 choyés. La nuit, il se couvrait par-dessus la tête de hardes, de vieux manteaux et de peaux à carrioles. C'était lourd sur son corps, et il finissait par se réchauffer et s'endormir, en rêvant aux économies considérables qu'il réalisait.

25 Tous les jours de cet hiver, de l'aube au crépuscule, il trima dans la forêt. Il scia et il fendit tout seul quarante cordes de bel érable, vendues d'avance deux dollars la corde au docteur Dupras.

Poudrier réfléchit que l'hiver s'était passé sans trop

30 de malheur et sans trop de souffrance. Naturellement, si le froid, très sec, avait tenu plus longtemps, et si la neige avait comblé les chemins et les clôtures jusqu'au mois de juin, l'existence aurait été pour lui plus prospère ; mais il se contenta de son sort.

35 — C'est pas trop dur, avait-il dit, au magasin de Lacour. Moi, j'ai pas à me plaindre.

Et il pensait à tous les billets qu'il avait accumulés à des taux variant entre huit et vingt-cinq pour cent et aux gages qui s'entassaient près des trois sacs d'avoine. Puis,

40 suprême bonheur, Donalda ne lui arrachait plus ses pièces de vingt-cinq sous pour s'acheter des épingles

à cheveux, du ruban, de la flanellette, des lacets de bottines, du coton, toutes choses, enfin, dont il se passait bien, lui, et qui sont des objets de luxe et de perdition.

45 Maintenant, Séraphin trouvait la vie belle. Et il ne se rappelait pas avoir coulé, dans son existence d'avare, des jours plus heureux, plus pleins de joie, plus parfaits. Car sa passion atteignait aujourd'hui à une intensité de tout instant que ne connaîtront jamais les damnés de la
50 paresse, ni ceux de l'orgueil, ni ceux de la gourmandise, pas même les insatiables de l'épuisante luxure[1].

Séraphin Poudrier les dépassait tous par la perpétuelle actualité de son péché qui lui valait des jouissances telles qu'aucune chair de courtisane au monde ne pouvait
55 les égaler. Palpations de billets de banque et de pièces métalliques qui faisaient circuler des courants de joie électrisants jusque dans la moelle de ses os : idées fixes qu'il traînait avec lui.

VERS LA DISSERTATION

1. Montrez que, chez Séraphin, le plaisir et la souffrance se confondent.
2. Par quels mots l'auteur exprime-t-il la jouissance de l'avare ?
3. À quels péchés l'avarice de Séraphin est-elle comparée ?
4. Résumez le dernier paragraphe de l'extrait.
5. Montrez comment Séraphin réagit à la mort de sa femme qu'il a lui-même provoquée.
6. Montrez que l'avarice de Séraphin est obsessionnelle.
7. Comparez cet extrait à celui de *La Scouine* d'Albert Laberge (p. 55). Peut-on dire que les auteurs y dépeignent des personnages également méprisables ?

Pierre Lebeau dans le rôle de Séraphin Poudrier.

En 2002, le cinéaste Charles Binamé a adapté l'histoire de Séraphin Poudrier en cherchant à revenir aux sources du roman de Claude-Henri Grignon, tout en prenant quelques libertés.

---

1. Péché lié à la pratique du plaisir sexuel.

Jean-Charles Harvey (1891-1967)

Jean-Charles Harvey tient le pari difficile d'être libre-penseur dans un Québec conservateur. Dans son roman *Les Demi-civilisés*, il s'en prend aux ecclésiastiques qui dominent le Canada français et imposent leur vision moraliste de l'art. L'auteur paie cher cette offense : le cardinal Villeneuve de Québec défend aux fidèles de lire le livre sous peine de péché mortel ; le livre se voit retiré des librairies – sauf à Montréal. De plus, Harvey perd son emploi de rédacteur en chef au journal *Le Soleil*. L'écrivain s'établit alors à Montréal, où il fonde le journal *Le Jour*, dans lequel il prône le respect des droits humains, s'attaque à l'antisémitisme et milite pour une école qui éveille les enfants et les pousse à s'émanciper.

Dans *Les Demi-civilisés*, Jean-Charles Harvey défend avec cœur cette liberté d'esprit qui lui est chère. Il dépeint sans concession la bourgeoisie de Québec, avec ses turpitudes et ses compromissions. Non sans audace, il donne à ses personnages une certaine liberté de mœurs et aborde des sujets comme l'amour libre, la contrebande, la consommation de drogue. Son personnage principal n'en reste pas moins un grand romantique qui se bat pour ses idéaux et entretient une liaison passionnée avec une mystérieuse jeune femme. Les passages les plus remarqués des *Demi-civilisés* restent ceux dans lesquels l'auteur s'en prend avec férocité à l'immobilisme de ses semblables, comme ce récit d'un cauchemar particulièrement dénonciateur.

ROMAN

LES DEMI-CIVILISÉS (1934)

Des affiches sans nombre encombraient les rues à la façon de nos poteaux de télégraphe.

M'arrêtant à tous les cinquante pieds, je lisais :

« Défense d'être poète ! Le rêve conduit aux pires perversions. »

5 « Défense de troubler la paix des âmes par la musique ! Seul le tam-tam est permis. »

« Défense aux magiciens de la couleur et des formes de peindre l'homme et la femme tels que Dieu les a faits ! »

« Défense de créer des statues vivantes de peur d'inspirer
10 aux purs des pensées profanes ! »

« Défense d'assister aux spectacles qui ne seraient pas ennuyeux ! »

« Défense aux affligés et aux désespérés de boire du vin pour oublier le poids de la vie ! »

15 « Défense d'écrire des livres qui ne feraient pas bâiller ! »

« Défense de trouver belle une femme qui aurait le malheur de l'être réellement ! »

« Défense d'être heureux en amour ! »

Tremblant d'effroi, je cherchais à échapper à ce cauchemar,
20 quand je vis, au fond d'une cour, un vieillard blême,
couché dans des immondices et enlisé jusqu'à la bouche
en des ordures grouillantes de mouches et de vers.

J'offris à ce misérable de le tirer du cloaque. Il me repoussa avec indignation :

25 — Loin d'ici, jeune homme ! Tu me fais horreur, parce que tu m'as l'air sain et jovial.

— Vous voulez donc pourrir vivant dans la fange ?

— Pourrir vivant ? C'est le devoir de tous les miens. Je m'étonne même que tu ne rougisses pas de marcher librement
30 dans la rue, comme si tu cherchais quelque joie de vivre. Tu protestes ? Tu aimes la Liberté, je suppose ? Eh ! bien, ta Liberté, va voir ce que mes enfants ont fait d'elle, sur la colline voisine.

Je me détournai avec dégoût de ce vieux qui, sous tant de
35 déjections et de puanteurs, jouissait comme une courtisane
dans ses coussins et ses parfums.

J'atteignis bientôt un monticule autour duquel des lépreux
vociféraient, menaçant le ciel de leurs poings couverts d'une
peau écailleuse et jaune comme celle du hareng fumé.

40 Sur une arête de roc, je vis un gibet auquel pendait, attachée
par les pieds, une femme divinement belle. Des forcenés lui
criblaient la poitrine de coups de fouet, tandis que des gamins
sordides se balançaient, comme en des escarpolettes, au bout de
sa puissante chevelure, qui pendait jusqu'à terre et le long
45 de laquelle coulaient des ruisseaux de sang.

Je reconnus cette femme.

C'était la Liberté qu'on avait pendue !

VERS LA DISSERTATION

1. Dans cet extrait, quels sont les principaux reproches
   que l'auteur fait à la société de son temps ?
2. Montrez quels procédés l'auteur utilise pour exprimer
   son propos particulièrement virulent.
3. Relevez les éléments oniriques (qui semblent sortis
   d'un rêve) de la scène.
4. Est-il exact de dire que l'auteur défend ici la liberté
   par un usage systématique de l'ironie ?
5. Peut-on affirmer que Jean-Charles Harvey s'en prend
   aux moralistes de l'époque dans cet extrait ?

Photographie de la ville de Québec dans les années 1930.

Délaissant les drames des paysans, Jean-Charles Harvey choisit de situer la trame des *Demi-civilisés* dans le milieu bourgeois de la ville de Québec.

Félix-Antoine Savard (1896-1982)

En tant que prêtre colonisateur, Félix-Antoine Savard parcourt les régions de Charlevoix et de l'Abitibi, entre en contact avec les paroissiens, développe avec eux et avec leur environnement immense et sauvage une relation d'intimité qui nourrira son œuvre majeure, le roman *Menaud, maître-draveur*. Ce livre s'imprègne à la fois d'un amour profond pour la région de Charlevoix et les gens qui l'habitent, et d'une connaissance réelle de la dure vie des draveurs et des cultivateurs. En 1943, Savard devient professeur à la Faculté de lettres de l'Université Laval. Mais il conserve pour le reste de sa vie son grand attachement pour Charlevoix, sa région d'adoption.

Menaud, maître-draveur décrit avec lyrisme et poésie le drame d'un vieil homme qui apprend que la terre de ses ancêtres sera vendue à des étrangers. En leitmotiv lui reviennent des mots du roman *Maria Chapdelaine* de Louis Hémon : « des étrangers sont venus » et « une race qui ne sait pas mourir ». Sur ces mots se bâtit la résistance de Menaud, résolu à se battre pour défendre sa terre. Cette lutte trouve un écho dans les amours de sa fille, qui doit choisir entre le Délié, vendu aux étrangers, et le Lucon, digne successeur de Menaud. Félix-Antoine Savard parvient habilement à plonger les lecteurs dans les pensées de Menaud et à leur faire comprendre sa révolte.

ROMAN

MENAUD, MAÎTRE-DRAVEUR (1937)

Ce matin, il lui semble que tout le passé est là, dans ce cirque remué de pourpre et d'or.

Il se répète ce que disait le livre, un soir du dernier printemps :

5 « Nous sommes venus, il y a trois cents ans et nous sommes restés... Ici, toutes les choses que nous avons apportées avec nous, notre culte, notre langue, nos vertus et jusqu'à nos faiblesses deviennent des choses sacrées, intangibles, et qui devront demeurer jusqu'à la fin. »

10 Ainsi passe la procession héroïque dans ce jour d'automne bariolé de sang, d'or et de fer.

De chaque motte de terre, de chaque sentier sourdent des voix, et Menaud croit entendre qu'elles appellent.

Il a repris son travail de la veille, ne trouvant d'autre réponse
15 que celle-là.

Patiemment, suivant le rite des ancêtres, il lace les nerfs de ses raquettes ; c'est ainsi qu'il apaise sa tête pleine d'idées en marche par des gestes d'artisan qui signifient libre espace et conquête.

20 Il célèbre, en fredonnant, ces entrelacs de force avec quoi ses pères ont marché sur toutes les neiges qui sont tombées du ciel depuis trois siècles, cet instrument de leurs lointaines randonnées. Amoureusement, il noue, il entrecroise.

[...]

Sa cabane de chasse, au pied de la Basilique ! et le ruisseau
25 qui faisait parler la pierre avec sa flûte ! C'est là qu'à cette époque, avant les grandes bordées, il faisait sa purge de silence et de recueillement, et jonglait avec ses pensées profondes.

Désormais, elle lui serait interdite cette cambuse [1], interdite la montagne, de par la loi, la loi du pays de Québec qui
30 permet à l'étranger de dire, quand bon lui semble, à l'enfant du sol : « Va-t'en ! »

Il interrompit tout à coup ses gestes de laceur.

Face à la montagne où les couleurs de l'automne vibraient comme des clairons, il se mit à protester qu'on ne lui fermerait
35 pas ce domaine, que, dût-il y laisser ses os, il en chasserait les intrus.

---

1. Cabane.

Autour de lui, tous, la servitude dans le cou, s'étaient soumis. Les protestations n'étaient pas allées au delà des clôtures. On laisserait le Délié accomplir son œuvre.

40 Pour lui, Menaud, il avait assez souffert sous le joug, assez entendu de reproches de son sang, qu'il ne permettrait pas, non jamais! que l'étranger souillât comme ailleurs l'héritage.

Le Lucon l'aiderait à cette chasse.

Il se mit alors à jouir de sa décision. Et son esprit partit
45 en course dans tous les sentiers de la forêt.

VERS LA DISSERTATION

1. Le troisième paragraphe de l'extrait est une citation de *Maria Chapdelaine* de Louis Hémon. Montrez par quels moyens ce propos vient influencer la pensée de Menaud.

2. Montrez que l'auteur oppose les ancêtres de Menaud à ses contemporains.

3. Qu'est-ce qui donne à ce passage une tonalité poétique?

4. À quel texte l'expression «l'enfant du sol» fait-elle penser?

5. Est-il exact de dire que cet extrait adopte un ton patriotique?

6. Peut-on affirmer que ce texte présente une vision idéaliste de la terre?

Clarence Gagnon, *La Maison jaune,* 1912 ou 1913.

Avant d'écrire *Menaud, maître-draveur*, Félix-Antoine Savard s'est imprégné des paysages de Charlevoix et a connu ses habitants.

Ringuet (1895-1960)

Philippe Panneton, grand voyageur, médecin et diplomate, a écrit sous le pseudonyme de Ringuet l'un des romans du terroir les plus accomplis. *Trente Arpents* reste sans doute la fresque la plus ambitieuse sur la vie paysanne au Québec, par l'ampleur et le souci de précision avec lesquels l'auteur décrit la destinée d'un cultivateur prospère qui perd peu à peu ce qu'il a vaillamment construit pendant de longues années. Les modèles de Ringuet sont les grands écrivains réalistes et naturalistes.

Euchariste Moisan, le personnage principal du roman, voit peu à peu se dégrader tout ce qu'il a construit: sa grange brûle, le notaire lui vole ses économies, son fils aîné le supplante sur sa terre. Il ne lui reste plus qu'à partir aux États-Unis pour retrouver son fils préféré qui travaille dans une manufacture. Mais un paysan sans sa terre a perdu son âme, et le vieil Euchariste Moisan n'est plus que l'ombre de lui-même lorsqu'il doit accepter un travail de gardien de nuit dans un garage.

VERS LA DISSERTATION

1. Montrez comment cet extrait confronte les valeurs américaines à celles des paysans du Québec.

2. Quelles sont les réactions d'Euchariste Moisan lorsque son fils lui annonce qu'il lui a trouvé un travail de gardien de nuit?

3. Montrez par quels moyens l'auteur donne une tonalité lyrique au passage où il parle de la terre.

4. Comment l'auteur décrit-il les États-Unis?

5. Comparez cet extrait à celui de *Maria Chapdelaine* (p. 53-54). Malgré les situations différentes des personnages, les deux auteurs soutiennent-ils de la même façon l'idée de l'attachement à la terre?

6. Est-il juste de dire que cet extrait est une critique des États-Unis et du système capitaliste?

ROMAN

TRENTE ARPENTS (1938)

— *Good news*, son père. J'ai vu Corrigan, aujourd'hui. Vous allez commencer à travailler, betôt. I' vous a trouvé une place.

— C'est vrai?

Mais la voix d'Euchariste manquait d'enthousiasme.

5 — *Sure!* une belle *job*, pas fatigante.

— Ouais?

— Vous allez être gardien de nuit au garage de la ville.

— Ah! au garage?...

— Ben oui, tout ce que vous aurez à faire, ça sera de *loafer*[1]
10 en fumant vot' pipe.

Maintenant que cela était tout près, à portée de la main, Euchariste se sentait ému mais plus d'angoisse que de satisfaction. Quand il avait parlé de travailler, il l'avait fait bien un peu à la légère; mais surtout travailler, pour lui, c'était travailler la terre, travailler avec la terre.
15 C'était conduire les chevaux à travers les champs lourds de soleil avec le cortège des oiseaux plongeant dans le sillon frais à la recherche de la vermine.

Et voilà qu'une terreur s'infiltrait en lui. Il avait en ce moment le sentiment que son sort avait été jeté dans la balance et que,
20 impitoyablement, l'emportait le plateau du mauvais destin.

Lui qui n'avait jamais appartenu à personne qu'à la terre, et encore à une aire limitée de trente arpents qui était son univers et sa vie, voilà qu'il allait être soumis à un autre homme, à un patron, tel un commis de boutique. Un voyage imprudent l'avait conduit en une terre étran-
25 gère; un mot imprudent le livrait pieds et poings liés à des étrangers et même pis; à des gens pour qui la terre n'était rien; qui ne savaient que les affaires – la *business* – l'argent, le commerce, la ville enfin. Sur sa vie, jusque-là simple et claire, une lézarde courait subitement. Comme les autres, il trahissait.

30 Comment avait-il pu parler de demeurer encore ici, aux États? Pourquoi d'ailleurs avoir parlé? Une fois de plus les mots l'avaient trahi, les traîtres mots dont il avait pourtant l'habitude de se méfier. Il s'était pris à leur glu.

---

1. Paresser.

Germaine Guèvremont (1893-1968)

Dans *Le Survenant*, Germaine Guèvremont développe un thème nouveau dans le roman du terroir : celui de l'arrivée d'un étranger dans une communauté fermée et autarcique. Cet étranger séduit autant qu'il étonne ; « grand dieu des routes », jouissant d'une grande liberté, il disparaît comme il est apparu, sans que l'on ait rien su de lui. Un peu comme le personnage de Séraphin, dont l'auteur, Claude-Henri Grignon, est d'ailleurs cousin de Germaine Guèvremont, le Survenant devient un véritable mythe québécois : son histoire est racontée dans un feuilleton radio, une série télévisée et deux films.

Le Survenant étonne les gens du Chenal du Moine, où il s'installe, par ses qualités remarquables : d'une force physique exceptionnelle, travailleur infatigable, il est aussi chanteur, conteur et menuisier doué. Cet être presque parfait est cependant tenté par la bouteille et prend des cuites remarquables. Le Survenant a surtout le talent de révéler les gens à eux-mêmes. Pour le père Didace qui l'accueille, il devient le fils idéal. Sa personnalité riche souligne, par contraste, la médiocrité du fils de Didace et de son épouse. Pour ce qui est d'Angélina, une voisine qui s'est toujours refusée à ses prétendants, il fait naître doucement en elle un amour irrésistible. Le Survenant reste quant à lui confronté à son éternel dilemme : partir ou rester ?

ROMAN

LE SURVENANT (1945)

Premier extrait

Depuis qu'Angélina avait fait la connaissance du Survenant, elle ne restait plus assise, immobile, à la veillée ; elle errait d'une fenêtre à l'autre. Ou bien elle écoutait, le cœur serré, l'horloge égrener ses minutes dans le silence opaque. À intervalles
5 réguliers, une goutte d'eau tombait de la pompe, et à la longue le toc-toc monotone devenait plus affolant que le fracas du tonnerre. Parfois, David Desmarais, la pipe au bec, élevait la voix :

— Écoute donc, fille !

10 Il reconnaissait de loin la pétarade d'un yacht :

— Quiens ! Cournoyer revient de vendre à Sorel le poisson de ses pêches !

Angélina sursautait. Elle répondait machinalement :

— Je sais pas s'il en a eu un bon prix.

15 La chute des minutes et de la goutte d'eau reprenait de plus belle. Angélina n'y tenait plus. D'un mouvement décidé, elle décrochait sa chape et, avant de s'acheminer vers la maison de Didace, sur le seuil elle jetait à son père :

— Je veillerai pas tard.

20 David Desmarais ne bougeait même pas, soit qu'il ignorât de quel tourment était possédée sa fille, soit que, sans vouloir l'admettre, il vît d'un bon œil Angélina s'attacher à un gaillard de la trempe du Survenant.

Aux yeux d'Angélina, le Survenant exprimait le jour et
25 la nuit : l'homme des routes se montrait un bon travaillant capable de chaude amitié pour la terre ; l'être insoucieux, sans famille et sans but, se révélait un habile artisan de cinq ou six métiers. La première fois qu'Angélina sentit son cœur battre pour lui, elle qui s'était tant piquée d'honneur de ne
30 pas porter en soi la folie des garçons, se rebella. De moins en moins, chaque jour, cependant.

Elle finit par accepter son sentiment, non pas comme une bénédiction, ni comme une croix, loin de là ! mais ainsi qu'elle accueillait le temps quotidien : telle une force, supérieure
35 à la volonté, contre laquelle elle n'avait pas le choix.

Son cœur se tourna donc dans le sens de l'amour, à la façon des feuilles qui cherchent le soleil.

Deuxième extrait

— Vous autres, vous savez pas ce que c'est d'aimer à voir du pays, de se lever avec le jour, un beau matin, pour filer fin seul, le pas léger, le cœur allège, tout son avoir sur le dos. Non! vous aimez mieux
5 piétonner[1] toujours à la même place, pliés en deux sur vos terres de petite grandeur, plates et cordées comme des mouchoirs de poche. Sainte bénite, vous aurez
10 donc jamais rien vu, de votre vivant! Si un oiseau un peu dépareillé vient à passer, vous restez en extase devant, des années de temps. Vous parlez encore du
15 bucéphale, oui, le plongeux à grosse tête, là, que le père Didace a tué il y a autour de deux ans. Quoi c'est que ça serait si vous voyiez s'avancer vers vous, par
20 troupeaux de milliers, les oies sauvages, blanches et frivolantes comme une neige de bourrasque? Quand elles voyagent sur neuf milles de longueur formant
25 une belle anse sur le bleu du firmament, et qu'une d'elles, de dix, onze livres, épaisse de flanc, s'en détache et tombe comme une roche? Ça c'est un vrai coup de fusil! Si vous saviez ce que c'est de voir du pays…

Les mots titubaient sur ses lèvres. Il était ivre, ivre de distance, ivre
30 de départ. Une fois de plus, l'inlassable pèlerin voyait rutiler dans la coupe d'or le vin illusoire de la route, des grands espaces, des horizons, des lointains inconnus.

Comme son regard, tout le temps qu'il parlait, tendait uniquement vers la porte, chacun, à son exemple, porta la vue dessus : une porte
35 grise, massive et basse, qui donnait sur les champs, si basse que les plus grands devaient baisser la tête pour ne pas heurter le haut de l'embrasure. Son seuil, ils l'avaient passé tant de fois et tant d'autres l'avaient passé avant eux, qu'il s'était creusé, au centre, de tous leurs pas pesants. Et la clenche centenaire, recourbée et pointue, n'en pouvait
40 plus à force de cliqueter sous toutes sortes de mains, une humble porte de tous les jours, se parant de vertus à la parole d'un passant.

— Tout ce qu'on avait à voir, Survenant, on l'a vu, reprit dignement Pierre-Côme Provençal, mortifié dans sa personne, dans sa famille, dans sa paroisse.

Le cinéaste Éric Canuel a signé en 2005 une adaptation soignée du roman *Le Survenant,* dans laquelle il accorde beaucoup d'importance à la romance entre le personnage principal et Angélina.

VERS LA DISSERTATION

1. Dans le premier extrait, montrez que l'amour d'Angélina pour le Survenant est vu comme une fatalité.

2. Comment Angélina essaie-t-elle de résister à cet amour? Par quels moyens l'image de la goutte d'eau est-elle associée à cette résistance?

3. Dans le deuxième extrait, sur quels éléments s'opposent l'esprit nomade et l'esprit sédentaire?

4. Est-il juste de dire qu'Angélina et le Survenant ont des visions de la vie qui s'opposent?

5. Peut-on dire que le Survenant n'est pas un homme du terroir?

---

1. Piétiner.

Émile Nelligan (1879-1941)

Le poète Émile Nelligan a produit l'effet d'un météore dans le paysage littéraire québécois. En quelques années, alors qu'il entre tout juste dans l'âge adulte, il écrit une œuvre personnelle et d'une rare qualité. Il triomphe pendant une lecture publique de l'École littéraire au Château Ramezay lorsqu'il récite «La Romance du vin». Puis, ainsi qu'il semble l'avoir annoncé dans son poème «Le Vaisseau d'or», il sombre dans «l'abîme du rêve». Il passe les 42 dernières années de sa vie interné à l'asile, souffrant de dégénérescence mentale. Cette destinée tragique, la qualité de son œuvre – et peut-être aussi une superbe photo de lui, figure idéale du poète inspiré – transforment ensuite Nelligan en un véritable mythe, celui de l'artiste sensible, inadapté, au talent brut, victime d'un triste sort.

Dans sa poésie, Nelligan intègre des influences diverses, tant celles du Parnasse que des symbolistes, tels Baudelaire et Verlaine. Mais il sait surtout créer un univers qui lui est propre, marqué par son attachement à l'enfance, par une attirance pour la mort et par une vision idéalisée de l'amour. Cette poésie imprégnée de mélancolie, parfois fraîche et naïve, parfois d'une soudaine gravité, est toujours d'une grande maîtrise formelle. La sensibilité du poète s'exprime par des références multiples à l'art et à la musique, par une recherche d'images exotiques et par un vocabulaire aux riches réminiscences.

VERS LA DISSERTATION

1. Expliquez les effets des répétitions dans «Soir d'hiver». Quel sens peut-on donner à ces répétitions que le poète utilise?
2. Par quels procédés le poète développe-t-il l'analogie entre l'hiver et son âme?
3. Est-il exact de dire que ce poème exprime une grande mélancolie?
4. Dans «Devant deux portraits de ma mère», montrez l'opposition entre les deux descriptions de la mère des deux premières strophes du poème.
5. Quel sens donnez-vous à la dernière strophe? Expliquez ce comportement paradoxal du poète.
6. Ce poème exprime-t-il d'abord et avant tout l'amour pour la mère ou est-il surtout une réflexion sur le temps qui passe?

ÉMILE NELLIGAN ET SON ŒUVRE (1904)

Soir d'hiver

Ah! comme la neige a neigé!
Ma vitre est un jardin de givre.
Ah! comme la neige a neigé!
Qu'est-ce que le spasme de vivre
5 À la douleur que j'ai, que j'ai!

Tous les étangs gisent gelés,
Mon âme est noire: Où-vis-je? où vais-je?
Tous ses espoirs gisent gelés:
Je suis la nouvelle Norvège
10 D'où les blonds ciels s'en sont allés.

Pleurez, oiseaux de février,
Au sinistre frisson des choses,
Pleurez, oiseaux de février,
Pleurez mes pleurs, pleurez mes roses,
15 Aux branches du genévrier.

Ah! comme la neige a neigé!
Ma vitre est un jardin de givre.
Ah! comme la neige a neigé!
Qu'est-ce que le spasme de vivre
20 À tout l'ennui que j'ai, que j'ai!...

Devant deux portraits de ma mère

Ma mère, que je l'aime en ce portrait ancien,
Peint aux jours glorieux qu'elle était jeune fille,
Le front couleur de lys et le regard qui brille
Comme un éblouissant miroir vénitien!

5 Ma mère que voici n'est plus du tout la même;
Les rides ont creusé le beau marbre frontal;
Elle a perdu l'éclat du temps sentimental
Où son hymen chanta comme un rose poème.

Aujourd'hui je compare, et j'en suis triste aussi,
10 Ce front nimbé de joie et ce front de souci,
Soleil d'or, brouillard dense au couchant des années.

Mais, mystère de cœur qui ne peut s'éclairer!
Comment puis-je sourire à ces lèvres fanées?
Au portrait qui sourit, comment puis-je pleurer?

CORRESPONDANCE

Charles Baudelaire est l'une des principales influences d'Émile Nelligan. Chez Nelligan, les références à son aîné sont nombreuses, tant par les sujets abordés – comme la mort libératrice, l'ennui, les chats – que par le vocabulaire parfois lugubre. Les deux poètes expriment une fascination semblable pour une passante, dont ils interpréteront cependant la brève apparition de façon différente.

ÉMILE NELLIGAN, LA PASSANTE (1904)

Hier, j'ai vu passer, comme une ombre qu'on plaint,
En un grand parc obscur, une femme voilée :
Funèbre et singulière, elle s'en est allée,
Recélant sa fierté sous son masque opalin.

5 Et rien que d'un regard, par ce soir cristallin,
J'eus deviné bientôt sa douleur refoulée ;
Puis elle disparut en quelque noire allée
Propice au deuil profond dont son cœur était plein.

Ma jeunesse est pareille à la pauvre passante :
10 Beaucoup la croiseront ici-bas dans la sente
Où la vie à la tombe âprement nous conduit ;

Tous la verront passer, feuille sèche à la brise
Qui tourbillonne, tombe et se fane en la nuit ;
Mais nul ne l'aimera, nul ne l'aura comprise.

CHARLES BAUDELAIRE, À UNE PASSANTE (1857)

La rue assourdissante autour de moi hurlait.
Longue, mince, en grand deuil, douleur majestueuse,
Une femme passa, d'une main fastueuse
Soulevant, balançant le feston et l'ourlet ;

5 Agile et noble, avec sa jambe de statue.
Moi, je buvais, crispé comme un extravagant,
Dans son œil, ciel livide où germe l'ouragan,
La douceur qui fascine et le plaisir qui tue.

Un éclair... puis la nuit ! – Fugitive beauté
10 Dont le regard m'a fait soudainement renaître,
Ne te verrai-je plus que dans l'éternité ?

Ailleurs, bien loin d'ici ! trop tard ! *jamais* peut-être !
Car j'ignore où tu fuis, tu ne sais où je vais,
Ô toi que j'eusse aimée, ô toi qui le savais !

Ferdinand Hodler, *Le Rêve*, 1897.

Les poètes symbolistes rêvent d'une femme évanescente et mystérieuse, qu'incarne bien la passante imaginée par Baudelaire et Nelligan.

VERS LA DISSERTATION

1. Quel est le nom de la forme fixe dans laquelle les deux poèmes sont écrits ?

2. Comment les poètes qualifient-ils la passante dans chacun des poèmes ?

3. Montrez que les deux dernières strophes des deux poèmes diffèrent.

4. Par quels moyens Nelligan compare-t-il la passante à sa jeunesse ?

5. Comparez les derniers vers de chacun de ces poèmes.

6. Jugez-vous que, dans l'ensemble, le poème de Nelligan est semblable à celui de Baudelaire ?

Pamphile Lemay (1837-1918)

Au cours de sa longue et respectable carrière, Pamphile Lemay écrit une poésie marquée par son attachement à la terre, aux traditions et au passé, qui contraste de façon prononcée avec la modernité de Nelligan. L'œuvre de ce notable précède de peu celles des régionalistes, mais on y trouve déjà les principales caractéristiques de ce courant.

Les Gouttelettes sont un volumineux recueil de sonnets, très apprécié au moment de sa parution et considéré comme le plus accompli de l'auteur. Celui-ci y développe les thèmes qui forment l'arsenal des régionalistes : l'attachement à la religion, la glorification des héros du passé et surtout, la vie paysanne, décrite de façon attendrie. Les poèmes « rustiques » de l'auteur sont ceux qui caractérisent le mieux son œuvre ; ils sont pour lui un moyen de célébrer un travail éprouvant que les romanciers, pour leur part, traitent autrement et décrivent avec plus de réalisme.

POÉSIE

LES GOUTTELETTES (1904)

Le Semeur

Dès l'aube il a quitté la paille de l'alcôve,
Car l'amour du travail est un vif aiguillon.
Au clocher dort encor le pieux carillon ;
Il s'agenouille et dit la prière qui sauve.

5   Il puise le grain d'ambre au sac de toile fauve,
Et, d'un geste rythmé, le répand au sillon,
Comme un prêtre, l'eau sainte avec le goupillon.
Son rêve voit mûrir la plaine encore chauve.

Et les corbeaux goulus volent derrière lui
10 Pour se gorger avant qu'il promène la herse[1].
C'est une aumône aussi que le printemps leur verse.

Donne au sol le froment. Quand le jour aura fui,
Entre, vaillant semeur, dans ta chambrette close…
Donne au sol le froment, au foyer l'enfant rose.

---

1. Instrument servant à enfouir les semences sur une terre labourée.

VERS LA DISSERTATION

1. Expliquez comment se vit le réveil du semeur.
2. Expliquez le dernier vers. En quoi est-il conforme à la morale de l'époque ?
3. Analysez les liens que le poète construit entre le travail du semeur et la religion.
4. Dans ce poème, le travail du semeur est-il vu de façon réaliste ?

Horatio Walker, *Tournant la herse*, 1928.

Dans de nombreuses peintures, Horatio Walker a illustré le dur labeur des cultivateurs du Québec avec le souci constant de reproduire fidèlement la réalité.

LA QUERELLE DES EXOTIQUES ET DES RÉGIONALISTES

La querelle des exotiques et des régionalistes, dont le moment le plus significatif se déroule vers 1918, est caractéristique des débats polémiques entre gens de lettres. Inévitable, ce genre de débat oppose à la fois des propos strictement esthétiques et des idées plus générales, qui s'expriment dans des textes vifs, passionnés, souvent emportés. Les parties répliquent à tour de rôle, avec vigueur et panache, sans qu'une réconciliation soit recherchée: l'objectif du débat est plutôt d'accumuler les victoires contre l'adversaire. Ces polémiques sont souvent la preuve de la bonne santé d'une littérature. Les exotiques et les régionalistes sont avant tout des poètes. Mais alors que les exotiques se consacrent entièrement à la poésie, les régionalistes ne dédaignent pas le roman qui, depuis ses origines au Québec, décrit très bien une réalité typique tout en cherchant à l'idéaliser.

Les exotiques et les régionalistes s'opposent sur les questions résumées dans le tableau ci-dessous.

Les exotiques s'expriment principalement dans la revue *Le Nigog*, fondée en 1918, et dont ne paraissent que quelques numéros. Ce groupe est mené par Marcel Dugas, qui en est le plus important défenseur et qui a l'originalité d'écrire au Québec de la poésie en prose. Parmi les principaux poètes exotiques, il faut d'abord nommer Paul Morin, dont l'écriture est précieuse et élégante, et dont le formalisme est parfois encombrant; puis Alphonse Beauregard et René Chopin, qui conçoivent quant à eux une poésie métaphysique plus inquiète.

Le mouvement régionaliste est sans aucun doute plus vigoureux. Il s'impose dès 1910 par la poésie du terroir, qui compte de nombreux émules: parmi eux, Blanche Lamontagne, Gonzalve Desaulniers, Albert Ferland et Jean Charbonneau. Ce mouvement reste productif longtemps après la fin de la querelle avec les exotiques. Les œuvres régionalistes deviennent plus intéressantes lorsque les poètes se détournent du conservatisme. Ainsi, l'œuvre du poète Alfred Desrochers est bien ancrée dans le terroir, mais elle dégage une liberté de ton et une grandeur épique qui font de cet auteur l'un des plus importants de ce courant.

Les exotiques	Les régionalistes
Les exotiques s'inspirent des esthétiques parisiennes, principalement. Les auteurs d'ici écrivent des textes influencés par les symbolistes, le Parnasse et les modernes.	Selon les régionalistes, il faut rompre avec la métropole française et **exploiter ce qui nous distingue: notre histoire, notre religion, notre territoire.**
Dans leurs références et leur vocabulaire, **les exotiques ne renvoient pas à une réalité spécifiquement québécoise.** Leur vocabulaire est souvent précieux et évoque un monde exotique au sens propre du terme, qui réfère fréquemment à des lieux étrangers.	**Les régionalistes aiment employer des mots qui évoquent la réalité d'ici.** Ils mettent de l'avant les particularités de notre vocabulaire, nomment notre pays, cherchent à incarner une réalité qui nous est propre.
Les exotiques ont une vision moderniste de leur art. Ils visent à ouvrir leurs contemporains à un art innovateur dans lequel les recherches formelles priment.	**Les régionalistes défendent des valeurs conservatrices:** la religion, le patriotisme, le conformisme. Selon eux, la littérature doit viser à inculquer ces valeurs aux Canadiens français.

Paul Morin (1889-1963)

Paul Morin appartient à la haute bourgeoisie canadienne-française. La fortune de sa famille lui permet de s'exiler quelques années à Paris, où il fréquente des milieux huppés, dont le célèbre salon d'Anna de Noailles. Il écrit une thèse sur le poète américain Longfellow, dont la poésie est pourtant très différente de la sienne. Son existence de dandy et de grand voyageur trouve un écho dans sa poésie raffinée, riche de références à des lieux exotiques et lointains.

Le Paon d'émail, œuvre d'un jeune poète de 22 ans, est un recueil virtuose, au ton parfois affecté, dans lequel le poète éblouit par l'élégance de son vocabulaire et sa recherche constante d'un ailleurs mystérieux. Parmi les poètes exotiques, il est celui qui décrit avec le plus de conviction un monde de beauté, aux antipodes de la rude réalité québécoise.

Alphonse Mucha, *Fleur,* 1897.

Les créateurs de l'art nouveau, style décoratif contemporain de Paul Morin, se plaisent à entourer les femmes de fleurs.

POÉSIE

LE PAON D'ÉMAIL (1911)

Le Paon royal

Quelque vieux jardinier, à l'âme orientale,
Donna le nom sonore et fier de paon royal
À l'œillet odorant, dont chaque lourd pétale
S'irise de velours, de flamme et de métal.

5 Or, je connais l'ardent et mauve héliotrope
Dont l'arôme fougueux fait défaillir les sens
Des chauds sérails d'Asie aux doux jardins d'Europe,
Les roses de Mossoul et les jasmins persans,

Les soucis d'or, qu'avait à son front Orcavelle
10 La nuit qu'elle mourut d'entendre un rossignol,
L'écarlate aloès, que sur sa caravelle
Don Pizarre apporta vers le ciel espagnol,

Le lys tigré de vert qui croît dans Samarcande,
Le chrysanthème roux, l'hélianthe de feu,
15 L'hyacinthe étoilant les prés blonds de Hollande,
La tulipe de jaspe et l'hortensia bleu...

Mais j'aime surtout voir étinceler dans l'ombre
La coupe transparente en fragile cristal
Où fleurit, violent, voluptueux et sombre,
20 Sur sa tige d'émail, le pourpre paon royal.

▲ VERS LA DISSERTATION

1. Cherchez, à l'aide d'un dictionnaire, les mots et les noms de lieux qui vous sont inconnus. Faites la liste des mots qui désignent des fleurs.

2. Ce poème cherche-t-il à communiquer des émotions au lecteur ou n'est-il qu'un jeu formel?

3. Ce poème correspond-il bel et bien à l'esthétique des poètes exotiques?

4. Peut-on dire que « Le Paon royal » s'oppose au poème régionaliste « Le Semeur » de Pamphile Lemay (p. 67)?

CORRESPONDANCE

Jean Narrache (Émile Coderre) (1893-1970)

Le pharmacien Émile Coderre est touché par son contact quotidien avec les gens du peuple qui subissent cruellement les aléas de la Grande Dépression. Dans son œuvre, il crée le personnage de Jean Narrache, qui prend la parole au nom des pauvres et des «gueux», victimes de la crise. Il raconte leurs joies et misères dans les mots qui leur appartiennent. Sa poésie associe de façon originale une forme classique – le recours au quatrain et à l'octosyllabe y est systématique – à la langue saccadée et au vocabulaire coloré des gens du peuple.

Passant de la complainte à la révolte et à la tendresse, le poète ne perd jamais son sens de l'humour et de l'ironie. Le timide et toujours humble Jean Narrache sait parfois devenir virulent. Il reste toujours conscient des inégalités sociales et ne craint pas de se moquer des puissants.

J'PARLE TOUT SEUL QUAND JEAN NARRACHE (1932)

Le Jeu de golf

Paraît qu'les homm's d'affair's d'la Haute
Quand i' sont tannés de s'mentir
Pis d'tripoter l'argent des autres
Vont jouer au golf pour s'divertir.

5 L'golf, c'est l'jeu d'l'aristocratie,
Des commis d'bar, des députés ;
C'est l'pass'-temps d'la diplomatie
Quand i' se r'posent de s'disputer.

Ça s'joue avec des cann's, des boules,
10 Des sacr's et pis d'la bonn' boisson,
Quand la boul' march', pis qu'le «scotch» coule,
Y sont heureux, comm' de raison.

Y fess'nt la boule à grands coups d'canne
Tant qu'a tomb' pas au fond d'un trou.
15 Quand ça va mal ben i' s'chicanent,
Quand ça va ben, i' prenn'nt un «coup».

C'est drôl' p'têt' ben, mais j'trouv' qu'ça r'ressemble
Au jeu qu'i' jouent à tous les jours ;
Pour blaguer l'monde, i' s'mett'nt ensemble.
20 Pis i' fess'nt dessus chacun leur tour.

    Les pauverr' yâb's, on est les boules
    Que ces messieurs fess'nt à grands coups ;
    Y sont contents quand i' nous roulent
    Pi' qu'i' nous voient tomber dans l'trou.

Durant les années 1930, la Grande Dépression a entraîné dans la misère une grande partie de la population du Québec.

ÇA VA VENIR, DÉCOURAGEZ-VOUS PAS (1930)

Mes amis, je vous assure que le temps est bien dur.
Il faut pas s'décourager, ça va bien vite commencer :
De l'ouvrage y va en avoir pour tout le monde cet hiver
Il faut bien donner le temps au nouveau gouvernement

REFRAIN :
5 Ça va venir pis ça venir, mais décourageons-nous pas
   Moi j'ai toujours le cœur gai et j'continue à turluter

On se plaint à Montréal, après tout on est pas mal.
Dans la province de Québec, on mange notre pain bien sec.
Y'a pas d'ouvrage au Canada, y'en a bien moins dans les États
10 Essayez pas d'aller plus loin vous êtes certains de crever de faim.

REFRAIN

Ça coûte cher de c'temps-ici, pour se nourrir à crédit :
Pour pas que ça monte à la grocerie[1], je me tape fort sur les biscuits
Mais je peux pas faire de l'extra, mon p'tit mari travaille pas
À force de me priver de manger, j'ai l'estomac ratatiné.

REFRAIN

15 Me voilà mal emmanchée, j'ai des trous dans mes souliers
   Mes talons sont tout de travers et pis le bout qui r'trousse en l'air.
   Le dessus est tout fendu, la doublure toute décousue,
   Mes orteils passent en travers c'est toujours mieux que d'pas en avoir.

REFRAIN

Le propriétaire qui m'a loué, il est bien mal amanché
20 Ma boîte à charbon est brûlée et puis j'ai cinq vitres de cassées
   Ma lumière disconnectée pis mon eau est pas payée
   Y'ont pas besoin v'nir m'achaler, m'a les saprer[2] en bas de l'escalier.

---

1. Épicerie.
2. Frapper.

La chanteuse La Bolduc (Mary Travers) a elle aussi raconté la misère des pauvres pendant la crise. Tout en reconnaissant les difficultés que tous vivent quotidiennement, elle tâche de remonter le moral de ses semblables par sa musique joyeuse et taquine.

VERS LA DISSERTATION

1. Dans «Le Jeu de golf», relevez les procédés par lesquels le poète se moque des «homm's d'affair's d'la Haute».

2. Montrez que le golf est utilisé comme une analogie pour décrire le rapport entre les riches et les pauvres.

3. Peut-on affirmer que le poème de Jean Narrache pervertit le genre poétique en le rendant populiste ?

4. Expliquez comment la pauvreté et la misère affectent la vie quotidienne de La Bolduc.

5. Montrez que les deux textes exploitent un humour différent.

6. Est-il vrai de dire que le fatalisme de Jean Narrache s'oppose à l'optimisme de La Bolduc ?

Alfred Desrochers (1901-1978)

Alfred Desrochers vient d'une famille de cultivateurs. Il exerce divers métiers avant de se consacrer au journalisme et à la traduction. Sa poésie est marquée par la vie simple et rude que Desrochers a observée chez ses semblables avec un regard précis, sans complaisance. Il pratique avec art les formes classiques de la poésie, surtout le sonnet, mais leur donne une certaine trivialité qui crée un heureux contraste.

Son recueil le plus important, *À l'ombre de l'Orford*, décrit l'une des belles régions rurales du Québec, les Cantons-de-l'Est. Desrochers s'intéresse cependant aux humains qui peuplent cette région, à leurs métiers et à leurs occupations, que le poète grandit par ses mots. Aux foins, à la boucherie, dans les sentiers ou sur l'eau, l'humanité décrite par le poète s'agite dans toute sa vérité. Dans un de ses poèmes les plus connus, «Liminaire», il braque son regard sur lui-même pour mieux se souvenir d'un passé rehaussé par la nostalgie.

POÉSIE

À L'OMBRE DE L'ORFORD (1929)

Liminaire

Je suis un fils déchu de race surhumaine,
Race de violents, de forts, de hasardeux,
Et j'ai le mal du pays neuf, que je tiens d'eux,
Quand viennent les jours gris que septembre ramène.

5 Tout le passé brutal de ces coureurs des bois:
Chasseurs, trappeurs, scieurs de long, flotteurs de cages,
Marchands aventuriers ou travailleurs à gages,
M'ordonne d'émigrer par en haut pour cinq mois.

Et je rêve d'aller comme allaient les ancêtres;
10 J'entends pleurer en moi les grands espaces blancs,
Qu'ils parcouraient, nimbés de souffles d'ouragans,
Et j'abhorre comme eux la contrainte des maîtres.

Quand s'abattait sur eux l'orage des fléaux,
Ils maudissaient le val, ils maudissaient la plaine,
15 Ils maudissaient les loups qui les privaient de laine:
Leurs malédictions engourdissaient leurs maux.

Mais quand le souvenir de l'épouse lointaine
Secouait brusquement les sites devant eux,
Du revers de leur manche, ils s'essuyaient les yeux
20 Et leur bouche entonnait: «À la claire fontaine»...

Ils l'ont si bien redite aux échos des forêts,
Cette chanson naïve où le rossignol chante,
Sur la plus haute branche, une chanson touchante,
Qu'elle se mêle à mes pensers les plus secrets:

25 Si je courbe le dos sous d'invisibles charges,
Dans l'âcre brouhaha de départs oppressants,
Et si, devant l'obstacle ou le lien, je sens
Le frisson batailleur qui crispait leurs poings larges;

Si d'eux, qui n'ont jamais connu le désespoir,
30 Qui sont morts en rêvant d'asservir la nature,
Je tiens ce maladif instinct de l'aventure,
Dont je suis quelquefois tout envoûté, le soir;

Par nos ans sans vigueur, je suis comme le hêtre
Dont la sève a tari sans qu'il soit dépouillé,
35 Et c'est de désirs morts que je suis enfeuillé,
Quand je rêve d'aller comme allait mon ancêtre;

Mais les mots indistincts que profère ma voix
Sont encore: un rosier, une source, un branchage,
Un chêne, un rossignol parmi le clair feuillage,
40 Et comme au temps de mon aïeul, coureur des bois,

Ma joie ou ma douleur chante le paysage.

VERS LA DISSERTATION

1. Quelles sont les caractéristiques formelles de ce poème?

2. Quelle est cette «race surhumaine» décrite par le poète? Pour quelles raisons le poète lui voue-t-il son admiration?

3. Retrouvez les paroles de la chanson *À la claire fontaine*. Quel rôle cette chanson joue-t-elle dans le poème?

4. Dans les trois derniers quatrains, comment le poète se considère-t-il par rapport aux gens qu'il vient de décrire?

5. Est-il juste de dire que le poète propose une vision idéalisée de cette «race surhumaine» qu'il décrit?

LES POÈTES DE LA SOLITUDE

Il est particulièrement difficile d'être poète au Québec au milieu du XXe siècle. Alors qu'en France et ailleurs dans le monde les avant-gardes éclosent et soulèvent la controverse, alors que la poésie se prête particulièrement aux nouvelles expériences et aux recherches formelles, les élites canadiennes-françaises, sous la houlette d'un clergé conservateur, se referment plus que jamais. L'art et la poésie modernes, considérés comme menaçants et inconvenants, sont rejetés avec vigueur.

Devant ce manque d'ouverture, plusieurs poètes préfèrent se retirer de la vie sociale, vivre à fond leur solitude et explorer leur intimité. Il en résulte une poésie angoissée et douloureuse, dans laquelle les poètes ne cessent d'exprimer leur grand mal de vivre. On appelle « poètes de la solitude » ces auteurs qui ont conçu dans l'isolement des œuvres singulières, écrites avec une grande liberté, sans chercher à imiter les modèles étrangers, qu'ils soient parisiens ou autres.

Même si les principaux poètes de la solitude ont écrit sans se consulter et sans chercher à créer un courant, leurs œuvres ont plusieurs caractéristiques communes :

- **Les poètes de la solitude explorent à fond le thème de l'isolement.** Ces poètes n'arrivent à communiquer ni avec un monde extérieur étrangement absent, ni avec une éventuelle personne aimée, parfois désincarnée et évanescente (comme la « fiancée » des poèmes d'Alain Grandbois) ou le plus souvent inexistante.

- **L'isolement des poètes les entraîne à entreprendre de grandes introspections.** Les poètes voyagent à l'intérieur d'eux-mêmes et ne cessent de sonder leur âme.

- **Les poètes de la solitude expriment l'angoisse provoquée par leur isolement.** Les poètes de la solitude sont marqués par la nuit, la mort, le silence, par le sentiment d'être enfermés, voire étouffés. Ils vivent dans un univers stérile où la mort se fait omniprésente.

- **Les poètes de la solitude sont partagés entre l'espoir et le désespoir.** Si leur quotidien est sombre et triste, ils se prennent souvent à espérer une lueur ou une vie nouvelle qu'ils ne parviennent cependant pas toujours à se représenter nettement.

- **Les poètes de la solitude s'expriment avec une grande liberté formelle.** Ils adoptent systématiquement le vers libre. Leur écriture, d'une indiscutable modernité, demeure très personnelle et d'une grande intensité.

Les œuvres de ces poètes de la solitude ne sont cependant pas homogènes et se démarquent les unes des autres. Ainsi, des différences flagrantes s'observent entre le premier recueil de Saint-Denys Garneau et celui d'Alain Grandbois. La poésie de *Regards et Jeux dans l'espace* (1937), de Saint-Denys Garneau, est très resserrée, et ses vers souvent courts sont d'une grande densité. Dans *Les Îles de la nuit* (1944), Alain Grandbois écrit une poésie large et éclatée, et ses longs poèmes incantatoires possèdent de puissantes envolées. Ces deux auteurs ont une influence considérable sur les générations de poètes qui leur succèdent. Alors que, dans les années 1960, les poètes du pays écrivent une poésie marquée par le souffle épique de Grandbois, les poètes des années 1980, qui cherchent à exprimer l'intime et à rendre compte de leur monde intérieur, s'inspirent davantage de Saint-Denys Garneau.

Dans *Le Tombeau des rois* (1953), Anne Hébert conçoit un recueil très accompli, un curieux voyage de la naissance vers la mort, qui aboutit à une renaissance. On retrouve ce souffle poétique dans les romans au style elliptique et évocateur qu'Hébert écrit ultérieurement. La poésie de Rina Lasnier est marquée par une quête mystique et une recherche de sens dans un monde à la fois insaisissable, fascinant et désolant. Ses recueils *Présence de l'absence* (1956) et *Mémoire sans jour* (1960) restent parmi les plus réussis de ces années d'introspection.

Hector de Saint-Denys Garneau (1912-1943)

L'œuvre d'Hector de Saint-Denys Garneau crée une importante rupture dans l'évolution de la poésie québécoise. Pour la première fois, un auteur d'ici écrit des poèmes profondément originaux et d'une étonnante liberté formelle, et dont la composition est moderne et le contenu, d'une grande intériorité. Son unique recueil publié de son vivant, *Regards et Jeux dans l'espace*, subit les contrecoups de sa singularité : il est ignoré du public. À la suite de cet échec et d'un désolant voyage en France, le poète à la santé fragile préfère se retirer et vivre dans une grande solitude. Il meurt d'une crise cardiaque à l'âge de 31 ans.

Dans *Regards et Jeux dans l'espace*, Saint-Denys Garneau apprend des enfants le plaisir du jeu. Il construit ses poèmes intenses et dépouillés à la façon des jeux d'équilibre, et il leur ajoute parfois de petites touches d'ironie. Le recueil est d'abord marqué par l'intérêt du poète pour la peinture – Saint-Denys Garneau était un excellent aquarelliste. Dans ses « Esquisses en plein air » (titre d'une des sections du livre), Garneau s'installe comme un peintre dans la nature et décrit avec les mots du poète les paysages et les grands arbres de nos campagnes. Puis, le paysage s'assombrit, devient « De gris en plus noir » (titre d'une autre section), et le poète se trouve face à ses angoisses, à ses déchirements, à sa solitude. Dans *Regards et Jeux dans l'espace*, la tristesse et la nuit l'emportent sur la lumière.

POÉSIE

REGARDS ET JEUX DANS L'ESPACE (1937)

Paysage en deux couleurs sur fond de ciel

La vie la mort sur deux collines
Deux collines quatre versants
Les fleurs sauvages sur deux versants
L'ombre sauvage sur deux versants.

5 Le soleil debout dans le sud
Met son bonheur sur les deux cimes
L'épend sur faces des deux pentes
Et jusqu'à l'eau de la vallée
(Regarde tout et ne voit rien)

10 Dans la vallée le ciel de l'eau
Au ciel de l'eau les nénuphars
Les longues tiges vont au profond
Et le soleil les suit du doigt
(Les suit du doigt et ne sent rien)

15 Sur l'eau bercée de nénuphars
Sur l'eau piquée de nénuphars
Sur l'eau percée de nénuphars
Et tenue de cent mille tiges
Porte le pied des deux collines

20 Un pied fleuri de fleurs sauvages
Un pied rongé d'ombre sauvage.

Et pour qui vogue en plein milieu
Pour le poisson qui saute au milieu
(Voit une mouche tout au plus)

25 Tendant les pentes vers le fond
Plonge le front des deux collines
Un de fleurs fraîches dans la lumière
Vingt ans de fleurs sur fond de ciel
Un sans couleur ni de visage

30 Et sans comprendre et sans soleil
Mais tout mangé d'ombre sauvage
Tout composé d'absence noire
Un trou d'oubli – ciel calme autour.

Accompagnement

Je marche à côté d'une joie
D'une joie qui n'est pas à moi
D'une joie à moi que je ne puis pas prendre

Je marche à côté de moi en joie
5 J'entends mon pas en joie qui marche à côté de moi
Mais je ne puis changer de place sur le trottoir
Je ne puis pas mettre mes pieds dans ces pas-là
        et dire voilà c'est moi

Je me contente pour le moment de cette compagnie
10 Mais je machine en secret des échanges
Par toutes sortes d'opérations, des alchimies,
Par des transfusions de sang
Des déménagements d'atomes
        par des jeux d'équilibre

15 Afin qu'un jour, transposé,
Je sois porté par la danse de ces pas de joie
Avec le bruit décroissant de mon pas à côté de moi
Avec la perte de mon pas perdu
        s'étiolant à ma gauche
20 Sous les pieds d'un étranger
        qui prend une rue transversale.

◀ **VERS LA DISSERTATION**

1. « Paysage en deux couleurs sur fond de ciel » est marqué par le regard d'un peintre. À quoi le constate-t-on ?

2. Relevez l'opposition entre la vie et la mort qui se manifeste dans les champs lexicaux.

3. Est-il juste de dire que la mort l'emporte sur la vie dans ce poème ?

4. Dans « Accompagnement », montrez comment, dans les quatre premiers vers, évolue l'image du dédoublement entre le poète et la joie.

5. Montrez de quelle façon se développe la relation entre le poète et son « moi en joie ».

6. Ce poème est l'expression d'un grand désespoir. Discutez.

Marc-Aurèle Fortin, *Sous les ormes,* 1928.

« Dans les champs / Calmes parasols /
Sveltes, dans une tranquille élégance /
Les ormes [...] » – Saint-Denys Garneau.

Cousin, cousine

La poésie de Saint-Denys Garneau a influencé celle de sa cousine Anne Hébert. Cette dernière a d'ailleurs fait part de son admiration pour son aîné. Les deux poètes expriment avec force leur sentiment de solitude, dans une forme tout aussi dépouillée.

HECTOR DE SAINT-DENYS GARNEAU, CAGE D'OISEAU (1937)

Je suis une cage d'oiseau
Une cage d'os
Avec un oiseau

L'oiseau dans sa cage d'os
5 C'est la mort qui fait son nid

Lorsque rien n'arrive
On entend froisser ses ailes

Et quand on a ri beaucoup
Si l'on cesse tout à coup
10 On l'entend qui roucoule
Au fond
Comme un grelot

C'est un oiseau tenu captif
La mort dans ma cage d'os

15 Voudrait-il pas s'envoler
Est-ce vous qui le retiendrez
Est-ce moi
Qu'est-ce que c'est

Il ne pourra s'en aller
20 Qu'après avoir tout mangé
Mon cœur
La source du sang
Avec la vie dedans

Il aura mon âme au bec.

ANNE HÉBERT, LA FILLE MAIGRE (1953)

Je suis une fille maigre
Et j'ai de beaux os.

J'ai pour eux des soins attentifs
Et d'étranges pitiés

5 Je les polis sans cesse
Comme de vieux métaux.

Les bijoux et les fleurs
Sont hors de saison.

Un jour je saisirai mon amant
10 Pour m'en faire un reliquaire[1] d'argent.

Je me pendrai
À la place de son cœur absent.

Espace comblé,
Quel est soudain en toi cet hôte sans fièvre ?

15 Tu marches
Tu remues ;
Chacun de tes gestes
Pare d'effroi la mort enclose.

Je reçois ton tremblement
20 Comme un don.

Et parfois
En ta poitrine, fixée,
J'entrouvre
Mes prunelles[2] liquides

25 Et bougent
Comme une eau verte
Des songes bizarres et enfantins.

VERS LA DISSERTATION

1. Montrez que les deux poèmes associent l'image des os à l'enfermement.

2. Comment les conclusions de ces deux poèmes se distinguent-elles ?

3. Serait-il juste d'affirmer que ces deux poèmes expriment la détresse de la même façon ?

---

1. Petite boîte dans laquelle on dépose les reliques d'un saint.
2. Yeux.

Alain Grandbois (1900-1975)

Alain Grandbois est un poète voyageur. Né dans une famille aisée, il s'expatrie à Paris de 1924 à 1939 et entreprend de longs périples dans le monde entier. C'est à Hankéou (Chine), en 1934, qu'il publie ses premiers poèmes. De retour au pays, il poursuit l'écriture d'une œuvre poétique riche et intense, dont l'influence est grande sur les générations de poètes ultérieures. La poésie de Grandbois est marquée par son lyrisme, ses références cosmiques et des images en cascade qui se succèdent dans des vers rythmés et incantatoires.

Les Îles de la nuit sont un recueil à la fois sombre et brillant, qui fait voyager le lecteur au cœur d'une nuit profonde, au milieu de laquelle apparaissent de superbes éblouissements. Dans l'immensité de la mer et de la nuit, omniprésentes dans le recueil, le poète se réfugie sur de fragiles îles, images de sa solitude. Condamné à cette solitude, le poète est en proie à ses souvenirs et rêve d'une «fiancée» à la fois irréelle et fascinante.

LES ÎLES DE LA NUIT (1944)

Pris et protégé

Pris et protégé et condamné par la mer
Je flotte au creux des houles
Les colonnes du ciel pressent mes épaules
Mes yeux fermés refusent l'archange bleu
5 Les poids des profondeurs frissonnent sous moi
Je suis seul et nu
Je suis seul et sel
Je flotte à la dérive sur la mer
J'entends l'aspiration géante des dieux noyés
10 J'écoute les derniers silences
Au delà des horizons morts

Alfred Pellan, *Sous terre*, 1938.

Comme le peintre Alfred Pellan, Alain Grandbois ouvre son art à l'exploration formelle et à la modernité. Les couleurs généralement vives du premier contrastent cependant avec l'univers sombre du second.

Fermons l'armoire

Fermons l'armoire aux sortilèges

Il est trop tard pour tous les jeux

Mes mains ne sont plus libres

Et ne peuvent plus viser droit au cœur

5 Le monde que j'avais créé

Possédait sa propre clarté

Mais de ce soleil

Mes yeux sont aveuglés

Mon univers sera englouti avec moi

10 Je m'enfoncerai dans les cavernes profondes

La nuit m'habitera et ses pièges tragiques

Les voix d'à côté ne me parviendront plus

Je posséderai la surdité du minéral

Tout sera glacé

15 Et même mon doute

Je sais qu'il est trop tard

Déjà la colline engloutit le jour

Déjà je marque l'heure de mon fantôme

Mais ces crépuscules dorés je les vois encore se

20   penchant sur des douceurs de lilas

Je vois ces adorables voiles nocturnes trouées

     d'étoiles

Je vois ces rivages aux rives inviolées

J'ai trop aimé le regard extraordinairement fixe de

25   l'amour pour ne pas regretter l'amour

J'ai trop paré mes femmes d'auréoles sans rivales

J'ai trop cultivé de trop miraculeux jardins

Mais une fois j'ai vu les trois cyprès parfaits

Devant la blancheur du logis

30 J'ai vu et je me tais

Et ma détresse est sans égale

Tout cela est trop tard

Fermons l'armoire aux poisons

Et ces lampes qui brûlent dans le vide comme des

35   fées mortes

Rien ne remuera plus dans l'ombre

Les nuits n'entraîneront plus les cloches du matin

Les mains immaculées ne se lèveront plus au seuil

     de la maison

40 Mais toi   ô toi   je t'ai pourtant vue marcher sur

     la mer avec ta chevelure pleine d'étincelles

Tu marchais toute droite avec ton blanc visage levé

Tu marchais avec tout l'horizon comme une coupole

     autour de toi

45 Tu marchais et tu repoussais lentement la prodigieuse

     frontière des vagues

Avec tes deux mains devant toi comme les deux

     colombes de l'arche

Et tu nous portais au rendez-vous de l'archange

50 Et tu étais pure et triste et belle avec un sourire de

     cœur désemparé

Et les prophètes couchaient leur grand silence sur la

     jalousie des eaux

Et il ne restait plus que le grand calme fraternel des

55   sept mers

Comme le plus mortel tombeau

▶ VERS LA DISSERTATION

1. Dans «Pris et protégé», par quelles images le poète exprime-t-il sa solitude? Montrez la dimension cosmique de ces images.

2. Peut-on dire que les poèmes «Accompagnement» de Saint-Denys Garneau (p. 75) et «Pris et protégé» abordent le thème de la solitude de façon très différente?

3. Dans le second poème, que veut dire le poète lorsqu'il affirme vouloir «fermer l'armoire»? Pourquoi souhaite-t-il y arriver?

4. Le poète fait un usage systématique de superlatifs. Trouvez-les et dites ce que ces superlatifs expriment.

5. Montrez que les références à la mer sont omniprésentes dans ces deux poèmes.

6. Dans «Fermons l'armoire», l'auteur fait un bilan négatif de sa pratique de la poésie. Discutez.

Lionel Groulx (1878-1967)

Lionel Groulx est l'un des intellectuels les plus prolifiques du Québec. Dans son œuvre immense, il défend avec énergie l'aspiration des Québécois francophones à une plus grande autonomie. Cet écrivain est cependant très controversé : influencé par les mouvements les plus conservateurs de France – dont l'Action française de Charles Maurras –, il prône un nationalisme centré sur les valeurs traditionnelles et tient à l'occasion des propos antisémites. Malgré ces côtés plus sombres, on doit lui reconnaître d'avoir contribué à éveiller chez les Québécois une conscience nationale qui sera l'une des sources du mouvement indépendantiste.

Le nationalisme de Lionel Groulx défend un petit peuple opprimé qui cherche à se ressaisir. Selon Groulx, ce peuple doit puiser dans son histoire pour en tirer des motifs de fierté. Mais l'essayiste reste aussi tourné vers l'avenir et envisage avec enthousiasme la naissance d'un État français en Amérique.

VERS LA DISSERTATION

1. Pourquoi Lionel Groulx parle-t-il d'un « petit peuple » ?
2. Notez ce qui, selon l'auteur, contribue à endormir ses compatriotes.
3. Quel lien l'auteur tisse-t-il entre les ancêtres et la jeunesse ?
4. Quels procédés d'écriture l'auteur utilise-t-il pour convaincre ses lecteurs ?
5. L'argumentation de l'auteur en faveur d'un État français en Amérique est-elle convaincante ?
6. Qu'est-ce qui caractérise le style de l'auteur ? Selon vous, serait-il approprié d'argumenter de cette façon aujourd'hui ?
7. Est-il juste de dire que ce texte est nationaliste ?

ESSAI

DIRECTIVES (1937)

De grâce, que l'on ne réplique point, avec les défaitistes : « Trop tard ! Le peuple ne veut plus ! » J'aurai le courage de prendre ici la défense de notre petit peuple. Sans doute, se révèle-t-il parfois bien inerte, bien décevant. Mais l'histoire
5 m'a appris que d'ordinaire il vaut autant que ses chefs. Au surplus, quand tout un peuple est endormi, c'est qu'il y a eu quelque part des endormeurs. Je dénie le droit à ceux qui ne sont pas même éveillés, de reprocher au peuple son sommeil. Trop tard ? Passons, Messieurs les dirigeants, autant de temps
10 à faire quelque chose que nous en avons passé à ne rien faire ; dépensez, pour le réveil national, pour le redressement de la conscience collective, autant d'activité, autant de millions, autant d'esprit d'organisation et de propagande, propagande de husting[1], propagande de radio, propagande de journaux,
15 qu'il s'en est dépensé, en cette province, depuis soixante ans, pour nous insuffler les passions insanes[2] de la politique ; dépensez autant d'effort, pour nous éclairer et pour nous unir, que vous en avez dépensé pour nous aveugler et nous diviser ; et alors vous pourrez parler de l'apathie populaire.

20 Trop tard ? Mais vous ne voyez donc pas, vous n'entendez pas ce qui s'en vient ? Le souffle de grandeur, le voici qui commence à soulever une génération. Notre avenir nouveau, la jeunesse la plus intelligente, la plus allante, la plus décidée, le porte déjà dans ses yeux. Voilà pourquoi je suis de ceux qui
25 espèrent. Parce qu'il y a Dieu, parce qu'il y a notre histoire, parce qu'il y a la jeunesse, j'espère. J'espère avec tous les ancêtres qui ont espéré ; j'espère avec tous les espérants d'aujourd'hui ; j'espère par-dessus mon temps, par-dessus tous les découragés. Qu'on le veuille ou qu'on ne le veuille
30 pas, notre État français, nous l'aurons ; nous l'aurons jeune, fort, rayonnant et beau, foyer spirituel, pôle dynamique pour toute l'Amérique française. Nous aurons aussi un pays français, un pays qui portera son âme dans son visage. Les snobs, les bonne-ententistes, les défaitistes, peuvent nous
35 crier, tant qu'ils voudront : « Vous êtes la dernière génération de Canadiens français... » Je leur réponds, avec toute la jeunesse : « Nous sommes la génération des vivants. Vous êtes la dernière génération des morts ! »

_____
1. Discours pendant les campagnes électorales.
2. Ineptes, absurdes.

SYNTHÈSE

Le contexte sociohistorique

→ Le clergé conserve son emprise morale et continue à défendre des valeurs conservatrices qui entraînent la population à se replier sur elle-même.

→ Malgré ce repli, le Québec s'urbanise. Le début du siècle est marqué par un important exode rural. Dès le début des années 1920, la majorité de la population vit dans les villes. L'émigration des Canadiens français aux États-Unis se poursuit.

→ La Grande Dépression touche durement le Québec et plonge de nombreux Québécois dans la pauvreté.

→ Le Québec redevient prospère pendant la Seconde Guerre mondiale. Comme au cours de la Première Guerre mondiale, la majorité des Canadiens français rejette la conscription. Malgré cette opposition, de nombreux jeunes Québécois vont combattre en Europe.

La littérature

■ Au début du siècle, l'École littéraire de Montréal organise des soirées qui rendent la vie littéraire active à Montréal.

■ Le clergé reste toujours vigilant et veille à ce que les publications respectent ses valeurs. Plusieurs auteurs, tels Rodolphe Girard, Albert Laberge et Jean-Charles Harvey, voient leurs œuvres condamnées.

■ Deux tendances littéraires principales s'opposent pendant cette période. Les exotiques cherchent à écrire une littérature moderne, qui évite le particularisme régional. Les régionalistes préfèrent écrire des œuvres qui sont solidement ancrées dans la réalité québécoise et qui reflètent des valeurs conservatrices.

■ Pendant les années 1930 et 1940, les auteurs développent simultanément des tendances littéraires disparates, allant du populisme au réalisme et à la poésie d'avant-garde.

Le roman

Malgré l'exode rural, les auteurs d'ici continuent à privilégier le roman du terroir. Louis Hémon, Albert Laberge, Claude-Henri Grignon, Félix-Antoine Savard, Ringuet et Germaine Guèvremont parviennent à écrire des œuvres fortes, dans lesquelles les Québécois se reconnaissent.

La poésie

Émile Nelligan marque la poésie québécoise par ses poèmes d'une grande sensibilité et son ouverture à la modernité.

L'opposition entre exotiques et régionalistes devient particulièrement marquée chez les poètes. Cette querelle s'atténue alors que Saint-Denys Garneau et Alain Grandbois créent une importante rupture par leurs recueils en vers libres, où ils expriment avec force leur détresse et leur solitude.

L'essai

Lionel Groulx, qui cherche par ses écrits à développer la conscience nationale des Québécois, est l'essayiste le plus marquant de la période.

4

1945-1960
La Grande Noirceur
La littérature québécoise entre
le repli et la modernité

L'expression «Grande Noirceur», très souvent utilisée pour décrire le Québec de l'après-guerre dirigé par le premier ministre Maurice Duplessis, ne fait pas l'unanimité. Le terme est approprié pour qualifier le climat d'oppression que ressentent les écrivains et artistes, menacés par la censure, marqués par une peur constante du jugement des autres et souvent forcés à s'exiler. Cependant, certains affirment que le conservatisme officiel cache un dynamisme culturel et un esprit de révolte dont l'importance s'accroît à mesure qu'on se rapproche des années 1960. Ainsi, les auteurs québécois hésitent entre les coups d'éclat et le repli, se sentent attirés par les avant-gardes, tout en calculant les dangers d'une rupture trop affirmée contre l'ordre social. La littérature québécoise de cette période se nourrit de ces tensions et exprime très souvent la difficulté de s'émanciper.

DE 1945 À 1960

Le monde	Le Québec

1945 : Fin de la Seconde Guerre mondiale
Bombes atomiques larguées sur Hiroshima et Nagasaki
Fondation des Nations Unies (ONU) à San Francisco

1946 : Grève des tisserands de la Dominion Textile à Montréal
et à Valleyfield

1947 : Début de la guerre froide
Indépendance de l'Inde ; partition de l'Inde et du Pakistan

1948 : Adoption de la Déclaration universelle des droits de l'homme
Création de l'État d'Israël

1948 : Adoption du fleurdelisé
comme drapeau
officiel du Québec

1949 : Prise du pouvoir en Chine par les communistes,
dirigés par Mao Tsé-Toung

1949 : Grève des mineurs à Asbestos

1950 : Début d'une campagne de délation et de persécution contre les
communistes lancée aux États-Unis par le sénateur McCarthy
Début de la guerre de Corée

1950 : Fondation de la revue *Cité libre,* qui est dirigée par
Pierre Elliott Trudeau et Gérard Pelletier et s'oppose
aux politiques conservatrices de Maurice Duplessis

1952 : Premières émissions de la télévision de Radio-Canada
Grève des ouvriers du textile à Louiseville

1953 : Mort de Staline

1954 : Début de la guerre d'Algérie

1954 : Lutte contre les lois 19 et 20, qui limitent l'activité syndicale

1955 : Conférence de Bandung,
qui rassemble des pays
qui ne sont alliés ni au
bloc occidental ni au bloc
communiste et auxquels
on donne le nom
de «tiers-monde»

1955 : Émeute à Montréal provoquée par la suspension du joueur
de hockey Maurice Richard, décision jugée arbitraire
et discriminatoire envers les Canadiens français

1956 : Intervention militaire de l'Union soviétique en Hongrie

1957 : Création du Marché commun en Europe

1957 : Grève des mineurs de la Noranda à Murdochville

1959 : Prise du pouvoir de Fidel Castro à Cuba

1959 : Grève des réalisateurs à Radio-Canada
Décès du premier ministre du Québec Maurice Duplessis, remplacé
par Paul Sauvé, qui s'éteint à son tour l'année suivante

1960 : Élection de Jean Lesage, chef du Parti libéral,
comme premier ministre du Québec

Illustration de la page précédente : Jean-Paul Riopelle, *Espagne,* 1951.

1945 : Gabrielle Roy, *Bonheur d'occasion* (roman)

1946 : Première exposition des automatistes

1948 : Roger Lemelin, *Les Plouffe* (roman)
Gratien Gélinas, *Tit-Coq* (théâtre)
Paul-Émile Borduas, *Refus global* (essai)
Fondation, par Yvette Brind'Amour et Mercedes Palomino, du Rideau Vert, premier théâtre permanent au Québec

1949 : Roland Giguère, «Amour délice et orgue» (poésie)

1951 : Fondation du Théâtre du Nouveau Monde (TNM)

1953 : André Langevin, *Poussière sur la ville* (roman)
Anne Hébert, *Le Tombeau des rois* (poésie)

1956 : Claude Gauvreau, *La Charge de l'orignal épormyable* (théâtre)

1957 : Marcel Dubé, *Un simple soldat* (théâtre)
Création des Grands Ballets canadiens par Ludmilla Chiriaeff

1958 : Yves Thériault, *Agaguk* (roman)

1959 : Mordecai Richler, *The Apprenticeship of Duddy Kravitz* (roman)
Gratien Gélinas, *Bousille et les justes* (théâtre)

1960 : Gérard Bessette, *Le Libraire* (roman)
Jean-Paul Desbiens, *Les Insolences du frère Untel* (essai)

Le monde : après-guerre, guerre froide et décolonisation

*L*es lendemains de la Seconde Guerre mondiale sont marqués par de difficiles prises de conscience dans le monde entier. Deux constats majeurs transforment le regard que les humains portent sur eux-mêmes :

- La découverte des **camps de concentration nazis** montre à quel point une civilisation pourtant avancée peut tomber dans la plus sombre barbarie et infliger à des humains les pires supplices. Au cours de la guerre, la haine raciale a atteint son paroxysme : dans les camps, les Allemands ont éliminé, entre autres, six millions de Juifs.

- Une **première bombe atomique** explose en août 1945 à Hiroshima, au Japon, faisant plus de 140 000 morts. Trois jours plus tard, une deuxième bombe tombe sur Nagasaki, et on en vient vite à fabriquer en grande quantité des bombes beaucoup plus puissantes. Désormais, l'être humain a la capacité d'exterminer sa propre espèce.

La fin de la guerre ne calme pas les tensions. Un nouvel ordre s'établit, marqué à la fois par la crainte d'un conflit entre les États-Unis et l'URSS, et par un nouvel optimisme, né de la nouvelle prospérité économique dont profitent les classes moyennes en Occident.

Les événements suivants caractérisent cette période :

- **Le monde se divise en deux blocs ennemis :** les pays capitalistes, menés par les États-Unis, s'opposent aux pays communistes, contrôlés par l'URSS. La crainte de l'arme nucléaire, possédée par les deux camps, empêche les affrontements de se produire, mais les conflits armés menacent toujours d'éclater. Les deux blocs se livrent à une guerre d'influence partout dans le monde et cherchent à étendre leur empire. On qualifie de « **guerre froide** » ce conflit permanent, dans lequel les camps ennemis s'observent avec méfiance tout en évitant les batailles. Au Québec, le gouvernement Duplessis marque sa forte opposition au communisme, même si cette doctrine politique ne pose pas de menace dans un territoire où la religion joue encore un rôle prépondérant.

- **Pour aider à résoudre les problèmes internationaux et pour limiter les guerres, on forme une grande organisation internationale, les Nations Unies,** qui rassemble la plupart des pays du monde. Cependant, à cause des tensions entre les blocs de l'Est et de l'Ouest, l'organisation se trouve quelque peu paralysée. La plus grande réussite des Nations Unies est l'adoption de la **Déclaration universelle des droits de l'homme,** qui donne aux dirigeants de la planète un code de conduite afin qu'ils respectent les besoins de tous ses habitants et les traitent avec dignité.

- **Au lendemain de la guerre s'amorce une longue période de prospérité qui dure près de trente ans et qu'on surnomme les Trente Glorieuses.** Le plein-emploi se maintient presque partout dans les pays industrialisés, la classe moyenne s'enrichit, les écarts entre les riches et les pauvres diminuent, les mesures d'aide sociale s'accroissent. L'*American way of life* se répand : le foyer moderne jouit d'un grand confort, les familles sont moins nombreuses, des appareils électroménagers facilitent la vie quotidienne des ménages, l'automobile devient plus abordable et la télévision connaît une importante expansion, ce qui pousse les familles à se replier sur elles-mêmes. Au Québec, ce nouveau mode de vie est de plus en plus adopté.

- **Un important mouvement de décolonisation s'amorce dans les pays du Sud.** Au lendemain de la Seconde Guerre mondiale, les grands empires coloniaux, entre autres britannique et français, se trouvent affaiblis, et les colonies éprouvent le désir d'obtenir leur indépendance. L'accession à l'indépendance ne se fait pas toujours facilement et provoque parfois des divisions et des luttes (entre autres en Inde et en Algérie). Mais l'indépendance des ex-colonies soulève beaucoup d'espoir et fait rêver à un monde plus juste. Au Québec, de nombreux intellectuels considèrent la province comme une colonie et adhèrent avec enthousiasme, surtout dans les années 1960, au discours de la décolonisation.

Dans les années 1950, les Québécois découvrent la quiétude et le confort de la vie de banlieue à l'américaine.

La société québécoise : les années Duplessis

L'effervescence liée à la transformation du monde traverse difficilement les frontières du Québec. Alors que tout évolue rapidement dans le reste du monde occidental, le Québec reste immobile et isolé. Le premier ministre Maurice Duplessis, qui reste au pouvoir sans interruption de 1944 à sa mort en 1959, dirige l'État d'une main de fer. Son gouvernement s'appuie sur les éléments les plus conservateurs de la société : les milieux ruraux, le clergé et le milieu des affaires. Il tente de museler les syndicats, est profondément anticommuniste et fait régner un climat peu propice à l'expression d'une pensée libre et novatrice. C'est pour toutes ces raisons que l'on donne à cette période le nom de « **Grande Noirceur** ».

Voici quelques caractéristiques importantes de cette période :

- La **personnalité autoritaire du chef** Maurice Duplessis est marquante. L'homme se veut fortement nationaliste et affiche son opposition au gouvernement fédéral, mais il ouvre par ailleurs la porte aux hommes d'affaires états-uniens. Pour se faire réélire, Duplessis n'hésite pas à recourir au favoritisme et au patronage.

- Alors que plusieurs gouvernements occidentaux, dont ceux des autres provinces du Canada, mettent en place un État providence par la création d'institutions au service des citoyens, au Québec **on laisse écoles, pensionnats, hôpitaux, universités, maisons d'édition sous la tutelle du clergé,** qui occupe ainsi une place incontournable dans l'organisation de la société. Le clergé a d'ailleurs des effectifs remarquablement élevés par rapport à l'ensemble de la population, et la pratique religieuse est généralisée.

- Les classes sociales recoupent en grande partie les groupes ethniques. Les anglophones dirigent l'économie et le monde des affaires. Ils sont à la tête des principales entreprises et ils s'adressent le plus souvent en anglais aux Canadiens français qu'ils emploient. **Les francophones occupent surtout des emplois subalternes et ont des revenus nettement inférieurs à ceux des anglophones.** Ils sont en général peu instruits et peu qualifiés. L'élite canadienne-française, peu nombreuse, exerce généralement des professions libérales. La condition des Canadiens français exploités dans leur propre pays devient un thème très important dans la littérature des années de la Révolution tranquille, qui suit la période d'après-guerre.

- L'image de faiblesse des Canadiens français de même qu'un certain sectarisme dont fait preuve le clergé font en sorte que **les nouveaux arrivants apprennent majoritairement l'anglais** et ont tendance à s'assimiler à la minorité anglo-saxonne.

La grève des mineurs à Asbestos, violemment réprimée, a été l'un des événements les plus marquants de la Grande Noirceur.

- Tous ne se résignent pas à accepter leur condition. La période est marquée par **l'expansion du syndicalisme,** malgré l'opposition du gouvernement en place. En 1949, une importante grève des mineurs est menée à Asbestos. Les mineurs cherchent à obtenir un salaire plus élevé et de meilleures conditions de travail. Le gouvernement déclare la grève illégale et réprime brutalement les mineurs. Ceux-ci ne gagnent pas, mais ils suscitent un grand mouvement de sympathie en leur faveur. Cette grève a un impact majeur et constitue l'un des événements les plus marquants de ces années.

Le conservatisme du gouvernement et de ceux qui l'appuient ne peut cependant empêcher complètement la société québécoise d'évoluer. Comme ailleurs dans le monde, le Québec connaît une vague de prospérité. Les conditions de vie s'améliorent considérablement. Le taux de chômage reste très bas. Le Québec s'urbanise et les grandes villes – Montréal et Québec –, davantage américanisées, donnent de nombreuses occasions aux citadins de se familiariser avec une culture de masse qui échappe au contrôle du clergé.

Cette période est marquée, en ce qui concerne l'art et la littérature, par une opposition systématique à l'innovation, par une censure bien réelle – mais imparfaite – exercée par le clergé, et par la rébellion de certains artistes qui essaient de construire une œuvre novatrice en dépit des obstacles qu'ils rencontrent.

La littérature québécoise : la difficile quête de la modernité

Pendant la Grande Noirceur, les écrivains vivent de difficiles tensions. Ils cherchent à s'exprimer librement, à créer des œuvres audacieuses, innovatrices, et à s'inscrire dans la modernité littéraire qui a cours alors, tant en Europe qu'aux États-Unis. Mais leurs ambitions se trouvent contrecarrées par le conservatisme ambiant, par le peu d'ouverture du clergé à leur travail et par le manque d'instruction d'une grande partie de la population québécoise.

Selon un diagnostic répandu, le climat de peur qui règne au Québec demeure le plus grand obstacle à l'épanouissement des auteurs. Plusieurs essayistes relèvent cet état de choses. Dès 1945, Jean-Charles Harvey, dans une conférence justement nommée *La Peur*, dénonce cette peur engendrée par la toute-puissance du cléricalisme. Dans le manifeste *Refus global*, Paul-Émile Borduas fait la liste de toutes les peurs éprouvées par ses compatriotes, entre autres « Peur des préjugés – de l'opinion publique – des persécutions – de la réprobation générale / Peur de soi – de son frère – de la pauvreté / Peur de l'ordre établi ». Revenant sur la Grande Noirceur dans son essai intitulé *La Ligne du risque*, Pierre Vadeboncœur souligne à son tour l'omniprésence de la peur. Jean-Paul Desbiens a aussi abordé ce problème dans *Les Insolences du frère Untel*.

Les œuvres de cette période reflètent bien l'inquiétude des auteurs et les problèmes auxquels ils font face. Certains choisissent l'affrontement direct et la franche dénonciation. Le manifeste *Refus global*, qui dénonce de façon péremptoire l'état de stagnation dans lequel vivent les Canadiens français, en est la plus éclatante démonstration. La pièce *Les oranges sont vertes* de Claude Gauvreau est un véritable pamphlet : un artiste inspiré sombre dans la folie, détruit par l'étroitesse d'esprit des gens qui l'entourent. L'auteur appelle à la vengeance : la pièce se termine lorsque les acteurs mitraillent le public ! Dans le roman *Le Libraire*, Gérard Bessette montre un intellectuel détruit qui n'a plus d'autre ambition que de boire tous les soirs à la taverne. Mais l'opposition à l'ordre établi a un prix, et plusieurs auteurs en subissent les conséquences.

D'autres auteurs préfèrent ne pas défier ouvertement l'ordre établi. Plusieurs poètes, dans la lignée des œuvres de Saint-Denys Garneau et d'Alain Grandbois, poursuivent de grands voyages introspectifs et expriment une fois de plus leur solitude. Le roman exploite lui aussi les thèmes de la solitude et de l'incommunicabilité dans des œuvres d'une grande intensité psychologique, comme *Poussière sur la ville* d'André Langevin et *Le Torrent* d'Anne Hébert.

En cette période, la littérature québécoise est toujours en quête de son identité. Les auteurs ne se penchent pas vraiment sur le passé ni ne cherchent à exploiter avec audace les particularités de notre littérature. Il semble qu'ils désirent plutôt rattraper un certain retard ou que le simple fait d'adopter certains courants littéraires contemporains étrangers constitue déjà un pas important. L'influence de la France reste prépondérante. Si ce pays a perdu de sa puissance politique, le prestige de ses intellectuels

Marcelle Ferron,
Retour d'Italie 2, 1954.

Tout comme les poètes, les peintres ont cherché à innover, entre autres en adoptant l'art abstrait, malgré le conservatisme des Canadiens français de l'époque. Ce fut le cas de Marcelle Ferron, l'une des signataires du manifeste *Refus global*.

demeure très grand : tant les surréalistes que les existentialistes suscitent beaucoup d'intérêt, et les André Breton, Paul Éluard, Jean-Paul Sartre, Albert Camus et Simone de Beauvoir exercent une grande influence. En dépit de la censure, leurs livres parviennent à circuler au Québec – notamment grâce au libraire Henri Tranquille – et à marquer nos auteurs.

Trois courants littéraires marquent ces années : le réalisme, le surréalisme et l'existentialisme.

Le réalisme

Le réalisme prend forme en France dans la seconde moitié du XIXe siècle grâce à des auteurs comme Gustave Flaubert, Émile Zola et Guy de Maupassant. Il faut cependant attendre de longues années avant que les romanciers québécois l'adoptent. Ce retard s'explique par le fait que ce courant, par son sens méticuleux de l'observation, donne très souvent un portrait cru de la réalité et intègre au récit des éléments de critique sociale, ce qui ne plaît pas toujours à l'élite canadienne-française, qui tient à ce que la littérature propose des personnages idéalisés. Le réalisme québécois, pendant la Grande Noirceur, n'est pas toujours d'une grande virulence ; il présente plutôt des portraits attendris des personnages, s'intéresse davantage à leur psychologie, même s'il restitue avec justesse les dures conditions de vie de la classe ouvrière.

Après *Trente Arpents* de Ringuet, qui applique au roman de la terre un réalisme épique qui rappelle celui de Zola dans *La Terre*, les auteurs situent leurs intrigues dans les villes et tracent un portrait juste et sensible d'une société qui est pauvre et peu instruite, mais cherche à s'émanciper. Parmi les œuvres réalistes les plus réussies, il faut souligner les romans *Bonheur d'occasion* de Gabrielle Roy, ainsi que *Au pied de la pente douce* et *Les Plouffe* de Roger Lemelin. Les pièces de théâtre *Zone* et *Un simple soldat* de Marcel Dubé se situent dans la continuité de ces modèles, mais aussi du théâtre réaliste états-unien de Tennessee Williams et d'Arthur Miller.

Le surréalisme

Le surréalisme apparaît dans les années 1920 en France, alors que des poètes et des artistes d'une nouvelle génération cherchent à exprimer leur révolte contre le conformisme bourgeois et à repousser les limites de leur imaginaire. Le surréalisme devient pour plusieurs poètes québécois un véritable catalyseur qui les encourage à exprimer la folie et les rêves les plus fous, quitte à bousculer la société timorée et immobile dans laquelle ils vivent.

Les poètes d'ici adoptent tel quel le surréalisme, puis l'adaptent et le transforment en «automatisme». Le groupe des automatistes est stimulé par la forte personnalité de Claude Gauvreau et par sa poésie excessive et désarticulée. Dans un registre davantage intériorisé, Paul-Marie Lapointe et Roland Giguère écrivent des poèmes remplis d'images audacieuses et suggestives. Tout en demeurant fidèle à l'esprit surréaliste, Gilles Hénault parvient à exprimer ses préoccupations sociales par le biais de sa poésie. (Pour plus de détails, lire l'encadré «Les surréalistes et les automatistes», à la page 99.)

L'existentialisme

Alors que ce courant littéraire soulève un grand intérêt dans de nombreux pays, l'existentialisme demeure longtemps mal connu au Québec. Les maîtres à penser de ce mouvement, Jean-Paul Sartre, Albert Camus et Simone de Beauvoir, ne plaisent pas au clergé canadien-français. Leur constat d'absurdité de l'existence et leur humanisme athée ne conviennent pas, de toute évidence, à ceux qui défendent la foi chrétienne. Au Québec, leurs livres circulent en catimini toutefois, et quelques auteurs choisissent de s'en inspirer.

L'influence de l'existentialisme est palpable dans deux des romans les plus importants de cette période. Dans *Poussière sur la ville*, André Langevin présente un narrateur incroyant, hésitant, angoissé, qui ressent douloureusement, comme les existentialistes, le poids de son existence et qui constate l'usage dévastateur et irresponsable que sa jeune épouse fait de sa liberté. Dans *Le Libraire*, Gérard Bessette moule son style sur celui de Camus dans *L'Étranger*: il adopte la même écriture sèche, elliptique, afin de marquer la grande indifférence du personnage pour ce qui l'entoure. Quant au dramaturge Jacques Languirand, il s'inspire, dans l'ensemble de son théâtre dont la pièce *Les Grands Départs*, du théâtre de l'absurde, qui fait suite, en France, au courant existentialiste, et il souligne avec imagination l'absurdité des situations mises en scène.

Bien sûr, de nombreux auteurs restent en marge de ces trois grands courants et présentent des œuvres très personnelles – par exemple le romancier Yves Thériault, la poète Rina Lasnier, la romancière et poète Anne Hébert. Il faut cependant attendre les années 1960 pour que les auteurs québécois arrivent à la pleine émancipation et écrivent en grande quantité des œuvres originales, frondeuses, qui reflètent le combat d'un peuple qui se découvre une nouvelle identité et cherche plus que jamais à s'affirmer.

Gabrielle Roy (1909-1983)

Gabrielle Roy fait une entrée remarquée sur la scène littéraire avec *Bonheur d'occasion*, un roman qui est immédiatement reconnu comme une œuvre majeure et reçoit en France le prix Femina. Dans ce roman, comme dans ceux qui lui succèdent, l'auteure se distingue par la tendresse et la justesse psychologique avec lesquelles elle aborde ses personnages. Les œuvres qui suivent *Bonheur d'occasion* sont très personnelles et comprennent souvent des éléments autobiographiques, transformés ou non, entre autres *Rue Deschambault* (1955) et *Ces enfants de ma vie* (1977), qui s'inspirent de l'enfance et de la jeunesse de l'auteure au Manitoba, et *La Détresse et l'Enchantement* (1984), première partie d'une vaste autobiographie inachevée.

Bonheur d'occasion présente au lecteur le quartier ouvrier de Saint-Henri, à Montréal. Les amours de la jeune Florentine Lacasse servent de prétexte pour ausculter la vie de ses habitants et leurs difficultés. La crise économique a frappé durement la famille nombreuse de Florentine, victime de la pauvreté et du chômage. Mais la nouvelle prospérité apportée par la guerre et l'instinct de survie donnent aux personnages la force de résister à leur sort. Jean Lévesque, l'homme dont Florentine tombe amoureuse, un ambitieux qui cherche à sortir du milieu ouvrier d'où il provient, se fait de la jeune femme un portrait ambigu.

ROMAN

BONHEUR D'OCCASION (1945)

Depuis qu'il l'avait aperçue un jour qu'il était allé dîner au *Quinze-Cents* [1], il n'avait cessé de la revoir aux instants les plus imprévus, parfois dans la salle de forge quand, le haut fourneau ouvert, la flamme dansait devant ses yeux, et
5 même parfois ici, dans sa chambre, lorsque le vent, comme ce soir, secouait les fenêtres et l'environnait de son déchaînement. Et à la fin, cette obsession était devenue si vive qu'il n'avait plus qu'un seul moyen d'en être délivré: se montrer volontairement cynique et dur envers la jeune
10 fille, l'obliger à le haïr, l'engager à le craindre, à s'éloigner de lui afin qu'il n'eût pas à faire lui-même cet effort. Et pourtant, après une et même deux tentatives de ce genre, il était retourné au restaurant. Il avait revu Florentine et, aujourd'hui, il s'était même laissé aller à l'inviter. Par pitié?
15 Par intérêt? Ou simplement pour mettre entre eux l'irréparable, car elle aurait dû refuser une invitation si brusque et si maladroite. Avait-il compté qu'elle refuserait?

Il la revit, pâle, avec cette lueur trouble qu'elle avait dans les yeux, et se demanda: «Est-ce qu'elle m'aurait pris
20 au sérieux? Est-ce qu'elle est assez téméraire pour venir à mon rendez-vous?»

La curiosité, il le savait bien, dès lors le posséderait absolument, une curiosité qui brûlait comme une passion, le seul sentiment d'ailleurs dont il n'eût peut-être pas cherché à
25 se rendre maître parce qu'il lui paraissait indispensable à l'enrichissement personnel. La curiosité était déchaînée en lui comme le vent partout ce soir dans le faubourg, au long du canal, dans les rues désertes, autour des petites maisons de bois, partout, et jusque sur la montagne.

30 Au bout d'un moment, il voulut ramener son attention sur le travail qu'il avait à faire, mais à la suite des équations, sa plume traça le nom de Florentine. Puis, hésitant, il ajouta le mot: «Lacasse» et presque aussitôt l'effaça avec humeur. Florentine, pensa-t-il, était une appellation jeune,
35 joyeuse, comme un mot de printemps, mais le nom, après ce prénom, avait une tournure peuple, de misère, qui détruisait tout son charme. Et c'était probablement ainsi qu'elle était elle-même, la petite serveuse du *Quinze-Cents*: moitié peuple, moitié printemps gracieux, printemps court,
40 printemps qui serait tôt fané.

---

1. Magasin où l'on trouvait de tout à bon marché, qui incluait parfois un comptoir où l'on servait des repas chauds.

Ces considérations oiseuses, si peu naturelles chez lui, achevèrent de l'énerver. Il se leva, alla à la fenêtre qu'il ouvrit grande au vent et à la neige et, ployant la tête au dehors, il aspira l'air de la nuit.

Le vent hurlait tout au long de la chaussée déserte, et la neige sur
45 ses pas se levait fine, éblouissante, sautait dans l'air, venait ramper au bas des maisons et remontait encore en bonds désordonnés, comme une danseuse que poursuit le claquement du fouet. Le vent était le maître qui brandissait la cravache, et la neige, la danseuse folle et souple qui allait devant lui, virevoltait et, à son ordre,
50 venait se coucher par terre. Jean ne voyait alors que le long flot d'une écharpe blanche qui, en bas, sur le seuil des maisons, se déroulait et frémissait à peine. Mais le sifflement du fouet retombait de nouveau et, d'un grand élan, la danseuse remontait secouer son voile vaporeux à la hauteur des lampadaires. Elle s'élevait,
55 s'élevait, errait jusque par-dessus les toits et le son plaintif de sa grande fatigue heurtait les volets clos.

«Florentine… Florentine Lacasse…, moitié peuple, moitié chanson, moitié printemps, moitié misère…», murmurait le jeune homme. À force de regarder danser la neige sous ses yeux, il lui semblait
60 qu'elle avait pris une forme humaine, celle même de Florentine, et qu'épuisée mais ne pouvant s'empêcher de tourner, de se dépenser, elle dansait là, dans la nuit, et restait prisonnière de ses évolutions. «Ces petites filles-là, se dit-il, doivent être ainsi ; elles vont, viennent et courent, aveuglées, à leur perte.»

VERS LA DISSERTATION

1. Qu'est-ce qui, chez Florentine, plaît et déplaît à la fois à Jean Lévesque ?
2. Qu'est-ce que l'auteure révèle sur la personnalité de Jean Lévesque ?
3. À quoi est associée la curiosité de Jean Lévesque ?
4. Expliquez l'analogie entre Florentine et la neige.
5. Est-il juste de dire que Jean Lévesque est méprisant envers Florentine ?

Adrien Hébert, *Place Saint-Henri*, 1929.

Les scènes de la vie urbaine peintes par Adrien Hébert correspondent bien à l'univers de Gabrielle Roy et à celui de Roger Lemelin.

Roger Lemelin (1919-1992)

La carrière de Roger Lemelin commence avec deux succès, *Au pied de la pente douce* (1944) et *Les Plouffe*, deux romans dont l'action se déroule à Saint-Sauveur, un quartier ouvrier de Québec qui ressemble au Saint-Henri de Gabrielle Roy. L'auteur décrit la vie de ses personnages, leurs aspirations, leurs travers, avec une douce moquerie et une affection réelle. Sans abandonner totalement l'écriture de fiction, Lemelin se tourne par la suite vers le journalisme et les affaires. Il est éditeur du journal *La Presse* de 1972 à 1980.

Son roman *Les Plouffe* connaît un succès prolongé par les adaptations très populaires qui en sont tirées pour la télévision et le cinéma. Le Québec tout entier se reconnaît dans cette famille humble et combative. Lemelin présente une série de personnages pittoresques et bien typés, desquels se détache Ovide Plouffe, un idéaliste naïf, amateur d'opéra, amoureux décontenancé de la séduisante Rita Toulouse. L'auteur sait aussi décrire avec art les événements qui marquent la vie des Québécois et les déchirements politiques d'un peuple qui cherche à s'émanciper. Dans l'extrait qui suit, la ville de Québec s'apprête à accueillir le roi et la reine d'Angleterre.

ROMAN

LES PLOUFFE (1948)

Le cortège royal allait arriver dans quelques minutes. Un murmure de foule cérémonieuse qui attend de la grande visite endimanchait l'atmosphère déjà parée par la magnificence de la légende impériale. On verrait des couronnes, des sceptres, un défilé d'une envergure
5   qui défie l'imagination. Des gerbes de têtes, engorgées dans les fenêtres, se tournaient vers l'horizon. Les maisons favorisées de balcons tendaient à la parade des plats de badauds sagement réjouis. Quelques cyclistes audacieux, qui avaient faufilé des banderoles de papier crêpé bleu blanc rouge entre les rais de leurs roues,
10 zigzaguaient sur l'asphalte de la rue devenue un interminable tapis de cérémonie aux yeux des spectateurs impatients.

Les Canadiens français ne sont pas tous comme M. Plouffe anglophobes ou farouchement nationalistes. En temps d'élection, cependant, il leur plaît qu'on attaque les Anglais sur la tribune,
15 parce que c'est la tradition politique et qu'en rouspétant contre les anciens conquérants, ils se sentent des fiers-à-bras qui ont la réputation de ne pas se laisser marcher sur les pieds. Mais vienne une belle parade, 1760 n'existe plus, et hourra pour la procession ! Élevés dans une province où l'on dépense des sommes folles pour
20 la pompe et le décorum, il n'est rien qui les charme plus que les cirques et les confettis. Romains par le cœur, Normands par la tête, ils ont tout pour déconcerter les étrangers qui veulent les comprendre. Ils sont à la fois Français et Américains, ils sont simples et compliqués, ça leur fait plaisir et, l'œil ouvert, ils se
25 laissent emporter dans les cercles vicieux avec un sourire malin.

▶ VERS LA DISSERTATION

1. Comment l'auteur décrit-il l'esprit de la fête ?
2. Quel portrait général l'auteur dresse-t-il des Canadiens français ?
3. Comment est décrite la relation des Canadiens français avec le conquérant anglais ?
4. Notez les effets humoristiques dans le texte.
5. Montrez le contraste entre les deux paragraphes de l'extrait.
6. Ce portrait des Canadiens français vaut-il toujours ?
7. Dans cet extrait, peut-on dire que les Canadiens français aiment s'illusionner ?

PARALLÈLE

Les mécanismes de la séduction

Les réalistes sont de fins observateurs. Ils s'intéressent beaucoup, entre autres sujets, aux comportements amoureux, à la façon dont les personnages cherchent à séduire, ce qu'ils décrivent très souvent d'un regard mordant ou amusé. Ainsi, selon les narrateurs des romans *Bonheur d'occasion* et *Les Plouffe,* l'amour transforme ceux qui en sont victimes et leur fait adopter des comportements inattendus : Florentine et Rita séduisent chacune à leur manière, ce qui produit des effets très différents chez leur compagnon.

BONHEUR D'OCCASION (1945)

[Florentine reçoit Jean Lévesque :]

Maintenant qu'il était là près d'elle, toute son énergie tendue à défier celle du jeune homme plutôt qu'à lui plaire, elle jouait le rôle avec précaution. Des bijoux de couleur vive sautaient à son cou et à ses bras, s'entre-
5 choquaient et semblaient exprimer sa volonté nerveuse ; mais sur sa robe de soie noire, un petit tablier de caoutchouc glissait à ses hanches à chaque mouvement de son corps, avec un bruit doux et continu.

Un instant, elle était auprès de Jean, lui demandant
10 s'il ne s'ennuyait pas ; vive, alerte, elle lui apportait un coussin, un magazine ou quelques instantanés d'elle-même collés dans un petit album ; penchée sur son épaule, elle donnait quelques explications ; puis, tout de suite après, elle était dans la cuisine, chantonnant au-dessus du poêle.

15 Le jeune homme se sentait exaspéré par toutes ces attentions. Elle le traitait manifestement avec les égards, l'abandon confiant dus à un fiancé et tout comme si définitivement ils eussent conclu entre eux un accord tacite. Ainsi elle le laissait seul quelque temps pour lui
20 faire du sucre à la crème, disait-elle ; et, de la cuisine, elle continuait à l'entretenir d'une façon aimable, un peu détachée et surtout empreinte de politesse. Toute son attitude dénotait encore une réserve prudente et bien en éveil. Elle évitait de lui toucher la main, et,
25 lorsqu'il la priait de s'asseoir, elle choisissait une chaise éloignée de la sienne. Et alors, elle se donnait des airs sérieux, préoccupés ; elle jouait avec ses bracelets d'une façon distraite et détournant les yeux dès que par hasard elle sentait le regard du jeune homme se poser sur elle.
30 Ni l'un ni l'autre ne se trouvaient à l'aise.

LES PLOUFFE (1948)

[Ovide Plouffe se promène avec Rita Toulouse, qui lui prend le bras :]

Ovide, serrant toujours le bras de Rita, contemplait son quartier avec une fierté émue. C'est ici que les odeurs de Saint-Sauveur parfumaient la fraîcheur du soir et que le spectacle des maisons délabrées s'ouvrait en images colorées. Ovide rêvait, perché juste
5 assez haut pour que son imagination de régionaliste, fouettée par son succès de conquérant, vît dans cette agglomération de maisons culbutées les unes contre les autres comme une flotte de vieux bateaux français abandonnés à l'Amérique et formant un village dans un port asséché.

10 — Vous vous tenez le corps bien raide, monsieur Plouffe ? On dirait que vous vous faites poser en marié pour le journal.

L'exaltation se retira du corps d'Ovide et dégringola mollement, marche par marche. Le rire saccadé de Rita éperonnait cette chute vers le quartier pauvre, cimetière des rêves de toute une classe.

15 — Le v'là tout en peine, s'étonna Rita, d'une voix désolée.

Les yeux d'Ovide brillèrent de rage. Croyait-elle le consoler de cette façon ? Elle ouvrit soudainement les bras.

— Vous ne savez donc pas embrasser, musicien que vous êtes !

Le dos appuyé au garde-fou, il se défendait presque. Câline,
20 elle lui mordit le menton.

— Musicien, va !

Ovide, médusé, tendit les lèvres. Prudemment, il avança la tête, comme si au moment suprême, il devait perdre pied. Non, le menton de Rita heurtait bien le sien, qu'il n'avait jamais rasé
25 de si près. Et ses deux mains qui, gauchement, fébrilement, s'étaient croisées derrière le dos de la jeune fille, glissaient vers le creux des reins à mesure qu'elle obéissait à son étreinte. C'était une vraie femme, dont la chair potelée à la taille brûlait sous les doigts. Et c'est les yeux fermés qu'Ovide consomma
30 ce premier baiser, imaginé, astiqué et retourné sur toutes ses faces depuis plusieurs années.

■ VERS LA DISSERTATION

1. Montrez comment Florentine et Rita cherchent à séduire de façon opposée.

2. Comment Jean et Ovide réagissent-ils à cette séduction ?

3. Est-il exact de dire que, dans les deux cas, la séduction va de pair avec un grand malaise ?

André Langevin (né en 1927)

André Langevin mène une carrière d'écrivain plutôt discrète. Il gagne sa vie comme journaliste, puis comme réalisateur à Radio-Canada. Il écrit cinq romans, dont *Une chaîne dans le parc* (1974), qui remporte un important succès d'estime. Mais c'est *Poussière sur la ville* qui demeure son plus célèbre et plus marquant ouvrage.

Ce roman raconte une histoire d'adultère. Un jeune médecin, le narrateur, s'installe en compagnie de sa nouvelle épouse, Madeleine, dans une ville minière. En proie à l'ennui, peu amoureuse de son mari, la jeune femme vit aux yeux de tous une dévorante passion avec un ouvrier de la ville, tandis que son mari sombre dans l'alcoolisme. « Une grosse femme, l'œil mi-clos dans la neige me dévisage froidement », affirme le narrateur dès la première phrase du roman. Le regard impitoyable des gens de la ville se fixe en effet constamment sur ce couple mal assorti, composé de deux êtres qui sont incapables de se comprendre et se livrent bataille tous les jours. La relation désespérée des époux qui se rendent malheureux est examinée sous le regard sans complaisance du mari, qui fait pénétrer le lecteur dans sa grande souffrance. La description qu'il donne de Madeleine, au début du roman, dépeint très bien l'être sauvage, séduisant, furieusement libre qu'il ne saura s'attacher.

VERS LA DISSERTATION

1. À quels animaux Madeleine est-elle comparée ? Relevez le champ lexical qui les décrit. Qu'est-ce que ces animaux ont en commun ?

2. Par quoi le narrateur est-il attiré chez Madeleine ?

3. Quelle impression laisse le mariage dans cet extrait ?

4. Nommez les raisons de l'échec de la relation entre Madeleine et le narrateur, d'après ce que vous pouvez en déduire à la lecture de cet extrait.

5. Comparez ce portrait de Madeleine vue par son mari à celui de Florentine vue par Jean Lévesque (extrait de *Bonheur d'occasion*, p. 89-90). Peut-on affirmer que les tempéraments des deux jeunes femmes sont opposés ?

R O M A N

POUSSIÈRE SUR LA VILLE (1953)

Au début, elle me fascina par son avidité et une fierté qui n'était pas imposée, mais instinctive. Je crois que Madeleine séduit toujours les hommes à première vue. Je ne veux pas dire que le coup de foudre crépite sans cesse. Non. Elle éveille plutôt
5 l'instinct de domination. Elle agace comme le cheval sauvage en liberté. Elle ne séduit pas tant qu'elle ne donne le désir de lui passer le licol[1]. Sa façon d'être libre est proprement irritante. Nous nous sommes revus ensuite à de rares intervalles d'abord, puis de plus en plus fréquemment. Je terminais mes études médi-
10 cales ; j'étais interne. Je ne la voyais donc jamais très longtemps. J'en vins à l'aimer peu à peu, mais en adolescent, sans trop chercher à la connaître, sans rien analyser. Je crois que j'aimai une image plutôt qu'elle même. Quant à elle, elle passait de l'ardeur à une tiède indifférence. À vrai dire, nous ne connûmes guère le
15 langage et le maniérisme[2] des amants. Non pas qu'elle ne fût pas sentimentale ou rêveuse, mais elle évitait naturellement les attitudes de convention. À certains moments aussi, sa fierté se confondait avec une certaine pudeur sauvage. Sans rien préméditer, avec une passivité égale de part et d'autre, parce que, sans doute, cela était
20 inévitable et normal, nous nous laissâmes glisser vers le mariage.

Je dois avouer que sa mère, femme d'un employé du tramway, un peu éblouie devant mon titre de médecin, l'y poussa avec vigueur. Depuis, je crois l'aimer mieux parce que je la connais mieux et c'est la volupté qui me l'a révélée. Pour la posséder
25 il m'a fallu l'aimer en adulte. Sa fierté de jeune fauve ne pouvait céder devant des trépignements et des prières. Elle m'a révélé avant tout une extraordinaire avidité de vie. J'ai su quelle férocité couvait sous l'apparente langueur, quel désir effréné de tout éprouver, de tout connaître. J'ai appris que sa volonté ne pouvait
30 se courber à certains moments. Il y a en Madeleine une force cruelle qui se manifeste rarement, mais inquiète, comme le grand dogue dont on ne sait pas s'il ne mordra pas un jour. Il se terre en elle un être qui ne m'appartient pas, que je n'atteindrai jamais. J'ignore si cet être-là m'aime, mais je sais qu'il est sa part
35 essentielle. Un peu comme si je ne la possédais qu'à bout de bras avec, entre nous, une opacité infranchissable. Cela ne m'est pas une torture ; tout au plus une inquiétude vague, un peu la morne mélancolie qui m'assaille lorsque je la laisse. À vrai dire, je ne songe guère à cela et cette distance entre Madeleine et moi
40 je ne la sens que par intermittence, sans trop m'y arrêter.

---

1. Pièce qu'on met autour du cou d'un cheval pour le mener.
2. Comportement affecté, qui manque de naturel.

Yves Thériault (1915-1983)

Yves Thériault est l'un des écrivains québécois les plus prolifiques : il écrit des contes, des textes pour le théâtre et la télévision, et une quarantaine de romans. Aventurier et autodidacte,
il ne craint pas de s'avancer sur des terres nouvelles et d'ouvrir
la littérature québécoise à d'autres cultures : par exemple, avec
Aaron (1954), il s'intéresse aux Juifs orthodoxes ; avec *Agaguk*
et *Tayaout, fils d'Agaguk* (1969), aux Inuits ; avec *Ashini* (1960),
aux Indiens montagnais.

Agaguk est un Inuit qui choisit de rompre avec les siens et de
s'installer dans la toundra déserte avec sa femme Iriook. La vie
que mène le jeune couple n'est pas facile : ils affrontent le froid,
le blizzard et un grand loup blanc qui les menace. Iriook enfante
dans des conditions difficiles. Mais le pire ennemi est sans aucun
doute l'homme blanc qui exploite sans remords les Inuits. La
situation devient particulièrement difficile, voire explosive, à
la fois pour Agaguk et pour les siens, lorsque le jeune homme
assassine un Blanc qui lui a volé ses peaux. L'histoire d'Agaguk
et Iriook est racontée dans une langue rude, directe, à l'image
de la vie ardue et primitive des personnages. La scène qui suit
montre bien la frustration de l'Inuit forcé de vendre ses peaux
à un Blanc qui profite de lui.

ROMAN

AGAGUK (1958)

L'homme qui se nommait McTavish étendit les peaux sur le
comptoir, puis il les examina une à une. Le coup d'œil était
très bref, celui d'un expert. Il savait découvrir le mauvais
écorchage, la blessure qui abîmait la partie ouvrable de la
5 peau. Si c'était du poil d'été ou le poil duveté de l'hiver,
si la peau était celle d'un vison sain ou d'un vison malade, si
l'apprêtage avait été fait avec soin ou sans attention, McTavish
le découvrait en un clin d'œil. Il jetait les peaux inspectées
plus loin sur le comptoir ; d'un côté les bonnes, de l'autre
10 celles qu'il déclassait.

Mais chaque fois, et quel que fût l'Esquimau en cause,
les bonnes peaux étaient rares.

Agaguk observait le manège qui se répétait. Il avait un pli
au coin de la lèvre, une lueur dans le regard.

15 Il prit l'une des peaux déclassées.

— Qu'est-ce qu'elle a ?

McTavish sourit. Il avait l'habitude des protestations. Elles
ne l'atteignaient plus, depuis vingt ans qu'il exerçait cet
ingrat métier. Il montra du doigt une entaille minuscule à
20 l'envers de la peau, là où ce n'était plus le dos et pas encore
le ventre. L'entaille ne traversait même pas le cuir.

— Déclassée, dit-il.

Agaguk était rouge.

— Ce n'est rien ! s'écria-t-il. La valeur reste. Ça ne suffit pas !

25 L'Écossais regarda froidement l'Esquimau devant lui.
Vingt ans de ce jeu, vingt ans de ces palabres, vingt siècles…

Il se saisit de toutes les peaux sur le comptoir et se mit
à les rouler. Puis il les tendit ainsi à Agaguk.

— Emporte tes pelleteries. Je ne discute pas.

30 L'Esquimau le regardait bouche bée.

— Va, tu as compris, je ne discute pas.

Agaguk resta un long instant à fixer ce regard bleu-vert,
ces yeux qui ne souriaient point et n'avaient peut-être
jamais su sourire. Puis il haussa les épaules.

35 — Comme tu voudras, dit-il.

Il remit les peaux sur le comptoir, devant McTavish. Avec un soupir, le facteur déroula de nouveau le ballot et replaça les peaux dans le même ordre qu'auparavant. Après, ce fut rapide. Il inspecta en silence ce qui restait. Des visons d'été, des peaux de loup, deux peaux de caribou dont Agaguk pouvait disposer, vingt de renard, autant de blaireau, quelques peaux de rat musqué.

Puis l'Écossais fit le total.

C'était peu. Moins encore qu'Agaguk n'avait espéré, tout compte fait de l'habituel marchandage. Mais il aurait dû prévoir. Jamais la Compagnie n'accordait le prix rêvé, si bas qu'on le mettait. Il arrivait rarement que l'on pût escompter un troc d'homme à homme, en toute liberté et en toute franchise. La Compagnie avait un monopole : aucun concurrent. Des traitants comme Brown l'avait été, commerçants illégaux, ne faisaient jamais long feu. Où trouver des produits manufacturés, sinon aux magasins de la Compagnie ? Le facteur fixait les prix, l'on devait accepter ses chiffres. Quant à lui, il devait son avancement à l'avantage des échanges. Au bureau-chef, il était jugé, pesé, selon la marge qu'il savait établir entre la valeur marchande des peaux et la valeur concédée aux Esquimaux. En outre, par la forte majoration appliquée aux prix normaux de la marchandise d'échange, majoration qui réduisait encore la valeur du troc, on donnait à la Compagnie l'occasion d'inscrire dans ses livres d'incroyables profits.

Contre une hydre de la sorte, monstre infiniment puissant, que pouvait Agaguk ?

Agaguk ou les autres.

VERS LA DISSERTATION

1. Pourquoi le narrateur insiste-t-il, au début de l'extrait, sur la description des peaux ?
2. Montrez que McTavish est de mauvaise foi.
3. Comment Agaguk réagit-il à la façon dont il est traité par McTavish ?
4. Quels sont les mécanismes de l'exploitation des Inuits, d'après cet extrait ?
5. Peut-on dire que l'auteur cherche à dénoncer cette situation ou qu'il la présente comme une fatalité ?

Isa Oomayoualook, *Chasseur de phoque,* vers 1955.

Gérard Bessette (1920-2005)

Gérard Bessette mène parallèlement une carrière de romancier, de professeur à l'Université Queen's de Kingston, en Ontario, et d'essayiste spécialisé dans la littérature québécoise. D'un roman à l'autre, Bessette expérimente des styles différents: il touche le réalisme dans *La Bagarre* (1958), l'existentialisme dans *Le Libraire*, le roman expérimental dans *L'Incubation* (1965) et *Le Cycle* (1971), le roman anthropologique dans *Les Anthropoïdes* (1979) et l'autobiographie dans *Le Semestre* (1979).

Le Libraire reste de loin son livre le plus apprécié. Bessette y raconte l'histoire d'Hervé Jodoin, un libraire désabusé, qui le jour vend des livres interdits par la censure de l'époque (ceux de Gide, de Voltaire, de Zola, etc.) et le soir boit une vingtaine de bocks de bière à la taverne. La vie de cet homme se transforme brutalement après qu'il a vendu l'*Essai sur les mœurs* de Voltaire à un adolescent trop curieux. *Le Libraire* vaut surtout par son humour féroce et par le portrait d'Hervé Jodoin, un homme instruit, intelligent, mais qui choisit de se détruire. Ne faut-il pas voir, dans ce personnage, le portrait de l'intellectuel libre-penseur, rejeté et incompris, donc déchu, de l'époque de la Grande Noirceur? Même l'amour qu'il vit avec sa logeuse ne parvient pas vraiment à ragaillardir le pauvre Hervé Jodoin.

LE LIBRAIRE (1960)

Arrivé à la maison toutefois, je commis peut-être une autre bévue. Je dis: peut-être, car il y a du pour et du contre. C'est d'ailleurs trop récent pour que je puisse porter là-dessus un jugement objectif. Une fois donc à la maison, je proposai à Mme Bouthiller
5 de trinquer avec moi, histoire de se réchauffer. Je le faisais à vrai dire par politesse, car j'inclinais à penser qu'elle refuserait. Ses questions détournées sur mes habitudes religieuses avaient dû me laisser l'impression que Mme Bouthiller était une bigote[1]. Il est vrai qu'elle ne vivait pas avec son mari. Mais on peut toujours
10 dans ces cas-là se trouver des raisons «honorables». Peu importe.

Elle accepta mon invitation en disant que, en effet, il faisait un peu froid et que, ne connaissant pas le rhum, elle était curieuse d'y goûter. La flasque se trouvait dans ma poche, mais je prétendis l'avoir laissée en haut afin d'y aller avaler une lampée, car j'avais soif.

15 Je suis redescendu et nous nous sommes installés au salon dans une causeuse. Je ne veux pas entrer ici dans les détails. Ça n'a aucun intérêt. Nous avons pris ensemble quatre ou cinq petits verres. Mme Bouthiller n'avait peut-être jamais goûté au rhum, mais elle avait certainement bu autre chose. Elle le «portait»
20 admirablement bien, même si elle déclarait après chaque verre que c'était le dernier, qu'il fallait être raisonnable, qu'elle devait se lever tôt le lendemain, etc. Moi, je commençais à me sentir à mon aise. J'approuvais et je versais.

Après le cinquième ou le sixième verre, je lui ai pris la main
25 – rugueuse – et je me suis mis à la peloter gentiment. Elle a réagi avec une vitesse surprenante: même un peu embarrassante pour moi car je ne me sentais pas tout à fait prêt. Mais ça s'est tassé. J'ai simplement mis un peu plus de temps qu'il ne fallait pour la dévêtir. De son côté, elle a sans doute compris, car elle a fait
30 le nécessaire, sinon avec raffinement, du moins avec à-propos. D'ailleurs, je suis loin d'être un connaisseur. Je n'ai jamais forniqué outre mesure. C'est trop fatigant. Peu importe. L'important, c'est que j'ai passé avec Rose (ainsi s'appelle-t-elle) une nuit agréable. Le lendemain, je me sentais, naturellement, un peu
35 flasque. Mais elle m'a servi un bon petit déjeuner – omelette au jambon, marmelade, café, etc. – et j'étais en somme satisfait.

---

1. Femme à la pratique religieuse très étroite.

L'ÉTRANGER (1942)

J'ai pris le tram pour aller à l'établissement de bains du port. Là, j'ai plongé dans la passe[1]. Il y avait beaucoup de jeunes gens. J'ai retrouvé dans l'eau Marie Cardona, une ancienne dactylo de mon bureau dont j'avais eu
5 envie à l'époque. Elle aussi, je crois. Mais elle est partie peu après et nous n'avons pas eu le temps. Je l'ai aidée à monter sur une bouée et, dans ce mouvement, j'ai effleuré ses seins. J'étais encore dans l'eau quand elle était déjà à plat ventre sur la
10 bouée. Elle s'est retournée vers moi. Elle avait les cheveux dans les yeux et elle riait. Je me suis hissé à côté d'elle sur la bouée. Il faisait bon et, comme en plaisantant, j'ai laissé aller ma tête en arrière et je l'ai posée sur son ventre. Elle n'a rien dit et
15 je suis resté ainsi. J'avais tout le ciel dans les yeux et il était bleu et doré. Sous ma nuque, je sentais le ventre de Marie battre doucement. Nous sommes restés longtemps sur la bouée, à moitié endormis. Quand le soleil est devenu trop fort, elle a plongé
20 et je l'ai suivie. Je l'ai rattrapée, j'ai passé ma main autour de sa taille et nous avons nagé ensemble. Elle riait toujours. Sur le quai, pendant que nous nous séchions, elle m'a dit : «Je suis plus brune que vous.» Je lui ai demandé si elle voulait venir
25 au cinéma, le soir. Elle a encore ri et m'a dit qu'elle avait envie de voir un film avec Fernandel[2]. Quand nous nous sommes rhabillés, elle a eu l'air très surprise de me voir avec une cravate noire et elle m'a demandé si j'étais en deuil. Je lui ai dit que maman était morte. Comme elle voulait savoir depuis quand,
30 j'ai répondu : «Depuis hier.» Elle a eu un petit recul, mais n'a fait aucune remarque. J'ai eu envie de lui dire que ce n'était pas de ma faute, mais je me suis arrêté parce que j'ai pensé que je l'avais déjà dit à mon patron. Cela ne signifiait rien. De toute façon, on est toujours un peu fautif.

35 Le soir, Marie avait tout oublié. Le film était drôle par moments et puis vraiment trop bête. Elle avait sa jambe contre la mienne. Je lui caressais les seins. Vers la fin de la séance, je l'ai embrassée, mais mal. En sortant, elle est venue chez moi.

Quand je me suis réveillé, Marie était partie.

---

1. Canal.
2. Acteur français ayant joué dans un grand nombre de comédies populaires.

On a de nombreuses fois comparé *Le Libraire* de Gérard Bessette à *L'Étranger* (1942) d'Albert Camus. Voici comment Meursault, le narrateur et personnage principal de *L'Étranger*, amorce pour sa part une liaison amoureuse.

Balthus, *Katia lisant*, 1968-1976.

Selon le personnage du curé dans *Le Libraire*, certains chefs-d'œuvre de la littérature peuvent être «dangereux»...

VERS LA DISSERTATION

1. Montrez que, dans l'extrait du *Libraire,* la relation entre le narrateur et Rose n'a strictement rien de romantique.

2. Relevez les éléments qui donnent une tonalité humoristique dans chacun des deux extraits.

3. Comparez l'écriture de Bessette et de Camus en tenant compte du type de phrases, de la tonalité et du sujet abordé.

4. Est-il juste de dire que, dans ces deux extraits, les narrateurs ont une relation semblable avec la femme qu'ils séduisent ?

5. Peut-on dire que la liberté est omniprésente dans les deux extraits ?

Roland Giguère (1929-2003)

Roland Giguère est l'un des poètes les plus talentueux et les plus prolifiques des années de la Grande Noirceur. Il exerce à la fois les métiers de poète, de peintre, de graveur et d'éditeur. Un long séjour à Paris, de 1954 à 1963, lui permet d'établir des liens étroits avec les surréalistes français. Son œuvre est dispersée dans diverses revues et dans de courts recueils à édition limitée. Il faut attendre les années 1960 et la publication de *L'Âge de la parole* pour que le poète soit enfin reconnu et apprécié.

Malgré son appartenance au surréalisme, l'œuvre poétique de Roland Giguère est très personnelle. Le poète aime jouer avec le sens, le rythme et la musicalité de «mots-flots», qui vont et viennent selon le hasard des sonorités qui les assemble. Dans le recueil *Forêt vierge folle*, Giguère plonge le lecteur dans un imaginaire à la fois ludique et grave, qui ne craint pas l'introspection, mais qui exprime aussi, avec une grâce légère, la magie de la transformation du monde par le pouvoir évocateur des mots.

POÉSIE

FORÊT VIERGE FOLLE

Amour délice et orgue (1949)

Amour délice et orgue
pieds nus dans un jardin d'hélices
hier j'écrivais pour en arriver au sang
aujourd'hui j'écris amour délice et orgue
5 pour en arriver au cœur
par le chemin le plus tortueux
noueux noué
chemin des pierres trouées
pour en arriver où nous en sommes
10 pas très loin
un peu à gauche de la vertu
à droite du crime
qui a laissé une large tache de rouille
sur nos linges propres tendus au soleil
15 pour en arriver où
je me le demande
pour en arriver à l'anti-rouille
amour délice et orgue
ou pour en arriver au cœur tout simplement?

20 tout simplement.

Le Temps opaque (1953)

Toi la mordore
toi la minoradore
entourée d'aurifeuflammes
toi qui mimes le mimosa
5 toi qui oses le sang de la rose

desporosa
desperados
desesporaminos
desespera
10 desesperador la statue de sel
desperante
despoir au plus profond du noir
despoir quand tout siffle et glisse
dans l'avalnuit

15 désopérante espérancéphale

toi la mordore
toi la minoradore
nous laisseras-tu sans voix
sans vue et sans bras
20 tout nus dans la poix
faire les cent pas

aux passages à niveau
devant les puits sans eau
croiser et décroiser
25 les rails de la patience
nos propres os sur la voie
dis
la mordore la minoradore
toi qui autrefois
30 avanças le jour sublime
nous laisseras-tu ce poids
nous laisseras-tu infirme?

▲ VERS LA DISSERTATION

1. Dans le premier poème, quel est le point commun grammatical entre les mots «amour», «délice» et «orgue»? Ce point commun est-il significatif dans le contexte du poème?

2. Quel est le cheminement du poète entre «hier» et «aujourd'hui»?

3. Que veut-il dire lorsqu'il prétend se situer «un peu à gauche de la vertu» et «à droite du crime»?

4. Faites une liste des mots inventés par le poète dans le deuxième texte et dites ce que ces mots évoquent.

5. Ce second poème semble évoquer une femme. Quelles seraient les caractéristiques de cette femme, selon ce qui est dit sur elle par le poète?

6. En comparant les deux poèmes, serait-il juste d'affirmer que la poésie de Giguère est plus personnelle et réfléchie que surréaliste?

LES SURRÉALISTES ET LES AUTOMATISTES

La Seconde Guerre mondiale ramène au pays quelques artistes et intellectuels qui s'étaient exilés en France et avaient fréquenté les avant-gardes, dont le poète Alain Grandbois et le peintre Alfred Pellan. Ces libres-penseurs se désolent de l'immobilisme des Canadiens français et entendent faire connaître à leurs compatriotes ce qu'ils ont appris dans la métropole. Pour sa part, André Breton, le fondateur du surréalisme, se voit chassé de France et s'établit temporairement à New York. Il en profite pour faire un voyage au Québec et y rencontre quelques intellectuels ouverts à ses idées nouvelles. Il relate ce voyage au début de son livre *Arcane 17*, qui s'ouvre sur une réflexion inspirée du rocher Percé, en Gaspésie :

> La géométrie d'un temps non entièrement révolu exigerait pour s'édifier l'appel à un observateur idéal, soustrait aux contingences de ce temps, ce qui tout d'abord implique la nécessité d'un lieu d'observation idéal, et si tout m'interdit de me substituer à cet observateur, il n'en est pas moins vrai que nul lieu ne m'a paru se conformer si bien aux conditions requises que le rocher Percé, tel qu'à certaines heures, il se découvre pour moi.

Le désir des intellectuels québécois de créer un important renouveau artistique se heurte à l'incompréhension du public d'ici, peu instruit, peu ouvert sur le monde. À l'époque, l'accueil réservé au manifeste *Refus global* montre bien l'étendue de cette incompréhension. Les signataires de *Refus global* poursuivent malgré tout leur démarche artistique. Ils créent leur version particulière du surréalisme et prennent le nom d'« automatistes ».

Les automatistes partagent avec les surréalistes des conceptions de l'art et des choix esthétiques :

- Le manifeste *Refus global* se rapproche, par ses intentions, des manifestes du surréalisme, écrits par André Breton.
- Les deux courants cherchent à exprimer un « automatisme psychique pur » et « la dictée de la pensée, en l'absence de tout contrôle exercé par la raison », ainsi que l'explique André Breton dans le *Premier Manifeste du surréalisme*.
- Le travail des surréalistes et des automatistes touche d'abord et avant tout la peinture et la poésie. Les automatistes s'ouvrent toutefois à la danse, avec des chorégraphies de Françoise Sullivan et Jeanne Renaud.

Les automatistes se distinguent cependant des surréalistes par les partis pris suivants :

- Les peintres automatistes privilégient non pas une figuration onirique comme celle de Salvador Dalí, mais plutôt une approche non figurative qui s'apparente à l'expressionnisme abstrait pratiqué alors à New York. Les œuvres picturales automatistes sont donc portées par la pure liberté du geste du peintre plutôt que par une volonté de représentation.
- Cette recherche de l'abstraction se retrouve aussi en littérature. Elle permet à Claude Gauvreau d'inventer une poésie sonore qui, par moments, est formée uniquement de mots inventés, procédé que Gauvreau qualifie de « langue exploréenne » (on trouve un exemple de cette langue dans le poème lu par l'un des personnages de la pièce *La Charge de l'orignal épormyable*, p. 102).

Les automatistes produisent une peinture abstraite d'une grande qualité. Paul-Émile Borduas peint une œuvre sobre, qui s'épure au fil du temps, jusqu'à la grande austérité de ses dernières toiles, composées de grandes taches noires sur des fonds blancs. Jean-Paul Riopelle parvient pour sa part à acquérir une réputation internationale avec des toiles éblouissantes, de superbes constellations de couleurs d'automne morcelées.

Les peintres automatistes sont une inspiration pour les poètes, qui se permettent des audaces nouvelles. Le poète Claude Gauvreau se fait le plus brillant porte-parole des automatistes à la suite de l'exil de Paul-Émile Borduas. Sa poésie demeure la plus radicale du groupe : dans *Étal mixte* (1951), les textes, portés par une rage puissante, accumulent les blasphèmes et enfreignent les tabous sexuels. Le jeune poète Paul-Marie Lapointe introduit avec *Le Vierge incendié* une poésie aux images puissantes et emportées. Roland Giguère poursuit à la fois une œuvre d'artiste et de poète ; ses poèmes réunis dans *L'Âge de la parole* (1960) et *Forêt vierge folle* (1978) comptent parmi les plus réussis de l'époque. La poésie automatiste influence fortement les poètes de la génération suivante.

Paul-Émile Borduas, *Le Carnaval des objets délaissés,* 1949.

Anne Hébert (1916-2000)

Initiée à la littérature par son cousin Saint-Denys Garneau, Anne Hébert entreprend l'une des œuvres les plus importantes de la littérature québécoise. Parmi ses livres les plus appréciés, soulignons le recueil de poèmes *Le Tombeau des rois*, le recueil de nouvelles *Le Torrent*, ainsi que les romans *Kamouraska* et *Les Fous de Bassan*. À la fois poète et romancière, elle crée une œuvre d'une grande cohérence, dans laquelle tant la fiction que la poésie expriment l'angoisse, la solitude, l'obsession de la mort. Dans les deux genres, on retrouve le même lyrisme contenu, une forme d'épuration de l'écriture qui donne en peu de mots des images fortes et hautement suggestives.

Le Tombeau des rois amène le lecteur dans un curieux voyage de la naissance à la mort, puis à la renaissance. Le contact avec le monde, qui s'établit par les yeux et par les mains, reste toujours difficile pour la poète et la ramène sans cesse à la solitude et à un sentiment d'étouffement. Mais les expériences les plus douloureuses ne l'empêchent pas de garder l'espoir et de rêver à une vie nouvelle. Tout le recueil d'Anne Hébert est caractérisé par une écriture elliptique, voire « maigre » – à l'instar de certains personnages d'Anne Hébert –, dont les effets de style sont peu nombreux mais d'une grande intensité.

POÉSIE

LE TOMBEAU DES ROIS (1953)

Une petite morte

Une petite morte s'est couchée en travers de la porte.

Nous l'avons trouvée au matin, abattue sur notre seuil
Comme un arbre de fougère plein de gel.

Nous n'osons plus sortir depuis qu'elle est là
5 C'est une enfant blanche dans ses jupes mousseuses
D'où rayonne une étrange nuit laiteuse.

Nous nous efforçons de vivre à l'intérieur
Sans faire de bruit
Balayer la chambre
10 Et ranger l'ennui
Laisser les gestes se balancer tout seuls
Au bout d'un fil invisible
À même nos veines ouvertes.

Nous menons une vie si minuscule et tranquille
15 Que pas un de nos mouvements lents
Ne dépasse l'envers de ce miroir limpide
Où cette sœur que nous avons
Se baigne bleue sous la lune
Tandis que croît son odeur capiteuse[1].

---

1. Enivrante.

Jean-Paul Lemieux, *Le Visiteur du soir*, 1956.

**Le dépouillement de cette toile et la solitude
du personnage rappellent l'univers d'Anne Hébert.**

Nos mains au jardin

Nous avons eu cette idée
De planter nos mains au jardin

Branches des dix doigts
Petits arbres d'ossements
5 Chère plate-bande.

Tout le jour
Nous avons attendu l'oiseau roux
Et les feuilles fraîches
À nos ongles polis.

10 Nul oiseau
Nul printemps
Ne se sont pris au piège de nos mains coupées.

Pour une seule fleur
Une seule minuscule étoile de couleur
15 Un seul vol d'aile calme
Pour une seule note pure
Répétée trois fois.

Il faudra la saison prochaine
Et nos mains fondues comme l'eau.

Claude Gauvreau (1925-1971)

Claude Gauvreau laisse une abondante œuvre poétique et théâtrale. Il est signataire du manifeste *Refus global* et l'un des défenseurs les plus acharnés de l'art moderne au Québec. Le suicide de la comédienne Muriel Guilbault trouble profondément cet homme fragile, ce qui lui vaut quelques séjours dans un hôpital psychiatrique. L'amour malheureux qu'il a éprouvé pour la comédienne nourrit son œuvre: on en trouve des traces profondes dans son unique roman, *Beauté baroque* (1952), et dans ses deux principales pièces de théâtre, *La Charge de l'orignal épormyable* et *Les oranges sont vertes*. Ces deux pièces sont présentées pour la première fois au public après la mort tragique de l'auteur en 1971, bien longtemps après avoir été écrites.

La Charge de l'orignal épormyable présente un univers fantaisiste où des êtres aux noms étranges s'acharnent contre le poète Mycroft Mixeudeim afin de le guérir de sa marginalité. Le poète a la force de l'orignal et, tel Don Quichotte, est pris au piège de sa trop grande générosité. Son histoire est l'occasion d'une critique sévère de la façon dont les patients sont soignés dans les hôpitaux psychiatriques. En outre, Gauvreau dénonce le traitement réservé aux rêveurs et aux idéalistes dans une société conformiste et bien-pensante. Dans l'extrait qui suit, un poème écrit par Mycroft Mixeudeim en «langage exploréen» (poésie sonore inventée par Gauvreau) est décortiqué par ses bourreaux.

▲ VERS LA DISSERTATION

1. Pourquoi le premier poème évoque-t-il, malgré l'usage du pronom «nous», une grande solitude?

2. Quelle est la relation entre les personnages enfermés et la petite morte? Quelles sont les caractéristiques de cette morte en travers de la porte?

3. Dans «Nos mains au jardin», expliquez le lien entre les mains et les branches.

4. Quel est le principal champ lexical de ce poème? À quoi réfère-t-il?

5. Par quels moyens ce poème exprime-t-il le sentiment de solitude?

6. Les deux poèmes d'Anne Hébert dépeignent-ils le même climat d'étouffement?

7. Peut-on dire que «Nos mains au jardin» et «Une petite morte» abordent de façon semblable le thème de la solitude?

LA CHARGE DE L'ORIGNAL ÉPORMYABLE (1956)

LONTIL-DÉPAREY, *lisant.* —

« Amonéon. Krimonec. Abodéadoc tripav pluviol.

Les serres aux cheveux de lin brillent sur le périscope
de la plaine endormie. Ananas cribla.

5 Des josephs au cœur de pierre ont sculpté l'offrande
du nougat nigéré sur l'estomac-thomas.

Iveûrlô. Toupla. Imbec brec tap-pala-pala.

Je veux tenir dans ma main le sacrifice de l'obole blême.

Je veux le réservoir de la prière siphon.

10 Eughl !

Agbonista. Un piastra cléffec abulec dénégra.

La génuflexion de l'enclave Apothéose rame sur le nerf
de l'épithalame.

Bravo. »

15 **BECKET-BOBO.** — De qui est ce texte poétique ?

LONTIL-DÉPAREY. — De qui crois-tu qu'il soit ?

BECKET-BOBO. — Ça m'a l'air du style de Mycroft
Mixeudeim.

LAURA PA. — Mycroft n'écrit plus.

20 **LONTIL-DÉPAREY.** — Depuis longtemps.

BECKET-BOBO. — C'est son style. Mais ce n'est plus sa
réalité. C'est comme sa pensée qui se serait affaissée ; qui
n'aurait plus d'énergie, de force. Son style sans nécessité.

LONTIL-DÉPAREY. — Qu'en penses-tu, Laura ?

25 **LAURA PA.** — Mycroft écrivait d'une façon naïve.
Ceci m'apparaît comme la parodie de cette naïveté-là.

BECKET-BOBO. — En effet, le texte est écrit sans
confiance candide. Et Mycroft avait au moins cela.

LAURA PA. — Il n'y a pas de fraîcheur dans ce poème. C'est
30 lourd, monotone, sans subtilité d'aucune sorte. Mycroft
se serait-il forcé à écrire en dépit de toute possibilité ?
En serait-il arrivé à ce résultat-là ?

BECKET-BOBO. — J'ai connu Mycroft bête.
Je ne l'ai pas connu insensible.

35 **LONTIL-DÉPAREY.** — Pourtant, ne retrouvez-vous
pas ici la somme des découvertes que Mycroft a faites ?

LAURA PA. — Ce texte va aussi loin en audace prétendue.
On s'y écarte des usages admis avec autant de constance.
Il y a le même dosage de descriptions imaginaires
40 et d'invention totale. Mais ça ne vibre pas !

BECKET-BOBO. — Je n'y trouve même pas la dégoûtante
propension qu'il avait à s'attendrir sur lui-même.

LAURA PA. — J'y trouve, par contre, de surprenantes
références religieuses. Pourquoi ce parti pris de symboles
45 vaguement liturgiques ?

LONTIL-DÉPAREY. — Le degré d'invention poétique
de Mycroft Mixeudeim est atteint. N'y voyez-vous pas autre
chose en plus ?

BECKET-BOBO. — Non.

50 **LAURA PA.** — À part ces exécrables et inutiles rappels
de religiosité, non.

LONTIL-DÉPAREY. — Ne trouvez-vous pas un avantage à
ce que le verbe se soit enfin libéré de cette sensiblerie insépa-
rable, jusqu'à maintenant, des écrits de Mycroft Mixeudeim ?

55 **BECKET-BOBO.** — La sécheresse monotone peut
difficilement m'apparaître comme positive.

LONTIL-DÉPAREY. — Cependant, ne pensez-vous
pas que le public serait surpris de connaître ce poème ?

LAURA PA. — Va-t-il être publié ?

VERS LA DISSERTATION

1. Quel sens pouvez-vous donner au poème lu par Lontil-Déparey ?

2. Quels sont les reproches faits par les personnages à ce poème ?

3. Quelles qualités les personnages trouvent-ils au poème, malgré tout ?

4. Comment les personnages se servent-ils de ce poème pour s'acharner contre Mycroft Mixeudeim ?

5. Pourquoi Gauvreau a-t-il inventé des noms aussi curieux pour ses personnages ? Pour répondre à cette question, soyez attentif entre autres à la sonorité des noms.

6. Serait-il juste d'affirmer que la matérialité de la langue constitue l'objet premier de l'œuvre de Claude Gauvreau et des poèmes de Roland Giguère ?

LA LENTE NAISSANCE DU THÉÂTRE D'AUTEUR AU QUÉBEC

Il se fait du théâtre au Canada depuis l'arrivée des Européens. Déjà, en 1606, Marc Lescarbot présente son *Théâtre de Neptune*, une pièce jouée sur l'eau par des colons et des Micmacs à Port-Royal, en Acadie. Mais il faut attendre très longtemps avant que des auteurs reconnus écrivent des pièces appréciées, jouées et reprises, qui contribuent à former un véritable répertoire.

Il faut dire qu'avant le XXe siècle, les conditions ne sont pas très favorables à l'éclosion du théâtre. Le clergé n'approuve pas cet art, et il n'existe pas de salles de théâtre dans les milieux ruraux où vit la majorité des Canadiens français.

Malgré tout, le théâtre prend lentement forme :

- Au lendemain de la Conquête, Joseph Quesnel se démarque avec *Colas et Colinette* (1790), une pastorale naïve dans le style du *Devin de village* de Jean-Jacques Rousseau, et *L'Anglomanie ou Le Dîner à l'anglaise*, où l'auteur se moque de la soumission de certains Canadiens au conquérant anglais.

- Dans tout le XIXe siècle, on dénombre 75 auteurs et 150 pièces – aucune d'entre elles n'est vraiment marquante.

- Le théâtre burlesque et le mélodrame touchent un large public dans les villes. Le premier grand succès du théâtre québécois est *Aurore, l'enfant martyre* (1920) de Léon Petitjean et Henri Rollin. Cette pièce est jouée pendant plus de trente ans sans interruption et adaptée à deux reprises au cinéma. Les Québécois sont sensibles à ce mélodrame triste et sombre, inspiré d'un fait réel, qui raconte l'histoire d'une petite fille torturée par sa belle-mère. Mais il serait difficile d'y voir une grande pièce de théâtre.

- La troupe Les Compagnons de Saint-Laurent se donne la mission de faire connaître les grands textes du répertoire aux Québécois.

Deux auteurs se démarquent pendant la Grande Noirceur : Gratien Gélinas et Marcel Dubé. Tous deux écrivent des pièces bien construites, appréciées du public et reprises maintes fois. Et chacun se fait connaître par une pièce forte qui l'impose comme un auteur marquant, *Tit-Coq* dans le cas de Gratien Gélinas et *Zone* pour Marcel Dubé.

Tit-Coq

La pièce raconte l'histoire d'un orphelin courageux et sympathique qui part à la guerre et trouve à son retour sa fiancée mariée à un autre homme. Le centre de la pièce est occupé par la famille québécoise, accueillante et chaleureuse, qu'un des personnages décrit ainsi : « D'abord on est pas riches, ni supérieurement intelligents ; on est juste une famille d'ouvriers dans le village de Saint-Anicet. La "snoberie", prends ma parole, on connaît pas ça ici-dedans !

[...] À part ça, on sait qu'on vaut pas cher, mais on s'aime ben tous ensemble. Ça fait que je t'avertis : dans le temps des fêtes, nous autres, on se lèche puis on s'embrasse la parenté comme des veaux qui se tètent les oreilles jusqu'à la quatrième génération des deux bords. » Le malheur de Tit-Coq est de ne pas pouvoir vivre la vie de famille à laquelle il aspire si fortement. Cette histoire, qui est écrite dans une langue colorée et suit habilement les recettes du mélodrame, touche particulièrement le public d'ici à une époque où les individus s'identifient profondément à leur famille.

Zone

Marcel Dubé entraîne les spectateurs dans un tout autre monde, celui de jeunes délinquants qui se livrent à la contrebande de cigarettes afin d'obtenir l'argent qui leur permettrait de réaliser leurs rêves. Mais leur chef, Tarzan, tue un douanier et la petite bande se fait prendre par la police. Condamné pour le meurtre, Tarzan cherche à s'évader pour déclarer son amour à Ciboulette, l'une des contrebandières. Dans cette pièce, Dubé refuse de blâmer les jeunes. Par l'entremise du chef de la police, il explique avec sympathie le drame de Tarzan : « C'est surtout un pauvre être qu'on a voulu étouffer un jour et qui s'est révolté... Il a voulu sortir d'une certaine zone de la société où le bonheur humain est presque impossible. » *Zone* aborde donc un important problème, celui de la pauvreté et des inégalités sociales. Mais la pièce plaît surtout pour l'histoire d'amour malheureuse entre Tarzan et Ciboulette.

Gratien Gélinas et Marcel Dubé mènent tous deux une importante carrière d'auteur. Leurs pièces sont appréciées d'un large public et dominent longtemps le paysage théâtral québécois, jusqu'à ce que Michel Tremblay présente sa pièce-choc *Les Belles-sœurs* en 1968 et qu'il bouleverse le théâtre d'ici par son usage radical du joual et sa remise en question des formes traditionnelles du théâtre.

Gratien Gélinas interprète Tit-Coq dans un film qu'il a lui-même réalisé.

Marcel Dubé (né en 1930)

Marcel Dubé est l'un des auteurs les plus prolifiques de la scène théâtrale québécoise. Il cherche dans ses pièces à reproduire l'univers réaliste de Gabrielle Roy et de Roger Lemelin. Ses deux premières pièces, *Zone* et *Un simple soldat*, se déroulent dans les milieux populaires de Montréal et mettent en scène de jeunes hommes rebelles, incapables de se satisfaire de leur condition. Dans *Florence*, Dubé donne la parole à une jeune femme d'une famille pauvre qui en vient à fréquenter de grands bourgeois. L'auteur semble suivre le même itinéraire que ce personnage et s'intéresse, après ses premières pièces, aux vicissitudes d'une classe bourgeoise corrompue, entre autres dans *Bilan* (1960) et *Au retour des oies blanches* (1966).

Un simple soldat est sûrement la pièce la plus réussie de Marcel Dubé. Elle raconte l'histoire de Joseph Latour, incapable de s'adapter à la vie de tous les jours lorsqu'il revient de son entraînement militaire, interrompu par la fin de la guerre. Son milieu familial est étouffant: il n'a jamais accepté que son père se remarie avec Bertha, une femme qu'il déteste; sa demi-sœur Marguerite est prostituée; son père vieillissant ne parvient pas à conserver un emploi décent. Un soir que Joseph rentre soûl à la maison, il entreprend de dire toute la vérité.

THÉÂTRE

UN SIMPLE SOLDAT (1957)

JOSEPH. — Si Marguerite est secrétaire, moi je suis premier ministre! La vérité va sortir de la bouche d'un ivrogne, de la bouche d'un voyou, Bertha. En quatre ans, ta fille Marguerite a fait du chemin, Bertha. Ça lui a pris quatre ans mais elle a
5 réussi. Elle a jamais été secrétaire de sa maudite vie par exemple! Mais fille de vestiaire, ah! oui! Racoleuse dans un club ensuite, ah! oui! certain! et puis maintenant, elle gagne sa vie comme putain dans un bordel.

BERTHA *crie.* — Mets-le à la porte, Édouard, mets-le à la porte!

10 **JOSEPH.** — Pas dans un bordel de grand luxe! Mais dans ce qu'on trouve de plus «cheap» rue De Bullion.

ARMAND. — Répète plus ça, Joseph, répète plus jamais ça!

Armand lève la main mais Joseph le repousse violemment.

JOSEPH. — Essayez de me prouver que c'est pas vrai si vous
15 êtes capables, essayez!

Bertha s'enferme dans sa chambre avec furie.

ARMAND. — Il est devenu dangereux, le père, reste pas avec lui, écoute-le plus.

Et il entre lui aussi dans sa chambre apeuré.

20 **JOSEPH.** — Là non plus, tu dis rien, le père? C'est parce qu'elle a honte, Bertha, qu'elle va se cacher. Tu l'as vue sa honte monter dans son visage? L'as-tu vue?... Je gagerais n'importe quoi avec toi qu'elle le savait pour Marguerite. Qu'elle l'a toujours su... Tu dis rien? Ça t'est égal? Je te comprends un peu! C'était pas
25 ta fille après tout!... Parle! Parle donc! Tu le dis pas pourquoi t'es resté debout à m'attendre? Es-tu comme eux autres, toi aussi? As-tu peur de voir la vérité en pleine face?... La vérité, c'est que j'ai pas tenu ma promesse, le père! La vérité, c'est que j'ai bu la moitié de ma paye et que j'ai flambé le reste dans une
30 barbotte[1]!... Es-tu content? Es-tu content, là?... Et puis ça, c'est toi qui l'as voulu, le père! C'est de ta faute. Rien que de ta faute. T'avais seulement qu'à pas me faire promettre. T'avais seulement qu'à pas me mettre de responsabilités sur les épaules. T'avais rien qu'à me laisser me débrouiller tout seul, y a deux mois,
35 quand je me suis retrouvé à l'hôpital avec ma jambe cassée... Tu devrais pourtant être assez vieux pour savoir qu'on rend pas service à un gars comme moi. Qu'un gars comme moi, c'est pas fiable pour cinq «cennes»!... Tu le savais pas, ça? Tu le sais pas encore?

---

1. Maison de jeu clandestine.

Réveille-toi! Réveille-toi donc! Je m'appelle pas
40 Armand, moi, j'ai pas d'avenir, j'ai pas de «connec-
tion», j'ai pas de protection nulle part! Je suis un
bon-à-rien, un soldat manqué qui a seulement pas eu
la chance d'aller crever au front comme un homme...
Parle! C'est ton tour, Christ! Parle!

45 **ÉDOUARD,** *d'une voix basse, pesant bien chaque mot.* —
Je réglerai ton cas demain matin.

*Il lui tourne le dos et se dirige vers sa chambre où il
s'enferme. Joseph, décontenancé d'abord, puis hors de lui,
marche désespérément vers la porte fermée.*

50 **JOSEPH** *frappe à coups de poings dans la porte.* — C'est
ça! C'est ça! Va coucher avec la grosse Bertha. Ça fait
vingt ans que tu couches avec elle et que tu l'aimes
pas... Tu l'as mariée parce que t'étais pas capable de
rester tout seul, parce que t'étais lâche... (*Il s'effondre à
55 genoux par terre.*) J'en avais pas besoin de Bertha, moi.
Toi non plus, le père. On aurait pu continuer notre
chemin ensemble, tous les deux, tout seuls... Non, le
père! A fallu que tu la prennes avec nous autres, que
tu l'amènes dans notre maison... jusque dans le lit de ma
60 mère... C'est ça que je voulais te dire depuis longtemps,
c'est ça... Mais fais attention, le père! Moi, je suis là!
Je suis là pour te le faire regretter toute ta vie! Tu me
comprends? Toute ta Christ de vie!

*Et il éclate en sanglots comme un enfant puis s'éloigne
65 de la porte de chambre en titubant.*

VERS LA DISSERTATION

1. Quels reproches Joseph fait-il:
   a) à sa belle-mère;
   b) à son père;
   c) à lui-même?
2. Qu'est-ce qui, dans la situation et dans le discours, relève
   du réalisme?
3. Quelle est l'attitude du père, Édouard, à l'égard de la crise
   de Joseph?
4. Dans cette scène, Joseph est un personnage possédé
   par la haine. Discutez.

Gratien Gélinas (1909-1999)

Gratien Gélinas se fait connaître par ses qualités de comédien,
d'auteur et de metteur en scène. Il est d'abord apprécié dans
de populaires revues qui mélangent le théâtre, les monologues
et la chanson. Ces revues mettent en scène un personnage joué
par Gélinas lui-même, Fridolin, jeune homme taquin et lucide
qui commente l'actualité de façon humoristique. L'auteur remporte son plus grand succès avec *Tit-Coq*, qu'il présente d'abord
au théâtre, puis au cinéma. Mais *Bousille et les justes* est, aux
yeux de plusieurs critiques, une pièce plus accomplie, d'une plus
grande complexité.

Dans *Bousille et les justes*, Gélinas critique l'attitude d'une
famille bourgeoise prête à tout pour sauver son honneur.
Cette pièce montre sans fard aussi bien la religiosité timorée
des humbles que l'hypocrisie et la corruption des élites, ce qui
plonge les spectateurs dans l'atmosphère du règne de Duplessis.
Le point de départ de la pièce est la situation d'un jeune
homme débauché qui a commis un meurtre et croit pouvoir
se tirer d'une condamnation en raison de l'insuffisance de
preuves. Mais Bousille, un homme simple, naïf et très religieux,
a tout vu et son témoignage pourrait inculper l'accusé. Henri
et Phil, le frère et le beau-frère de l'accusé, ne craignent pas
d'avoir recours à la menace et à la violence pour forcer Bousille,
alcoolique repenti, à commettre un faux témoignage.

VERS LA DISSERTATION

1. Pourquoi Henri tient-il à placer la main de Bousille au-dessus
   d'un missel?
2. Montrez que l'attitude d'Henri est différente de celle de Phil
   à l'égard de Bousille.
3. Qu'est-ce qui rend cette scène particulièrement crédible?
4. Peut-on affirmer que cette scène est d'un réalisme cru?
5. D'après vous, les personnages qui condamnent Mycroft
   Mixeudeim dans l'extrait de *La Charge de l'orignal épormyable*
   (p. 102) et ceux qui condamnent Bousille dans l'extrait
   suivant font-ils preuve d'un égal mépris envers leur victime?

BOUSILLE ET LES JUSTES (1959)

Bousille, qui se préparait à avaler une pilule, s'arrête, abasourdi. En silence, Henri s'avance vers lui et donne une claque sur la fiole, dont le contenu s'éparpille dans la pièce. Puis, d'un coup violent sur l'épaule, il envoie Bousille choir sur le porte-bagages. Bousille
5 *n'a eu et n'aura jusqu'à la fin de la scène aucun geste défensif.*

PHIL, *la colique au ventre.* — Non, Henri, non! je te le dis : ça ne vaut pas le coup!

HENRI, *à Phil, lui indiquant le missel* [1]. — Ta gueule, toi! et donne-moi ça.

10 **PHIL,** *le lui remet, incapable de résister.* — J'ai toujours cédé devant toi. Je suis trop lâche, tu le sais. Mais là, je te le répète : s'il te reste le moindrement de cœur...

HENRI, *l'écarte d'un coup.* — J'ai dit : ta gueule! (*Froid comme l'acier devant Bousille.*) Tu vas jurer de témoigner
15 comme je te l'ai indiqué.

BOUSILLE, *le regarde, épouvanté.* — Tu ne comprends pas.

HENRI, *lui tendant le missel.* — Tu vas jurer là-dessus.

BOUSILLE. — Non...

HENRI. — Entends-tu? (*Il le gifle.*)

20 **BOUSILLE.** — Tu ferais mon malheur.

HENRI. — Jure!

BOUSILLE. — Tu ferais mon malheur, je ne peux pas le dire...

HENRI. — Bon Dieu! (*De tout son poids, il a appuyé son*
25 *genou sur la jambe étendue de Bousille, dont la phrase inachevée se termine en un gémissement : il défaille, la tête appuyée sur l'estomac d'Henri.*)

HENRI, *à Phil.* — Passe-moi ce verre-là. (*Il indique son verre encore à demi rempli d'alcool.*)

30 **PHIL,** *jaune de peur, apporte le verre.* — Fais attention, Henri : c'est dangereux pour lui, ça... tu sais pourquoi.

HENRI. — Fous-moi la paix! (*À Bousille, qui revient de sa défaillance et geint faiblement.*) Reprends tes sens! Tes simagrées, je les connais.

35 **BOUSILLE,** *murmure, encore à demi inconscient.* — Tu ne comprends pas...

HENRI, *lui approchant le verre des lèvres.* — Bois.

BOUSILLE. — ... Je ne peux pas le dire assez.

HENRI. — Vas-y, gobe! (*Il lui verse dans la bouche une*
40 *gorgée d'alcool, que Bousille rejette à moitié, dès qu'il en reconnaît le goût. Reprenant le missel.*) Jure! (*Comme Bousille refuse de la tête.*) Veux-tu que je répète la dose?

BOUSILLE. — Non!

PHIL, *terrifié lui aussi.* — Cède, Bousille : c'est mieux pour toi.

45 **BOUSILLE,** *complètement perdu.* — Je ne sais plus...

HENRI. — Je sais, moi. (*Plaçant la main de Bousille au-dessus du missel.*) Tu jures de faire ce que je t'ai dit? (*Non satisfait du vague signe d'acquiescement de Bousille.*) Dis oui, ma tête de pioche!

50 **PHIL.** — Dis oui, Bousille, vite!

HENRI, *le genou sur celui de Bousille.* — ... ou je te le casse en deux!

PHIL. — Il va le faire, Bousille!

BOUSILLE, *dans un souffle.* — Oui.

55 **PHIL,** *crie.* — Lâche-le, Henri! Lâche-le, il a juré!

HENRI, *laisse retomber la main de Bousille et déplace son genou.* — Tu sais ce que tu viens de faire? Tu te rends compte que tu n'as plus le choix maintenant? (*Il a consulté sa montre.*) Lève-toi : c'est le temps de partir.

60 **PHIL,** *aidant Bousille à se relever et à remettre son imperméable.* — Viens-t'en, Bousille.

BOUSILLE, *murmure, hébété.* — Le bon Dieu m'est témoin que je ne voulais pas.

HENRI. — Tu viens de te conduire comme un homme, si
65 tu veux le savoir, pour la première fois de ta vie. (*Le poussant vers la porte.*) Avance!

BOUSILLE. — Le bon Dieu m'est témoin...

HENRI, *qui a déjà ouvert la porte et attend.* — Grouille-toi!

PHIL. — Viens, mon Bousille. (*Il l'entraîne vers la sortie.*)

---

1. Livre de prières conçu pour la messe.

Paul-Émile Borduas (1905-1960)

Le manifeste *Refus global* est écrit par le peintre Paul-Émile Borduas et cosigné par 15 artistes et poètes, dont près de la moitié sont des femmes. L'objectif du manifeste est double : dénoncer le conservatisme ambiant et le climat étouffant pour les artistes au Québec, ainsi que proposer une nouvelle forme d'art, inspirée du surréalisme, qui laisse place à la magie et à l'imagination. Le manifeste, publié à 400 exemplaires seulement, reçoit un accueil à la mesure de sa virulence. Paul-Émile Borduas perd son emploi à l'École du meuble et s'exile, tandis que les signataires se dispersent et que plusieurs d'entre eux vivent des moments difficiles.

Refus global reflète le désir de Paul-Émile Borduas de faire entrer le Québec dans la modernité. Pour les signataires, refuser signifie rompre, et la rupture, un des principes majeurs de la modernité, doit parfois être radicale. Borduas propose, comme solution au marasme de son époque, l'utopie du rêve et la pleine liberté de l'artiste.

E S S A I

REFUS GLOBAL (1948)

Premier extrait

Rejetons de modestes familles canadiennes-françaises, ouvrières ou petites bourgeoises, de l'arrivée au pays à nos jours restées françaises et catholiques par résistance au vainqueur, par attachement arbitraire au passé, par plaisir et orgueil sentimental et autres nécessités.

5   Colonie précipitée dès 1760 dans les murs lisses de la peur, refuge habituel des vaincus ; là, une première fois abandonnée. L'élite reprend la mer ou se vend au plus fort. Elle ne manquera plus de le faire chaque fois qu'une occasion sera belle.

Un petit peuple serré de près aux soutanes[1] restées les seules dépositaires
10 de la foi, du savoir, de la vérité et de la richesse nationale. Tenu à l'écart de l'évolution universelle de la pensée pleine de risques et de dangers, éduqué sans mauvaise volonté, mais sans contrôle, dans le faux jugement des grands faits de l'histoire quand l'ignorance complète est impraticable.

Deuxième extrait

Tous les objets du trésor se révèlent inviolables par notre société. Ils demeurent l'incorruptible réserve sensible de demain. Ils furent ordonnés spontanément hors et contre la civilisation. Ils attendent pour devenir actifs (sur le plan social) le dégagement des nécessités actuelles.

5   D'ici là notre devoir est simple.

Rompre définitivement avec toutes les habitudes de la société, se désolidariser de son esprit utilitaire. Refus d'être sciemment au-dessous de nos possibilités psychiques et physiques. Refus de fermer les yeux sur les vices, les duperies perpétrées sous le couvert du savoir, du service rendu, de la reconnaissance
10 due. Refus d'un cantonnement dans la seule bourgade plastique, place fortifiée mais trop facile d'évitement. Refus de se taire — faites de nous ce qu'il vous plaira mais vous devez nous entendre —, refus de la gloire, des honneurs (le premier consenti) : stigmates de la nuisance, de l'inconscience, de la servilité. Refus de servir, d'être utilisable pour de telles fins. Refus de toute INTENTION,
15 arme néfaste de la RAISON. À bas toutes deux, au second rang !

PLACE À LA MAGIE ! PLACE AUX MYSTÈRES OBJECTIFS !

PLACE À L'AMOUR !

PLACE AUX NÉCESSITÉS !

Au refus global nous opposons la responsabilité entière.

20 L'action intéressée reste attachée à son auteur, elle est mort-née.

---

1. Longues robes portées par les prêtres.

Les actes passionnels nous fuient en raison de leur propre dynamisme.

Nous prenons allégrement l'entière responsabilité de demain. L'effort rationnel, une fois retourné en arrière, il lui revient de dégager le présent des limbes du passé.

₂₅ Nos passions façonnent spontanément, imprévisiblement, nécessairement le futur.

Le passé dut être accepté avec la naissance, il ne saurait être sacré. Nous sommes toujours quittes envers lui.

Il est naïf et malsain de considérer les hommes et les choses de l'histoire dans
₃₀ l'angle amplificateur de la renommée qui leur prête des qualités inaccessibles à l'homme présent. Certes, ces qualités sont hors d'atteinte aux habiles singeries académiques, mais elles le sont automatiquement chaque fois qu'un homme obéit aux nécessités profondes de son être ; chaque fois qu'un homme consent à être un homme neuf dans un temps nouveau. Définition de tout homme,
₃₅ de tout temps.

Fini l'assassinat massif du présent et du futur à coups redoublés du passé.

Il suffit de dégager d'hier les nécessités d'aujourd'hui. Au meilleur, demain ne sera que la conséquence imprévisible du présent.

Nous n'avons pas à nous en soucier avant qu'il ne soit.

VERS LA DISSERTATION

1. Montrez que l'organisation des deux extraits du texte repose sur l'opposition de valeurs qui sont négatives ou positives, selon le point de vue de l'auteur.

2. Que dénonce ce texte ?

3. Ce texte adopte bel et bien le ton d'un manifeste : il est solennel, public et tranchant. À quoi le voit-on ?

4. Ce texte se contente-t-il de dénoncer les tares d'une société sclérosée ou offre-t-il surtout des solutions pour aspirer à un monde meilleur ?

5. Les propositions de Paul-Émile Borduas sont-elles encore pertinentes aujourd'hui ?

6. Est-il juste de dire que le diagnostic du peuple canadien-français que posait Arthur Buies en 1884 dans « Décadence d'un peuple » (voir le chapitre 2, p. 40-41) ressemble à celui que Paul-Émile Borduas établit dans *Refus global* ?

Paul-Émile Borduas, *Sans titre n⁰ 34*, 1957.

Cette toile peinte en 1957 par Borduas est caractéristique du grand dépouillement de sa dernière période.

Jean-Paul Desbiens (1927-2006)

Au Québec, rarement un livre a créé l'événement autant que l'ont fait *Les Insolences du frère Untel*. Vendu à plus de 100 000 exemplaires, cet essai, qui déplore la mauvaise qualité du français chez les jeunes, révèle un problème caché et place son auteur sur le devant de la scène. Jean-Paul Desbiens, humble frère mariste dévoué à l'enseignement, occupe des emplois prestigieux à la suite du succès de son livre. Fonctionnaire au ministère de l'Éducation, il applique ce qu'il prône dans son livre et devient ainsi l'un des principaux artisans d'une large réforme qui comprend, entre autres, la création des cégeps. Il mène par la suite une importante carrière de journaliste et de chroniqueur.

« Nos élèves parlent joual, écrivent joual et ne veulent pas parler ni écrire autrement. Le joual est leur langue. » Voilà le douloureux constat sur lequel reposent *Les Insolences du frère Untel*. Ce livre, écrit d'une plume caustique et acérée, est considéré comme l'un des déclencheurs de la Révolution tranquille. La qualité déplorable de la langue parlée par les jeunes, selon Jean-Paul Desbiens, est symptomatique de graves problèmes. L'auteur questionne l'enseignement au Québec et sa capacité de donner une éducation de haut niveau. Mais aussi, il affirme qu'il s'agit d'un « problème de civilisation » : une société qui prône la facilité et ne valorise pas la culture est condamnée à voir sa langue se dégrader.

VERS LA DISSERTATION

1. Qu'est-ce que l'auteur entend par « civilisation jouale » ?
2. Quelles sont les difficultés de l'enseignant au cœur de cette civilisation jouale ?
3. Quelles principales critiques l'auteur adresse-t-il à la société québécoise ?
4. Le diagnostic de la société québécoise que pose l'auteur à l'époque est-il encore valable aujourd'hui ?
5. Peut-on affirmer que ce texte s'inscrit dans une volonté de changement ?
6. Est-il juste de dire que *Refus global* de Paul-Émile Borduas (p. 107-108) et *Les Insolences du frère Untel* de Jean-Paul Desbiens dénoncent les mêmes choses ?

ESSAI

LES INSOLENCES DU FRÈRE UNTEL (1960)

On est amené ainsi au cœur du problème, qui est un problème de civilisation. Nos élèves parlent joual parce qu'ils pensent joual, et ils pensent joual parce qu'ils vivent joual, comme tout le monde par ici. Vivre joual, c'est rock'n'roll et hot-dog, party
5 et balade en auto, etc. C'est toute notre civilisation qui est jouale. On ne réglera rien en agissant au niveau du langage lui-même (concours, campagnes de bon parler français, congrès, etc.). C'est au niveau de la civilisation qu'il faut agir. Cela est vite dit mais, en fait, quand on réfléchit au problème et qu'on en
10 arrive à la question : quoi faire ? on est désespéré. Quoi faire ? Que peut un instituteur, du fond de son école, pour enrayer la déroute ? Tous ses efforts sont dérisoires. Tout ce qu'il gagne est aussitôt perdu. Dès quatre heures de l'après-midi, il commence d'avoir tort. C'est toute la civilisation qui le nie ; nie
15 ce qu'il défend, piétine ou ridiculise ce qu'il prône. Je ne suis point vieux, point trop grincheux, j'aime l'enseignement, et pourtant, je trouve désespérant d'enseigner le français.

Direz-vous que je remonte au déluge si je rappelle ici le mot de Bergson[1] sur la nécessité d'un supplément d'âme ? Nous
20 vivons joual par pauvreté d'âme et nous parlons joual par voie de conséquence. Je pose qu'il n'y a aucune différence substantielle entre la dégradation du langage et la désaffectation vis-à-vis des libertés fondamentales que révélait l'enquête du *Maclean's*[2] parue au mois d'octobre 1959. Quand on a renoncé
25 aux libertés fondamentales, comme il semble que la jeunesse a fait, en pratique, sinon en théorie (le mot liberté est toujours bien porté), on renonce facilement à la syntaxe. Et les apôtres de la démocratie, comme les apôtres du bon langage, font figure de doux maniaques. Nos gens n'admirent que machines
30 et technique ; ils ne sont impressionnés que par l'argent et le cossu ; les grâces de la syntaxe ne les atteignent pas. Je me flatte de parler un français correct ; je ne dis pas élégant, je dis correct. Mes élèves n'en parlent pas moins joual : je ne les impressionne pas. J'ai plutôt l'impression que je leur échappe par moments.
35 Pour me faire comprendre d'eux, je dois souvent recourir à l'une ou l'autre de leurs expressions jouales. Nous parlons littéralement deux langues, eux et moi. Et je suis seul à parler les deux.

---

1. Philosophe français, Prix Nobel de littérature en 1927.
2. Magazine d'information canadien.

SYNTHÈSE

Le contexte sociohistorique

→ Le conservatisme du gouvernement de Maurice Duplessis crée un climat étouffant au Québec. On donne à cette période le nom de «Grande Noirceur».

→ Le premier ministre exerce le gouvernement de la province de façon autoritaire et égocentrique, et s'appuie sur des pratiques de favoritisme.

→ Le clergé reste dominant. Il dirige hôpitaux, écoles, pensionnats et maisons d'édition, il pratique la censure et appuie les politiques du gouvernement en place.

→ Les Canadiens français ont des revenus nettement inférieurs à ceux des Canadiens anglais, qui dirigent la majorité des grandes entreprises.

→ Malgré l'autoritarisme du gouvernement de Duplessis, une opposition s'organise, surtout au sein de la classe ouvrière. D'importantes grèves se succèdent.

La littérature

■ Les artistes et les écrivains ressentent lourdement le climat de peur qui règne au Québec et sont victimes de la censure exercée par le clergé.

■ Cette situation n'empêche pas plusieurs d'entre eux de se tourner vers l'avant-garde et de concevoir des œuvres audacieuses.

■ Les écrivains hésitent entre le repli et la confrontation. Ceux qui choisissent la confrontation, tel Paul-Émile Borduas, auteur de *Refus global*, en subissent durement les conséquences.

■ Malgré l'isolement du Québec, plusieurs auteurs s'intéressent à des courants novateurs venus de l'étranger, notamment de la France. Le surréalisme – dont la version québécoise prend le nom d'«automatisme» – et l'existentialisme ont plusieurs adeptes au Québec.

Le roman

Les romanciers délaissent le roman de la terre. Gabrielle Roy et Roger Lemelin décrivent avec réalisme la vie dans les quartiers populaires de Montréal et de Québec. D'autres romanciers, tels André Langevin et Gérard Bessette, subissent l'influence de l'existentialisme.

La poésie

L'automatisme, inspiré par le surréalisme, permet à des auteurs tels Roland Giguère, Claude Gauvreau et Paul-Marie Lapointe d'écrire une poésie audacieuse, portée par des images puissantes. D'autres poètes, telles Anne Hébert et Rina Lasnier, s'inscrivent dans le courant de la poésie de la solitude et expriment leur état de désolation.

Le théâtre

Les premières pièces importantes du répertoire québécois sont créées. Gratien Gélinas et Marcel Dubé s'imposent comme des auteurs marquants et remportent un succès immédiat avec, respectivement, *Tit-Coq* et *Zone*. Claude Gauvreau écrit des pièces sombres et tourmentées qui ne sont jouées pour la première fois que dans les années 1970.

L'essai

La période s'ouvre et se termine avec la parution de deux essais percutants qui dénoncent les tares d'une société québécoise frileuse et timorée. L'auteur de *Refus global*, Paul-Émile Borduas, est victime d'un net rejet de la société, mais la critique du milieu de l'éducation faite par Jean-Paul Desbiens dans *Les Insolences du frère Untel* stimule des débats qui mènent à d'importantes réformes, effectuées ultérieurement, lors de la Révolution tranquille.

1960-1980
L'émergence du Québec moderne
Une littérature rebelle et identitaire

La Révolution tranquille, qui transforme le Québec en profondeur, a un effet salutaire sur les écrivains. Libérés de la censure et du climat de peur qui régnaient pendant la Grande Noirceur, ils manifestent un désir urgent de prendre la parole. Ils écrivent sans contrainte des œuvres fortes et personnelles qui reçoivent très souvent un excellent accueil du public. Attentifs aux soulèvements qui surviennent à différents endroits dans le monde, de nombreux auteurs québécois s'affirment plus que jamais par un esprit rebelle. Ils se rallient d'abord largement à la cause de l'indépendance du Québec et écrivent une littérature très marquée par la question de l'identité. Puis ils adhèrent aussi à des causes plus diversifiées, mais tout aussi subversives, comme le féminisme et la contre-culture. Pendant toute cette période, la littérature québécoise s'épanouit dans toutes ses formes. Un grand vent de liberté souffle sur elle.

DE 1960 À 1980

Le monde	Le Québec
	1960 : Fondation du premier parti politique indépendantiste, le Rassemblement pour l'indépendance nationale (RIN)
1961 : Premier homme dans l'espace	**1961 :** Élection de la première femme à l'Assemblée nationale, Claire Kirkland-Casgrain, qui devient ministre en 1962 Création du ministère des Affaires culturelles du Québec Création de l'Office de la langue française
1962 : Fin de la guerre d'Algérie Crise des missiles de Cuba	
1963 : Assassinat du président John F. Kennedy	**1964 :** Création du ministère de l'Éducation «Samedi de la matraque» pendant lequel des manifestants contre la visite de la reine d'Angleterre sont réprimés

1965 : Début de la guerre au Viêt Nam

1966 : Élection de Daniel Johnson, chef de l'Union nationale, comme premier ministre du Québec

1967 : Expo 67 à Montréal
«Vive le Québec libre!» lancé par le général de Gaulle à Montréal
Création des cégeps

1968 : Événements de mai 68 en France
Printemps de Prague et invasion soviétique en Tchécoslovaquie
Assassinat de Martin Luther King

1968 : Fondation du Parti québécois, dirigé par René Lévesque
Élection de Pierre Elliot Trudeau, chef du Parti libéral, comme premier ministre du Canada

1969 : Premier homme sur la Lune

1970 : Élection de Robert Bourassa, chef du Parti libéral, comme premier ministre du Québec
Crise d'Octobre; enlèvement de James Cross et de Pierre Laporte par le FLQ; adoption de la Loi des mesures de guerre
Création de la Régie de l'assurance-maladie du Québec

1972 : Front commun des employés du gouvernement; emprisonnement de chefs syndicaux

1973 : Coup d'État au Chili

1973 : Réélection de Robert Bourassa comme premier ministre du Québec

1974 : Première crise du pétrole

1975 : Fin de la guerre au Viêt Nam

1976 : Élection de René Lévesque, chef du Parti québécois, comme premier ministre du Québec

Jeux olympiques à Montréal

1977-1979 : Génocide orchestré par les Khmers rouges au Cambodge

1979 : Révolution islamique en Iran

1977 : Adoption de la Charte de la langue française (Loi 101)

Seconde crise du pétrole

Illustration de la page précédente: Albert Dumouchel, *Portrait de Géa*, 1964.

1963 : Pierre Perreault, *Pour la suite du monde* (film)

Fondation de la revue *Parti pris*

1964 : Jacques Renaud, *Le Cassé* (roman)

Paul Chamberland, *Terre Québec* et *L'afficheur hurle* (poésie)
Paul-Marie Lapointe, *Pour les âmes* (poésie)

1965 : Marie-Claire Blais, *Une saison dans la vie d'Emmanuel* (roman)
Hubert Aquin, *Prochain Épisode* (roman)
Jacques Brault, *Mémoire* (poésie)

1966 : Réjean Ducharme, *L'Avalée des avalés* (roman)

1967 : Jacques Godbout, *Salut Galarneau !* (roman)
Gérald Godin, *Les Cantouques* (poésie)

1968 : Michèle Lalonde, « Speak white » (poésie)
Michel Tremblay, *Les Belles-sœurs* (théâtre)
Pierre Vallières, *Nègres blancs d'Amérique* (essai)
L'Osstidcho avec Robert Charlebois, Louise Forestier,
Yvon Deschamps et Mouffe (spectacle de chansonniers)

1969 : Victor-Lévy Beaulieu, *Race de monde* (roman)

1970 : Anne Hébert, *Kamouraska* (roman)
Gaston Miron, *L'Homme rapaillé* (poésie)
Première *Nuit de la poésie* (spectacle de poésie)

1971 : Claude Jutras, *Mon oncle Antoine* (film)

Michel Tremblay, *À toi, pour toujours, ta Marie-Lou* (théâtre)

1972 : Jacques Ferron, *La Chaise du maréchal ferrant* (roman)
Denis Vanier, *Lesbiennes d'acid* (poésie)

1973 : Réjean Ducharme, *L'Hiver de force* (roman)

1974 : Superfrancofête à Québec

1976 : Collectif, *La Nef des sorcières* (théâtre)

1978 : Jacques Poulin, *Les Grandes Marées* (roman)

1980 : France Théoret, *Nécessairement putain* (poésie)

Le monde : des années de turbulence

Affiche de Mai 68.

Les événements de mai 1968 en France assemblent dans un grand mouvement de protestation tant les étudiants que les ouvriers.

*A*lors que le Québec s'éveille brusquement au début des années 1960, le reste du monde poursuit sa marche et mène plus loin les mouvements qui existaient déjà dans la décennie précédente. La guerre froide entre les États-Unis et l'URSS demeure une menace et atteint un paroxysme en 1962 lorsque les Soviétiques annoncent leur intention d'implanter des missiles nucléaires à Cuba. Jamais le monde n'a été si près de subir une guerre nucléaire. Peu à peu, cependant, les relations entre les deux puissances se détendent.

L'URSS, gouvernée par Leonid Brejnev de 1964 à 1982, connaît une grande stabilité, au point de stagner. Pendant ce temps, l'Occident vit de grandes turbulences. Aux États-Unis principalement, l'agitation est constante. La tension sociale et les difficultés intérieures se font sentir par une série d'assassinats, perpétrés en quelques années, de personnalités politiques dominantes : le président John F. Kennedy, son frère Robert Kennedy, ainsi que les leaders noirs Martin Luther King et Malcom X.

Les grands mouvements suivants ont marqué ces années tourmentées et ont influencé, parfois indirectement, les mentalités au Québec :

- Des mouvements influents naissent en faveur des droits civils, des droits des femmes et contre la ségrégation raciale. L'**émancipation des femmes,** qui s'accentue surtout dans les années 1970, est peut-être l'événement de ces années dont l'effet à long terme est le plus marquant. Le courant féministe aura d'importantes répercussions au Québec.

- Un vaste mouvement s'organise contre la **guerre du Viêt Nam,** qui bat son plein de 1965 à 1975. Les États-Unis, souhaitant soutenir le Viêt Nam Sud contre les communistes du Viêt Nam Nord, s'engagent dans une guerre interminable qui fait un nombre élevé de victimes. Très rapidement, les jeunes dans les campus américains s'opposent à cette guerre et organisent de nombreuses manifestations.

- Cette nouvelle génération, nombreuse, active et instruite, qu'on appelle les «**baby-boomers**», remet en question la société de consommation et le mode de vie de la génération précédente. Plusieurs adhèrent au **mouvement hippie,** qui prône une vie pacifique en communauté et la rupture avec les valeurs bourgeoises traditionnelles.

- L'Europe est elle aussi bouleversée par des mouvements qui remettent en cause ses choix politiques et son organisation sociale. À Paris, les émeutes de mai 1968 sont l'événement catalyseur qui permet à la génération montante d'exprimer à la fois ses rêves et ses mécontentements. **Mai 68** devient l'expression de tous les espoirs et de tous les combats : les manifestants s'engagent dans des luttes ouvrières inspirées par le marxisme et défendent des systèmes utopiques qui proposent l'émancipation totale de l'individu.

- Cette agitation se produit aussi ailleurs dans le monde : dans certains pays sous le protectorat soviétique, comme la Tchécoslovaquie et la Pologne ; dans des pays de l'Europe de l'Ouest, comme l'Allemagne et l'Italie ; dans des pays d'Amérique latine, comme le Mexique et le Chili. **Ce vent de révolte touche aussi le Québec,** où les revendications concernent principalement la protection de la langue française et l'accession à l'indépendance.

Pendant ces années, l'économie reste prospère et la croissance se poursuit jusqu'en 1974, alors qu'une **crise pétrolière** vient mettre fin aux Trente Glorieuses, une période d'à peu près trente ans de développement particulièrement dynamique. À la fin des années 1970, l'économie subit un nouveau recul et se fragilise : l'inflation provoque une montée des taux d'intérêt, ce qui a de graves conséquences dans les années ultérieures.

L'entrée en scène des médias

Pendant les années 1960 et 1970, les médias, et en particulier la télévision, deviennent omniprésents et affectent la façon d'informer et de faire de la politique à un point tel qu'un intellectuel français, Guy Debord, parle désormais de «**société du spectacle**». Le spectacle semble en effet l'emporter sur le message, et la télévision, universellement répandue, devient un média incontournable qui consacre ou détruit les réputations.

Grâce à la télévision, les spectateurs assistent en 1969 à un événement fascinant: l'Américain Neil Armstrong marche sur la Lune. Cette première est l'aboutissement d'une **conquête de l'espace** qui a été amorcée en 1961 par Gagarine, le premier homme envoyé en orbite autour de la Terre. Pendant ces années, les sciences font d'importants progrès; déjà se prépare la révolution informatique.

Sur le plan culturel, **les années 1960 et 1970 sont celles de toutes les expérimentations.** Les artistes se livrent à de grandes explorations formelles, enfreignent les tabous et expriment toutes les révoltes, si bien qu'un grand nombre d'entre eux considèrent par la suite qu'il n'est pas possible de pousser plus loin la transgression des règles de l'art. Ces explorations se font parfois contre certains publics qui n'arrivent pas toujours à apprécier ces excès. En même temps se développe une culture populaire et industrielle qui touche un public très large, par le cinéma et la musique pop surtout, qui créent de véritables idoles tels Brigitte Bardot, les Beatles et les Rolling Stones.

La grande émancipation de la société québécoise

*P*endant les années 1960, les francophones qui habitent la province de Québec se donnent un nouveau nom: les Canadiens français deviennent progressivement des Québécois. Ce changement de nom correspond à une transformation d'identité. En effet, les Québécois ont davantage confiance en eux-mêmes, ils s'émancipent du clergé et du conquérant anglais, ils s'ouvrent sur le monde et se donnent les structures d'un État moderne. Le terme «Québécois» est d'ailleurs inclusif et s'applique aussi à tous les citoyens canadiens qui vivent au Québec, peu importe leur origine. Signe remarqué de l'ouverture des Québécois: ils accueillent à deux reprises des visiteurs du monde entier, lors de deux grands événements internationaux, l'Exposition universelle de 1967 et les Jeux olympiques de 1976.

La Révolution tranquille

Les changements au Québec de 1960 à 1966 sont si rapides, radicaux et imprévus qu'on donne à cette période le nom de «**Révolution tranquille**». En quelques années, les Québécois abandonnent largement la pratique religieuse. Un État fort et centralisateur crée de nouvelles institutions gouvernementales et veille à l'intérêt collectif des Québécois. Le «**modèle québécois**» vient de naître. Pendant les années 1960 et 1970, le Québec se donne, par exemple:

- un système d'éducation public et gratuit;

- un système de santé public et gratuit;

- un système de subventions à la culture et aux artistes;

Carte postale de l'Expo 67.

L'Exposition universelle de 1967 permet aux Québécois de s'ouvrir sur le monde et d'accueillir des visiteurs de tous les pays.

- la Caisse de dépôt et de placement du Québec, qui permet de faire fructifier l'épargne;
- de grandes entreprises nationalisées, comme Hydro-Québec et Loto-Québec;
- la Société d'assurance automobile.

Un nationalisme en ébullition

De nombreux Québécois en viennent à souhaiter de vivre dans un État indépendant. Ils s'inspirent du vaste mouvement de décolonisation amorcé aux lendemains de la Seconde Guerre mondiale. Mais l'aspiration à l'indépendance du Québec n'est pas partagée par tous et reste un facteur de division. Ce débat politique demeure de loin le plus important de cette période. La lutte pour l'indépendance du Québec est marquée par les événements suivants:

- En 1960 est formé le premier parti indépendantiste, le **Rassemblement pour l'indépendance nationale** (RIN), dirigé par Pierre Bourgault. Un groupe clandestin issu de ce parti, le **Front de libération du Québec** (FLQ), choisit le terrorisme comme moyen d'action pour faire avancer la cause de l'indépendance.

- En 1967, le président de la France, le général Charles de Gaulle, lance un «Vive le Québec libre!» devant une foule qui l'acclame à Montréal. Son discours soulève de fortes réactions au Québec et au Canada.

- En 1968 est fondé le **Parti québécois.** René Lévesque, un journaliste et politicien populaire et respecté, en est vite nommé le chef. Lors des élections de 1970, le parti fait élire six députés.

- En 1970, des cellules du FLQ enlèvent James Cross, un diplomate britannique, et Pierre Laporte, un ministre du gouvernement libéral de Robert Bourassa. Pierre Laporte est assassiné par ses ravisseurs. Lors de la **crise d'Octobre** qui découle de ces enlèvements, le gouvernement fédéral de Pierre Elliot Trudeau adopte la **Loi des mesures de guerre** qui suspend temporairement les droits civils. Plusieurs centaines de personnes sont arrêtées arbitrairement.

- En 1976, le Parti québécois prend le pouvoir. Il fait adopter, en 1977, la **Charte de la langue française** (communément appelée «**Loi 101**»), qui fait du français la seule langue officielle du Québec. En 1980, ce gouvernement organise un premier référendum sur la question nationale. Pour la première fois, l'ensemble du peuple québécois est appelé à se prononcer sur son avenir.

L'affirmation d'une société

Pendant ces années, le Québec s'est profondément transformé. Les francophones se sont instruits et ont considérablement haussé leur niveau de vie. Une nouvelle classe d'affaires a réussi à s'imposer et à créer de grandes entreprises sur le territoire du Québec. Les travailleurs se sont syndiqués en grand nombre et ont mené plusieurs luttes pour améliorer leurs conditions. Le mouvement féministe, influencé par son pendant américain, s'est organisé et a permis de rendre plus égalitaires les rapports entre les sexes. L'apport de l'immigration à la société québécoise se fait de plus en plus important, alors que la volonté d'affirmer et de protéger la langue française se concrétise par l'adoption de la Loi 101.

Pour les artistes et les intellectuels, les années 1960 et 1970 sont celles de la prise de la parole. La question de l'identité nationale reste au cœur des débats et ne semble pas se résoudre. Mais les créateurs s'affirment dans leurs œuvres avec une forme de jubilation, celle que vit un peuple qui se découvre enfin. Tout en restant ouverts sur le monde et en demeurant à l'écoute des avant-gardes française et états-unienne, les artistes d'ici parviennent à se libérer peu à peu des influences trop directes et à créer des œuvres originales, qui correspondent à cette identité nouvelle qui se révèle soudain.

La littérature québécoise : les années rebelles

La littérature québécoise des années 1960 et 1970 est remarquable par sa vitalité. De nombreux auteurs s'affirment dans tous les genres littéraires, au point que certains critiques parlent d'un « âge de la parole » où les individus s'expriment de façon libre après de longues années marquées par un climat étouffant. La question de l'identité reste prédominante : qui sont ces « Québécois » qui viennent d'apparaître ? se demandent les auteurs. Comment définir ce peuple partagé entre l'Europe et l'Amérique ? Comment assurer sa survie et lui donner sa pleine autonomie ?

Dans tous les genres littéraires apparaissent de nouveaux auteurs, rapidement reconnus et appréciés, qui s'imposent rapidement comme des modèles à suivre. L'institution littéraire se développe et soutient les auteurs : des maisons d'édition apparaissent, la critique devient plus élaborée, des ouvrages universitaires sur notre littérature paraissent et des organismes de financement des arts sont mis en place.

Le succès considérable de la pièce *Les Belles-sœurs* de Michel Tremblay, écrite en « joual », la langue populaire des Québécois, soulève une question brûlante et nouvelle : quelle langue les auteurs d'ici doivent-ils donc utiliser ? Les auteurs font face au dilemme suivant :

- Doit-on utiliser le joual afin de mieux refléter la réalité d'ici, au risque d'être incompris à l'étranger et de voir les œuvres confinées dans les limites étroites du Québec ?

- Serait-il préférable, au contraire, d'utiliser un français « international », plus proche de la norme, plus exportable, mais plus artificiel parce qu'en partie étranger à la réalité québécoise ?

Certes, ce dilemme n'est pas facile à résoudre et les écrivains québécois s'y heurtent encore de nos jours. Le succès international des *Belles-sœurs* a toutefois montré qu'il est possible d'être universel tout en étant bien solidement ancré dans une réalité locale. Mais ce succès demeure une exception.

Léon Bellefleur, *Indiana*, 1964.

Pendant que les écrivains québécois trouvent une voix qui leur est propre, les peintres québécois continuent leur exploration de l'art abstrait.

La littérature québécoise des années 1960 et 1970 se caractérise par une remise en question totale tant de la forme que du contenu, et ce, dans tous les genres. La littérature d'ici intègre l'esprit rebelle du temps comme le montrent les écrits des poètes engagés, le théâtre provocateur et les romans qui privilégient les personnages non conformistes. Les explorations formelles sont nombreuses : les auteurs ne cherchent plus à reproduire des conventions littéraires ou à suivre des courants qui ont fait leurs preuves, mais ils trouvent en eux des voix qui leur sont propres et ne craignent pas de subvertir les formes pour les adapter à leurs propos. Le choix d'un genre littéraire devient particulièrement déterminant, puisque les auteurs osent habituellement en exploiter les particularités.

Chacun des genres littéraires a évolué à sa façon pendant cette période.

Le roman

Le roman devient désormais un genre incontournable, celui que de nombreux auteurs choisissent pour se faire connaître. Deux auteurs très différents, voire opposés, deviennent de véritables modèles pour les romanciers qui leur succèdent : Hubert Aquin, avec ses intrigues labyrinthiques et ses jeux de miroir, et Réjean Ducharme, avec ses narrateurs éternels adolescents, aux discours remplis de fantaisie, de calembours et de prouesses verbales. L'importance de ces deux auteurs ne doit pas faire oublier leurs contemporains, par exemple Marie-Claire Blais et ses personnages aux mille secrets, Jacques Godbout qui sait constamment s'adapter à l'air du temps, Jacques Ferron et son humour caustique, Victor-Lévy Beaulieu avec son univers complexe et son style foisonnant.

La poésie

Pendant les années 1960, le lyrisme prend beaucoup d'importance dans la poésie québécoise : les poètes s'emportent dans de longs poèmes qui célèbrent la beauté du pays, mais ils dénoncent aussi l'aliénation des Québécois. Cette poésie « **du pays** » (voir l'encadré, aux pages 130 et 131), à la fois exaltée et politique, écrite entre autres par Gaston Miron, Jacques Brault, Michèle Lalonde, Paul Chamberland, trouve un écho dans l'œuvre de chansonniers qui deviennent rapidement très populaires, comme Félix Leclerc, Gilles Vigneault, Jean-Pierre Ferland, Claude Léveillé et Claude Gauthier. Tous ces chanteurs et poètes stimulent la fibre nationaliste des Québécois. Vers la fin des années 1960, cependant, les poètes laissent au Parti québécois la tâche de faire l'indépendance et explorent de nouvelles avenues :

- Les **formalistes** (Nicole Brossard, Philippe Haek), inspirés par le structuralisme français, proposent une poésie abstraite et cérébrale.

- La **poésie de la contre-culture** (Denis Vanier, Josée Yvon, Lucien Francœur) joue le jeu de la provocation, exprime librement la sexualité, décrit des expériences sensorielles et s'inspire de la culture rock anglo-saxonne.

- La **poésie féministe** (Nicole Brossard, France Théoret, Yolande Villemaire) place la femme et son émancipation au cœur de ses préoccupations.

Le théâtre

Le théâtre met plus de temps à prendre son essor. Il faut attendre 1968 et la première des *Belles-sœurs* de Michel Tremblay pour qu'un véritable électrochoc soit donné au milieu et que les modèles qu'avaient été Gratien Gélinas et Marcel Dubé deviennent quasi désuets. À partir de ce moment, Tremblay occupe une place centrale dans le théâtre québécois : ses nombreuses pièces décrivent le milieu ouvrier de son enfance ou le milieu homosexuel et bigarré du centre-ville de Montréal, avec des procédés formels tirés de la tragédie grecque et de l'opéra. Cet audacieux amalgame est d'ailleurs l'une des principales caractéristiques de l'œuvre de cet auteur. Le théâtre québécois est alors prêt à s'ouvrir à diverses expérimentations : appel aux réactions du public par Françoise Loranger (avec *Médium saignant* en 1969) ; créations collectives du Grand Cirque ordinaire, basées sur l'improvisation et la mise en commun des idées de tous les membres de la troupe ; ou éblouissants délires verbaux d'Yves Sauvageau (*Wouf wouf* en 1969) et de Réjean Ducharme (*Ines Pérée et Inat Tendu* en 1976 et *Ha! Ha!* en 1978). Avec *La Nef des sorcières* (1976), écrite par un collectif d'auteures, et la pièce à scandale *Les fées ont soif* (1978) de Denise Boucher, la parole féministe fait une entrée remarquée sur la scène québécoise.

L'essai

Le vif brassage d'idées caractéristique des années 1960 et 1970 stimule le développement de l'essai. Les sujets abordés sont très variés : l'éducation (*Les Insolences du frère Untel* de Jean-Paul Desbiens en 1960), la critique de l'immobilisme québécois (*La Ligne du risque* de Pierre Vadeboncœur en 1963), la question du joual (*Le Joual de Troie* de Jean-Marcel Paquette en 1973) et le féminisme (*L'Euguélionne* de Louki Bersianik en 1979). La question nationale occupe bien sûr une grande place dans les revues d'idées, et elle est au centre d'un essai percutant, *Nègres blancs d'Amérique* (1968) de Pierre Vallières.

**Jacques Renaud
(né en 1943)**

Jacques Renaud mène une carrière bien remplie d'écrivain et de journaliste. Il aborde le roman, la poésie et l'essai. Il reste surtout connu pour une courte fiction, *Le Cassé*, qui bouleverse le milieu littéraire québécois lors de sa parution. Il s'agit de la première fiction totalement écrite en «joual», tant pour ce qui est de la narration que des dialogues – expérience qui est restée marginale jusqu'à nos jours. Le récit est d'une rare violence ; Jacques Renaud décrit dans un langage cru la sexualité des personnages qui vivent dans une grande misère.

Le personnage de Ti-Jean est un «cassé» (un individu désargenté), un chômeur, un être colérique et frustré. Maladivement jaloux, il voudrait garder pour lui seul son amante Philomène. Sa jalousie est un prétexte pour faire éclater la haine contre tout ce qu'il ne peut garder en lui. Un être aussi désespéré peut-il avoir accès au bonheur ?

VERS LA DISSERTATION

1. Relevez les expressions typiquement québécoises dans le texte.
2. À quoi servent les interventions du narrateur ?
3. Expliquez les liens entre les humains et les maringouins, puis entre les humains et les grenouilles.
4. Montrez que l'univers de Ti-Jean est misérable.
5. Est-il exact de dire que, pour Ti-Jean, le bonheur est un rêve inaccessible ?

Jacques Hurtubise, *Cybèle*, 1965.

R O M A N

LE CASSÉ (1964)

Chiennerie de vie.

La paix, c'est pas pour demain. Le bonheur non plus. Mais qu'est-ce que c'est le bonheur ? Ti-Jean pense à ça.

Le lecteur s'attend sans doute à ce que je dise que Ti-Jean a la
5   nostalgie d'une certaine sécurité matérielle. Ou plus exactement d'une certaine stabilité. Ça lui est impossible. Il n'a jamais connu ni stabilité, ni sécurité matérielle. Il ne peut pas en avoir la nostalgie. Son élément, c'est la bagarre, une ville hostile, la violence. Il a tout simplement parfois envie de se tranquilliser
10   un peu et de voir les autres faire de même. Quand il est tanné, c'est dans ces moments-là qu'il pense à la même chose que tout le monde : au bonheur. Mais ça lui passe. Comme à tout le monde. On oublie vite une chose impalpable. On n'a pas, tous, les loisirs nécessaires pour nager en pleine métaphysique.

15   Mais Ti-Jean n'est pas le genre à raconter sa vie à tout le monde. Le narrateur devrait se mêler de ses affaires. C'est ce qu'il va faire. Il est écrivain.

Ti-Jean pense à un bon bonheur qui enfle le ventre. Être bombé de bonheur tout le temps. Ça, ça serait vivre.

20   Le bonheur du maringouin, c'est le sang qu'il tette aux humains. Ça le fait enfler. Mais le maringouin, y finit toujours par en péter de son bonheur. Le bonheur c'est maudit comme la vie, dans le fond. À fin du compte, c'est la même chose. C'est comme trop manger... Y a pas moyen d'en sortir.

25   Ti-Jean pense aux grenouilles qu'il faisait fumer quand il était petit. Elles fumaient de bon cœur et elles éclataient. Elles pétaient heureuses, saoules, mais elles pétaient, comme un gars parti sur une baloune, fou comme d'la marde, se tue dans un accident de la route.

30   Ti-Jean se dirige chez lui. Encore deux ou trois minutes de marche. Deux minutes. Son caleçon, sa chemise sont humectés de sueurs. Il essuie son front mouillé sur le revers de sa main et la sueur fait des gouttes chaudes sur les ongles qui brillent. La chaleur de sa poitrine stagne sous sa chemise,
35   la sueur est bloquée à la ceinture. Elle lui flotte au cou. C'est chaudasse. Il s'y sent bien malgré tout. Comme si l'atmosphère devenait léger col de fourrure autour de son cou.

Marie-Claire Blais (née en 1939)

Marie-Claire Blais est une romancière qui construit avec patience et régularité, depuis 1959, une œuvre exigeante et d'une grande qualité littéraire. Ses deux premiers romans, *La Belle Bête* (1959) et *Une saison dans la vie d'Emmanuel* (1965), révèlent une auteure douée pour l'analyse psychologique et la description sans compromis des états d'âme de ses personnages. Influencée par ses séjours à l'étranger, entre autres aux États-Unis, elle décrit les désarrois de ses contemporains dans des romans à la forme audacieuse, aux phrases-fleuves, parfois sans ponctuation – notamment dans sa trilogie inaugurée en 1995 par le roman *Soifs*.

Une saison dans la vie d'Emmanuel vient transgresser les codes du roman de la terre, tel qu'il a longtemps été écrit au Québec. Avec un humour féroce, Marie-Claire Blais fait subtilement pénétrer le lecteur dans l'imaginaire de ses personnages. Elle décrit une famille rurale, menée avec autorité par Grand-Mère Antoinette, mais qui se décompose en même temps que s'écroule une société dont les valeurs ne tiennent plus. La jeune Héloïse passe sans difficulté du couvent au bordel, les jeunes frères sont destinés à une vie aliénante en ville et Jean Le Maigre, le poète, l'enfant doué de la famille, meurt prématurément de la tuberculose. Au sein d'une famille pauvre, chacun des enfants représente une bouche de plus à nourrir ; ainsi, la grand-mère envisage-t-elle avec une forme de soulagement la mort annoncée de Jean Le Maigre.

VERS LA DISSERTATION ▶

1. Comment la mort est-elle envisagée ?
2. Grand-Mère Antoinette est-elle émue de la maladie mortelle de Jean Le Maigre ?
3. Qu'est-ce qui la préoccupe tant ?
4. Décrivez la relation entre Jean Le Maigre et Grand-Mère Antoinette.
5. Montrez l'ironie de l'auteure dans cet extrait.
6. Comparez cet extrait à celui du *Cassé* (p. 119). Les deux personnages font-ils preuve de la même résignation face à leur misère ?

ROMAN

UNE SAISON DANS LA VIE D'EMMANUEL (1965)

Jean Le Maigre chatouillait la cheville de sa grand-mère, sous la table. « Ah ! s'il pouvait vivre jusqu'au printemps, pensait Grand-Mère Antoinette, décembre, janvier, février, s'il pouvait vivre jusqu'au mois de mars, mon Dieu, s'il pouvait vivre

5 jusqu'à l'été… Les funérailles, ça dérange tout le monde ! » Tandis que Grand-Mère Antoinette comptait les mois qui la séparaient de la fin tragique de Jean Le Maigre, celui-ci n'en continuait pas moins de vivre comme un diable ! Il faisait toutefois de pénibles efforts pour ne pas trahir la brève toux

10 qui remuait dans sa gorge. Il craignait de réveiller en sursaut la paresseuse violence de son père. Sa grand-mère, elle, imaginait le bon repas qui suivrait les funérailles – image consolante de la mort, car M. le Curé était si généreux pour les familles en deuil ; elle le voyait déjà, mangeant et buvant à sa droite, et à

15 sa gauche, comme au paradis, Jean Le Maigre, propre et bien peigné, dans un costume blanc comme la neige. Il y avait eu tant de funérailles depuis que Grand-Mère Antoinette régnait sur sa maison, de petites morts noires, en hiver, disparitions d'enfants, de bébés, qui n'avaient vécu que quelques mois,

20 mystérieuses disparitions d'adolescents en automne, au printemps. Grand-Mère Antoinette se laissait bercer par la vague des morts, soudain comblée d'un singulier bonheur.

— Grand-Mère, suppliait Jean Le Maigre, sous la table, un morceau, une miette…

25 Grand-mère soulevait le coin de la nappe et apercevait un grand œil noir brillant dans l'ombre. Tu es là, toi ? pensait-elle, déçue de le retrouver vivant comme d'habitude, avec sa main tendue vers elle, comme la patte d'un chien. Mais malgré tout, elle le préférait ainsi, elle préférait à la

30 splendeur de l'ange étincelant de propreté, pendant le repas macabre – ce modeste Jean Le Maigre en haillons sous la table et qui levait vers elle un front sauvage pour mendier.

Hubert Aquin (1929-1977)

Hubert Aquin est certainement l'un des écrivains sur lesquels on a le plus écrit au Québec. L'homme intéresse tant par sa vie intense et politiquement engagée que par ses romans d'une rare intelligence, aux intrigues savantes et tourmentées. Aquin soutient avec passion le projet d'indépendance du Québec; il va même jusqu'à prendre le maquis et joindre le FLQ. L'aventure est cependant de courte durée : il est vite arrêté pour possession d'arme. Il est alors enfermé dans un hôpital psychiatrique, où il entreprend l'écriture de son premier roman, *Prochain Épisode*, qui marque le début d'une carrière littéraire féconde et turbulente. Le suicide de l'auteur en 1977 laisse le milieu littéraire québécois attristé et consterné.

Prochain Épisode présente un narrateur dont la situation ressemble à celle de l'auteur. Emprisonné comme Aquin, le narrateur commence à écrire un roman d'espionnage. Au cours de l'histoire remplie de péripéties qu'il invente, il transmet, par une écriture foisonnante et convulsive, ses propres obsessions : ses ardeurs révolutionnaires, son amour fou pour une femme blonde, sa passion pour la culture classique, son goût de l'aventure, ses tentations suicidaires. Avant de se lancer dans son récit, il entreprend une riche réflexion sur son projet d'écriture.

PROCHAIN ÉPISODE (1965)

Le jour commence à décliner. Les grands arbres qui bordent le parc de l'Institut sont irradiés de lumière. Jamais ils ne me sont apparus avec tant de cruauté, jamais encore je ne me suis senti emprisonné à ce point. Désemparé aussi par ce que
5 j'écris, je sens une grande lassitude et j'ai le goût de céder à l'inertie comme on cède à une fascination. Pourquoi continuer à écrire et quoi encore? Pourquoi tracer des courbes sur le papier quand je meurs de sortir, de marcher au hasard, de courir vers la femme que j'aime, de m'abolir en elle et de
10 l'entraîner avec moi dans ma résurrection vers la mort? Non, je ne sais plus pourquoi je suis en train de rédiger un casse-tête, alors que je souffre et que l'étau hydrique[1] se resserre sur mes tempes jusqu'à broyer mon peu de souvenirs. Quelque chose menace d'exploser en moi.
15 Des craquements se multiplient, annonciateurs d'un séisme que mes occupations égrenées ne peuvent plus conjurer. Deux ou trois romans censurés ne peuvent pas me distraire du monde libre que j'aperçois de ma fenêtre, et dont je suis exclu. Le tome IX des œuvres complètes de Balzac me
20 décourage particulièrement. «Il s'est rencontré sous l'Empire et dans Paris, treize hommes également frappés du même sentiment, tous doués d'une assez grande énergie pour être fidèles à la même pensée, assez politiques pour dissimuler les liens sacrés qui les unissaient... » Je m'arrête ici. Cette
25 phrase inaugurale de l'*Histoire des Treize* me tue; ce début fulgurant me donne le goût d'en finir avec ma prose cumulative, autant qu'il me rappelle des liens sacrés – maintenant rompus par l'isolement – qui m'unissaient à mes frères révolutionnaires. Je n'ai plus rien à gagner
30 en continuant d'écrire, pourtant je continue quand même, j'écris à perte. Mais je mens, car depuis quelques minutes je sais bien que je gagne quelque chose à ce jeu, je gagne du temps : un temps mort que je couvre de biffures et de phonèmes, que j'emplis de syllabes et de hurlements, que

---
1. Relatif à l'eau.

35 je charge à bloc de tous mes atomes avoués, multiples
d'une totalité qu'ils n'égaliseront jamais. J'écris d'une
écriture hautement automatique et pendant tout ce temps
que je passe à m'épeler, j'évite la lucidité homicide. Je me
jette de la poudre de mots plein les yeux. Et je dérive avec
40 autant plus de complaisance qu'à cette manœuvre je gagne
en minutes ce que proportionnellement je perds en désespoir. Je farcis la page de hachis mental, j'en mets à faire
craquer la syntaxe, je mitraille le papier nu, c'est tout juste si
je n'écris pas des deux mains à la fois pour moins penser.

◄ VERS LA DISSERTATION

1. Comment le narrateur répond-il à la question qu'il se pose au début de l'extrait: « Pourquoi continuer à écrire et quoi encore ? »

2. Qui est le modèle de l'auteur? Comment le narrateur se situe-t-il par rapport à ce modèle?

3. Comment l'auteur qualifie-t-il son écriture? Quels procédés d'écriture et champs lexicaux utilise-t-il pour en parler?

4. Comment l'auteur aborde-t-il la question du suicide dans ce texte?

5. Pour quelle raison peut-on dire que le narrateur ne croit pas que l'écriture ait des effets bénéfiques sur lui?

6. Serait-il juste de considérer que, dans cet extrait, l'écriture est présentée comme un cul-de-sac?

Ferdinand Hodler, *Le Lac de Genève* [lac Léman] *à Chamby,* 1906.

Le narrateur de *Prochain Épisode* écrit un roman d'espionnage dont l'action se déroule sur les bords mouvementés du lac Léman.

PARALLÈLE

L'art de l'incipit

Un «incipit» est un début de roman. L'incipit parvient en quelques phrases à créer un monde et à donner envie de poursuivre la lecture. Il établit un rapport de séduction avec le lecteur, qui se voit immédiatement happé ou questionné. En voici trois, particulièrement inspirés.

MARIE-CLAIRE BLAIS, UNE SAISON DANS LA VIE D'EMMANUEL (1965)

Les pieds de Grand-Mère Antoinette dominaient la chambre. Ils étaient là, tranquilles et sournois comme deux bêtes couchées, frémissant à peine dans leurs bottines noires, toujours prêts à se lever :
5 c'étaient des pieds meurtris par de longues années de travail aux champs (lui qui ouvrait les yeux pour la première fois dans la poussière du matin ne les voyait pas encore, il ne connaissait pas encore la blessure secrète à la jambe, sous le bas de laine,
10 la cheville gonflée sous la prison de lacets et de cuir...) des pieds nobles et pieux (n'allaient-ils pas à l'église chaque matin en hiver ?) des pieds vivants qui gravaient pour toujours dans la mémoire de ceux qui les voyaient une seule fois – l'image
15 sombre de l'autorité et de la patience.

HUBERT AQUIN, PROCHAIN ÉPISODE (1965)

Cuba coule en flammes au milieu du lac Léman pendant que je descends au fond des choses. Encaissé dans mes phrases, je glisse, fantôme, dans les eaux névrosées du fleuve et je découvre, dans ma dérive, le dessous des surfaces et l'image renversée des Alpes. Entre
5 l'anniversaire de la révolution cubaine et la date de mon procès, j'ai le temps de divaguer en paix, de déplier avec minutie mon livre inédit et d'étaler sur ce papier les mots clés qui ne me libéreront pas. J'écris sur une table à jeu, près d'une fenêtre qui me découvre un parc cintré par une grille coupante qui marque la frontière entre
10 l'imprévisible et l'enfermé. Je ne sortirai pas d'ici avant échéance. Cela est écrit en plusieurs copies conformes et décrété selon des lois valides et par un magistrat royal irréfutable. Nulle distraction ne peut donc se substituer à l'horlogerie de mon obsession, ni me faire dévier de mon parcours écrit.

RÉJEAN DUCHARME, L'AVALÉE DES AVALÉS (1966)

Tout m'avale. Quand j'ai les yeux fermés, c'est par mon ventre que je suis avalée, c'est dans mon ventre que j'étouffe. Quand j'ai les yeux ouverts, c'est par ce que je vois que je suis avalée, c'est dans le ventre de ce que je vois que je suffoque. Je suis avalée par le fleuve trop
5 grand, par le ciel trop haut, par les fleurs trop fragiles, par les papillons trop craintifs, par le visage trop beau de ma mère. Le visage de ma mère est beau pour rien. S'il était laid, il serait laid pour rien. Les visages, beaux ou laids, ne servent à rien. On regarde un visage, un papillon, une fleur, et ça nous travaille, puis ça nous
10 irrite. Si on se laisse faire, ça nous désespère. Il ne devrait pas y avoir de visages, de papillons, de fleurs. Que j'aie les yeux ouverts ou fermés, je suis englobée : il n'y a plus assez d'air tout à coup, mon cœur se serre, la peur me saisit.

▮ VERS LA DISSERTATION

1. En quoi ces incipits parviennent-ils à capter l'attention du lecteur ?
2. Observez la phrase initiale dans chacun des textes (les deux premières phrases dans le cas de Ducharme). Comment, par quelques mots, les auteurs nous font-ils pénétrer dans leur univers ?
3. D'après ces incipits, vous est-il possible de déduire quels seront les thèmes abordés dans les trois romans ?
4. Est-il juste de dire que ces trois incipits développent le thème de l'étouffement ?

**Victor-Lévy Beaulieu
(né en 1945)**

Victor-Lévy Beaulieu est l'un des écrivains québécois les plus prolifiques. Son imagination inépuisable lui permet d'écrire de nombreux romans, de longs essais sur ses auteurs de prédilection (en particulier Hermann Melville et James Joyce) et de scénariser des téléromans, tels *L'Héritage, Montréal P.Q.* et *Bouscotte*. Fervent animateur de la vie littéraire québécoise, Victor-Lévy Beaulieu collabore à des journaux et revues, et a fondé deux maisons d'édition, les Éditions VLB et les Éditions Trois-Pistoles.

Race de monde est le premier volume de *La Vraie Saga des Beauchemin*. On retrouve dans ce roman plusieurs des éléments qui caractérisent l'œuvre littéraire de cet auteur: la description d'une cellule familiale étouffante; la provocation et l'irrévérence; la description détaillée de fantasmes sexuels; les innombrables références à des écrivains appréciés (Jacques Ferron, Réjean Ducharme, Victor Hugo, Hermann Melville, etc.); et une écriture virtuose, pleine de calembours. Les allers et retours entre le Bas-du-Fleuve et Montréal sont importants dans l'œuvre de Victor-Lévy Beaulieu. Ainsi, pour le jeune Abel, le personnage principal de *Race de monde*, quitter son village de Saint-Jean-de-Dieu pour la ville est une expérience douloureuse, mais souhaitable malgré tout.

Jean Dallaire, *L'Enfant au popsicle*, 1965.

VERS LA DISSERTATION

1. Pourquoi est-il difficile de quitter Saint-Jean-de-Dieu pour le narrateur?
2. En quoi l'auteur est-il provocateur dans cet extrait?
3. Comparez les réactions des deux frères, Abel (le narrateur) et Steven.
4. Les deux frères semblent heureux, malgré leur pauvreté. Comment se manifeste leur bonheur?
5. Est-ce que la pauvreté est dénoncée dans cet extrait?

RACE DE MONDE (1969)

Et moi, c'était une vie qui me plaisait que celle de Saint-Jean-de-Dieu! Aller faire mes besoins sur le tas de fumier, derrière la grange et me torcher avec une feuille du *Petit Journal* ne m'effrayait pas;
5 courir dans les bois, l'automne; faire deux milles pour aller chiper les pommes encore vertes de Chien-Chien le Pichlotte, tout ça m'amusait parce que parfois le chien de Jos levait le gibier, et que c'était toujours passionnant de suivre des zieux un
10 chevreuil s'enfuyant, le chien de Jos à ses trousses; assister aux crues du printemps, être isolé des voisins, avoir dans la cave de l'eau jusqu'à mi-jambe, ça m'allait bien. Personne ne me disait jamais que j'étais un enfant; à dix ans je fumais déjà,
15 j'avais toutes les libertés, même celle de conduire la truie au verrat (il y avait parfois de ces joutes!), de participer aux boucheries du dix décembre et de faire l'école buissonnière quand, en octobre, il fallait cueillir les patates et engranger le blé.

20 Mais me retrouver comme ça dans le Grand Morial me tentait autrement encore!

Je n'ai jamais été poète pour deux cennes, si être poète c'était faire comme Steven qui se lamentait de ce qu'on mettait la hache dans ses rêveries d'enfance
25 (pour amortir les frais du déménagement, Maman Dentifrice, deux jours avant notre départ, fit un encan à la ferme, vendit tout ce que nous avions pu rafler dans la cave, le hangar et la grange, ce qui mit Steven en fureur car il s'était créé tout un monde
30 avec les bâtons de dynamite, l'essoreuse déglinguée, les canards de bois et le vieux poste de radio dans lequel il mettait ses noisettes).

— Sommes-nous donc si misérables qu'il faut, pour payer nos déménageurs, vendre tout ça
35 et commettre un tel sacrilège! braillait Steven.

(Et jusqu'au chien et jusqu'au beau chien de Jos dont Maman Dentifrice se débarrassa pour cinq dollars.)

— On ne devrait pas partir, disait Steven. On ne devrait pas partir!

Jacques Ferron (1921-1985)

Jacques Ferron, qui a œuvré comme docteur dans un quartier populaire de la Rive-Sud de Montréal pendant de nombreuses années, est aussi un écrivain redoutable. Romancier, conteur, dramaturge, polémiste, il colore son œuvre d'humour et d'ironie, et crée de nombreux liens entre la politique et la littérature. Il s'imprègne des contes populaires et les transforme pour les rendre à la fois caustiques et philosophiques, et pour jeter un regard critique sur la société québécoise. Déçu de la politique fédérale canadienne, il fonde un parti de protestation ironique, le Parti Rhinocéros, qui dénonce par l'absurde et la satire les failles du système politique canadien.

La Chaise du maréchal ferrant montre bien l'habileté avec laquelle Jacques Ferron détourne l'esprit des contes populaires pour stimuler la réflexion sur la politique et la société. Dans ce roman, le diable et trois générations de Jean Goupil se disputent une vilaine chaise qui a le pouvoir de transporter à la vitesse de l'éclair celui qui s'y assoit à l'endroit où il souhaite aller. Ferron en profite pour revisiter l'histoire du Québec, de l'époque de la contrebande d'alcool au règne de Duplessis. L'ironie de Jacques Ferron est à son meilleur lorsque le premier Jean Goupil, travailleur pauvre et sans avenir, négocie la vente de son âme au diable, dans un marché qui suit la loi de l'offre et de la demande.

VERS LA DISSERTATION

1. Quel portrait l'auteur fait-il du diable dans cet extrait?
2. Montrez que Jean Goupil a un caractère frondeur.
3. Montrez comment l'auteur utilise l'ironie.
4. Comparez cet extrait à celui de *La Chasse-galerie* d'Honoré Beaugrand (p. 31-32). Jacques Ferron reproduit-il de la même façon l'esprit du conte populaire?

R O M A N

La Chaise du maréchal ferrant (1972)

On le laissa passer dans l'arrière-cuisine. Le diable, se trouvant seul, s'exerçait à faire rouler ses dés pipés.

5 — Tu arrives bien, Jean Goupil : je commençais à m'ennuyer.

Jean Goupil n'hésita pas un seul instant et s'assit à table en face de lui.

10 — Veux-tu faire une partie ?

— Non, Diable, je m'en viens te vendre mon âme.

Le diable surpris regarda Jean Goupil. Il n'était encore malgré
15 ses grosses mains, qu'un flow-débardeur[1]. Le diable le regardait et en même temps jaugeait son âme qui ne valait guère, qui ne valait rien, et sa face deve-
20 nait moqueuse ; à la fin il se mit à rire, il riait comme un pas bon et cherchait à dire entre deux hoquets qu'il ne s'ennuyait plus.

— Grâce à toi, Jean Goupil,
25 grâce à toi !

— Diable, je ne suis pas venu pour te voir rire. D'ailleurs tu n'y parviens pas et ne fais que grimacer.

Le diable redevint de glace.

30 — Diable, je t'ai fait une proposition sérieuse : mon âme, me l'achètes-tu ou tu ne me l'achètes pas ?

Le diable regardait Jean Goupil
35 de ses beaux yeux de serpent, au regard si nuancé et si triste.

— Ti-gars, tu m'es sympathique. Ton âme elle baigne dans sa nébulosité de lait. Elle en sortira
40 peut-être mais pour le moment elle ne s'en est pas dégagée. Elle ne vaut guère, elle ne vaut rien.

Ti-gars, tu repasseras. Je ne te dis pas non. Si jamais je la prends,
45 je la payerai en bel argent au prix coûtant du marché.

— Imbécile, dit Jean Goupil au diable, tu n'as donc pas de divination ?

50 — Ti-gars, si j'achetais toutes les âmes qu'on m'offre, je me ruinerais.

— Mon âme ne vaut peut-être pas grand-chose aujourd'hui,
55 mais dans dix ans elle vaudra un gros montant.

Le diable eut un faible sourire. Parce que Jean Goupil, flow-débardeur à peine arrivé
60 de Rivière-Blanche, ne lui était pas désagréable, il lui dit ce que d'habitude il tait, à savoir qu'une âme vendue cesse de vivre et de s'enrichir.

65 — Tu repasseras, Ti-gars.

— Non, diable, c'est toi qui viendras.

— Je te relancerai sûrement si la vie t'est favorable… Ti-gars, un
70 autre conseil que je ne devrais pas te donner : garde les enchères ouvertes, vends le plus tard possible. Et défie-toi des imposteurs : moi je paye toujours en argent.

75 Jean Goupil avait compris.

— Salut, Diable.

— Salut, Ti-gars.

Il sortit de l'arrière-cuisine.

_____
1. Un débardeur novice.

Réjean Ducharme (né en 1941)

En 1966, un auteur québécois de 24 ans parfaitement inconnu est publié aux Éditions Gallimard, l'un des plus prestigieux éditeurs français. Cet exploit soulève la curiosité, d'autant plus que l'auteur, Réjean Ducharme, refuse tout contact avec les journalistes. Le milieu littéraire en vient même à se demander si le jeune homme existe vraiment, si son nom ne serait pas le pseudonyme d'un écrivain connu. La vérité est que Ducharme est bel et bien l'auteur du livre et qu'il prétexte une grande timidité afin de préserver jalousement son intimité. Paradoxalement, le mystère qui règne à son sujet lui attire une grande publicité. Avec ses romans *L'Avalée des avalés* (1966), *Le nez qui voque* (1967), *Dévadé* (1990) ainsi que ses pièces de théâtre *Ines Pérée et Inat Tendu* (1976) et *Ha! Ha!* (1978), Ducharme devient l'un des auteurs les plus influents au Québec. Son univers est rempli d'adolescents – ou plutôt d'éternels adolescents – qui peinent à quitter l'enfance et s'expriment dans une langue folle dont ils détournent avec jouissance les expressions et le vocabulaire.

L'Hiver de force est le premier roman dans lequel Ducharme met en scène des adultes. Nicole et André, les deux personnages principaux, conservent une mentalité d'enfants et recherchent désespérément l'amour d'une chanteuse, Petit Pois. Avec un humour irrésistible, l'auteur dénonce la société de consommation, le snobisme et le trop grand sérieux du monde du travail. Il oppose au pragmatisme du monde moderne la naïveté, le détachement et l'amour inconditionnel de ses personnages principaux. Sans oublier leur volonté ferme de ne rien faire.

L'HIVER DE FORCE (1973)

On s'est levés au milieu de l'après-midi. On serait restés couchés mais ça faisait une heure qu'on avait envie de pisser; on n'était plus capables de se retenir.

On a regardé dehors. Il n'y avait rien, sauf le printemps,
5 et il ne faisait rien. On a lavé la vaisselle. Il n'y en avait pas beaucoup; ça a été vite fait. Avant, quand il ne nous restait plus rien à faire, on se creusait la tête. « C'est effrayant, la vie est en train de nous passer sous le nez. » Maintenant on s'assoit et on reste assis tranquilles en
10 priant le bon Dieu que ça ne change pas. « On est donc bien! » On s'est dit que ce qui nous passe sous le nez ne nous passe pas à travers le cœur. Et on s'est crus.

Nous avons parlé pour ne rien dire. Rien n'est meilleur que la vivacité de l'attention que Nicole porte aux niaise-
15 ries que je dis; et l'obligation de la reconnaissance fait que Nicole peut dire ensuite toutes les siennes sans être interrompue. Quand on manque d'inspiration, on ouvre le TV-Hebdo à la page du jour et on démolit les acteurs des films annoncés. Que c'est des plus putains que leur
20 cul, qu'il n'y a que la gloire et l'argent qui comptent pour eux, que c'est de leur faute s'il n'y a plus d'amour, que c'est eux qui l'ont dégradé en embrassant n'importe qui devant tout le monde pourvu que ça paie ou que ça les fasse connaître… Toutes ces affaires-là…

25 Le bon, le meilleur et le mieux c'est rien. Reste assis là et nie tout: le cigare entre tes dents, le jour dans tes yeux, la peau sous tes vêtements. Nie, nie, nie, et recueille-toi comme une bombe dans chacun de tes *non*, et ne t'arrête jamais d'être sur le point d'éclater, et n'éclate jamais.

30 Ça faisait bien quatre cinq heures qu'on venait de passer à ne rien faire quand on est sortis. On était de bonne humeur; on était fiers de n'avoir rien fait si longtemps. On a marché. Les derniers restes de l'hiver, des sortes d'os sales, achevaient de fondre sur le béton du trottoir,
35 cette sorte de mur horizontal. Nicole marchait en évitant de passer sur les joints. Moi je marchais en mettant un pied devant l'autre, sans plus. On a pris le métro. Il n'allait nulle part. Il filait jusqu'au bout de rien puis il virait de bord et nous emportait jusqu'à l'autre bout de
40 rien. On ne s'est pas plaints. Bien au contraire, ça faisait

notre affaire. Quand on en a eu assez on a débarqué. On s'est ramassés au Honey Dew de la station Guy. On a dit à la waitress ce qu'on voulait. Elle a pris nos paroles puis elle est allée les crier dans le microphone de l'intercom

45 de la cuisine : «Deux hot dogs ! Deux ordres de patates frites !» Au pied de la pente de son cœur, sur une plaquette de bakélite, son prénom était gravé : IVANKA. On a vu un barbu manger un hamburger avec rien dedans. Pas de relish, pas de moutarde, pas d'oignon,

50 pas de ketchup. Rien. Ivanka le lui a servi ouvert; on pouvait voir le sang que suait le steak mouiller le pain. Ça prend toutes sortes de maniaques.

VERS LA DISSERTATION

1. Énumérez les activités que font les personnages malgré qu'ils prétendent ne rien faire.

2. Quels sont les différents usages du mot «rien» dans l'extrait?

3. D'après vous, faut-il comprendre cet extrait de façon ironique?

4. En quoi le misérabilisme (voir l'encadré, p. 142-143) ressort-il particulièrement ici?

5. Est-il exact de dire que Nicole et André sont des fainéants?

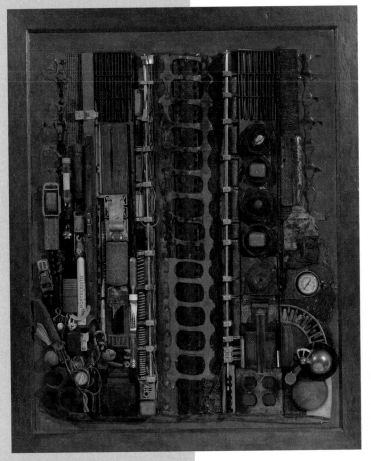

Roch Plante, *Vieux Snoro*, 1990.

Sous le pseudonyme de Roch Plante, Réjean Ducharme a conçu des œuvres d'art, qui sont des collages d'objets trouvés, auxquels il donne des titres fantaisistes, dans l'esprit de son œuvre littéraire.

Paul-Marie Lapointe (né en 1929)

La poésie de Paul-Marie Lapointe est en constante évolution. Son premier recueil, *Le Vierge incendié* (1948), porte la marque du surréalisme et met en pratique l'écriture automatique. Avec le poème «Arbres» (1960), il rend un superbe hommage à la forêt québécoise et à la variété de sa flore. Dans *Pour les âmes*, sa poésie prend un tournant social et politique. Son volumineux recueil *écRiturEs* est pour lui l'occasion d'expérimenter une écriture à la fois formaliste et improvisée, en partie inspirée par les mots croisés. Dans toutes ses œuvres, Lapointe offre une poésie animée d'un grand souffle, dont les images sont fortes.

Pour les âmes est sans doute son recueil le plus accompli. L'auteur y exprime une conscience planétaire, imprégnée de l'esprit de révolte qui se développe alors dans le monde. La crainte de l'holocauste nucléaire et le rêve d'une révolution – pas forcément marxiste – marquent cette poésie nerveuse et inquiète. Ces poèmes sont aussi influencés par le jazz et certaines techniques propres à cette musique : rythmes syncopés, improvisation, répétition de certains motifs. Son poème «Épitaphe pour un jeune révolté» est une œuvre remplie d'espoir.

Dessin de Che Guevarra à partir de la photo d'Alberto Corda.

Le célèbre Che Guevarra a servi de modèle à beaucoup de jeunes révoltés pendant les années 1960.

POÉSIE

POUR LES ÂMES (1964)

Épitaphe pour un jeune révolté

tu ne mourras pas un oiseau portera tes cendres
dans l'aile d'une fourrure plus étale et plus chaude que l'été
aussi blonde aussi folle que l'invention de la lumière

entre les mondes voyagent des tendresses et des cœurs
5   des hystéries cajolantes comme la fusion des corps
en eux plus lancinantes
comme le lever et le coucher des astres
comme l'apparition d'une vierge dans la cervelle des miracles

tu ne mourras pas un oiseau nidifie
10   ton cœur
plus intense que la brûlée d'un été quelque part
plus chaud qu'une savane parcourue par l'oracle
plus grave que le peau-rouge et l'incandescence

(les âmes miroitent
15   particulièrement le soir
entre chien et loup
dans la pâleur des lanternes
dans l'attisement des fanaux
dans l'éblouissement d'une ombre au midi du sommeil)

20   tu ne mourras pas

quelque part une ville gelée hélera ses cabs
une infanterie pacifique pour mûrir les récoltes
et le sang circulera
au même titre que les automobiles
25   dans le béton et la verdure

tu ne mourras pas ton amour est éternel

▲ VERS LA DISSERTATION

1. Une «épitaphe» est une inscription funéraire. Montrez que ce poème est paradoxalement rempli d'images qui renvoient à la vie.

2. Relevez les jeux de répétition dans le poème. Que mettent-ils en évidence ?

3. Montrez que le passage entre parenthèses s'oppose par ses images au reste du poème.

4. Comment qualifieriez-vous le monde rêvé par le poète et le jeune révolté ?

5. Relevez et expliquez les analogies établies dans ce poème.

6. Comparez ce poème à «Amour délice et orgue» de Roland Giguère (p. 98). Dans ces poèmes, l'apaisement que vivent les poètes est-il semblable ?

Jacques Brault (né en 1933)

Jacques Brault explore la littérature sous toutes ses facettes, étant à la fois écrivain, enseignant, critique littéraire et concepteur d'émissions radiophoniques. Mais il reste d'abord et avant tout un poète. Son premier recueil, *Mémoire*, est porté par la révolte et l'indignation. Dans ses œuvres ultérieures, le poète laisse les thèmes sociaux pour se tourner vers des sujets plus philosophiques. Dans des recueils comme *L'en dessous l'admirable* (1975) ou *Il n'y a plus de chemin* (1990), il développe une réflexion plus sobre que dans ses premiers écrits et y exprime de la tristesse et de l'angoisse.

Le poème « Suite fraternelle » du recueil *Mémoire* est l'un des plus connus du répertoire québécois. Le poète fait part de sentiments confus ressentis après la perte de son frère Gilles, mort à la guerre. Le sort de ce frère se confond avec celui du peuple québécois, qui est soumis, aliéné et ne maîtrise pas sa destinée. Le poème, intense et emporté, laisse malgré tout une place à l'espoir.

POÉSIE

MÉMOIRE (1965)

Suite fraternelle

Je me souviens de toi   Gilles   mon frère oublié dans la terre
de Sicile   je me souviens d'un matin d'été à Montréal
je suivais ton cercueil vide   j'avais dix ans   je ne savais pas
encore

5 Ils disent que tu es mort pour l'Honneur   ils disent   et
flattent leur bedaine flasque ils disent que tu es mort pour
la Paix   ils disent   et sucent leur cigare long comme un
fusil

Maintenant je sais que tu es mort avec une petite bête
10 froide dans la gorge   avec une sale peur aux tripes
j'entends toujours tes vingt ans qui plient dans les herbes
crissantes de juillet

Et nous   nous demeurons pareils à nous-mêmes   rauques
comme la rengaine de nos misères

15 Nous
        les bâtards sans nom
        les déracinés d'aucune terre
        les boutonneux sans âge
        les clochards nantis
20   les demi-révoltés confortables
        les tapettes de la grande tuerie
        les entretenus de la Saint-Jean-Baptiste

Gilles   mon frère cadet par la mort ô Gilles dont le sang
épouse   la poussière

25 Suaires et sueurs nous sommes délavés de grésil et de peur
La petitesse nous habille de gourmandises flottantes

Nous
        les croisés criards du Nord
nous qui râlons de fièvre blanche sous la tente de la
30   Transfiguration
nos amours ombreuses ne font jamais que des orphelins
nous sommes dans notre corps comme dans un hôtel
nous murmurons une laurentie pleine de cormorans
        châtrés
35 nous léchons le silence d'une papille rêche
et les bottes du remords

Nous
les seuls nègres aux belles certitudes blanches
        ô caravelles et grands appareillages des enfants-messies
40 nous les sauvages cravatés

Soldats canadiens en Sicile durant la Seconde Guerre mondiale.

« Ils disent que tu es mort pour l'Honneur ils disent et flattent leur bedaine flasque ils disent que tu es mort pour la Paix ils disent et sucent leur cigare long comme un fusil »

nous attendons depuis trois siècles pêle-mêle
la revanche de l'histoire
la fée de l'Occident
la fonte des glaciers

45 Je n'oublie pas Gilles et j'ai encore dans mes mots la
cassure par où tu coulas un jour de fleurs et
de ferraille

[...]

L'herbe pousse sur ta tombe Gilles et le sable remue
Et la mer n'est pas loin qui répond au ressac de ta mort

50 Tu vis en nous et plus sûrement qu'en toi seul
Là où tu es nous serons   tu nous ouvres le chemin

Je crois Gilles je crois que tu vas renaître   tu es mes
camarades au poing dur à la paume douce tu es notre
secrète naissance au bonheur de nous-mêmes tu es l'enfant
55 que je modèle dans l'amour de ma femme tu es la promesse
qui gonfle les collines de mon pays ma femme ma patrie
étendue au flanc de l'Amérique

VERS LA DISSERTATION

1. Montrez l'effet des ellipses dans les trois premiers paragraphes.
2. Comment Jacques Brault parle-t-il du peuple québécois ? Pourquoi utilise-t-il des termes aussi négatifs ?
3. Montrez que ce poème raconte l'histoire d'une prise de conscience chez le poète.
4. Montrez que le poème se termine sur une note d'espoir.
5. Comparez ce poème à « Épitaphe pour un jeune révolté » (p. 128). Les deux poètes ont-ils une réaction semblable à la mort d'un jeune homme ?

LES POÈTES DU PAYS

Avec la Révolution tranquille apparaît une nouvelle tendance en poésie. Libérés du carcan de la Grande Noirceur, les poètes se découvrent une parole enthousiaste, ardente, qui peut aussi exprimer la colère et la révolte. Ils choisissent de raconter une réalité purement québécoise dans une forme originale, émancipée des modèles français. Leurs textes sont appréciés par un public relativement étendu, qui se retrouve dans leurs propos. La poésie du pays est l'une des tendances les plus riches et fécondes de la poésie québécoise.

Les poètes du pays sont publiés principalement aux Éditions de l'Hexagone et dans les revues *Parti pris* et *Liberté*. Créés dans les années 1950 et 1960, animés en grande partie par des poètes, ces lieux d'édition favorisent la liberté de parole et les rencontres stimulantes. Les poètes de cette génération ont définitivement rompu avec la solitude.

La poésie du pays se reconnaît aux caractéristiques suivantes :

- **Les poètes du pays partagent leur enthousiasme pour la beauté des paysages québécois.**
  Ils s'extasient devant une nature grandiose et sauvage, devant l'immensité du territoire, devant les contrastes entre les saisons. Leurs propos sont portés par un ton lyrique nourri de puissantes images. « L'Ode au Saint-Laurent » de Gatien Lapointe et « Arbres » de Paul-Marie Lapointe comptent parmi les plus beaux exemples de ces poèmes qui chantent les beautés de la nature québécoise.

- **Les poètes du pays dénoncent l'aliénation du peuple québécois.**
  Ils s'indignent devant l'état d'infériorité, de soumission, d'humiliation dans lequel sont maintenus les Québécois. Ils utilisent souvent des mots très durs pour qualifier leurs compatriotes, qui seraient, selon eux, en partie responsables de leur sort. Pour certains auteurs, comme Gaston Miron et Paul Chamberland, le présent est « non poétique »; seule une émancipation totale permettrait de faire renaître le poème. Ce constat survient paradoxalement dans une des périodes les plus fécondes de la poésie québécoise.

- **La poésie des poètes du pays est engagée.**

  Ils ne restent pas indifférents à ce qu'ils constatent. Comme le dit Miron, les poètes «montent la garde du monde» et leur poésie doit «prendre le mors obscur» de leurs combats. Plusieurs de ces poètes adhèrent à l'idéologie marxiste; la plupart d'entre eux s'inspirent surtout de l'idéologie de la décolonisation proposée par des auteurs comme Albert Memni et Franz Fanon. L'engagement des poètes les mène ainsi à militer pour l'indépendance du Québec.

- **Les poètes du pays ont une prédilection pour les longs poèmes en vers libres.**

  Ils privilégient les envolées lyriques et les images puissantes, inspirées de la réalité québécoise. Ils intègrent à plusieurs occasions des termes typiquement québécois et même, parfois, des «sacres», comme dans le cas de Chamberland. Ils adoptent à l'occasion le ton revendicateur du manifeste, comme dans «Speak white» de Michèle Lalonde ou dans *L'afficheur hurle* de Chamberland.

Il serait difficile de nommer tous les poètes liés à ce mouvement. Le début de la décennie 1960 est le moment où la production est la plus abondante. Il faut mentionner *Mémoire* de Jacques Brault, *Terre Québec* et *L'afficheur hurle* de Paul Chamberland, mais aussi *Sémaphore* (1962) de Gilles Hénault, *Pour saluer une ville* (1963) de Jean-Guy Pilon et *Pays sans parole* (1967) d'Yves Préfontaine. En 1968, Michèle Lalonde se fait connaître par un poème puissant qu'elle lit avec flamme et qui sera plus tard distribué sous forme d'affiche: «Speak white». Ce texte vibrant décrit mieux que tout autre la relation du Québécois avec l'Anglais et la difficile émancipation du peuple. Et en 1970, alors que certains affirmaient que la poésie du pays s'essoufflait, Gaston Miron lance *L'Homme rapaillé*, composé de poèmes dont la majorité a déjà été publiée dans diverses revues au cours des années antérieures. Ce recueil est aujourd'hui considéré, à juste titre, comme le plus marquant de la période.

Stanley Morel Cosgrove, *Forêt près de La Tuque,* 1967.

En dépit des avant-gardes, plusieurs peintres n'ont cessé de peindre la beauté des paysages québécois, faisant écho à certains poètes du pays.

Michèle Lalonde termine «Speak white» par les vers: «nous savons / que nous ne sommes pas seuls». C'est que les poètes du pays s'inscrivent dans la lignée d'auteurs étrangers comme le Martiniquais Aimé Césaire, le Sénégalais Léopold Senghor, le Chilien Pablo Neruda qui, eux aussi, abordent avec un emportement lyrique les thèmes de l'attachement au pays et de l'engagement. On peut aussi associer aux poètes du pays les chansonniers québécois, qui reprennent leurs thèmes, les popularisent, les transmettent à un public large et enthousiaste. Parmi eux se démarquent Félix Leclerc, Gilles Vigneault, Raymond Lévesque, Pauline Julien et Claude Gauthier. Le travail des poètes et des chansonniers a beaucoup contribué à renforcer l'identité québécoise.

Gérald Godin (1938-1994)

Gérald Godin cause une grande surprise pendant les élections provinciales de 1976 alors qu'il bat le premier ministre sortant, Robert Bourassa, dans le comté de Mercier à Montréal: un poète l'emporte donc sur un premier ministre! Ce poète, qui est aussi un journaliste, un éditeur et un intellectuel engagé, a mené par la suite une brillante carrière politique comme simple député, puis a occupé plusieurs postes de ministre, dont celui de la culture.

Mais pour les amateurs de poésie, il reste le poète tonique des *Cantouques*. Dans ce recueil, Gérald Godin livre un message simple et franc, marqué par ses indignations. Il utilise une langue populaire, avec ses grossièretés, son humour et ses images colorées. Gérald Godin a inventé le terme «cantouque», qui désigne, selon ses dires, un poème «qui trimbale des sentiments». Ses cantouques sont vifs, dénonciateurs, et le poète y exprime son appui à l'indépendance du Québec. On y voit parfois poindre certains moments de tendresse.

P O É S I E

LES CANTOUQUES (1967)

Cantouque menteur

les Louis Riel [1] du dimanche
les décapités de salon
les pendus de fin de semaine
les martyrs du café du coin
5 les révolutavernes
et les molsonnutionnaires
mes frères mes pareils
hâbleurs de fond de cour un jour
on en aura soupé
10 de faire dans nos culottes
debout sur les barricades
on tirera des tomates aux Anglais
des œufs pourris des Lénine [2]
avant d'avoir sur la gueule
15 la décharge de plombs du sergent Trudeau
du royal Vanndouze
à l'angle des rues Peel et Saint'Cat

c'est une chanson de tristesse et d'aveu
fausse et menteuse comme une femme
20 et pleureuse itou avec un fond de vérité
je m'en confesse à dieu tout puissant
mon pays mon Québec

la chanson n'est pas vraie
mais la colère si
25 au nom du pays de la terre
et des seins de Pélagie

Cantouque des hypothéqués

Les crottés les Ti-Cul
les tarlas les Ti-Casse
ceux qui prennent une patate
avec un coke

5 les cibouettes les Ti-Pit
les cassés les timides
les livreurs en bicycle
des épiciers licenciés

---

1. Chef du peuple métis, condamné à mort en 1885 à la suite d'une rébellion.
2. Révolutionnaire, chef du Parti bolchevique et fondateur de l'URSS.

les Ti-Noir les cassos
10 les feluettes les gros-gras
ceux qui se cognent sur les doigts
avec le marteau du boss

les Jos Connaissant
les farme-ta-gueule
15 ceux qui laissent leurs poumons
dans les moulins de coton

toutes les vies du jour le jour
tous les coincés
des paiements à rencontrer

20 les hypothéqués
à perpétuité

la gang de christs
qui se plaint jamais
les derniers payés
25 les premiers congédiés

ils n'ont pas de couteau
entre les dents
mais un billet d'autobus
mes frères mes frères

30 sur l'erre d'aller
l'erre de tomber
l'erre de périr
dans les matins clairs du lundi
ils continuent mais sur l'élan

35 les pelleteux les neuf à cinq
les pères de famille sans enfants
WANTED RECHERCHÉ
pour cause d'agonie
pour drôle de pays

40 ils sont de l'époque où la patrie
c'était un journal

Edmund Alleyn, *Iceberg Blues,* 1975.

Par provocation, Gérald Godin juge sévèrement ses compatriotes dans *Les Cantouques.*

VERS LA DISSERTATION

1. En quoi le « Cantouque menteur » est-il menteur ?

2. Notez les différentes façons dont le poète se moque des Québécois dans les deux poèmes.

3. Quel est l'effet produit par les énumérations dans les deux poèmes ?

4. Le poète s'adresse-t-il à tous les Québécois ? Pourquoi le poète exprime-t-il un tel mépris envers ses compatriotes ?

5. Le poète livre-t-il le même message dans les deux poèmes ?

Michèle Lalonde (née en 1937)

Formée en théâtre et arrivée à l'écriture par le théâtre, Michèle Lalonde écrit des poèmes, des essais et des pièces de théâtre qui abordent principalement la question nationale. Sa poésie emprunte à l'écriture dramatique et donne parfois la voix à divers personnages. *Défense et Illustration de la langue québécoise, suivi de proses et poèmes* est un important recueil de ses textes et reçoit un bon accueil critique en France. Dans l'essai qui donne le titre à l'ouvrage, l'auteure défend la langue québécoise, injustement méprisée, sur un ton humoristique et en pastichant l'ancien français.

« Speak white » est de loin le poème le plus connu de Michèle Lalonde. Son titre provient d'une insulte que les Blancs américains adressaient à leurs esclaves noirs, et qui a été reprise contre les francophones par les anglophones du Québec. Récité avec conviction par l'auteure lors d'un spectacle intitulé *Poèmes et chants de la résistance* en 1968, et publié sous forme d'affiche en 1974, ce poème est devenu une œuvre culte qui exprime avec une force peu commune le sentiment de frustration des Québécois colonisés, aliénés, mais fiers. Michèle Lalonde lie le sort des Québécois à d'autres peuples exploités – peuples du tiers-monde, Juifs subissant la haine des nazis, Noirs victimes de racisme aux États-Unis – et dénonce toute forme d'impérialisme. Porté par une colère sourde et un sentiment de révolte, « Speak White » reste d'une grande actualité, alors que le pouvoir des financiers – encore en majeure partie anglo-saxon – continue à créer de l'amertume et de la pauvreté.

POÉSIE

SPEAK WHITE (1968)

Speak white
il est si beau de vous entendre
parler de Paradise Lost[1]
ou du profil gracieux et anonyme qui tremble dans les sonnets de Shakespeare

5 nous sommes un peuple inculte et bègue
mais ne sommes pas sourds au génie d'une langue
parlez avec l'accent de Milton et Byron et Shelley et Keats
speak white
et pardonnez-nous de n'avoir pour réponse
10 que les chants rauques de nos ancêtres
et le chagrin de Nelligan

speak white
parlez de choses et d'autres
parlez-nous de la Grande Charte
15 ou du monument à Lincoln
du charme gris de la Tamise
de l'eau rose du Potomac
parlez-nous de vos traditions
nous sommes un peuple peu brillant
20 mais fort capable d'apprécier
toute l'importance des crumpets[2]
ou du Boston Tea Party[3]

mais quand vous really speak white
quand vous get down to brass tacks[4]

25 pour parler du gracious living
et parler du standard de vie
et de la Grande Société
un peu plus fort alors speak white
haussez vos voix de contremaîtres
30 nous sommes un peu durs d'oreille
nous vivons trop près des machines
et n'entendons que notre souffle au-dessus des outils

speak white and loud
qu'on vous entende
35 de Saint-Henri à Saint-Domingue
oui quelle admirable langue
pour embaucher
donner des ordres
fixer l'heure de la mort à l'ouvrage

1. Chef-d'œuvre du poète anglais John Milton (1608-1674).
2. Crêpes anglaises.
3. Révolte contre le Parlement britannique à Boston en 1773.
4. En venir aux faits, aller à l'essentiel.

40 et de la pause qui rafraîchit
et ravigote le dollar

speak white
tell us that God is a great big shot
and that we're paid to trust him
45 speak white
parlez-nous production profits et pourcentages
speak white
c'est une langue riche
pour acheter
50 mais pour se vendre
mais pour se vendre à perte d'âme
mais pour se vendre

ah!
speak white
55 big deal
mais pour vous dire
l'éternité d'un jour de grève
pour raconter
une vie de peuple-concierge
60 mais pour rentrer chez nous le soir
à l'heure où le soleil s'en vient crever au-dessus des ruelles
mais pour vous dire oui que le soleil se couche oui
chaque jour de nos vies à l'est de vos empires
rien ne vaut une langue à jurons
65 notre parlure pas très propre
tachée de cambouis et d'huile

speak white
soyez à l'aise dans vos mots
nous sommes un peuple rancunier

70 mais ne reprochons à personne
d'avoir le monopole
de la correction de langage
dans la langue douce de Shakespeare
avec l'accent de Longfellow
75 parlez un français pur et atrocement blanc
comme au Viêt-Nam au Congo
parlez un allemand impeccable
une étoile jaune entre les dents
parlez russe parlez rappel à l'ordre parlez répression
80 speak white
c'est une langue universelle
nous sommes nés pour la comprendre
avec ses mots lacrymogènes
avec ses mots matraques

85 speak white
tell us again about Freedom and Democracy
nous savons que liberté est un mot noir
comme la misère est nègre
et comme le sang se mêle à la poussière des rues d'Alger
90 ou de Little Rock[1]

speak white
de Westminster à Washington relayez-vous
speak white comme à Wall Street
white comme à Watts[2]
95 be civilized
et comprenez notre parler de circonstance
quand vous nous demandez poliment
how do you do
et nous entendez vous répondre
100 we're doing all right
we're doing fine
we
are not alone

nous savons
105 que nous ne sommes pas seuls.

_____

1. Ville de l'Arkansas où l'on a mis fin à la ségrégation raciale dans les écoles.
2. Quartier de Los Angeles où eurent lieu des émeutes raciales en 1965 (et en 1992).

nuit de la poésie

Gaston MIRON, Michel GARNEAU, Raoul DUGUAY, Claude PELOQUIN, Pierre CHATILLON, Gatien LAPOINTE, Sylvain LELIEVRE, Michèle LALONDE, Roger SOUBLIERE, Michel BEAULIEU, Yves-Gabriel BRUNET, Nicole BROSSARD, Marie-Francine HEBERT, Denis VANIER, Michel VAN SCHENDEL, Claude GAUVREAU, Paul CHAMBERLAND, Jacques BRAULT, Jean-Guy PILON, Guy ROBERT, Georges DOR, Gerald GODIN, Michel BREULEUX, Pierre CADIEUX, Michel BUJOLD, Robert LALONDE, L.P. HEBERT, Gilbert LANGEVIN, Roger DESROCHES, Suzanne PARADIS, Marie LABERGE, Bernard TANGUAY, Jean ROYER, Pierre MORENCY, Jacques GARNEAU, Louis ROYER, J.P. FILION, Marie SAVARD, Raymond LEVESQUE, Guy GERVAIS, Roland GIGUERE, Michel BERNIER, Paul TOUTANT, Pierre MATHIEU, Gaston GOUIN, Gaëtan DOSTIE, Jean TURCOTTE, Jocelyne FOURNIER, Danièle PANNETON, L'INSTITUT THEATRAL DU ROYAUME, Claude ST-DENIS, Michèle ROSSIGNOL, Le T.M.N. (Théâtre du Même Nom), L'INFONIE, Pierre MORETTI et AUTRES...

le 27 mars
de 20 h. à l'aube
au Gésu, à Montréal.

Entrée gratuite

Affiche annonçant la *Nuit de la poésie*.

Le 27 mars 1970, la *Nuit de la poésie* au Gésu à Montréal a rassemblé, dans une ambiance survoltée, les poètes les plus en vue au Québec. L'événement a été filmé par Jean-Claude Labrecque, qui a su habilement capter l'atmosphère de cette célébration de la poésie. Ce film a été produit par l'ONF. Lors de cette soirée, Michèle Lalonde a donné une lecture remarquable de son poème «Speak white».

VERS LA DISSERTATION

1. Quelles sont les cibles de Michèle Lalonde dans ce poème?
2. Quel champ lexical est utilisé pour décrire les Québécois?
3. Notez les références littéraires dans ce poème. Que signifient-elles?
4. Comparez ce poème à l'extrait de la «Suite fraternelle» de Jacques Brault (p. 129-130). Les deux auteurs dénoncent-ils de la même manière l'aliénation des Québécois?

Gaston Miron (1928-1996)

Gaston Miron, surnommé par Jacques Brault «Miron le Magnifique», est une figure rayonnante de la littérature québécoise. Ambassadeur de notre poésie à l'étranger, il écrit de grands cycles de poèmes aux larges résonances, qui décrivent la beauté des paysages d'ici et les dures conditions dans lesquelles vivent les Québécois, tout en soulignant la nécessité pour le poète de militer. Dans «La Marche à l'amour», il raconte aussi les joies et les peines d'un amour immense. Les poèmes de Miron passent quasiment inaperçus au moment de leur première publication dans des revues. Ils sont révélés aux Québécois par l'édition de *L'Homme rapaillé* en 1970, qui rassemble ses principaux poèmes et devient l'un des best-sellers de la poésie francophone. Par son engagement constant en politique et en littérature, par ses poèmes à la fois profondément ancrés dans le Québec et universels, Miron est un auteur incontournable de notre littérature.

Sa poésie est accessible, sincère, et ses images puissantes sont puisées dans la réalité québécoise. Dans ses poèmes, il exprime parfois avec les mêmes élans et des images semblables l'amour pour la femme qui l'enivre et pour le pays qu'il défend. L'aliénation des Québécois, «non poétique» à ses yeux, le force à consacrer sa vie au militantisme, ce qui l'empêche de vivre pleinement son amour. Malgré les échecs et les déceptions du poète, son écriture reste enthousiaste et stimulante. Gaston Miron a le talent rare de communiquer à ses lecteurs une ferveur qui ne se dément jamais.

VERS LA DISSERTATION

1. Montrez que les analogies et les champs lexicaux dans ce poème renvoient à des réalités québécoises.
2. Quels sont les lieux décrits dans ce poème?
3. Expliquez pourquoi le poète emploie des verbes au futur vers la fin du poème.
4. Décrivez la relation entre le poète et la femme aimée.
5. Est-il juste de dire que ce poème décrit d'abord et avant tout un amour idéalisé?

POÉSIE

L'HOMME RAPAILLÉ (1970)

La Marche à l'amour

tu es mon amour
ma clameur mon bramement
tu es mon amour ma ceinture fléchée d'univers
ma danse carrée des quatre coins d'horizon
5 le rouet des écheveaux de mon espoir
tu es ma réconciliation batailleuse
mon murmure de jours à mes cils d'abeille
mon eau bleue de fenêtre
dans les hauts vols de buildings
10 mon amour
de fontaines de haies de ronds-points de fleurs
tu es ma chance ouverte et mon encerclement
à cause de toi
mon courage est un sapin toujours vert
15 et j'ai du chiendent d'achigan plein l'âme
tu es belle de tout l'avenir épargné
d'une frêle beauté soleilleuse contre l'ombre
ouvre-moi tes bras que j'entre au port
et mon corps d'amoureux viendra rouler
20 sur les talus du mont Royal
orignal, quand tu brames orignal
coule-moi dans ta palinte osseuse
fais-moi passer tout cabré tout empanaché
dans ton appel et ta détermination

25 Montréal est grand comme un désordre universel
tu es assise quelque part avec l'ombre et ton cœur
ton regard vient luire sur le sommeil des colombes
fille dont le visage est ma route aux réverbères
quand je plonge dans les nuits de sources
30 si jamais je te rencontre fille
après les femmes de la soif glacée
je pleurerai te consolerai
de tes jours sans pluies et sans quenouilles
des circonstances de l'amour dénoué
35 j'allumerai chez toi les phares de la douceur
nous nous reposerons dans la lumière
de toutes les mers en fleurs de manne
puis je jetterai dans ton corps le vent de mon sang
tu seras heureuse fille heureuse
40 d'être la femme que tu es dans mes bras
le monde entier sera changé en toi et moi

Sur la place publique
recours didactique

Mes camarades au long cours de ma jeunesse
si je fus le haut lieu de mon poème, maintenant
je suis sur la place publique avec les miens
et mon poème a pris le mors obscur de nos combats

5 Longtemps je fus ce poète au visage conforme
qui frissonnait dans les parallèles de ses pensées
qui s'étiolait en rage dans la soie des désespoirs
et son cœur raillait de haut la crue des injustices

Maintenant je sais nos êtres en détresse dans le siècle
10 je vois notre infériorité et j'ai mal en chacun de nous

Aujourd'hui sur la place publique qui murmure
j'entends la bête tourner dans nos pas
j'entends surgir dans le grand inconscient résineux
les tourbillons des abattis de nos colères

15 Mon amour tu es là, fière dans ces jours
nous nous aimons d'une force égale à ce qui nous sépare
la rance odeur de métal et d'intérêts croulants
tu sais que je peux revenir et rester près de toi
ce n'est pas le sang, ni l'anarchie ou la guerre
20 et pourtant je lutte, je te le jure, je lutte

parce que je suis en danger de moi-même à toi
et tous deux le sommes de nous-mêmes aux autres

Les poètes de ce temps montent la garde du monde
car le péril est dans nos poutres, la confusion
25 une brunante dans nos profondeurs et nos surfaces
nos consciences sont éparpillées dans les débris
de nos miroirs, nos gestes des simulacres de liberté
je ne chante plus je pousse la pierre de mon corps

Je suis sur la place publique avec les miens
30 la poésie n'a pas à rougir de moi
j'ai su qu'une espérance soulevait ce monde jusqu'ici

▲ VERS LA DISSERTATION

1. Comment justifieriez-vous le sous-titre («recours didactique») si peu «poétique» de ce poème?

2. Quel est le rôle du poète, selon Gaston Miron?

3. Montrez l'opposition entre le «poète au visage conforme» décrit au début du poème et le poète engagé qu'il est devenu.

4. Montrez que le poète est motivé par l'urgence du combat.

5. Expliquez la strophe finale du poème.

6. Selon vous, ce poème illustre-t-il bien les vers célèbres du poème «L'Octobre» de Miron, dans lequel il dit souhaiter «l'avenir dégagé / l'avenir engagé»?

Jean-Paul Lemieux, *La Ville lointaine*, 1956.

«Pays chauve d'ancêtres, pays / tu déferles sur des milles de patience à bout / en une campagne affolée de désolement», Gaston Miron, «Les Siècles de l'hiver».

CONTRE-CULTURE ET POÉSIE

La contre-culture est un mouvement dont les adeptes rejettent la société de consommation et recherchent une conscience nouvelle, à laquelle ils parviennent par l'émancipation sexuelle, l'usage de drogues, l'adhésion à des religions orientales ou la vie en commune, de préférence à la campagne. Le hippie chevelu, barbu et pacifique constitue pour plusieurs le visage familier et caricatural de la contre-culture.

Les origines de la contre-culture se trouvent dans le mouvement *beat* des États-Unis, mené par des auteurs tels Jack Kerouac, Allan Ginsberg et William Burroughs, qui refusent l'ordre établi et poursuivent sur les routes de l'Amérique l'expérience d'un vaste dérèglement des sens. L'opposition à la guerre du Viêt Nam, la consommation de drogues et la libération sexuelle ont par la suite secoué la génération des jeunes Américains des années 1960, qui s'est rebellée contre un *establishment* mercantile qui brime l'émancipation des individus.

La contre-culture privilégie des formes d'art considérées comme marginales, entre autres la musique rock, la bande dessinée et le cinéma expérimental, mais elle témoigne un certain respect pour la poésie, un art pourtant plus traditionnel. En poésie comme dans les autres formes d'expression artistique, les adeptes de la contre-culture optent pour une esthétique de la **transgression** et de la **provocation.** Il leur faut:

- attaquer de front le conformisme bourgeois;
- choquer en brisant des tabous;
- dénoncer la société de consommation;
- accumuler les références, souvent moqueuses, à la culture populaire;
- promouvoir agressivement un nouveau mode de vie.

Les provocations des poètes de la contre-culture gravitent autour de trois axes principaux:

- **la sexualité,** forcément débridée, dont on parle sans restriction et qui se décline sous toutes ses formes;
- **la consommation de drogues,** haschisch, marijuana, LSD, cocaïne, qui libèrent l'individu de ses inhibitions et dont les poètes décrivent les effets;
- **la culture rock,** fortement rattachée à ses racines anglo-saxonnes, qui est le prétexte pour les poètes de faire de nombreuses allusions à la musique et d'insérer dans leurs œuvres des mots et des phrases en anglais.

La volonté de provoquer se retrouve jusque dans le titre de certains recueils: *Minibrixes réactés* (1972) de Lucien Francœur, *Pornographic delicatessen* (1968) et *Le Clitoris de la fée des étoiles* (1974) de Denis Vanier, *Filles-commandos bandées* (1976) et *La Chienne de l'Hôtel Tropicana* (1977) de Josée Yvon. Parmi les poètes associés à la contre-culture figurent aussi Roger Des Roches et Louis Geoffroy.

Denis Vanier (1949-2000)

Denis Vanier a écrit l'une des œuvres les plus radicales chez les poètes de la contre-culture. Poussant à l'extrême son personnage de poète marginal, le corps couvert de tatouages, il accumule les provocations, se lance à fond dans l'expérimentation des drogues, écrit une poésie d'écorché vif, aux forts relents d'alcool, marquée par la révolte et la violence. Il meurt à 51 ans, le corps épuisé par une vie intense et excessive.

Son recueil *Lesbiennes d'acid* porte, à même son titre, la marque d'une double provocation: l'homosexualité féminine et la consommation de drogue («acid» ou LSD) sont lancées comme des défis aux conventions. Dans ce livre, Vanier porte à son paroxysme l'esthétique de la transgression caractéristique de la contre-culture. Sous l'effet de la drogue et de l'alcool, le poète ne se reconnaît plus de limites, exacerbe ses expériences sexuelles, blasphème, appelle à la révolte et, surtout, forge une poésie plus que jamais délirante et hallucinée.

POÉSIE

LESBIENNES D'ACID (1972)

Lesbiennes d'acid

Ceci est tout doucement une invitation
à venir suspendre vos lèvres
dans une clôture d'enfant

pour que la révolution soit un piège de farine chaude
5 une tente d'oxygène pour les indiens étouffés sous les bisons

nous nous mettrons
tes cuisses de cuir à mon banc de plumes
avec des paravents de moteur d'eau
et l'extase de se fendre
10 quand d'autres naissent sous la langue des animaux
sera confite de belle paille de mer

mon effrayante juive mauve
mon poulet du christ au cou tranché

dois-je cueillir mon hashich
15 ou laver mes bêtes
quand tu coules
violente comme une église
sur les petites filles de la ruelle Châteaubriand

le vin de tes jambes me chauffe comme de l'urine d'agneau
20 tes ongles sont verts pour caresser les commandos
la nuit saoule au kummel[1]
je voyage sur ton sexe de mescaline

déjà rosée et écartée
et éternellement fluide sous la main.

25 Les chiens magiques de la communauté
nous défendront contre le gluant couteau politique
et pour celles qui nous tendent leurs seins
quand nous souffrons d'abréviations circulatoires
pour celles-là
30 un gros singe masse la laveuse de sirop d'érable
et meurt avec nous dans son étui à crayons

TOUT-À-COUP GOÛT D'AIR MÉTALLIQUE

une femme qui me touche partout
signe pour moi :

35 l'ascenseur rapetisse et vous change l'urètre en plastique

la densité explose :

bourses à pasteur, lobes androïdes, saints filtres, calculs révulsifs

mon conduit nasal est une campagne
d'incinérateurs en collision.
40 Les sœurs grises de l'hospice macrobiotique
me brûlent des bouts d'épine dorsale
pour faire jouir leurs petits vieux
et je m'écrase
plogué en plein sanctuaire
45 quand les

Malades sauvages de l'ordre établi m'assomment à coups de Molson

---

VERS LA DISSERTATION

1. Quelles sont les principales provocations de Denis Vanier dans ce poème ?

2. Expliquez les deux derniers vers.

3. Montrez que certains vers du poème développent des images qui relèvent de l'hallucination.

4. Denis Vanier, dans « Lesbiennes d'acid », et Gérald Godin, dans les poèmes des *Cantouques* (p. 132-133), provoquent le lecteur de façon très différente. Discutez.

---

1. Liqueur parfumée au cumin.

France Théoret (née en 1942)

France Théoret se fait d'abord connaître par son monologue « L'Échantillon » dans *La Nef des sorcières* et par deux recueils de poèmes : *Bloody Mary* (1979) et *Nécessairement putain* (1980). Le premier recueil est virulent et revendicateur, alors que le second exprime avec nuances mais sans compromis le vécu des femmes. Après avoir écrit plusieurs recueils de poèmes et récits, France Théoret se lance dans le roman autobiographique, avec *Les apparatchiks vont au paradis* (2004) et *Une belle éducation* (2006).

Le poème « La Marche », tiré de *Nécessairement putain*, donne une image forte et triomphante de la femme, qui annonce les progrès considérables qui s'accomplissent au Québec en ce qui concerne la condition des femmes. Plutôt que d'adopter le ton parfois agressif et dénonciateur caractéristique de nombreux textes féministes de l'époque, France Théoret livre au lecteur le portrait d'une femme qui s'impose avec fermeté, qui avance fière et confiante.

VERS LA DISSERTATION

1. Quelle image de la femme ressort de l'accumulation de verbes au début du texte ?

2. Comment l'image du titre du poème, « La Marche », est-elle reprise dans le texte ? Quelle signification peut-on donner à cette « marche » ?

3. À quelles valeurs peut-on associer la femme qui marche dans ce poème ?

4. Est-il exact de dire que ce texte donne une image totalement positive de la femme émancipée ?

POÉSIE

NÉCESSAIREMENT PUTAIN (1980)

La Marche

Elle est là peut-être lorsqu'elle déploie vive toute sa richesse dehors. Elle est là comme, toujours comme, en tant que, voulant dire, s'arrêtant sur qui est là et s'ouvre extérieure d'un rêve retourné, elle se prête généreuse, elle s'offre globale, elle dépasse, elle émerge, elle signifie sans alourdir, elle présente, elle ne se
5 raréfie d'aucune substance, elle éclaire, elle entraîne et réunit, elle voulant que ça soit et ça se fait, elle inclut, elle transparaît, elle par ce qu'elle allume sans contraindre, elle fardée ou non, elle au départ et à l'arrivée des choses, elle marche et ça se voit. Elle est d'une beauté sans régularité. Elle nuance toutes les gammes, elle prête à confusion, elle se prête en quelques minutes et fait
10 tressaillir la honte comme si cette honte pouvait avoir honte. Et ce n'est pas la honte qui a honte, ce n'est jamais sur qui devrait rejaillir que ça rejaillit. La vie passée à éviter les éclaboussures. Elle n'est pas atteinte non plus. Elle marche légère et délestée de tout poids. Elle sait sans avoir appris à marcher. Elle s'y prend d'un long pas à longueur de longues jambes. Les bras longs aussi.
15 Elle démarche et déroule sur les trottoirs la cadence d'une qui a appris ailleurs où dont elle saurait qu'on ne demandera pas et qu'elle ne dira pas non plus. Elle prospecte constamment l'écho des choses, le plus souvent d'une pomme ou de quelques fruits parfois, elle demande un lait chaud. Elle ne s'empêtre pas des failles, elle a une haute stature sûre d'être un elfe et jamais sûre d'être
20 assurée, elle n'a nulle envie d'être assurée de quoi que ce soit, elle marche et autour ça passe dans la rue pleine des quatre heures de l'après-midi rue Saint-Laurent. Elle est la marche même d'une femme enfant haute et délestée de toute épaisseur. Elle repousserait plutôt que d'attirer, elle est pur vecteur, signe vivant que les mensonges existent. Les mensonges et même le meurtre
25 sont là, ils grouillent et ils marchent en même temps qu'elle. On tue chaque jour quelqu'un, quelque chose en soi de l'autre. Elle est le détecteur du mensonge et du crime. Ça brûle de se révéler
30 au fur et à mesure qu'elle passe. Elle porte des vêtements doux à chaque pas de plier sous son bras, sa jambe. Elle a l'honnêteté des morts qui se sont tus
35 et la beauté des profils égyptiens. Elle garde la totalité pour la totalité.

Alors que les féministes luttent pour l'émancipation des femmes, des danseuses et chorégraphes telles Ginette Laurin (sur la photo) et Marie Chouinard développent une gestuelle audacieuse et imaginative, et donnent une puissante impulsion à une danse québécoise très créative.

Michel Tremblay (né en 1942)

Michel Tremblay fait, dès 1968, une entrée fracassante dans le monde littéraire avec *Les Belles-sœurs*. Cette pièce présente sur scène 15 femmes de la classe ouvrière qui s'expriment en joual, une langue qu'on avait jusqu'alors voulu cacher. La pièce provoque ainsi une importante polémique sur l'utilisation du joual dans la littérature. Dans *Les Belles-sœurs*, des femmes assemblées dans une cuisine s'échangent avec vivacité des répliques drôles, pétillantes, cruelles ; elles expriment aussi leur détresse et leur aliénation dans des monologues qui ne sont entendus que du public. Michel Tremblay devient rapidement l'auteur québécois le plus joué ici et à l'étranger. Dans ses pièces très nombreuses – *En pièces détachées* (1969), *Hosanna* (1973), *Bonjour là, bonjour* (1974), *Sainte Carmen de la Main* (1976) –, il crée, un peu à la manière du romancier Honoré de Balzac, sa propre comédie humaine, avec des personnages récurrents qui proviennent principalement du Plateau Mont-Royal, mais aussi du centre-ville de Montréal – avec sa petite pègre, ses chanteuses adulées et ses travestis – et, plus marginalement, du chic quartier d'Outremont.

Avec *À toi, pour toujours, ta Marie-Lou*, Tremblay s'attaque à l'un de ses thèmes préférés : la famille dysfonctionnelle. Il présente, par une trame qui bouleverse habilement la chronologie, un couple qui se déchire cruellement et leurs deux filles qui tentent chacune à leur manière de se guérir d'une enfance malheureuse. L'aliénation du père, Léopold, affirmée avec une désolante franchise, est l'une des sources des malheurs de sa famille.

À TOI, POUR TOUJOURS, TA MARIE-LOU (1971)

Premier extrait

LÉOPOLD. — Ça fait vingt-sept ans que j'travaille pour c't'écœurant-là... Pis j'ai rien que quarante-cinq ans... C'est quasiment drôle quand tu penses que t'as commencé à travailler pour un gars que t'haïs à l'âge de dix-huit ans
5 pis que t'es t'encore là, à le sarvir... Y'en reste encore trop des gars poignés comme moé... Aujourd'hui, les enfants s'instruisent, pis y vont peut-être s'arranger pour pas connaître c'que j'ai connu... Hostie ! Toute ta tabarnac de vie à faire la même tabarnac d'affaire en arrière de la
10 même tabarnac de machine ! Toute ta vie ! T'es spécialisé, mon p'tit gars ! Remercie le bon Dieu ! T'es pas journalier ! T'as une job steadée ! Le rêve de tous les hommes : la job steadée ! Y'a-tu quequ'chose de plus écœurant dans'vie qu'une job steadée ? Tu viens que t'es tellement spécialisé
15 dans ta job steadée, que tu fais partie de ta tabarnac de machine ! C'est elle qui te mène ! C'est pus toé qui watches quand a va faire défaut, c'est elle qui watche quand tu vas y tourner le dos pour pouvoir te chier dans le dos, sacrement ! Ta machine, tu la connais tellement, tu la connais tellement,
20 là, que c'est comme si t'étais v'nu au monde avec ! C'est comme si ç'avait été ta première bebelle, hostie ! Quand

Photographie de la première distribution des *Belles-sœurs* de Michel Tremblay.

Avant *À toi pour toujours, ta Marie-Lou*, la pièce *Les Belles-sœurs* a provoqué une véritable révolution dans le théâtre québécois.

j'me sus attelé à c'te ciboire de machine-là, j'étais quasiment encore un enfant! Pis y me reste vingt ans à faire! Mais dans vingt ans, j's'rai même pus un homme... J'ai déjà l'air d'une loque... Dans vingt ans, mon p'tit gars, c'est pas toé, c'est ta machine qui va prendre sa retraite! Chus spécialisé! Chus spécialisé!

Deuxième extrait

LÉOPOLD. — J'm'installe devant la table vide... J'demande au waiter d'la remplir, pis... j'la vide! Quand j'ai vidé la table comme faut... Quand j'ai vidé la table comme faut, y'a une espèce de brume épaisse qui entoure ma table, pis j'vois pus les autres... Chus tu-seul, dans'taverne! Pis chus ben! J'entends pus rien... J'vois pus rien... Chus tu-seul dans'brume... La paix! J'me ferme les yeux... Toute tourne... C'est le fun... J'crie: «Waiter!», pis quand j'rouvre les yeux... la table est pleine! J'ai juste un mot à dire, juste un mot, pis la table se remplit! Mais j'la vide pas! Jamais la deuxième fois! Jamais! J'y touche même pas... J'la regarde! Est là, devant moé, est pleine de bières pleines, pis est à moé! À moé tu-seul! C'est ma table, pis ma bière, pis si j'veux, j'y touche pas, pis si j'veux... C'est ça, être riche!

[...]

LÉOPOLD. — Pis si j'veux, j'peux donner un coup de pied sur la table, pis toute renverser la bière! Parce que c't'à moé, que je l'ai payée, pis que j'peux en faire c'que j'veux! Pis la plupart du temps, c'est ça que je fais... J'lève la jambe, j'pose mon pied sur le bord de la table, pis...

◤ VERS LA DISSERTATION

1. Montrez que, dans le premier extrait, le personnage est capable d'ironie, malgré sa situation aliénante.
2. Trouvez des répétitions dans le premier extrait et expliquez ce qu'elles laissent transparaître.
3. Montrez que, dans le deuxième extrait, le personnage exprime un dérisoire sentiment de puissance.
4. Montrez que l'utilisation du joual rend le désespoir du personnage encore plus saisissant.
5. D'après vous, ces deux extraits expriment-ils davantage la révolte ou l'aliénation?

LE MISÉRABILISME

Le misérabilisme n'est pas vraiment un courant littéraire. D'ailleurs, peu d'auteurs considèrent eux-mêmes que leurs œuvres sont misérabilistes, et les critiques littéraires utilisent le terme de façon ponctuelle plutôt que de l'associer à des auteurs clairement identifiés. Pourtant, pendant les années 1970, beaucoup d'auteurs, au Québec et ailleurs dans le monde, ont écrit des œuvres misérabilistes, c'est-à-dire qui se penchent d'une façon marquée sur la misère humaine. Ces œuvres présentent plusieurs caractéristiques communes:

- **Les œuvres misérabilistes présentent des personnages situés au bas de l'échelle sociale:** des gens désargentés, sans importance, sans instruction.

- **Le misérabilisme adopte le réalisme le plus cru.** Les personnages vivent dans un quotidien médiocre, décrit avec une précision malsaine.

- **Le misérabilisme mélange l'humour noir et le tragique.** L'absence de desseins élevés des personnages, leur bêtise, leur cruauté font rire (ou parfois répugnent). Mais le sort de ces personnages, broyés par un monde plus fort qu'eux, est éminemment tragique.

- **Les personnages s'expriment dans une langue populaire,** qui reproduit fidèlement les particularités langagières de leur milieu et les dialectes locaux. Au Québec, par exemple, on utilise systématiquement le joual.

- **Les auteurs ne s'attendrissent pas sur le sort de leurs personnages.** Les auteurs manifestent généralement à leur égard un mélange de curiosité sociologique et de voyeurisme; parfois, ils cherchent à dénoncer indirectement leur condition.

Très souvent, le misérabilisme provoque de fortes réactions parmi le public, qui se demande pourquoi les auteurs choisissent de montrer une pareille dégradation, et qui s'interroge sur leurs intentions. De plus, il est parfois difficile de savoir s'il faut rire ou s'émouvoir du sort des personnages, ce qui crée un malaise. Malgré ces particularités, les œuvres misérabilistes ont été très populaires dans les années 1970, non seulement au Québec, mais aussi dans certains pays européens.

L'écrivain français Émile Zola (1840-1902) est souvent considéré comme le premier misérabiliste. Dans quelques-uns de ses romans, très sombres et très crus, comme *L'Assommoir* et *La Terre*, l'auteur transgresse les limites de la pudeur: il décrit une misère extrême et s'acharne sans pitié contre ses personnages.

Photographie du film *Affreux, sales et méchants* réalisé par Ettore Scola.

En Italie comme au Québec, on aime raconter l'histoire de personnages misérables et ignorants.

Au cinéma, plusieurs comédies italiennes des années 1970 peuvent être rattachées au misérabilisme, dont la plus remarquable du genre est sans doute un film d'Ettore Scola dont le titre est très révélateur, *Affreux, sales et méchants* (1976). On trouve aussi des œuvres du même genre dans le cinéma allemand, notamment *Fox et ses amis* (1974) de Rainer Fassbinder.

Au Québec, les œuvres misérabilistes sont particulièrement nombreuses. En même temps que les Québécois accèdent à une meilleure éducation, nos auteurs tournent leur regard vers les classes populaires, qu'ils abordent avec une certaine distance et ils éprouvent une fascination pour le « quétaine », le *cheap*, pour les pires produits de la culture populaire qui s'est développée avec vigueur dans une société laissée longtemps sans élites.

La totalité du théâtre de Michel Tremblay des années 1970 pourrait être associée à cette tendance. L'auteur le plus souvent rattaché par la critique au misérabilisme est sans aucun doute Jean Barbeau, qui présente une étonnante galerie de ratés, de minables, de perdants, de simples d'esprit, de machos et de mauviettes. Ses pièces *Citrouille* (1971-1974), *Goglu* (1971), *Une brosse* (1978) et *Le Grand Poucet* (1978) offrent un portrait désolant de l'homme québécois. Le cinéma n'est pas en reste : les films *La Maudite Galette* (1972) de Denys Arcand, *La Mort d'un bûcheron* (1973) de Gilles Carle, et *L'Eau chaude, l'eau frette* (1976) d'André Forcier, entre autres, mettent eux aussi en scène des personnages médiocres et risibles.

Nicole Brossard (née en 1943)

Nicole Brossard est considérée comme l'une des figures les plus en vue du mouvement féministe québécois. Poète et romancière, représentante incontournable du courant formaliste de la poésie québécoise, elle fait une brève incursion dans le théâtre avec « L'Écrivain », l'un des monologues de *La Nef des sorcières*. Son personnage de femme écrivain (le terme « écrivaine » n'est pas encore d'usage à l'époque) exprime son vécu de femme dans un monologue au ton spontané, qui passe avec désinvolture d'un sujet à l'autre.

La Nef des sorcières crée l'événement en 1976 : présentée au Théâtre du Nouveau Monde, le plus important théâtre à Montréal, la pièce écrite par un collectif de femmes ne montre que des femmes et est mise en scène par une femme, Luce Guilbault. Les six personnages représentent chacun un type de femme : l'actrice, la ménopausée, l'ouvrière, la prostituée, la lesbienne et l'écrivain. Leurs monologues superposés, sans véritables liens, ont comme point commun d'exprimer dans sa variété la condition des femmes à une époque où elles ressentaient encore vivement la domination des hommes.

THÉÂTRE

LA NEF DES SORCIÈRES (1976)

L'Écrivain

Je n'ai jamais aimé parler de moi. Comme si j'avais toujours eu
l'impression qu'il n'y avait rien de spécial à raconter sur ma vie
privée. Et pourtant c'est celle-là qui compte. Comment on naît,
comment on joue, comment on jouit, comment on souffre, comment
5 on meurt. Les hommes sont si chauds en public et leur corps si
frigide au lit qu'ils n'ont de privé que leur propriété.

Des fois j'ai l'impression d'avoir flotté à côté de moi depuis mon
adolescence. Flotté dans une vie privée bien en règle. D'une certaine
manière, parce que j'ai toujours fait à ma tête. À ma tête d'homme
10 justement. Une tête d'homme greffée sur un corps de femme. Oui,
j'ai été efficace, oui, j'ai été productive. Devant les pouvoirs, j'ai
toujours enragé comme un fils maudit. J'avais la révolution de mon
bord. J'enrageais comme un homme de gauche. Mes crises, elles étaient
d'octobre ou d'automne. Mais on devient femme quand on fait de
15 la prison. On braille, on crie, on cogne, on s'énerve, on se pète la
tête sur les murs, on se fait des accroires. On se fait des montagnes.
C'est drôle comme ça rend hystérique les empêchements.

Certains après-midi quand j'aimerais être seule et que Julie
tourne en rond autour de moi, je deviens maboule et marabout.
20 J'appelle ça mon mal maternel. Ça fait drôle d'écrire maternel
au masculin. Seule, je parviens à me débrouiller l'esprit. Mais
à deux, je deviens isolée.

La femme qui écrit jongle sur une chaise de cuisine. Confrontant
les sentences du père avec le silence de sa mère et de ses sœurs.

25 C'est dans la cuisine que j'écris. Café, bruits de la rue. Un arbre
que j'aperçois par la fenêtre. Je ne lave plus mon linge sale en
famille. C'est public. Faut que ça se voie, que ça se sente, que ça
se sache ce qui salit le plus, ce qui déteint, ce qui est cousu de
fils blancs.

30 Femmes fatales. Nous sommes sûrement fatales à quelqu'un,
à quelque chose pour subir le mauvais sort. Oui, je veux être
fatale à l'amour emmuré. Fatale à la famille, fatale aux polices
d'assurances, fatale à nos gardes du corps. Je suis entourée de
gardes du corps. Protégée, empêchée. Le corps, mon corps.
35 Ceci est mon corps.

VERS LA DISSERTATION

1. Que nous apprend sur sa vie cette femme qui n'aime pas parler d'elle?
2. Quels reproches l'auteure adresse-t-elle aux hommes?
3. Que révèle l'auteure sur la condition des femmes?
4. Les critiques que l'auteure adresse aux hommes sont-elles encore valables aujourd'hui?
5. Cet extrait jette un regard négatif à la fois sur les hommes et sur les femmes. Discutez.

La Nef des sorcières, une pièce entièrement conçue par des femmes, a été présentée en 1976 dans un grand théâtre de Montréal. Avec un propos franchement féministe, cette pièce a provoqué une petite révolution dans le théâtre québécois.

LE FÉMINISME

Le féminisme et la contre-culture sont souvent associés en raison de leurs points communs : leur opposition à l'*establishment* – c'est-à-dire le pouvoir officiel sous toutes ses formes : gouvernements, grandes entreprises, hiérarchie religieuse, etc. – et leur utilisation de l'art pour faire connaître leurs revendications.

Certains observateurs considèrent le féminisme comme une branche de la contre-culture. Pourtant, le féminisme a une histoire beaucoup plus ancienne et il s'impose graduellement, à l'occasion d'événements comme l'obtention du droit de vote pour les femmes et la publication en 1949 de l'essai de Simone de Beauvoir, *Le Deuxième Sexe*, dans lequel elle affirme : « On ne naît pas femme, on le devient. » Dans les années 1970, le mouvement est particulièrement actif et organisé ; à cette époque, la littérature est considérée par les femmes comme un moyen privilégié pour exprimer leurs revendications.

Leurs principales revendications sont les suivantes :

- **Les féministes visent à obtenir l'égalité entre les sexes.** L'égalité entre les hommes et les femmes doit être effective tant au travail, par des conditions d'emploi et des salaires équivalents, que dans la famille, par un partage équilibré des tâches domestiques. Les féministes envisagent un nouveau type de relations avec les hommes, dégagées de tout rapport de domination.

- **Les féministes cherchent à exprimer une expérience et un vécu proprement féminins.** Plus que jamais, les femmes sentent le besoin de se regrouper, de former leurs propres institutions, de trouver leurs propres canaux pour leurs revendications. Les femmes se donnent des lieux d'expression (maisons d'édition, revues, théâtres) et créent des œuvres entièrement bâties sur leur parole. Cette attitude parfois exclusive demeure pour elles un moyen de s'affranchir et de s'exprimer en toute liberté.

La littérature féministe québécoise fait preuve d'un remarquable dynamisme vers la fin de la décennie 1970. Les femmes investissent plus particulièrement le théâtre, comme le montrent le collectif *La Nef des sorcières* (1976) et *Les fées ont soif* (1978) de Denise Boucher. Ces deux pièces font l'événement lorsqu'elles sont présentées au Théâtre du Nouveau Monde, et la pièce de Boucher subit même la censure pour blasphème contre la Vierge Marie. Le Théâtre expérimental des femmes joint la parole des femmes à l'expérimentation théâtrale. La comédienne Pol Pelletier, l'une des créatrices de ce théâtre, a raconté cette aventure dans un superbe monologue théâtral, *Joie* (1992).

En poésie, Nicole Brossard devient la figure de proue d'un courant représenté aussi par France Théoret, Louise Cotnoir et Madeleine Gagnon, entre autres écrivaines. Suivent l'essai et le roman féministes, dont l'effervescence se poursuit au début des années 1980. Parmi ces œuvres se démarquent *L'Euguélionne* (1979), œuvre hybride de Louki Bersianik, l'essai *L'Échappée des discours de l'œil* (1981) de Madeleine Ouellette-Michalska, ainsi que les romans *La Vie en prose* (1980) de Yolande Villemaire et *Maryse* (1983) de Francine Noël.

Francine Larivée, *La Chambre nuptiale*, 1976.

Cette œuvre, ambitieuse et de grande dimension, est une réflexion féministe sur le rôle de l'homme et de la femme dans la société.

Le discours féministe de ces années peut paraître par moments emporté et peu nuancé. Mais les femmes et les hommes d'aujourd'hui sont redevables du combat de ces pionnières, dont les luttes difficiles ont transformé de façon très favorable l'organisation de la société québécoise.

Pierre Vallières (1938-1998)

Arrêté à New York à la suite d'une manifestation du FLQ, Pierre Vallières écrit en prison l'essai *Nègres blancs d'Amérique*, un livre poignant dans lequel il exprime ses idées politiques et raconte avec émotions sa vie difficile. Né dans une famille pauvre de Montréal, Vallières devient un homme assoiffé de justice et de vérité. Son apprentissage intellectuel est exigeant, et il se sent appelé par une vocation religieuse avant de passer à la foi révolutionnaire. *Nègres blancs d'Amérique*, inspiré des théories marxistes, exerce une grande influence chez les militants les plus à gauche de la cause souverainiste.

Selon Vallières, le sort des Québécois se compare à celui des « nègres », c'est-à-dire des êtres considérés comme des sous-hommes, des inférieurs. Ainsi les Québécois sont-ils des « nègres blancs », méprisés, incompris, qui doivent donc travailler à leur libération légitime. Si l'essai paraît aujourd'hui imprégné d'une rhétorique révolutionnaire qui peut paraître simpliste, il touche par son contenu autobiographique et par son écriture emportée par un grand souffle. L'auteur donne par exemple une description poignante de Ville Jacques-Cartier pendant la Grande Noirceur, véritable tiers-monde à deux pas de Montréal.

ESSAI

NÈGRES BLANCS D'AMÉRIQUE (1968)

Premier extrait

Au Québec, les Canadiens français ne connaissent pas ce racisme irrationnel qui a causé tant de tort aux travailleurs blancs et aux travailleurs noirs des États-Unis. Ils n'ont aucun mérite à cela, puisqu'il n'y a pas, au Québec, de
5 problème noir. La lutte de libération entreprise par les Noirs américains n'en suscite pas moins un intérêt croissant parmi la population canadienne-française, car les travailleurs du Québec ont conscience de leur condition de nègres, d'exploités, de citoyens de seconde classe. Ne sont-ils pas,
10 depuis l'établissement de la Nouvelle-France, au XVIIe siècle, les valets des impérialistes, les « nègres blancs d'Amérique » ? N'ont-ils pas, tout comme les Noirs américains, été importés pour servir de main-d'œuvre à bon marché dans le Nouveau Monde ? Ce qui les différencie : uniquement la couleur de la
15 peau et le continent d'origine. Après trois siècles, leur condition est demeurée la même. Ils constituent toujours un réservoir de main-d'œuvre à bon marché que les détenteurs de capitaux ont toute liberté de faire travailler ou de réduire au chômage, au gré de leurs intérêts financiers, qu'ils ont
20 toute liberté de mal payer, de maltraiter et de fouler aux pieds, qu'ils ont toute liberté, selon la loi, de faire matraquer par la police et emprisonner par les juges « dans l'intérêt public », quand leurs profits semblent en danger.

Deuxième extrait

Entre-temps, Longueuil-Annexe avait cessé d'être Longueuil-Annexe. Notre quartier faisait partie d'une grande ville que le gouvernement avait décidé de nommer Jacques-Cartier. Un premier maire et quelques échevins,
5 tous des ignorants de bonne volonté, avaient été élus. Ils ne tarderaient pas à être éliminés ou assimilés par la pègre. Le député du comté multipliait les promesses, mais le gouvernement ne faisait pas grand-chose. Chaque printemps, immédiatement après la fonte des neiges, une armée
10 de bulldozers traçait des rues de terre entre les cabanes. On déplaçait les taudis, reculant les uns, avançant les autres, dans un effort dérisoire d'urbanisme.

Partout, sur des milles de distance, des rues de boue, remplies de flaques d'eau. Quand il ne pleuvait pas trop
15 souvent, le soleil réussissait à pomper ces flaques et à sécher cette boue. Des camions venaient déverser des tonnes de gravier dans les rues. Les bulldozers étendaient ce gravier

à la hâte. À la prochaine pluie, le gravier s'enfoncerait
dans la boue, les flaques réapparaîtraient, tout serait
20 à recommencer.

Les jours de sécheresse, en juillet et en août, la poussière
remplissait l'air au passage des automobiles et des camions.
Certaines familles se procuraient quelques gallons d'huile
que l'on répandait sur les rues et qui empêchait la poussière
25 d'empoisonner l'atmosphère au passage des automobiles.
Mais cela aussi, c'était souvent à recommencer. Et puis,
même sans poussière, les odeurs qui se dégageaient des
fossés et des toilettes extérieures (communément appelées
bécosses) demeuraient aussi tenaces que la pauvreté.

30 Quand, faute d'huile épandue dans les rues, la poussière ne
cessait de vibrer dans l'air, l'espace entre les cambuses
noires ou multicolores devenait jaune ou gris, selon que le
ciel, au-dessus de nous, était bleu ou assombri de nuages.

Les jours de grandes pluies, tout devenait noir. Les cabanes
35 aplaties, honteuses, prenaient un aspect sinistre et tourmenté.
Les gens marchaient péniblement dans les rues transformées
en rivières de boue. Les quelques arbres chétifs, que chaque
famille avait tenu à préserver sur son «lot», courbaient leurs
branches vers la terre mouillée. On aurait dit qu'ils pleuraient
40 d'être les témoins impuissants et ridicules de cette misère qui
voulait obstinément se persuader que l'avenir serait meilleur.

Ces jours de pluie, si je n'étais pas en train de dormir
en classe, je demeurais de longues heures, dans le portique
de notre cambuse, à contempler, debout, les figures que
45 l'eau traçait sur les vitres. Les taudis voisins, les rues, les
arbres maigres m'apparaissaient transformés en un paysage
de conte et j'essayais d'interposer, entre la réalité et moi,
l'un de ces rêves que mon père, en fin de semaine, parfois
me racontait, son regard doux fixé sur l'horizon jaune,
50 sans limites, qui paraissait recouvrir d'autres mondes, moins
cruels que celui-ci pour les hommes, pour les ouvriers.

Mais plus je vieillissais (car les enfants pauvres vieillissent
plus rapidement qu'ils ne grandissent), plus mes rêves
ressemblaient à ceux d'un condamné à mort que l'espoir
55 refuse de quitter…

VERS LA DISSERTATION

1. Discutez de ce qui, dans le premier extrait, est encore vrai aujourd'hui.

2. Relevez un champ lexical de la pauvreté dans le deuxième extrait.

3. Quelle est l'attitude de l'enfant devant cette pauvreté?

4. Décrivez les effets de la pluie et du soleil sur les habitants de Ville Jacques-Cartier.

5. En quoi la pluie et ses effets sont-ils contradictoires?

6. En quoi cet extrait reflète-t-il l'atmosphère de la littérature des années 1960?

7. Est-il vrai de dire que, dans le deuxième extrait, l'auteur ne s'adonne pas à la critique sociale?

À l'écoute de la chanson québécoise

La chanson québécoise naît véritablement avec Félix Leclerc. Bien sûr, il existait auparavant une chanson bien vivante, mais elle se rattachait davantage au folklore qu'à la création. Félix Leclerc fait donc figure de pionnier avec ses premières chansons, mais il doit les enregistrer à Paris, parce que le Québec n'est alors pas prêt à accueillir un tel artiste. Il est de retour au Québec vers la fin des années 1950, après avoir été consacré en France. Dès le début des années 1960, la chanson québécoise connaît une véritable éclosion, qui correspond à cette découverte de la parole qui transforme la littérature à la même époque. La chanson d'ici remporte depuis un succès constant auprès d'un public étendu, tant au Québec que dans les pays francophones.

L'accompagnement musical des chansons de Félix Leclerc est réduit : il crée un monde enchanteur avec sa seule guitare et sa voix profonde, qui soutiennent une poésie sincère, d'une sobriété grande et parfois naïve. Raymond Lévesque, qui a lui aussi tenté sa chance à Paris, privilégie comme Leclerc un accompagnement limité – accordéon, piano, guitare – et des mélodies toutes simples pour servir ses textes légers, humoristiques et politiques.

Gilles Vigneault, très attaché à son Natashquan natal, écrit des chansons marquées par la musique traditionnelle. Paradoxalement, il favorise des mélodies aux tournures parfois surprenantes et des arrangements musicaux complexes, et il choisit d'accompagner ses paroles par un orchestre élargi. Cette tendance, typique de la grande chanson française, celle de Jacques Brel, Léo Ferré et Jean Ferrat par exemple, devient prédominante au cours des années 1960. Jean-Pierre Ferland, Claude Léveillé, Claude Gauthier, Pauline Julien et Monique Leyrac s'adonnent à un répertoire dont les textes très soignés, souvent déclamés, théâtraux, sont accompagnés d'orchestres aux consonances jazz et symphoniques.

Gilles Vigneault, Félix Leclerc et Robert Charlebois lors du spectacle *J'ai vu le Loup, le Renard, le Lion* à Québec.

Ce spectacle, donné à Québec en 1974 lors de la Superfrancofête, rassemble sur une même scène les trois chanteurs les plus appréciés au Québec pendant les années 1970.

C'est avec Robert Charlebois que la chanson québécoise adopte le son rock. Son disque *Robert Charlebois et Louise Forestier*, qui comprend la chanson « Lindberg », est une véritable révolution dans la chanson d'ici. Le chanteur libère le rock québécois de l'imitation obligée des groupes anglo-saxons et propose des textes drôles et absurdes écrits dans la langue des Québécois. Se développe alors au Québec une musique qui adapte à sa façon les modèles anglo-saxons et s'inscrit tant dans le courant rock, incarné par des groupes comme Offenbach et Octobre, que dans une tendance *folk*, dont les groupes Harmonium et Beau Dommage deviennent les représentants les plus appréciés.

CHANSON

LES GENS DE MON PAYS (1964)

Les gens de mon pays
Ce sont gens de paroles
Et gens de causerie
Qui parlent pour s'entendre
5 Et parlent pour parler
Il faut les écouter
C'est parfois vérité
Et c'est parfois mensonge
Mais la plupart du temps
10 C'est le bonheur qui dit
Comme il faudra de temps
Pour saisir le bonheur
À travers la misère
Emmaillée au plaisir
15 Tant d'en rêver tout haut
Que d'en parler à l'aise

Parlant de mon pays
Je vous entends parler
Et j'en ai danse aux pieds
20 Et musique aux oreilles
Et du loin au plus loin
De ce neigeux désert
Où vous vous entêtez
À jeter vos villages
25 Je vous répéterai
Vos parlers et vos dires
Vos propos et parlures
Jusqu'à perdre mon nom
Ô voix tant écoutées
30 Pour qu'il ne reste plus
De moi-même qu'un peu
De votre écho sonore

Je vous entends jaser
Sur les perrons des portes
35 Et de chaque côté
Des cléons des clôtures[1]
Je vous entends chanter
Dans ma demi-saison
Votre trop court été
40 Et mon hiver si longue
Je vous entends rêver
Dans les soirs de doux temps
Il est question de vents
De vente et de gréements

45 De labours à finir
D'espoirs et de récoltes
D'amour et du voisin
Qui veut marier sa fille

Voix noires et voix durcies
50 D'écorce et de cordage
Voix des pays plain-chant
Et voix des amoureux
Douces voix attendries
Des amours de village
55 Voix des beaux airs anciens
Dont on s'ennuie en ville
Piailleries d'écoles
Et palabres et sparages
Magasin général
60 Et restaurant du coin
Les ponts les quais les gares
Tous vos crimes maritimes
Atteignent ma fenêtre
Et m'arrachent l'oreille

65 Est-ce vous que j'appelle
Ou vous qui m'appelez
Langage de mon père
Et patois dix-septième
Vous me faites voyage
70 Mal et mélancolie
Vous me faites plaisir
Et sagesse et folie
Il n'est coin de la terre
Où je ne vous entende
75 Il n'est coin de ma vie
À l'abri de vos bruits
Il n'est chanson de moi
Qui ne soit toute faite
Avec vos mots vos pas
80 Avec votre musique

Je vous entends rêver
Douce comme rivière
Je vous entends claquer
Comme voile du large
85 Je vous entends gronder
Comme chute en montagne
Je vous entends rouler

Gilles Vigneault (né en 1928)

Gilles Vigneault devient rapidement le plus apprécié des chantres du pays. Il met de l'avant tant la beauté du pays (dans «Mon pays», «Pendant que», «J'ai pour toi un lac») que la pétulance des gens qui y vivent, qu'il représente souvent par des personnages colorés et sympathiques («Jos Montferrant», «Jack Monoloy», «Gros Pierre»). Peu importe le sujet qu'il aborde, Gilles Vigneault le fait vivre par une langue exaltée, très imagée, remarquablement évocatrice. Sa vision du Québec, enthousiaste et attendrie sans jamais toutefois tomber dans la naïveté, est particulièrement évidente dans «Les Gens de mon pays», un hymne superbe à ses concitoyens villageois.

VERS LA DISSERTATION

1. Selon le poète, quelles sont les plus belles qualités des gens de son pays?

2. Comment qualifie-t-il les paroles des gens de son pays?

3. Montrez le lien entre les gens du pays et les paysages auxquels ils appartiennent.

4. Écoutez Gilles Vigneault chanter «Les Gens de mon pays». Montrez que le dernier couplet forme un paroxysme. Montrez que ce paroxysme est accentué par la musique.

5. Ce poème est-il rattaché à la «poésie du pays»?

6. Est-il juste de dire que le poète idéalise les gens de son pays?

Comme baril de poudre
Je vous entends monter
90 Comme grain de quatre heures
Je vous entends cogner
Comme mer en falaise
Je vous entends passer
Comme glace en débâcle
95 Je vous entends demain
Parler de liberté

---

1. Redondance: le cléon est une clôture en bois ou en métal.

CORRESPONDANCE

Félix Leclerc (1914-1988)

Dès ses débuts, Félix Leclerc compose des chansons superbes qui sont par la suite sans cesse reprises et deviennent des classiques de la chanson québécoise, comme «Le P'tit Bonheur», «Moi, mes souliers», «L'Hymne au printemps», «Le P'tit Train du Nord». Son langage sans fioriture, sa poésie rude et familière en font un chanteur auquel les Québécois s'identifient profondément, un mage de la chanson très estimé, qu'on appelle familièrement «Félix». Dans «Bozo», Félix Leclerc décrit avec tendresse et magie un idiot de village.

BOZO (1951)

Dans un marais de joncs mauvais
Y'avait
Un vieux château
Aux longs rideaux
5 Dans l'eau

Dans le château y'avait Bozo
Le fils du matelot
Maître céans
De ce palais branlant

10 Par le hublot de son château
Bozo
Voyait entrer ses invités
Poudrés

De vieilles rosses
15 Traînant carrosses
Et la fée Carabosse
Tous y étaient
Moins celle qu'il voulait…

Vous devinez que cette histoire
20 Est triste à boire
Puisque Bozo
Le fou du lieu
Est amoureux

Celle qu'il aime
25 N'est pas venue
C'est tout entendu
Comprenez ça
Elle n'existe pas…

Ni le château
30 Aux longs rideaux
Dans l'eau
Ni musiciens
Vêtus de lin
Très fin

35 Y'a que Bozo
Vêtu de peau
Le fils du matelot
Qui joue dans l'eau
Avec un vieux radeau

40 Si vous passez
Par ce pays
La nuit
Y'a un fanal
Comme un signal
45 De bal

Dansez, chantez
Bras enlacés
Afin de consoler
Pauvre Bozo
50 Pleurant sur son radeau…

Raymond Lévesque (né en 1928)

Raymond Lévesque est surtout connu pour avoir composé l'une des plus belles chansons québécoises: «Quand les hommes vivront d'amour». Ce grand succès laisse cependant dans l'ombre une œuvre abondante et très personnelle. Dans ses chansons, Raymond Lévesque réfléchit à haute voix, raconte des histoires simples sur un ton monocorde et moqueur. Il mêle habilement poésie et politique, sans jamais trop appuyer son propos. «Bozo-les-culottes», inspiré des actions terroristes qui commencent à l'époque à bouleverser le Québec, présente un Bozo très différent de celui de Félix Leclerc.

BOZO-LES-CULOTTES (1967)

Y flottait dans son pantalon
De là lui venait son surnom
Bozo-les-culottes
Y'avait qu'une cinquième année
5 Y savait à peine compter
Bozo-les-culottes
Comme il baragouinait l'anglais
Comme gardien de nuit il travaillait
Bozo-les-culottes
10 Même s'il était un peu dingue
Y'avait compris qu'faut être bilingue
Bozo-les-culottes

Un jour quelqu'un lui avait dit
Qu'on l'exploitait dans son pays
15 Bozo-les-culottes
Que les Anglais avaient les bonnes places
Et qu'ils lui riaient en pleine face
Bozo-les-culottes

Il a pas cherché à connaître
20 Le vrai fond de toute cette affaire
Bozo-les-culottes
Si son élite, si son clergé
Depuis toujours l'avaient trompé
Bozo-les-culottes

25 Y'a volé de la dynamite
Puis dans un quartier plein d'hypocrites
Bozo-les-culottes
Y'a fait sauter un monument
À la mémoire des conquérants
30 Bozo-les-culottes
Tout le pays s'est réveillé
Et puis la police l'a pogné
Bozo-les-culottes
On l'a vite entré en dedans
35 On l'a oublié depuis ce temps
Bozo-les-culottes

Mais depuis que tu t'es fâché
Dans le pays ça a ben changé
Bozo-les-culottes
40 Nos politiciens à gogo
Font les braves, font les farauds
Bozo-les-culottes
Ils réclament enfin nos droits
Et puis les autres ne refusent pas
45 Bozo-les-culottes
De peur qu'il y en ait d'autres comme toé
Qui aient le goût de recommencer
Bozo-les-culottes

Quand tu sortiras de prison
50 Personne voudra savoir ton nom
Bozo-les-culottes
Quand on est d'la race des pionniers
On est fait pour être oublié
Bozo-les-culottes

Paul Verlaine

Le poète symboliste français Paul Verlaine a lui aussi traité à sa manière le thème de l'idiot incompris et malheureux. Il s'est inspiré pour ce poème de Kaspar Hauser, un enfant élevé dans un réduit sans contacts humains et retrouvé mystérieusement sur une place publique.

GASPARD HAUSER CHANTE (EXTRAIT DE *SAGESSE*, 1881)

Je suis venu, calme orphelin,
Riche de mes seuls yeux tranquilles,
Vers les hommes des grandes villes :
Ils ne m'ont pas trouvé malin.

5 À vingt ans un trouble nouveau
Sous le nom d'amoureuses flammes
M'a fait trouver belles les femmes :
Elles ne m'ont pas trouvé beau.

Bien que sans patrie et sans roi
10 Et très brave ne l'étant guère,
J'ai voulu mourir à la guerre :
La mort n'a pas voulu de moi.

Suis-je né trop tôt ou trop tard ?
Qu'est-ce que je fais en ce monde ?
15 Ô vous tous, ma peine est profonde :
Priez pour le pauvre Gaspard !

Antoine Watteau, *Pierrot, dit autrefois Gilles,* vers 1718-1719.

Bien avant Félix Leclerc, au XVIIIe siècle, le peintre Watteau a su peindre avec tendresse le chagrin de l'imbécile.

VERS LA DISSERTATION

1. Dans «Bozo» de Félix Leclerc, montrez l'opposition entre le rêve et la réalité. À quels champs lexicaux cette opposition correspond-elle ?
2. Montrez que «Bozo-les-culottes» peut être rattaché à la poésie du pays.
3. Écoutez les deux chansons et comparez leur accompagnement musical.
4. Montrez que les personnages des trois textes sont des idiots malheureux. En quoi Bozo-les-culottes se distingue-t-il des deux autres ?
5. Lequel des «Bozo» illustre le thème de la révolte ? Justifiez votre réponse.
6. Les «Bozo» de Félix Leclerc et de Raymond Lévesque sont-ils opposés ?
7. Est-il approprié de comparer le Bozo de Félix Leclerc au Gaspard de Verlaine ?
8. Quelles sortes de rimes et de strophes retrouve-t-on dans les trois textes ?

Robert Charlebois (né en 1944)

Robert Charlebois déclenche une véritable révolution dans la chanson québécoise. Les mots de ce chanteur ne cherchent pas à transcender le langage de son peuple : tirés d'une langue québécoise désormais sans complexes et fière de ses particularités, ils sont ceux d'un jeune rebelle qui ne craint pas d'exprimer la dérision et l'absurde. À ces mots correspond une musique rock nord-américaine, énergique et provocante. La musique de Charlebois s'intègre à l'univers de la contre-culture, dont le lieu de référence est une Californie qui fait beaucoup rêver.

VERS LA DISSERTATION

1. Quelles sont les couleurs mises en évidence dans cette chanson ? Quel effet produisent-elles ?

2. Montrez que la Californie est idéalisée. Comment le poète passe-t-il du rêve à la réalité ?

3. Après avoir écouté la version originale de la chanson, montrez que la musique vient ajouter une touche « psychédélique » (semblable aux effets de drogues hallucinogènes). Tenez compte des effets de voix de la chanteuse Louise Forestier.

4. Est-il exact de dire que le poète décrit dans cette chanson une réalité hallucinée ?

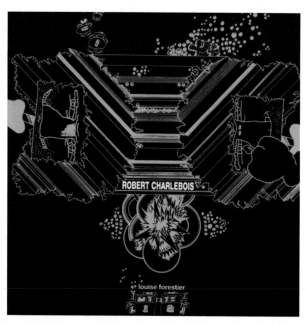

CHANSON

CALIFORNIA (1968)

La charrue passe dans le ciel
Et je descends lentement
L'escalier rouge et blanc de l'avion
Qui m'emporte chaque nuit
5   En Californie
En Californie
In California

Est-ce la monnaie du soleil
Le jaune des taxis ou celui des oranges
10 Qui s'éparpille dans la nuit
Pour illuminer la vie
En Californie
En Californie
In California

15 Un moteur gris dans le brouillard
Me pousse au fond de nulle part entre les anges dans le soir
Des pintes de lait tout en or
Se stérilisent dans les phares
En Californie
20 En Californie
In California

Les petits noirs de 10 ans et demi
Jouent de la trompette électrique mieux que mes amis
Tout le long du long Pacifique
25 Leurs guitares mauves se balancent
En Californie
En Californie
In California

Je t'ai cherché à mon réveil
30 Où étais-tu il ventait fort dans mes oreilles
J'achèterai le camion blanc
Qui nous emportera au printemps
En Californie
En Californie
35 In California

Pochette originale du disque *Robert Charlebois et Louise Forestier,* paru en 1967.

Le disque *Robert Charlebois et Louise Forestier* a transformé la chanson québécoise en lui donnant un son rock.

Beau Dommage

Beau Dommage connaît, de 1974 à 1978, une carrière glorieuse. Le groupe plaît par ses mélodies simples et accrocheuses, par sa musique *folk* sans prétention, par les paroles de ses chansons qui reflètent avec tendresse le vécu des jeunes dans la grande ville de Montréal. Le groupe se sépare en 1978, mais ses chansons survivent et restent très populaires, alors que quelques-uns des anciens membres du groupe se lancent dans des carrières solos, entre autres Michel Rivard et Marie-Michèle Desrosiers.

VERS LA DISSERTATION

1. Montrez que cette chanson est portée par la nostalgie.
2. Montrez que cette nostalgie s'exprime discrètement par la musique.
3. Montrez que le grand amour vient subitement s'insérer dans la vie du poète.
4. Cette chanson dresse-t-elle un portrait négatif de Montréal?

Johanne Cullen, *Quiétude à Montréal*, 2000.

CHANSON

MONTRÉAL (1974)

C'pas facile d'être amoureux à Montréal
Le ciel est bas, la terre est grise, le fleuve est sale
Le Mont-Royal est mal à l'aise, y a l'air de trop
Westmount le tient serré dans un étau

5   Y a des quartiers où le monde veille sur le perron
Y a un bonhomme qui en a fait une belle chanson
Dans ces bouts-là les jeunes se tiennent au fond des cours
Y prennent un coke, y prennent une bière, y font l'amour

Où j'suis né y avait un arbre à tous les vingt pieds
10 Ça fait vingt ans depuis c'temps-là, y'es ont coupés
Ma première blonde, j'l'ai rencontrée dans un hangar
On jouait à guerre, ell'était espionne, moi j'étais mort

Assis su'é marches de l'escalier du restaurant
J'ai dépensé une bonne partie de mes quinze ans
15 Avec mon chum Ti-Gilles, avec le grand Paquette
On agaçait les filles, puis on s'appelait tapettes

Quand j'tais jeune, j'ai eu d'la peine, j'ai ben braillé
J'ai cru mourir quand ma Mireille, a m'a laissé
A m'avait dit qu'un jour peut-être a m'appellerait
20 Quand ses parents seraient partis pour le chalet

Pis c't'arrivé, y fallait ben qu'un jour ça vienne
Un soir de pluie au coin d'Beaubien pis d'la neuvième
Des fois j'y r'pense, je r'vois la fille, pis là j'me dis
C'était sans doute le plus beau jour de toute ma vie

25 Aujourd'hui, à Montréal, j'suis en amour
J't'aime comme un fou pis j'vais t'aimer, t'aimer toujours
J'te conte tout ça, écoute-moi ben pendant qu'ça m'pogne
Assis au pied des arbres du bois d'Boulogne[1]

---

1. Grand parc de Paris.

SYNTHÈSE

Le contexte sociohistorique

→ La Révolution tranquille bouleverse le Québec. En l'espace de quelques années, les institutions se transforment radicalement. L'État nationalise plusieurs entreprises et prend le contrôle de nombreux secteurs, telles la santé et l'éducation.

→ Les Canadiens français deviennent des Québécois. De nombreux citoyens en viennent à souhaiter l'indépendance du Québec. Deux partis souverainistes importants sont créés : le premier, le Rassemblement pour l'indépendance nationale (RIN), se dissout et ses membres intègrent le Parti québécois (PQ) peu après sa fondation.

→ Un mouvement radical, le Front de libération du Québec (FLQ), exerce des actions terroristes pour obtenir l'indépendance du Québec. À la suite de l'enlèvement du ministre Pierre Laporte et du diplomate britannique James Cross, le gouvernement canadien adopte la Loi des mesures de guerre, qui lui donne la légitimité de réprimer sans discernement le mouvement indépendantiste.

→ Le Québec s'ouvre sur le monde. L'Exposition universelle à Montréal de 1967 et les Jeux olympiques de 1976 comptent parmi les signes les plus importants de cette ouverture.

→ Le Parti québécois prend le pouvoir en 1976. La Charte de la langue française (appelée communément Loi 101), adoptée en 1977, fait du français la langue officielle. Malgré plusieurs jugements ultérieurs qui réduisent la portée de cette loi, la pérennité du français semble désormais assurée au Québec.

La littérature

■ Pendant la Révolution tranquille, les écrivains sont animés plus que jamais d'un besoin irrépressible de prendre publiquement la parole, besoin qui donne le ton aux œuvres de l'époque. Les écrivains expriment avec enthousiasme leur esprit rebelle et leur désir d'émancipation.

■ Les écrivains dépeignent très souvent les Québécois comme un peuple colonisé, aliéné, qu'ils incitent à rechercher son émancipation. De nombreux écrivains soutiennent la cause de l'indépendance du Québec.

■ Les écrivains cherchent leur propre voix et se libèrent de l'imitation des modèles étrangers. Dans tous les genres littéraires, ils font preuve d'une grande audace formelle.

■ Pendant les années 1970, de nombreux auteurs remettent en cause les valeurs traditionnelles. Ils adhèrent à des courants radicaux, très critiques envers le patriarcat et la société de consommation, tels le féminisme et la contre-culture.

Le roman

Une nouvelle génération de romanciers, tels Marie-Claire Blais, Hubert Aquin, Réjean Ducharme, Jacques Ferron et Victor-Lévy Beaulieu, s'imposent par des œuvres dont le contenu est très personnel et qui sont tout autant originales sur le plan formel.

La poésie

Pendant les années 1960, la poésie du pays, celle de Gaston Miron, de Michèle Lalonde, de Jacques Brault et de Paul Chamberland, exprime à la fois de l'inquiétude pour l'aliénation des Québécois et de l'enthousiasme pour un pays immense et beau. Pendant les années 1970, les poètes se tournent vers la contre-culture, le formalisme et le féminisme.

Le théâtre

Michel Tremblay domine la scène québécoise, avec son théâtre écrit en joual, qui expose sans fard les misères de la classe ouvrière montréalaise. Les succès de Tremblay ne doivent pas faire oublier le dynamisme d'un théâtre québécois ouvert à l'avant-garde et aux expérimentations, notamment les créations collectives et le théâtre féministe.

L'essai

La question de l'identité reste une préoccupation majeure chez les essayistes québécois. La langue parlée au Québec devient l'objet d'importants débats : plusieurs auteurs se demandent s'il faut combattre le joual ou lui donner une place dans notre littérature.

1980-2001
Référendums et mondialisation
Une littérature éclatée

L'échec du premier référendum sur la souveraineté en 1980 éloigne les écrivains des thématiques liées au nationalisme. Au lendemain de la défaite, il leur est difficile de croire en un mouvement d'émancipation qui amènerait les Québécois à accéder à l'indépendance. Les auteurs se replient sur leur vie intime et deviennent davantage individualistes, alors que s'installe dans le monde un nouveau modèle économique, une version révisée du libéralisme. Mais le nouvel individualisme des écrivains n'a rien à voir avec le conformisme. Les auteurs québécois se plaisent dans le rôle de porte-parole de toutes les marginalités : ils prêtent leur voix à l'immigrant, à l'adolescent rebelle, à la femme qui se bat pour son émancipation, au poète en quête de son intimité, à l'homosexuel. Le Québec est désormais un lieu aux mille visages et sa littérature, plus dynamique et diversifiée que jamais, devient le reflet de cette mosaïque.

DE 1980 À 2001

Le monde	Le Québec

1980: Élection de Ronald Reagan, chef du Parti républicain, et virage néolibéral aux États-Unis

1980: Premier référendum sur la souveraineté du Québec, où le «non» l'emporte avec 60% des voix

1980-1988: Guerre Iran-Irak

1981: En France, élection de François Mitterand, chef du Parti socialiste

1981: La «nuit des longs couteaux» à Ottawa: le Québec ne signe pas la nouvelle Constitution canadienne

1982: Crise économique mondiale

1982: Le gouvernement du Québec négocie à la baisse les conditions de travail des employés du secteur public

1983: Manifestations contre l'installation d'armes nucléaires en Europe
Découverte du virus qui cause le sida, le VIH, par l'équipe de Luc Montagner

1984: Élection de Brian Mulroney, chef du Parti progressiste-conservateur, comme premier ministre du Canada

1985: Élection de Robert Bourassa, chef du Parti libéral, comme premier ministre du Québec

1986: Catastrophe écologique à la centrale nucléaire de Tchernobyl

1987: Mort de René Lévesque

1989: Signature de l'Accord de libre-échange (ALE) entre le Canada et les États-Unis
Chute du mur de Berlin et fin de la guerre froide
Manifestations en Chine à la place Tian'anmen

1989: Assassinat de 14 étudiantes à l'École polytechnique de Montréal par un tueur fou

1990: Rejet de l'accord du lac Meech, qui visait à réintégrer le Québec dans la Constitution
Rébellion des Mohawks, qui bloquent le pont Mercier menant à l'île de Montréal et érigent des barricades à Oka

1990-1991: Première guerre du Golfe

1991: Fondation du Bloc québécois par Lucien Bouchard

1991-2001: Guerres en Yougoslavie

1993: Élection de Jean Chrétien, chef du Parti libéral, comme premier ministre du Canada

1994: Accord de libre-échange entre le Canada, les États-Unis et le Mexique (ALENA)
Génocide au Rwanda (environ 800 000 morts), suivi de plusieurs guerres sanglantes en Afrique, notamment au Congo
Soulèvement des Zapatistes au Chiapas (Mexique)

1994: Victoire du Parti québécois et élection de Jacques Parizeau comme premier ministre du Québec

1995: Deuxième référendum sur la souveraineté du Québec
Démission de Jacques Parizeau

1995: Création de l'Organisation mondiale du commerce (OMC)

1996: Élection de Lucien Bouchard comme premier ministre du Québec

1998: Protocole de Kyoto

1998: Crise du verglas en janvier

1999: Manifestation contre l'OMC à Seattle; naissance du mouvement altermondialiste

2000-2001: Grandes manifestations contre la mondialisation à Nice, à Prague, à Washington, à Göteborg et à Québec

1980 : Francis Mankiewicz, *Les Bons Débarras* (film)

1981 : Jacques Godbout, *Les Têtes à Papineau* (roman)
Jean-Pierre Ronfard, *Vie et Mort du roi boiteux* (théâtre)

1982 : Anne Hébert, *Les Fous de Bassan* (roman)
Monique Larue, *Les Faux Fuyants* (roman)

1983 : Francine Noël, *Maryse* (roman)

1984 : Jacques Poulin, *Volkswagen blues* (roman)
Marie Laberge, *L'Homme gris* (théâtre)

1985 : Dany Laferrière, *Comment faire l'amour avec un Nègre sans se fatiguer* (roman)
Robert Lepage, *La Trilogie des dragons* (théâtre)

1986 : Denys Arcand, *Le Déclin de l'empire américain* (film)

1987 : Michel Tremblay, *Le Vrai Monde ?* (théâtre)

1988 : Sylvain Trudel, *Le Souffle de l'harmattan* (roman)
Michel-Marc Bouchard, *Les Muses orphelines* (théâtre)

1989 : Michel Garneau, *Les Guerriers* (théâtre)

1991 : Jean Larose, *L'Amour du pauvre* (essais)

1992 : Dominic Champagne, Jean-Frédéric Messier, Pascale Rafie et Jean-François Caron, *Cabaret Neiges Noires* (théâtre)
François Ricard, *La Génération lyrique* (essai)
Jean-Claude Lauzon, *Léolo* (film)

1993 : Ying Chen, *Les Lettres chinoises* (roman)
Bernard Arcand et Serge Bouchard, *Quinze Lieux communs* (essai)

1995 : Sergio Kokis, *Le Pavillon des miroirs* (roman)
François Charron, *Pour les amants* (poésie)

1996 : Monique Proulx, *Les Aurores montréales* (nouvelles)

1997 : Gilbert Langevin, *PoéVie* (poésie)

1998 : Gaétan Soucy, *La petite fille qui aimait trop les allumettes* (roman)
Jean-Pierre Ronfard, *Les Mots* (théâtre)

2000 : Gil Courtemanche, *Un dimanche à la piscine à Kigali* (roman)
Robert Lepage, *La Face cachée de la Lune* (théâtre)

2001 : Nelly Arcan, *Putain* (roman)
Louis Hamelin, *Le Joueur de flûte* (roman)

Le monde : le grand virage

*L*e modèle sur lequel s'est construit le Québec depuis la Révolution tranquille, celui d'un État fort qui réglemente, nationalise, crée des institutions et ne craint pas d'intervenir dans l'économie, est sérieusement remis en question dans de nombreux pays. Ce sont principalement deux grandes puissances économiques de l'époque qui dictent la marche à suivre : les États-Unis, gouvernés par Ronald Reagan et le Royaume-Uni, dirigé par Margaret Thatcher. Ces deux pays reprennent à leur façon les principes du libéralisme développés à la fin du XVIIIe siècle et au XIXe siècle.

Selon ces principes, les gouvernements doivent intervenir le moins possible dans l'économie et laisser les forces du marché créer, par la loi de l'offre et de la demande, un équilibre qui finit nécessairement par améliorer les conditions matérielles de vie du plus grand nombre. Mais cette conception ne s'impose pas d'emblée. Le bloc soviétique, qui cache habilement son état d'agonie, offre jusqu'à la fin des années 1980 une solution de rechange au capitalisme que certains prennent pour modèle, même si cette solution paraît de moins en moins convaincante au fil des ans. Aussi, de nombreux citoyens restent réticents à se débarrasser d'un État providence qui assure une vie décente à l'ensemble des citoyens.

Parmi les événements politiques importants qui ont marqué ces deux décennies, retenons les suivants :

- **La persistance de la guerre froide (jusqu'en 1989).** Sous le gouvernement Reagan, la tension augmente entre les États-Unis et l'URSS. Une intensification du déploiement d'armes nucléaires pousse les pacifistes à organiser d'importantes manifestations. La crainte d'une catastrophe nucléaire se fait sentir chez les populations.

- **La chute du mur de Berlin (1989).** En quelques jours, de très nombreux Allemands de l'Est communistes traversent sans subir de représailles le mur qu'on avait dressé pour les empêcher de passer à l'Ouest. Puis, c'est le bloc soviétique au complet qui s'effondre. La longue rivalité entre Américains et Soviétiques se termine par l'effondrement de la puissance communiste, qui se produit beaucoup plus rapidement que prévu.

- **La première guerre du Golfe (1990-1991).** Le dictateur de l'Irak, Saddam Hussein, envahit un petit pays voisin riche en pétrole, le Koweit. Une coalition dirigée par les États-Unis chasse l'envahisseur. Les États-Unis s'imposent comme une puissance militaire sans rivale.

- **La résurgence des conflits régionaux.** La fin de la guerre froide fait éclater ce qui se maintenait en équilibre par la terreur. La Yougoslavie est le théâtre sanglant de luttes ethniques ; le pays se fractionne à la suite d'une longue guerre. L'Afrique subsaharienne est, elle aussi, déchirée par les guerres et les conflits, dont le plus marquant est le génocide de 800 000 Rwandais, principalement des Tutsis, en 1994. Une guerre encore plus meurtrière a lieu par la suite au Congo.

- **L'expansion du phénomène de la mondialisation (à partir de 1989).** Après la chute de l'Empire soviétique, les pays se regroupent dans de grands ensembles, afin de faciliter les échanges commerciaux. Le Québec s'intègre ainsi à l'ALENA, un accord commercial qui unit le Canada, les États-Unis et le Mexique. Ces accords fonctionnent selon les mêmes principes : ils visent à réduire les réglementations et le rôle de l'État. L'Organisation mondiale du commerce (OMC), créée en 1995, place la liberté de faire du commerce au centre de toutes les préoccupations et se donne des pouvoirs jamais accordés auparavant à un organisme international.

- **La crise de la dette dans les pays du Sud (à partir de 1980).** À la suite d'une augmentation radicale des taux d'intérêt, les pays du Sud, que les banquiers du Nord avaient encouragés à s'endetter, se trouvent incapables de rembourser leur dette, qui atteint des montants exorbitants. Les pays du Nord, qui exigent d'être payés, prennent le contrôle de leur économie et appauvrissent de façon marquée l'immense majorité des populations du Sud.

Cette période riche en transformations force une restructuration de l'organisation sociale, au Québec comme ailleurs dans le monde. Le développement des systèmes de transport permet une très grande mobilité des individus. Les technologies de la communication, notamment l'informatique et l'internet dans les années 1990, rendent les contacts plus faciles entre les gens de partout dans le monde. Le «village global» qu'avait décrit l'intellectuel Marshall MacLuhan pendant les années 1960 devient plus que jamais réalité.

La mondialisation a plusieurs conséquences, dont les suivantes :

- Les particularités régionales s'estompent et, partout, on importe les mêmes produits : vêtements, superproductions cinématographiques hollywoodiennes, restauration rapide, musique populaire. Plusieurs cultures locales sont menacées par l'entrée massive de produits américains. Le paysage québécois est transformé par l'établissement, dans toutes les villes, de grandes surfaces de propriété étrangère, surtout américaine.

- Ce rapprochement des différentes régions de la planète crée de nouveaux problèmes de cohabitation. La mondialisation provoque de grandes injustices. En réaction à la pauvreté croissante, plusieurs habitants des pays du Sud choisissent d'émigrer dans les riches pays du Nord, qui doivent intégrer ces nouvelles populations. Le Québec change ainsi de visage, comme tous les pays du Nord, et reçoit une émigration nombreuse, qui ne vient plus majoritairement de l'Europe, mais de l'Asie, de l'Afrique et de l'Amérique du Sud.

- Le défi pour les populations est élevé : les nouveaux arrivants doivent découvrir une société nouvelle dont les valeurs sont différentes ; quant aux habitants des pays hôtes, ils doivent intégrer des gens de diverses origines et apprendre à connaître et à apprécier leurs mœurs qui peuvent parfois sembler intrigantes. Même si, dans des pays comme le Canada, l'intégration se fait généralement bien, les immigrants ne parviennent pas tous à éviter de subir les comportements racistes et les conflits.

- Une nouvelle division du travail s'établit entre le Nord et le Sud. Le Nord se tourne surtout vers le secteur des services, tandis que le Sud développe son secteur manufacturier. L'assouplissement des lois et la création de zones franches permettent la multiplication d'ateliers de misère, qui se fondent sur une exploitation éhontée des travailleurs, tandis que les délocalisations du Nord vers le Sud entraînent de nombreuses fermetures d'usines.

Symbole de l'effondrement du bloc soviétique, la chute du mur de Berlin en 1989 a créé de grands espoirs et de nouvelles incertitudes.

L'agonie puis la chute du régime communiste, de même que le triomphe du matérialisme posent de grandes questions. Plusieurs penseurs parlent de la **fin des idéologies**: selon eux, aucun grand système de pensée ne parviendrait désormais à s'imposer, ce qui crée une crise des valeurs – crise qui a d'importants échos chez les intellectuels d'ici.

En vérité, une idéologie s'impose partout dans le monde: le **néolibéralisme,** selon lequel il faut intervenir le moins possible dans l'économie et laisser les forces du marché agir librement. Au tournant du millénaire, il devient toutefois évident que le néolibéralisme a créé sa part de catastrophes: écarts grandissants entre les riches et les pauvres, détérioration de l'environnement, successions de crises économiques dans plusieurs pays en développement, création de corporations plus puissantes que jamais qui dictent la politique des États, éliminations de milliers d'emplois pour satisfaire des actionnaires de compagnies avides de rendements élevés.

La société québécoise: question nationale, néolibéralisme, interculturalisme et identité culturelle

La question nationale

De 1980 à 2001, la question nationale reste au centre des préoccupations des Québécois et de la classe politique. Les innombrables débats à ce sujet, trois référendums et de longues batailles politiques n'ont pas réussi à régler la question: au tournant du millénaire, les Québécois demeurent toujours aussi indécis à propos de leur destinée.

Le débat sur la question nationale est marqué par les événements suivants:

- **1980: Le premier référendum sur la souveraineté.** Le gouvernement du Parti québécois demande à la population de lui donner le mandat d'entreprendre des négociations avec le Canada afin d'obtenir une forme de souveraineté-association. Le «non» obtient environ 60 % des voix. Cette défaite, qui brise un rêve largement partagé, est dure pour les souverainistes. La campagne du «non» a reçu un important soutien financier et a été appuyée par le premier ministre du Canada, Pierre Elliot Trudeau, qui a promis durant la campagne de modifier la Constitution du pays.

- **1981: La «nuit des longs couteaux».** Durant la nuit du 4 novembre, neuf des provinces canadiennes et le gouvernement du Canada, en l'absence du Québec, conviennent de rapatrier au Canada la Constitution, qui est conservée au Royaume-Uni. Depuis ce temps, le Québec n'a toujours pas signé cette Constitution.

- **1990: L'accord du lac Meech.** Le premier ministre du Canada, Brian Mulroney, cherche à réintégrer le Québec dans la Constitution et propose, dans l'accord du lac Meech, que le Québec soit reconnu comme une «société distincte». L'accord soulève de vives objections au Canada anglais et est rejeté.

- **1992: L'accord constitutionnel de Charlottetown.** En réponse à l'échec de l'accord du lac Meech, le gouvernement de Brian Mulroney en propose une version allégée qu'il soumet à la population par un référendum dans tout le Canada. L'accord est rejeté par une claire majorité, tant au Québec que dans le reste du Canada.

- **1995: Le deuxième référendum sur la souveraineté.** Après une campagne forte en émotions, le «non» l'emporte avec un résultat remarquablement serré: il obtient 50,6 % des voix. La question nationale n'est donc pas réglée. De plus, les souverainistes révèlent de nombreuses irrégularités dans la campagne du «non» et ils envisagent un nouveau référendum. Quant au gouvernement canadien, il réplique à cette quasi-défaite par une opération de propagande appelée «programme des commandites».

Le virage néolibéral

La question nationale reste préoccupante même si le Québec et le Canada, dans une économie mondialisée, semblent avoir de moins en moins de contrôle sur leur destinée. Deux crises économiques, la première au début des années 1980 et la seconde au début des années 1990, montrent que les avancées des dernières années demeurent fragiles.

En 1982, en réaction à l'endettement et au déficit budgétaire, le gouvernement du Parti québécois impose à ses employés d'importantes baisses de salaires. Au lendemain du deuxième référendum, le gouvernement met en œuvre d'autres mesures économiques, dont des offres de mise à la retraite, afin d'éliminer le déficit. Les services offerts par le gouvernement subissent les contrecoups de ces diverses mesures et leur fonctionnement est moins adéquat. Le Québec a donc pris, lui aussi, le virage néolibéral, comme presque toutes les nations du monde.

Une société de plus en plus métissée

Dans ce Québec qui reste tout de même avantagé sur le plan économique, les femmes font moins d'enfants qu'autrefois. L'immigration devient alors nécessaire pour éviter une baisse de la population. Les nouveaux venus proviennent de pays très diversifiés. Pour intégrer ces vagues de nouveaux citoyens, le Canada et le Québec adoptent des politiques différentes :

- Le Canada choisit le **multiculturalisme,** qui permet à chaque communauté de préserver ses valeurs, ses coutumes et ses traditions. Au Québec, on reproche au multiculturalisme de créer des ghettos et, surtout, d'avoir l'intention cachée de faire des Québécois une ethnie comme les autres au sein du Canada.

- Le Québec préfère l'**interculturalisme,** qui favorise la cohabitation dans le respect des gens de diverses origines, ainsi que la connaissance et la compréhension des différences culturelles. Certains reprochent toutefois à cette approche de brusquer l'intégration et de chercher une forme d'assimilation. D'autre part, de nombreux Québécois considèrent que, pour la survie de leur culture, il est essentiel que ces nouveaux venus adoptent le français comme langue d'usage.

Si l'accueil des nouveaux arrivants n'est pas irréprochable au Québec, il n'en reste pas moins que pendant cette période les démonstrations de racisme sont rares. Les nouveaux arrivants ont cependant tendance à se concentrer dans la région de Montréal, ce qui crée un clivage entre cette ville et le reste du Québec. De nombreux nouveaux arrivants s'intègrent aisément à la société d'accueil. Le succès littéraire de plusieurs écrivains d'origine étrangère est un bel exemple d'une intégration réussie : le public québécois découvre avec intérêt et curiosité les expériences très diversifiées que ces auteurs racontent dans leurs œuvres.

Au début des années 1980, de nouvelles vagues d'immigration donnent à Montréal un visage de plus en plus multiethnique alors que la très forte majorité des nouveaux arrivants s'y rassemble.

Une culture remarquablement dynamique

La culture québécoise, qui s'est découvert une identité forte dans les deux décennies précédentes, se trouve maintenant prête à émerger sur la scène internationale. Malgré des conditions de travail parfois difficiles, malgré des politiques culturelles qui tardent à voir le jour, les artistes québécois produisent maintenant des œuvres qui plaisent non seulement au public d'ici, mais aussi ailleurs dans le monde.

Certains artistes populaires connaissent une diffusion exceptionnelle. La chanteuse Céline Dion et le Cirque du Soleil remportent des succès colossaux et deviennent de grandes entreprises très rentables dans le domaine du spectacle. Des artistes plus exigeants se font aussi remarquer sur de grandes scènes. Édouard Lock et Marie Chouinard réussissent à imposer leurs chorégraphies audacieuses et très maîtrisées. L'homme de théâtre Robert Lepage devient l'un des metteurs en scène les plus appréciés de la planète et conçoit des spectacles qui se transforment d'une scène à l'autre, d'un pays à l'autre. Des troupes de théâtre entreprennent d'importantes tournées, entre autres Carbone 14 et le Théâtre des Deux Mondes. Le cinéaste Denys Arcand est découvert par les cinéphiles étrangers lors du Festival de Cannes en 1986 avec *Le Déclin de l'empire américain*, et réussit par la suite à imposer son cinéma d'auteur.

Il serait difficile de faire une liste exhaustive de tous les succès remportés à l'étranger par les artistes québécois. Ces succès ont été rendus possibles grâce à l'institutionnalisation plus importante du milieu culturel : nombre de maisons d'édition, de compagnies théâtrales, de troupes de danse et de boîtes de production en cinéma se forment et se maintiennent. Les artistes bénéficient d'un meilleur soutien et d'un meilleur encadrement. Leur mérite d'avoir remporté de pareils succès est d'autant plus grand que leur financement reste, malgré tout, souvent inadéquat.

Geneviève Cadieux, *La Fêlure au chœur des corps,* 1990.

Avec ses gros plans grand format de corps humains, Geneviève Cadieux est une artiste québécoise qui a su se faire connaître sur la scène internationale pendant les années 1980-1990. Elle a représenté le Canada lors de la Biennale de Venise en 1990, l'un des événements les plus prestigieux dans l'art contemporain.

La littérature québécoise : l'heure de la diversité

À partir du début des années 1980, la littérature québécoise effectue elle aussi un important virage. La société s'est elle-même transformée, ses rapports avec le reste du monde sont différents, et, à la suite de la défaite référendaire, les aspirations des Québécois ne sont plus tout à fait les mêmes. Comme toujours, les écrivains se font le reflet des changements sociaux et leurs œuvres diffèrent considérablement de celles de la période précédente.

Voici quelques-uns des changements et des tendances qui caractérisent la littérature des années 1980 à 2001 :

- Les réformes qui ont généralisé l'accès à l'éducation à partir des années 1960 donnent leurs fruits : les Québécois sont plus scolarisés que jamais. La population du Québec a augmenté de deux millions de personnes de 1960 à 2000. Il y a donc plus d'auteurs et de lecteurs qu'auparavant. Pendant cette période, l'offre d'œuvres littéraires s'accroît de façon marquée. On conçoit des livres de genres très diversifiés, qui conviennent à un public plus varié qu'autrefois.

- Les auteurs ne se regroupent plus en écoles littéraires et ne tiennent plus à travailler à la défense des mêmes idées. L'individualisme de l'époque touche beaucoup les écrivains, qui cherchent surtout à explorer des voies qui leur sont propres, à se distinguer par l'originalité de leur univers.

- La société québécoise n'est plus « tricotée serré » comme autrefois. Les auteurs cherchent peu à décrire un citoyen typique, qui existe d'ailleurs de moins en moins. Ils se tournent vers des catégories de citoyens très souvent marginalisés (l'homosexuel, l'autochtone, le délinquant, la victime d'acte de violence, etc.) dont ils décrivent avec sympathie la difficile condition, sans pour autant faire la morale au lecteur.

- Parmi les citoyens de la marge, nos auteurs s'intéressent particulièrement aux immigrés. Une grande partie des œuvres concernant leur sort sont écrites par de nouveaux arrivants qui racontent de l'intérieur l'expérience souvent troublante de l'immigration. Ces œuvres, que l'on qualifie de « **littérature migrante** », abordent des sujets tels l'adaptation à un nouveau pays, le déracinement, les souvenirs du pays d'origine et la confrontation entre les cultures. Tant les critiques que les lecteurs réservent un bel accueil à cette littérature qui s'intègre tout naturellement au corpus des œuvres québécoises (voir l'encadré, à la page 182).

- Plusieurs auteurs manifestent un intérêt croissant pour l'autobiographie. L'expérience personnelle, surtout lorsqu'elle est marginale, devient un excellent sujet pour un livre. Ces autobiographies deviennent des « **autofictions** » lorsqu'elles sont racontées sous une forme plus ou moins romancée et qu'elles révèlent des aspects inattendus de la vie intime de l'auteur, y compris, souvent, une description détaillée de sa vie sexuelle.

- L'apparition de nombreux best-sellers québécois a des effets considérables sur la mise en marché de notre littérature. Il est plus rentable pour le milieu du livre de vendre beaucoup d'exemplaires d'un même livre que la même quantité de livres différents (en raison des contraintes de production, d'entreposage, de placement en librairie, etc.). La promotion et le marketing deviennent indispensables pour faire connaître les livres. Cette situation désavantage les œuvres littéraires exigeantes et de qualité.

- La créativité est encouragée par des institutions littéraires qui encadrent mieux qu'autrefois le travail de l'écrivain : un milieu de l'édition plus stable et plus expérimenté, un syndicat d'écrivains (UNEQ) qui voit à ce que les auteurs soient respectés, ainsi que deux conseils des arts, l'un à Ottawa, l'autre à Québec, qui distribuent des bourses d'écriture. Le métier d'écrivain ne permet toujours pas à la très grande majorité des auteurs de gagner leur vie, mais il s'exerce dans des conditions un peu plus favorables que dans les années antérieures.

La littérature québécoise existe désormais dans des formes très diverses. Malgré les modes qui se créent, les phénomènes qui ne durent qu'une saison et une marchandisation certaine, elle réussit de mille façons à dépeindre l'individu moderne d'ici, dans ses contradictions et sa complexité.

Jacques Godbout (né en 1933)

À la fois romancier, poète, cinéaste, essayiste et journaliste, Jacques Godbout est l'un des intellectuels les plus importants de sa génération. Son œuvre romanesque suit sa pensée politique et s'intéresse aux sujets d'actualité : le terrorisme à la québécoise dans *Le Couteau sur la table* (1965), l'écologie dans *L'Isle au dragon* (1976), la société américaine dans *Une histoire américaine* (1986). Son roman le plus connu, *Salut Galarneau!* (1967), raconte avec humour et tendresse la révolte d'un homme qui gagne sa vie dans la restauration rapide, un roi du hot-dog qui souhaite devenir écrivain.

Le roman *Les Têtes à Papineau* est écrit juste après le référendum de 1980, dont il s'inspire. Pour désamorcer le drame qui vient de déchirer les Québécois, Godbout choisit d'en rire. Il imagine un enfant qui naît avec deux têtes. Cette étrange particularité transforme l'enfant en bête de cirque. Mais les deux têtes se lassent de « partager le même territoire », et une grande opération permet de faire disparaître une des têtes. Le roman est avant tout une farce allégorique : l'auteur exploite à fond toutes les possibilités comiques de la situation et relie clairement son sujet aux difficultés des Québécois, partagés entre leurs deux appartenances.

ROMAN

LES TÊTES À PAPINEAU (1981)

En mille neuf cent cinquante-cinq, avant le premier mai de cette année-là, et les douleurs de l'accouchement, personne au monde ne *nous* attendait. Surtout pas l'obstétricien, un brave garçon un peu myope derrière une moustache mal taillée.

5 Il était deux heures du matin. Nous aurions pu choisir un autre moment, mais quand on décide de naître on a rarement l'occasion de jeter auparavant un coup d'œil à l'horloge grand-père. C'est donc les yeux ensablés de sommeil, la bouche ouverte de stupeur et le cœur battant que l'accoucheur et les deux infirmières virent
10 apparaître notre première petite tête suivie de son écho. Nous ne savons, à cette heure, si c'est Charles ou François qui le premier vit le jour électrique qui baignait la salle. Mais dès que nous sommes apparus l'une des deux infirmières fut saisie d'un fou rire aigu. L'autre jeune femme, et le médecin par-dessus le marché, se virent
15 plutôt paralysés par la frayeur. Cloués sur place. Comme des mannequins en vitrine. Ils nous offraient les masques de la peur et du rire. Les accouchements sont des sacrés coups de théâtre! L'enfant déchire le rideau de chair et c'est la première! Applaudissons.

Enfin. L'accoucheur en avait avec nous plein les mains. Parce qu'il
20 pratiquait dans une institution catholique, et que l'Église en ces années-là veillait sur tout, le Dr Pilotte tout de go pensa appeler à son secours l'aumônier. Ses paroles (les premiers mots que nous entendîmes!) authentiques et historiques furent simples : « Au secours, monsieur l'abbé! » cria donc l'accoucheur dans le grand
25 corridor vide à cette heure. Une clochette tinta au loin. L'abbé arriva précipitamment, arraché à son sommeil, la soutane au vent, prêt à administrer les derniers sacrements. Mais, quand il vit cet enfant qui gigotait devant lui comme un morceau de cauchemar, il ne put y croire. Mystère? Miracle? Supercherie? Pendant de
30 longues minutes l'élite canadienne-française – médecin et curé – nous contempla dans un silence incrédule.

— Madame », dit enfin l'abbé, sentant que le discours lui revenait, se raclant la gorge, « Dieu... », ajouta-t-il en regardant la parturiente encore étourdie par l'effort, « ... voulez-vous
35 que nous priions ensemble pour le salut de cet enfant ? !

— Que racontez-vous? Est-il mort? Que se passe-t-il? cria notre mère dans son français du dimanche.

— Non bien sûr, calmez-vous, répondit l'aumônier de l'hôpital, il vit, il respire, il pleure même, vous l'entendez?

40 Nous étions à donner une démonstration en stéréophonie.

«Mais…, ajouta l'abbé qui cherchait ses mots, … il, il n'a pas la tête de tout le monde !

— C'est mon enfant ! lança maman, montrez-moi mon enfant !

Marie Lalonde avait, chez les ursulines, joué Phèdre, Andromaque 45 et Aurore. Elle savait faire vibrer les cordes sensibles.

— Voilà ! fit alors le médecin en nous soulevant par les fesses…

François apparut la tête recouverte de duvet. Charles était né avec une dent à la mâchoire inférieure, le crâne nu. Nous étions objectivement et effectivement horribles, ratatinés, les yeux plissés 50 à cause des projecteurs, nos petits nez comme des boutons de bottine au milieu d'un parchemin froissé. L'aumônier avait reculé d'un pas et s'était tu, la tête légèrement inclinée, humilié parce qu'il ne disposait d'aucune prière adéquate. «Quand on pense qu'il existe», se disait-il in petto, «des prières pour les infirmes, des exorcismes 55 pour les possédés du démon, des suppliques pour les objets perdus, des invocations pour bénir les ponts et chaussées, des cérémonies de relevailles et des baptêmes pour les pygmées, mais pas un seul de nos pères n'a prévu le doublé ! Devrais-je réciter deux fois la même incantation ?» Notre mère s'était soulevée sur un bras et 60 nous contemplait gravement, puis, avec des larmes de fierté dans les yeux, s'écria :

— C'est incroyable ! Fantastique ! Merveilleux ! Ah Alain-Auguste ! Nous avons fait d'un ovaire deux coups !

VERS LA DISSERTATION

1. Quelles sont les réactions de ceux qui voient apparaître le bébé à deux têtes ? Comparez ces réactions à celle de la mère.

2. Faites le lien entre la naissance de l'enfant telle qu'elle est racontée dans cet extrait et le contexte de la Grande Noirceur.

3. Qui forme, selon le narrateur, l'élite canadienne-française ?

4. Montrez que l'auteur se moque des institutions de l'époque.

5. Montrez que l'auteur associe la naissance de l'enfant au théâtre.

6. Est-il juste de dire que ce texte est satirique ?

Le référendum de 1980 crée de vives oppositions et de larges débats au sein du peuple québécois.

Anne Hébert (1916-2000)

Anne Hébert connaît un important succès avec son roman *Kamouraska* (1970), dans lequel elle raconte l'histoire d'une femme prisonnière d'un mari violent, qui planifie avec son amant le meurtre de son bourreau. Dans ce roman comme dans les autres d'Anne Hébert, la gravité du drame contraste avec la beauté éclatante de l'écriture. Installée à Paris pendant plus de trente ans, Anne Hébert demeure attachée à son pays d'origine; elle y situe, par exemple, l'intrigue des *Fous de Bassan*, roman sombre et poétique, qui compte parmi ses plus accomplis.

Dans *Les Fous de Bassan*, Anne Hébert raconte le retour au pays d'un jeune homme, Stevens Brown, après cinq ans d'absence. Ce retour sème l'émoi dans la petite communauté de Griffin Creek, sise au bord de la mer, dans un paysage magnifique qui rend captifs les personnages. Deux fraîches et belles jeunes filles, Olivia et Nora, se prennent au jeu de la passion qu'elles vivent et provoquent malgré elles. Dans cette petite société où l'on étouffe les manifestations spontanées de l'attirance sexuelle, le désir peut éclater comme une bombe. Olivia décrit son attrait pour Stevens sous forme de journal imaginaire.

ROMAN

LES FOUS DE BASSAN (1982)

Avis au lecteur

Tous mes souvenirs de rive sud et de rive nord du Saint-Laurent, ceux du golfe et des îles ont été fondus et livrés à l'imaginaire, pour ne faire qu'une seule terre, appelée Griffin Creek, située entre cap Sec et cap
5 *Sauvagine. Espace romanesque où se déroule une histoire sans aucun rapport avec aucun fait réel ayant pu survenir, entre Québec et l'océan Atlantique.*

[...]

La repasseuse est dans la cuisine, penche la tête dans la buée chaude des fers, fait attention de ne pas faire sauter les boutons de la chemise blanche. Sa robe bleue délavée est trop courte, tout juste bonne pour
10 travailler dans la maison. Le vent tout alentour emmêle ses courants, s'insinue sous le pas des portes, file sa chanson envoûtante jusqu'au cœur de la repasseuse. Je suis elle et elle est moi. Je m'ajuste à ses os et son âme n'a pas de secret pour moi. La masse de ses cheveux blonds, son profil patient au-dessus de la planche à repasser. Il s'agit
15 d'avoir deux fers en train. Celui qu'on passe et repasse sur le linge humide et l'autre de rechange qui chauffe sur le poêle à bois. Prendre la température du fer en l'approchant de sa joue doucement. Ainsi faisaient sa mère et sa grand-mère. La longue lignée des gestes de femme à Griffin Creek pour la lier à jamais.

20 Et le vent qui tourbillonne tout autour de la maison fait résonner Griffin Creek avec des voix de femmes patientes, repasseuses, laveuses, cuisinières, épouses, grossissantes, enfantantes, mères des vivants et des morts, désirantes et désirées dans le vent amer.

Elle l'a tout de suite reconnu dans la porte. Sa taille d'homme. Sa
25 voix d'homme. Après cinq ans d'absence. Bien qu'elle fasse semblant de ne pas le reconnaître. Se raccroche le plus longtemps possible aux mouvements précis du fer sur le linge humide, une cohorte de femmes dans l'ombre et le vent la priant de continuer à repasser comme si de rien n'était.

30 Je les entends qui disent: Ne lève pas la tête de ton repassage, tant que ce mauvais garçon sera là dans la porte. Lui entre mille autres. Elle l'a regardé en plein visage. Elle a été regardée par lui en plein visage. Mon Dieu il ne fallait pas disent-elles toutes dans l'ombre et le vent, les mères et les grand-mères alertées. Tandis qu'Olivia brûle
35 avec son fer trop chaud le poignet de la chemise de son frère Patrick.

Il est comme l'arbre planté au milieu du paradis terrestre. La science du bien et du mal n'a pas de secret pour lui. Si seulement je voulais bien j'apprendrais tout de lui, d'un seul coup, la vie, la mort, tout. Je

ne serais plus jamais une innocente simplette qui repasse des chemises
40 en silence. L'amour seul pourrait faire que je devienne femme à part
entière et communique d'égale à égale avec mes mère et grand-mères,
dans l'ombre et le vent, à mots couverts, d'un air entendu, du mystère
qui me ravage, corps et âme.

Cette façon qu'il a de surgir derrière mon dos quand il y a beaucoup
45 de vent et qu'on ne l'entend pas venir. Tout d'un coup il est là.
À croire qu'il se cache pour mieux me surprendre.

— Hi, Olivia ! Y fait beau à matin !

Il m'examine de la tête aux pieds tandis que j'étends des draps sur la
corde, et que le vent colle ma robe à mes cuisses. Vais-je cesser tout
50 travail et tout mouvement, me tenir immobile et fascinée, les deux
pieds dans l'herbe courte, derrière la maison de mon père, prise dans
le regard de Stevens, comme dans un filet ? Mes mère et grand-mères
me chuchotent dans le vent dur de n'en rien faire et d'accorder toute
mon attention aux draps mouillés qui pèsent si lourd au bout de mes
55 bras. Il a déjà tourné les talons et rejoint Sidney et Patrick qui boivent
de la bière sur la galerie.

Les grandes femmes crayeuses, couchées dans le petit
cimetière de Griffin Creek, depuis longtemps ont
l'âme légère, partie sur la mer, changée en souffle et
60 buée. Ma mère, parmi elles, la plus fraîche et la plus
salée à la fois, me parle en secret ma douce langue
natale et me dit de me méfier de Stevens.

Tout le long de l'été lorsque je le vois, je tremble
comme si mes os s'entrechoquaient à l'intérieur de
65 moi. Surtout qu'il ne s'aperçoive de rien. Que je
demeure lisse et droite devant lui. Je pense cela très
fort, tandis qu'une flamme brûlante monte dans mon
cou, couvre mes joues et mon front. Surtout qu'il
ne s'aperçoive de rien. S'il me voyait rougir devant
70 lui, à cause de lui qui me tourmente, une fois, une
fois seulement et je mourrais de honte.

VERS LA DISSERTATION

1. Par quel procédé d'écriture et par quels termes la narratrice décrit-elle les femmes de son village ?
2. Par quoi Olivia est-elle attirée chez Stevens ?
3. Quel effet cette attirance produit-elle chez Olivia ?
4. Montrez que cette attirance naît dans les tâches quotidiennes de la vie paysanne.
5. Qu'est-ce qui empêche Olivia de se donner à Stevens ?
6. En quoi l'écriture d'Anne Hébert est-elle poétique ?
7. Est-il juste de dire que ce texte exprime une passion contenue ?

Jean-Paul Ladouceur, *Ma terre dorée*, 1989-1990.

Dans *Les Fous de Bassan*, Anne Hébert se fait paysagiste et décrit avec une grande force d'évocation une Gaspésie tourmentée et mystérieuse, alors que dans l'art québécois, la peinture paysagiste est une tendance moins marquante, mais toujours appréciée.

Monique Larue (née en 1948)

Monique Larue fait des études en philosophie, puis rédige un doctorat en littérature sous la direction du célèbre critique français Roland Barthes. Elle poursuit avec une lente régularité une œuvre romanesque d'une grande qualité. Ses romans abordent des thèmes variés tels la famille dysfonctionnelle (*Les Faux Fuyants*), les bouleversements apportés par l'informatique (*Copies conformes*, 1989), la recherche des origines (*La Démarche du crabe*, 1995) ainsi que les hauts et les bas du métier d'enseignant (*La Gloire de Cassiodore*, 2004). Monique Larue s'implique aussi dans les débats de société par les articles qu'elle écrit dans de nombreuses revues.

Le roman *Les Faux Fuyants* raconte la dérive d'une famille. Un homme et une femme, incapables de s'aimer et de vivre ensemble, abandonnent leurs enfants, les jumeaux Klaus et Élodie, à la grand-mère. Profondément déçus par leur existence gâchée, les personnages ne cherchent plus qu'à fuir. Ils s'élancent sur les routes du Québec et de l'Amérique, et s'abandonnent à l'alcool, à la drogue et aux médicaments, jusqu'à l'autodestruction. Dans un monde qui a perdu ses points de repère, Klaus, qui prend la parole en alternance avec un narrateur omniscient, se qualifie, avec sa sœur, de « pauvre punk de bonne famille » et adopte un nihilisme désabusé, comme pour se protéger des aléas de son existence.

ROMAN

LES FAUX FUYANTS (1982)

Enfin arrivés dans la réalité, on n'a pas pris la peine d'accommoder. On s'est placés tous les deux sur le bord de la route et on a sorti le pouce, comme prévu. Élodie-Mélodie s'est mise devant moi, et ça n'a pas pris de
5 temps. Comme prévu, le camion s'est arrêté. Pour monter, il a fallu que j'aide ma sœur. Elle s'est assise au milieu, entre moi et lui.

On ne connaissait pas ça, nous deux, un camion routier avec des bébelles qui pendouillent en avant. Une bottine
10 de bébé balancée au bout d'un lacet bleu ciel. Une queue de raton laveur, une fille en plastique qui se cache les seins. Vitesses au plancher, la radio grésille. Lui-même marmonne – on entend sans arrêt *Over Over Over*. Fume des Export A, ne demande rien du tout.

15 Élodie me rentre les ongles dans la peau. La cabine est énorme, fenêtre panoramique, un véritable salon roulant. La neige féroce fonce sur le pare-brise. Tourmente démentielle du retard du temps. Rien ne pourrait faire déraper une grosse vanne comme ça. Des pneus à toute
20 épreuve. Un bolide sur la surface glissante de la route. Nous à l'intérieur. Ça me rassure, un tour de camion. Le laitier nous laissait monter parfois, petits. Le moteur est plutôt silencieux. Ça s'épaissit, ça prend, on dirait, le tourbillon. Ça engourdit, ça éloigne. Une sorte d'hyp-
25 nose. La neige a aboli les dimensions, on roule à haute vitesse, tout s'égalise. Le type ne dit toujours rien, ne jetterait même pas un coup d'œil de notre côté. Il regarde fixement la route qui défile, et c'est à croire qu'on n'est pas là, encore une fois. Élodie se regarde dans le rétro-
30 viseur. Je vois les mains du type sur le volant – et les grosses bottes de cuir jaunasses, le windbraker en nylon matelassé, le tee-shirt *La belle Province* fleurdelysé, la chevalière à faux rubis au doigt, la montre digitale au poignet. Son silence peu poli ne m'incommode pas autant
35 qu'il doit achaler Élodie, on file. La neige du printemps fond, mouille, slotche, revole, splache, avec des bruits liquides. Nous voilà sur le vaisseau-fantôme du Prince du grand livre Rouge et Or. On fonce dans le tourbillon, irréels, conduits par l'inconnu de l'autre monde. On
40 y croyait, petits, c'était possible, un autre monde.

Puis on quitte l'autoroute, le vaisseau ralentit, le flasher clignote, on entend le tic-tac électronique et sur la gauche, en lettres rouges qui rosissent le blanc, c'est

écrit: TAVERN. On s'arrête. Élodie me regarde. Le
45 gars fait signe qu'elle attende dans le camion. Moi,
je le suis. Aussitôt assis sur la chaise vernie, des signes
s'échangent, les verres s'alignent. Muets. Je bois. Je sais
déjà ce que c'est, l'alcool. Je bois aussi vite que je peux.
Une grande soif qui s'apaise instantanément. Le type
50 met du sel sur la mousse. Rumeur sourde, silence buté,
hommes à ventre. Fumée. Télévision perchée haut. Il
doit y avoir un pusher ici. Je regarde notre samaritain
qui engloutit systématiquement ses drafts. Mes veines
se réchauffent, ça se répand partout.

Zilon, *Virusa,* 2000.

Zilon devient célèbre par ses graffitis qui apparaissent subrepticement sur les murs de Montréal au début des années 1980. Sa peinture incarne l'esprit rebelle et anarchiste que l'on retrouve dans certains romans, dont *Les Faux Fuyants* de Monique Larue.

Francine Noël (née en 1945)

Francine Noël enseigne au département de théâtre de l'Université du Québec à Montréal. C'est plutôt par le roman qu'elle se fait connaître du grand public, notamment par *Maryse* et sa suite, *Myriam première* (1987), de même que par *Nous avons tous découvert l'Amérique* (1990). Dans ces romans, Francine Noël fait preuve d'un grand sens de l'observation et d'un souci du détail réaliste ; elle offre une description précise, amusée, sans prétention, du petit monde intellectuel où gravitent ses personnages.

Maryse est une jeune femme d'humble origine, qui s'éloigne de son milieu pour s'intégrer dans un groupe d'intellectuels en rupture de ban avec les valeurs bourgeoises. Elle vit une relation difficile avec Michel Paradis, qui ne parvient pas à l'aimer comme elle le voudrait. *Maryse* est surtout une chronique souvent cocasse, voire caricaturale, de la période qui va de 1968 à 1975. L'auteure aime beaucoup s'attarder sur les contradictions des personnages, déchirés entre leurs principes et leurs désirs.

VERS LA DISSERTATION

1. Décrivez la relation entre les deux sœurs, Maryse et Maureen.
2. Relevez les contradictions de Maryse au sujet de sa sœur, du mariage et de la liberté. Comment les vit-elle ?
3. Trouvez une antithèse qui décrit bien ce que ressent Maryse à propos de son style de vie.
4. Quels détails réalistes l'auteure intègre-t-elle dans son texte ? Quelle est la fonction de ces détails ?
5. Peut-on dire que les préoccupations de Maryse ressemblent à celles de l'écrivain de *La Nef des sorcières* de Nicole Brossard (p. 144) ?

ROMAN

MARYSE (1983)

Septembre 1969

Il faisait encore chaud. Maryse revenait de l'épicerie en traînant ses souliers dans les feuilles mortes. Elle n'était pas pressée. Elle pensait à Maureen qui avait téléphoné la veille pour annoncer, cette fois-ci, son propre mariage. Maryse n'avait rien en commun avec sa sœur,
5 sinon d'avoir trop longtemps partagé la même chambre, les mêmes corvées d'entretien, les mêmes punitions. Cela éloigne parfois. Cependant, elle ne pouvait pas s'empêcher de se demander si, pour Maureen, le fait d'être avec un homme signifierait la même chose que pour elle. Sans doute pas. D'ailleurs, elle-même n'était pas
10 véritablement avec Michel Paradis, mais c'était tout comme ; ça faisait chic, dans le milieu, de ne pas habiter le même appartement car la notion de couple était bourgeoise et rétrograde. C'est ce que pensait la nouvelle gang de Michel, qui était farouchement contre le mariage. Maryse ne voulait surtout pas être bourgeoise et
15 rétrograde. Sans s'en rendre compte, elle s'était mise à marcher plus vite et les feuilles, dont l'odeur forte lui montait à la tête, bruissaient sous ses pas. Le mariage de Maureen la rendait malade d'écœurement : pourquoi cela arrivait-il à sa sœur, et pas à elle ? À quoi lui servait d'être libre si elle ne pouvait pas voir Michel quand
20 elle le voulait, c'est-à-dire tout le temps ? Si au moins ils avaient été accotés ! Devant l'énormité de l'évidence, elle eut envie de pleurer : elle était irrémédiablement amoureuse de Michel Paradis, toujours, elle avait voulu habiter avec lui, et dès le premier soir, elle avait désiré l'épouser. Elle se mourait d'envie de devenir madame Maryse
25 Paradis et cette ambition, qui était manifestement égocentrique et mesquine, la scandalisait. Elle n'était qu'une petite bourgeoise jalouse égarée dans un groupe progressiste qui n'hésiterait pas à l'exclure en découvrant jusqu'à quel point elle s'agrippait. Elle n'était pas cool mais dépendante et, dans le fond, aussi réactionnaire
30 que sa sœur Maureen... Perdue dans ses pensées, elle avait dépassé l'escalier de la piaule quand elle se souvint d'avoir oublié d'acheter la nourriture de Mélibée. C'était sans importance puisqu'elle avait le temps, tout son temps ; elle était une femme libre, mauditement libre, vivant une union super libre avec Michel Paradis, ce qui lui
35 laissait le loisir d'aller acheter toutes les cannes de *Puss and Boots* qu'elle voulait. Elle fit demi-tour, oppressée malgré la douceur de l'air, jalouse de sa sœur, consciente de l'être et tourmentée à l'idée d'éprouver un sentiment aussi méprisable.

Quand elle revint avec le lait et les boîtes de nourriture à chat, Coco
40 Ménard était assis dans l'escalier ; entouré de sacs à poignée Gold Star, il serrait une vieille dactylo sur son cœur et attendait. Lui aussi semblait avoir tout son temps.

LE BEST-SELLER QUÉBÉCOIS

Jusqu'au début des années 1980, les auteurs québécois cherchaient principalement à écrire une littérature de qualité, marquée par leurs expériences personnelles, et laissaient la littérature commerciale aux étrangers, aux Français et aux États-uniens surtout. Certaines séries de romans populaires plaisaient au grand public, tels les *IXE 13* et *Le Manchot* de Pierre Daigneault (ou Pierre Sorel), mais ces petits livres sans prétention et fabriqués à la chaîne restaient dans les marges de la littérature.

Dès le début des années 1980 apparaissent des séries de romans qui font la preuve que des livres écrits au Québec peuvent se hisser dans les rangs des plus populaires. Plusieurs de ces séries remportent un succès considérable et déclassent même parfois des œuvres étrangères très appréciées. Parmi ces best-sellers, il faut signaler *Les Enfants de la liberté* (1981-1982) de Louis Caron, *Les Chroniques du Plateau Mont-Royal* (commencées en 1978) de Michel Tremblay, *Les Filles de Caleb* (1985-1986) d'Arlette Cousture, *Marie Laflamme* (1990-1994) de Chrystine Brouillet et *Le Goût du bonheur* (2000-2001) de Marie Laberge. Il ne faut surtout pas oublier le succès considérable du *Matou* (1981) d'Yves Beauchemin, un roman qui bat tous les records de vente, qui est traduit dans plusieurs langues, et dont le personnage principal, énergique et combatif, ne ressemble pas aux Québécois bafoués et résignés qu'on retrouve en grand nombre dans les œuvres misérabilistes de l'époque précédente.

Les best-sellers québécois ne sont pas tous fabriqués de la même façon et ne sont pas de qualité égale. Mais certaines tendances se dégagent de leur conception :

- **Les auteurs adoptent un style simple et efficace.** Les phrases sont courtes, et les effets de style, limités. Le lecteur arrive ainsi à saisir rapidement un propos sans ambiguïté. Les histoires sont narrées de façon à ce qu'on les lise rapidement et sans difficulté.

- **Les histoires sont bien rythmées et pleines de rebondissements.** Le récit doit toujours soutenir l'attention du lecteur. Ces livres prennent comme modèles les romans-feuilletons du XIXᵉ siècle, ceux d'Alexandre Dumas par exemple, dont les chapitres se

terminent par une action qui débute et dont le lecteur veut suivre le déroulement, ce qui le tient constamment accroché à l'histoire.

- **La psychologie des personnages est simple et clairement expliquée.** Le lecteur distingue facilement, par exemple, le bon du méchant : le premier est caractérisé par des qualités remarquables, fait preuve de courage et de noblesse, tandis que le second est en proie à ses pulsions et à son avidité.

- **Les auteurs ont une prédilection pour le roman historique.** Ils recherchent les épisodes mouvementés de notre histoire ; leurs récits, même s'ils ne respectent pas toujours rigoureusement la réalité historique, instruisent et dépaysent le lecteur. Le passé est vu sous le regard critique du présent, et les héros ont le plus souvent une mentalité et des valeurs modernes, alors que celles de leurs semblables, surtout celles des gens au pouvoir, sont nettement plus caractéristiques de l'époque.

- **Les auteurs privilégient le roman à épisodes.** La conception de romans sous forme d'épisodes d'une série encourage la vente des livres, surtout lorsque le premier roman de la série a bien marché. Un grand nombre d'auteurs préfèrent la trilogie aux autres types de séries.

Les best-sellers québécois remportent un succès qui ne se dément pas. À chaque saison paraît une nouvelle série historique sur un moment inattendu de notre histoire. Le public répond le plus souvent avec enthousiasme, d'autant plus que ces livres, très rentables pour les éditeurs, profitent d'un système de promotion efficace et sont très visibles dans les grands médias, les Salons du livre et les espaces publicitaires.

Le succès de ces livres ne fait cependant pas l'unanimité. Certains observateurs les jugent favorablement. Ils considèrent qu'il est préférable que le marché du best-seller soit occupé entre autres par des Québécois plutôt qu'uniquement par des étrangers. D'autres prétendent que l'attention systématique accordée aux best-sellers détourne les lecteurs d'une littérature plus complexe et plus exigeante, et que les habitudes de lecture créées par ces livres ne sont pas souhaitables.

Les best-sellers québécois ont inspiré plusieurs séries télévisées, tout aussi populaires que les romans dont elles ont été tirées. Parmi celles-ci, la série *Les Filles de Caleb*, avec Marina Orsini et Roy Dupuis, remporte au début des années 1990 un succès considérable.

Jacques Poulin (né en 1937)

D'un roman à l'autre, Jacques Poulin charme ses lecteurs avec la même petite musique. Peu d'auteurs québécois possèdent un univers aussi aisément identifiable. L'œuvre de Jacques Poulin ressemble à des variations sur un thème : l'auteur reprend avec obstination l'histoire d'un écrivain lent, méticuleux, peu adapté à la vie moderne, redevable à ses maîtres Hemingway et Kerouac, amoureux des chats, et qui se laisse séduire par des femmes mystérieuses. Avec une écriture d'une grande sobriété, il revient régulièrement à ce personnage dans ses romans les plus réussis, entre autres *Les Grandes Marées* (1978), *Le Vieux Chagrin* (1989) et *La Tournée d'automne* (1993).

Un grand nombre de critiques reconnaissent en *Volkswagen blues* l'œuvre majeure de Jacques Poulin. Le roman raconte la traversée de l'Amérique du Nord, de la Gaspésie à la Californie, de l'écrivain Jack Waterman, dans une vieille camionnette Volkswagen, en compagnie d'une jeune Amérindienne. Jack recherche son frère Théo qui, même s'il laisse dans son sillage de nombreuses traces, lui échappe constamment. Le périple que Jack entreprend devient un grand voyage initiatique. En toile de fond, Jacques Poulin raconte l'histoire de l'Amérique, avec ses drames, ses massacres, ses moments de gloire, qui se rappellent constamment aux deux voyageurs. Cette Amérique fait encore rêver, bien qu'elle en ait déçu plus d'un.

ROMAN

VOLKSWAGEN BLUES (1984)

Pour ne pas s'endormir pendant qu'il conduisait sur la 94, Jack ouvrit la radio. Il entendit des nouvelles : les États-Unis envoyaient des conseillers militaires en Amérique centrale, le chômage avait augmenté,
5   il y avait des inondations en Louisiane et une sécheresse en Égypte, l'aviation d'Israël bombardait le Liban, le prix de l'or avait monté, la France procédait à des expériences nucléaires dans le Pacifique, les négociations pour le désarmement étaient dans
10   une impasse. Il tourna le bouton, cherchant une émission de musique, et à sa grande surprise il entendit tout à coup une chanson française, lointaine et comme perdue dans une mer de paroles anglaises – une vieille chanson française qu'il connaissait
15   très bien ; il ajusta le bouton et alors il entendit très distinctement les mots qui disaient :

> Qu'il est long le chemin d'Amérique
> Qu'il est long le chemin de l'amour
> Le bonheur, ça vient toujours après la peine
20   T'en fais pas, mon amie, je reviendrai
> Puisque les voyages forment la jeunesse
> T'en fais pas, mon amie, je vieillirai.

L'Amérique ! Chaque fois qu'il entendait prononcer ce mot, Jack sentait bouger quelque chose au milieu
25   des brumes qui obscurcissaient son cerveau. (Un bateau larguait ses amarres et quittait lentement la terre ferme.) C'était une idée enveloppée de souvenirs très anciens – une idée qu'il appelait le « Grand Rêve de l'Amérique ». Il pensait que, dans l'histoire de
30   l'humanité, la découverte de l'Amérique avait été la réalisation d'un vieux rêve. Les historiens disaient que les découvreurs cherchaient des épices, de l'or, un passage vers la Chine, mais Jack n'en croyait rien. Il prétendait que, depuis le commencement du
35   monde, les gens étaient malheureux parce qu'ils n'arrivaient pas à retrouver le paradis terrestre. Ils avaient gardé dans leur tête l'image d'un pays idéal et ils le cherchaient partout. Et lorsqu'ils avaient trouvé l'Amérique, pour eux c'était le
40   vieux rêve qui se réalisait et ils allaient être libres et heureux. Ils allaient éviter les erreurs du passé. Ils allaient tout recommencer à neuf.

Avec le temps, le « Grand Rêve de l'Amérique »
s'était brisé en miettes comme tous les rêves, mais il
45 renaissait de temps à autre comme un feu qui couvait
sous la cendre. Cela s'était produit au 19e siècle
lorsque les gens étaient allés dans l'Ouest. Et parfois,
en traversant l'Amérique, les voyageurs retrouvaient
des parcelles du vieux rêve qui avaient été éparpillées
50 ici et là, dans les musées, dans les grottes et les
canyons, dans les parcs nationaux comme ceux de
Yellowstone et de Yosemite, dans les déserts et sur les
plages comme celles de la Californie et de l'Oregon.

André Michel, *Hommage au peuple innu* (détails), 1983.

Dans *Volkswagen blues*, Jacques Poulin s'intéresse beaucoup au sort des Amérindiens, éternels perdants lors de la conquête parfois sanglante de l'Amérique par l'homme blanc.

Dany Laferrière (né en 1953)

Dany Laferrière doit fuir de son pays natal, Haïti, lorsqu'un collègue de travail à Radio-Haïti Inter est assassiné et que lui-même se trouve menacé par la dictature en place. Il raconte cet épisode douloureux dans *Le Cri des oiseaux fous* (2000). Au Québec, il obtient rapidement un grand succès avec son premier roman, *Comment faire l'amour avec un Nègre sans se fatiguer*. Cette réussite lui permet de devenir une personnalité médiatique très familière aux Québécois. Son premier roman constitue la porte d'entrée de son *Autobiographie américaine*, qui se poursuit dans une dizaine de livres et lui permet entre autres de revivre avec attendrissement son enfance à Haïti.

Comment faire l'amour avec un Nègre sans se fatiguer oppose deux jeunes Noirs qui vivent dans un petit logement du carré Saint-Louis : l'un passe ses journées sur son divan à écouter du jazz ; l'autre, dragueur impénitent, passionné de littérature, cherche à devenir écrivain. Avec un sens aigu de la provocation, mais aussi avec humour et légèreté, Laferrière décrit la relation entre le «Nègre» et la femme blanche, relation marquée par l'étonnement, l'attirance sexuelle, les préjugés raciaux.

ROMAN

COMMENT FAIRE L'AMOUR AVEC UN NÈGRE SANS SE FATIGUER (1985)

Longue file d'attente au bureau de poste. On est serré comme des sardines. J'avise une sardine, juste devant moi. Elle lit un bouquin. Je suis une sardine maniaque de bouquins. Dès que je vois quelqu'un en train de lire un livre, il faut que je sache
5 quel est le titre, si elle aime ça et de quoi ça parle.

— Ça parle de quoi ?

— Quoi ?

— Ton bouquin ?

— C'est un roman.

10 — Quel genre ?

— Science-fiction.

— T'aimes ça ?

— Comme ça.

— C'est pas bon alors ?

15 — Sais pas.

— T'aimes pas ça ?

Elle relève sa tête rousse. Il y a des regards qui font peur. C'est une surdraguée et elle en a marre.

— Qu'est-ce que tu veux ?

20 Elle a haussé le ton.

— Excuse-moi.

— Fous-moi la paix, veux-tu ?

— Oublie ça, je balbutie.

La plupart des gens de la file se retournent pour voir le
25 Nègre en train d'agresser la Blanche. Une fille, un peu en avant dans la ligne, les cheveux coupés ras, se retourne, la rage au ventre. Elle élève la voix pour dire qu'ils sont tous des maniaques, des psychopathes et des emmerdeurs qui n'arrêtent pas de draguer. «Tu ne les vois jamais en hiver
30 mais dès l'été, ils sortent, par grappes, de leur trou juste pour emmerder les gens avec leurs foulards, tambours, bracelets et cloches. Moi, je n'ai rien à voir avec leur folklore. Si au moins il n'y avait que les Nègres ! Mais non, maintenant, il y a les Sud-américains avec leurs dizaines de chaînes au cou,

leurs pendentifs, bagues, broches, toute cette bimbeloterie
qu'ils n'arrêtent pas de proposer dans les cafés. Toujours
quelque chose à vendre. Si c'est pas un bijou faussement
maya, c'est leur corps. Pensent qu'à ça, les Latinos. » Les
gens semblent tout d'abord un peu d'accord avec la fille aux
40 cheveux coupés ras car qui n'a pas été, un jour ou l'autre,
emmerdé par un dragueur folklorique, mais de là à attaquer
le métier des pauvres Sud-américains et la tradition des
Nègres, c'est aller trop loin. Un homme de 40 ans s'interpose.
Le syndicaliste typique. Visage buriné. « Il ne faut pas tout
45 mélanger, dit-il, un emmerdeur est un emmerdeur et les
Nègres ne sont pas tous des emmerdeurs. Si vous dites ça
des Nègres, alors que doivent dire les Nègres de
nous autres, colonialistes. Moi aussi, je crois que
la drague est dégradante pour la femme mais
50 que vaut une innocente drague à côté de la Traite
des Nègres ? » Les gens demeurent un moment
interloqués devant la perversité d'un tel argument. Le moment de stupeur passé, la fille aux
cheveux ras réagit à nouveau. « Alors, c'est tou-
55 jours la même chose, les colonialistes ont réalisé
leurs phantasmes de domination phallique en
écrasant les autres et au moment de régler
l'addition, ce salaud propose, tout bonnement,
que les Nègres baisent nos femmes. » « Nos »
60 femmes ! Elle a dit « nos ». Tout le monde doit
alors penser qu'il s'agit d'une lesbienne et qu'elle
ne fait que plaider sa propre cause. Finalement,
je parviens à faire ce changement d'adresse.
Ensuite, je flâne sur la rue Sainte-Catherine. La
65 chaleur est tout à fait intolérable. Je me réfugie
alors dans une banque, à cause de la douce température de l'air conditionné, et devinez qui je
vois : Miz Cheveux Ras et la fille du bureau de
poste. Elle l'a eue. La drague est devenue quasi-
70 ment impossible avec cette concurrence déloyale.

![VERS LA DISSERTATION]

1. Montrez que cette scène s'amorce sur un malentendu.
   Ce malentendu est-il réel ?

2. De quelle façon la fille aux cheveux coupés ras et l'homme
   de 40 ans considèrent-ils les Nègres et les étrangers ?

3. Montrez que la chute que l'auteur crée pour cet épisode
   est humoristique.

4. Par quels éléments cet extrait peut-il être rattaché
   au courant de la littérature migrante ?

5. Est-il juste de dire que ce texte dénonce le racisme ?

En 1989, Jacques W. Benoit a adapté *Comment faire l'amour
avec un Nègre sans se fatiguer* au cinéma.

Sylvain Trudel (né en 1963)

Le Souffle de l'harmattan, premier roman de Sylvain Trudel, donne le ton à ce qui deviendra une œuvre aux tonalités très particulières dans la littérature québécoise. Sylvain Trudel scrute avec délicatesse le monde de l'enfance, s'exprime avec une écriture remarquablement maîtrisée, qui joue habilement avec les mots et fait pénétrer le lecteur en douceur dans les drames vécus par les personnages. Que ce soit dans ses romans pour les jeunes, ou dans *Du mercure sous la langue* (2001), court récit qui raconte la mort d'un jeune cancéreux, l'auteur conserve un bel attachement à l'enfance.

Le Souffle de l'harmattan met en scène Hugues, un enfant trouvé, et Habéké, un survivant d'un génocide et d'une famine dans son pays, qui sont liés par une profonde amitié. Au monde des adultes qu'ils exècrent, ils opposent la poésie de l'enfance, les rêves d'un ailleurs magique où tout serait possible. Leur affrontement avec le monde des adultes devient plus difficile lorsqu'ils essaient d'entraîner deux petites filles dans leur monde. La description d'Habéké au début du roman campe bien le personnage et donne une idée juste du style coloré et imaginatif de son ami Hugues, le narrateur du roman.

ROMAN

LE SOUFFLE DE L'HARMATTAN (1988)

Habéké Axoum est arrivé ici quelque temps après la Déclaration de ma dépendance envers mon passé inconnu, le passé composé. Il faut dire qu'Habéké, en tant que Noir, faisait jaser à cause du manque de préparation et de l'étrangeté africaine. C'était la première
5 fois qu'un Noir nous apparaissait et nous, les enfants, on voulait toucher pour voir si c'était du pareil au même. Il avait une peau en chocolat, des cheveux en laine d'acier, un nez de boxeur, des dents comme les touches d'un piano et des jambes sans fin reliées entre elles par des genoux tout en os. Il parlait le français mieux que
10 nous et son nom était tordant. On l'a aimé tout de suite, sans les délais habituels avec les nouveaux. Les seuls qui ont été racistes, c'est les grands épais de l'autobus scolaire qui ne connaissaient rien aux peuples. Un matin, on est arrivés au stationnement de l'école quand un grand débile s'est imposé devant Habéké pour souhaiter
15 une bienvenue bête comme ses pieds.

« Salut p'tit niger black plein d'soupe ! »

Tous ses amis ont bien ri, mais Habéké n'avait pas encore dit son premier mot.

« Enchanté, moi c'est Habéké Axoum. »

20 Tout de suite je l'ai trouvé extraordinaire, et je lui ai demandé de devenir ami avec moi pour la vie. Il a dit oui, mais sans garantir pour la vie. À partir de ce moment-là, Habéké et moi, on est devenus l'index et le pouce. Il demeurait près de chez moi et ça me permettait de le voir partir chaque soir avec ses jambes. Il courait
25 pendant des heures sans se fatiguer. Son endurance et ses jambes dépassaient l'imagination et je pensais que c'était par hérédité à cause des guépards. Je lui ai posé la question avec délicatesse, pour ne pas blesser l'orgueil.

Alors il m'a répondu : « Tous les parents croient à l'hérédité jusqu'à
30 ce qu'ils se rendent compte que leurs enfants sont des crétins. »

On s'est bidonnés même si ça répondait pas à ma question.

Un jour, j'ai su que son grand-père avait été un coureur exceptionnel autrefois, et qu'il était disparu de façon étrange sur ses vieux jours. C'était au début du siècle et le grand-père s'était porté volontaire
35 pour aller travailler sur le nouveau chemin de fer qui devait relier Addis-Abeba et Djibouti[1]. Tout alla bien jusqu'au jour où les contremaîtres décidèrent d'envoyer une locomotive chargée d'ouvriers noirs pour aller vérifier la solidité d'un pont. La locomotive n'a plus jamais été revue vivante, à l'image des ouvriers

----

1. Capitales de l'Éthiopie et du Djibouti.

noirs. Le fleuve au fond du ravin connaît sûrement la fin de
l'histoire même si les contremaîtres ont toujours nié les rumeurs.
On pense que le grand-père aurait pris fin dans cette histoire et,
avec lui, ses jambes comme celles d'Habéké. C'est un peu pour ça
que, chaque soir, Habéké sortait ses jambes pour aller courir sur les
45 rails qui montent vers le nord, convaincu qu'il était de rejoindre
l'Afrique ou de croiser son grand-père. Il le croyait perdu, errant
sur des rails quelque part au monde, chantant quelques douleurs
pour passer le temps. Pauvre Habéké. Il courait en lançant des
plaintes vastes comme des steppes arbustives, longues comme la
50 corne somalienne et triste avec ça. Habéké, quand il laissait filer
une plainte, il était déchirant comme du papier de riz. Un soir,
alors que je cueillais des fraises près de la voie ferrée, j'ai vu
Habéké qui courait en criant sa douleur. Ça m'a tellement reviré
que mon récipient a suivi, et mes fraises sont tombées. Je les ai
55 piétinées parce que je trouvais injuste qu'un si joli fruit puisse être
en ma possession sans que j'aie à fournir d'efforts.

Un jour, Habéké m'a demandé pourquoi je m'appelais Hugues. J'ai
dit que le matin où j'ai été trouvé au fond du panier, c'était le
matin de la Saint-Hugues. Habéké a bien ri parce qu'il venait de
60 faire un lien entre lui et moi.

« Tu sais ce que ça veut dire Habéké ? »

Je savais pas, comment aurais-je su.

« Ça veut dire "mil du matin". »

On s'est étonnés mutuellement, et pour fêter ça on a partagé des
65 rôties au beurre d'arachide.

VERS LA DISSERTATION

1. Pourquoi Habéké plaît-il tant au narrateur ?

2. Par quelles expressions le narrateur exprime-t-il
   la solidité de l'amitié qui l'unit à Habéké ?

3. Dans quelles circonstances le grand-père d'Habéké
   est-il disparu ? Qu'est-ce que ce passage dénonce ?

4. Quelles sont les conséquences de cette disparition
   sur le petit-fils ?

5. Relevez les mots et expressions que le narrateur
   utilise incorrectement.

6. Peut-on dire que le narrateur écrit comme un enfant ?

LE NARRATEUR ENFANT OU ADOLESCENT

Le narrateur adolescent fait une entrée remarquée en littérature par le roman *The Catcher in the Rye* (*L'Attrape-cœur*, 1951) de J. D. Salinger, une sorte de journal d'un jeune rebelle resté attaché à l'enfance. Les premiers romans de Réjean Ducharme comportent certaines ressemblances avec ce classique de la littérature états-unienne, par leurs personnages impertinents qui dédaignent le monde adulte. Le roman *La Vie devant soi* (1975), du Français Romain Gary, écrit sous le pseudonyme d'Émile Ajar, reproduit lui aussi, à sa manière, les fantaisies verbales d'un garçon perturbé; le très grand succès de ce roman en fait un autre modèle à suivre.

Au Québec, dans la lignée de Ducharme surtout, apparaissent de nombreux romans dont le narrateur est un enfant ou un adolescent. Signalons entre autres *Les Portes tournantes* (1984) de Jacques Savoie, *Le Père de Lisa* (1987) de José Fréchette, *Tout l'été dans une cabane à bateau* (1988) de Pierre Corbeil, *Le Souffle de l'harmattan* (1988) de Sylvain Trudel, *Osther, le chat criblé d'étoiles* (1990) de France Vézina, *Soigne ta chute* (1991) de Flora Balzano, *C'est pas moi, je le jure!* (1998) de Bruno Hébert, *La petite fille qui aimait trop les allumettes* (1998) de Gaétan Soucy, et *Le Jour des corneilles* (2004) de Jean-François Beauchemin.

Tous ces romans sont très différents les uns des autres, et leur intrigue réserve de nombreuses surprises aux lecteurs, qui n'ont nullement l'impression de relire la même histoire en passant d'une œuvre à l'autre. Cependant, il est possible de relever quelques dénominateurs communs à ces romans:

- Les narrateurs (ou narratrices) sont de jeunes rebelles, des êtres inadaptés à leur milieu.

- Ils proviennent de familles qui sont dysfonctionnelles ou qui traversent une importante crise.

- Ils s'expriment dans une langue maladroite, déforment les mots, font des calembours, s'amusent avec le langage.

- L'effet humoristique provoqué par ce langage faussement mal maîtrisé et très inventif contrebalance le drame que vivent ces jeunes.

Ces livres soulèvent un enthousiasme constant, auprès de la critique d'abord, puis du public qui en redemande. Il est loisible de se demander pourquoi les auteurs québécois ont une telle prédilection pour les jeunes narrateurs. Serait-ce à cause de l'influence déterminante de Réjean Ducharme? Ou parce que les Québécois, incapables de faire leur indépendance, s'identifient à des héros enfants? Ou encore par les hasards de l'inspiration, qui amènent les auteurs à reprendre des sujets semblables? Quelle que soit l'explication que l'on donne à ce phénomène, il faut admettre que ces narrateurs enfants ou adolescents ont le mérite de séduire de façon répétée les lecteurs québécois.

Michèle Assal, *Ni où ni quand*, 1999.

**Ying Chen
(née en 1961)**

Née à Shanghai, Ying Chen s'installe au Québec en 1969. Elle se fait rapidement connaître par ses romans sobres, intenses, qui examinent à la loupe les relations humaines, dans leur vérité et leur cruauté. Son écriture d'abord toute simple se complexifie au fil des ans, alors que l'auteure manie plus aisément la langue française. *L'Ingratitude* (1995), qui raconte les difficiles relations entre une mère et une fille dans la ville de Shanghai où règne encore la tradition, est considérée comme l'un de ses livres les plus réussis.

Dans *Les Lettres chinoises*, l'auteure porte un regard touchant sur l'émigration. Ce roman épistolaire raconte l'histoire d'un jeune couple séparé par la distance entre la Chine et le Québec. Le jeune homme, Yuan, qui étudie à Montréal, découvre son nouveau pays avec un mélange de surprise et d'appréhension. La jeune fille, Sassa, seule à Shanghai, s'étonne de ce que lui raconte son ami et reste profondément attachée aux valeurs chinoises. Ce choc entre les deux univers met le couple durement à l'épreuve. Montréal intéresse autant le jeune homme élevé dans la Chine d'avant la période du miracle économique que Da Li, une amie de Sassa qui vient le rejoindre. Cette dernière devient une excellente observatrice de la vie à Montréal.

VERS LA DISSERTATION ▶

1. Relevez les marques de sobriété dans le style de l'auteure.
2. Quelles comparaisons Da Li développe-t-elle entre l'Amérique et la Chine, Montréal et Shanghai?
3. Commentez l'avant-dernière phrase de l'extrait. Justifiez cette comparaison entre les mœurs amoureuses et les habitudes alimentaires.
4. Est-il juste de dire que Da Li considère l'Amérique de façon positive?
5. Le point de vue de cette nouvelle arrivante ressemble-t-il à celui du narrateur brésilien, implanté depuis longtemps au pays, tel qu'il le présente dans l'extrait du *Pavillon des miroirs* de Sergio Kokis (p. 180-181)?

ROMAN

LES LETTRES CHINOISES (1993)

Comment vas-tu, Sassa? Tu te sens mieux maintenant?

Tu sais, une bonne santé sera absolument nécessaire si tu veux vivre ici. Hier, un étudiant chinois est venu manger au restaurant, en compagnie d'un gros monsieur. Ils semblaient discuter une affaire importante. Avant
5 de partir, le jeune étudiant a pris le temps de s'approcher du comptoir pour me dire dans le dialecte shanghaïen:

— Tu es de la même ville que moi, si je ne me trompe pas? Et tu es ici depuis pas très longtemps, je suppose? Paroles d'ami: ne te fatigue pas trop. Si tu possèdes encore quelque chose, ce doit être ta santé. Eh bien,
10 garde-la. L'Amérique du Nord est un champ de bataille pour les jeunes et les forts, et une immense tombe pour les vieux et les malades.

Voilà une des raisons pour lesquelles j'aime l'Amérique. Ici, on vit dans les champs et on meurt dans une tombe. Une vie parfaitement normale, n'est-ce pas? Or, dans notre ville natale, j'ai l'impression que, faute
15 d'espace, on vit sur la pointe des pieds, et quand on est mort, il faut que notre corps disparaisse dans le feu. Pas une scène pour s'y représenter, ni une tombe pour se cacher. Mort ou vivant, on est perpétuellement suspendu dans le vide.

J'habite maintenant dans le même bâtiment que Yuan. Il m'aide beaucoup.
20 Il est comme un grand frère, aimable et sérieux. Grâce à la recommandation d'un de ses amis, j'ai maintenant un emploi à la bibliothèque de l'université. Ma carrière de domestique et de serveuse a pris fin aujourd'hui. Depuis cette semaine, le patron du restaurant a reçu d'innombrables appels pour le poste. Je suis surprise. Dans cette ville où il y a de nombreuses
25 maisons privées qui coûtent des centaines de milliers de dollars, il y a aussi de nombreuses personnes qui se disputent un emploi qui leur promet un salaire d'au plus cinq ou six dollars de l'heure.

Le travail dans ce restaurant m'a fait connaître des choses étonnantes. Outre la cupidité du patron et son horreur des taxes et des bandits, il y
30 avait encore le va-et-vient intéressant des clients. Ce qui me frappait le plus, c'était que nos clients changeaient sans cesse d'amie de fille ou d'ami de garçon ou d'épouse ou d'époux, mais qu'ils restaient étrangement fidèles aux mêmes plats quand ils s'assoyaient au restaurant. Ils commandaient presque toujours les mêmes choses. C'est tout à fait le contraire de chez
35 nous. Ne trouves-tu pas comme moi qu'à Shanghai les gens, fidèles malgré tout à leur compagnon de vie, s'accordent plus de fantaisie à propos des plats? Serait-ce parce que, ici comme là-bas, on a tous besoin d'être audacieux dans un domaine et un peu plus médiocre dans un autre?

Prends bien soin de toi et écris-moi.

40   Da Li,
                                                                      de Montréal

Sergio Kokis (né en 1944)

Sergio Kokis mène plusieurs vies à la fois. Lors de sa jeunesse dans son Brésil natal, il participe à des activités clandestines contre la dictature. Puis il choisit de s'exiler pour étudier en France, avant de s'établir au Québec en 1969. Il est à la fois psychologue et peintre. La parution du *Pavillon des miroirs* lui ouvre la voie à l'écriture : l'œuvre est reçue avec enthousiasme et est couronnée de plusieurs prix. Kokis devient un écrivain prolifique qui offre à ses lecteurs un univers d'une grande richesse, marqué par son passé brésilien et les réflexions nombreuses qu'il élabore sur des sujets graves.

Dans *Le Pavillon des miroirs*, Kokis ranime les souvenirs de son enfance et de son adolescence turbulente. Il décrit un Brésil contrasté, en proie à une grande misère et à de nombreuses injustices. Dans ce pays troublé, agité, l'auteur découvre sa sensualité et son attraction irrésistible pour les femmes. En alternance avec les chapitres consacrés à sa jeunesse, Kokis élabore des réflexions sur la peinture et sur sa condition d'immigrant dans un pays non identifié, que le lecteur peut aisément associer au Québec.

ROMAN

LE PAVILLON DES MIROIRS (1995)

Les gens d'ici me questionnaient, certes, et même très souvent, puisqu'ils ont du mal à comprendre comment quelqu'un peut quitter le soleil pour venir se réfugier dans ces immensités glacées. Mais ils n'insistent jamais. Leurs soucis les reprennent aussitôt, et vite ils retournent à ce qui les intéresse le plus. Mes
5 camarades de travail, par exemple, sont hantés par la peur de perdre leur boulot, leur place, ou leur réputation. Ou ils sont jaloux de ceux qui sont plus compétents ou qui se font mieux pistonner. Des boulots idiots, sans aucune importance, puisqu'ici il n'y a pas de gens qui meurent de faim, pas de cadavre dans les rues, pas de police qui torture. Mais comme partout, ils sont consumés
10 par la peur ; il y va de leur identité. Et puis il leur faut être bien vus, avoir du pouvoir, acheter et acheter encore des marchandises dont ils n'ont pas le temps de jouir. La mode, les sorties, les restaurants, les femmes de luxe, les voyages éclair pour bronzer au soleil et faire l'envie des autres, voilà leurs rituels, leurs obligations quotidiennes. Faute d'autre dessein, toute leur richesse
15 y passe, avec l'espoir suprême de paraître un jour à la télévision, dans l'un de ces shows débiles ou dans un concours. En attendant, ils font comme mes tantes, et se plaignent du temps qu'il fait, de la conjoncture, des étrangers ou de la chute du dollar. La peur est disséminée partout, surtout la frousse de la mort. Pas de la mort-cadavre, non, celle-là ils ne la connaissent pas. La mort
20 en vie, plutôt, leur mort à eux : le manque d'argent superflu, le manque de popularité et la crainte de vieillir. Ils cherchent à exorciser leurs démons par des régimes de toutes sortes, depuis le régime sans cholestérol jusqu'au régime de retraite, les assurances multiples et les médecines douces. Ils font du jogging, ils bandent en faisant attention, ils s'efforcent de jouir sans sucre et s'associent
25 en partenaires comptabilisés même pour leurs ébats extraconjugaux. C'est drôle, parfois je pense que les lubies de ma mère n'étaient pas si éloignées des horoscopes, des médecines naturelles ni des psychothérapies dont se gavent les gens d'ici. Comme si la bêtise était la même partout, changeant seulement d'habit en fonction des possibilités du portefeuille. Sauf que leurs infusions
30 n'enivrent pas et que leur eau de lune se vend cent dollars l'heure. D'ailleurs, ici, j'ai acquis la certitude que plus on a, plus la carence est grande. Avec pour conséquence qu'ici les gens se plaignent plus que ceux qui vivent sous les tropiques et, bizarrement, plus on les rassure, plus ils ont besoin d'attention et peur de l'avenir. Ils me rappellent certains enfants de l'internat, si gâtés
35 par leurs mères qu'ils n'arrivaient pas à se défendre une fois tout seuls. Et plus ils avaient, moins ils se sentaient aimés.

[...]

L'étranger a ainsi beau jeu, naturellement, et il s'adapte à merveille, puisque faute d'identité les gens d'ici recherchent la variété. Il fait sa place, il s'intègre, tout en restant un étranger, pour toujours. En fait l'étranger n'est pas assez
40 bête pour refuser cette belle identité qu'on lui offre, avec le droit en plus aux écarts de conduite et à toute la sympathie à cause de son passé de souffrances. Même qu'il a l'air de rendre les habitants de l'endroit un peu étrangers à leur tour, les fécondant de son air du large pour leur montrer que le monde est

plus vaste que leur petite province. L'étranger les console ainsi de leurs défaites
45 passées, et ils se disent qu'en fin de compte c'est peut-être mieux de ne pas
changer. Ils se disent que, avec toute cette misère qu'on ne soupçonnait point,
il est vrai qu'on est mieux ici, même si les couilles sont de plus en plus serrées
dans les ceintures de chasteté. Puis les nouveaux curés, les consultants en
savoir-vivre et les matrones veillent, partout, à la télévision, au travail, dans
50 les journaux et leurs nombreuses ligues de vertu, à ce que le plaisir se réduise
au loisir. Comme dans les jardins d'enfants.

J'observais leur façon de vivre et m'y conformais, en me disant que la fantaisie
n'est pas une question d'argent. Je le savais déjà depuis longtemps. Cette
attitude détachée, cette attente m'a permis de trouver du travail et de passer
55 inaperçu puisque j'acceptais facilement, et de bonne grâce, les postes dont
ils ne voulaient pas. Mon identité était ailleurs, bien solide quelque part, et
je ne me souciais pas qu'on m'admire ou qu'on me méprise. Après Jeremoabo
et Milagres [1], peu de chose pouvait me toucher, tellement je me sentais sou-
lagé de ne pas appartenir au règne minéral.

---

1. Villes du Brésil très pauvres, visitées par le narrateur.

VERS LA DISSERTATION

1. Quels reproches le narrateur fait-il aux gens de son pays d'accueil ?

2. Montrez, au moyen des procédés d'écriture et des termes employés, les contradictions soulevées par le narrateur à propos des « gens d'ici ».

3. Comment expliquer la peur des nouveaux compatriotes du narrateur ?

4. Quelle est l'attitude de l'étranger qui s'introduit dans ce monde ? Quel effet son attitude produit-elle chez les gens qui l'accueillent ?

5. Qui sont, selon le narrateur, les « nouveaux curés » ? Pourquoi emploie-t-il cette expression ?

6. Comment le narrateur a-t-il été transformé par son contact avec la mort et l'extrême misère ?

7. Est-il juste de dire que, dans cet extrait, Sergio Kokis est un bon observateur de la société québécoise ?

Sergio Kokis, *Carnaval,* 1987.

Dans *Le Pavillon des miroirs,* Sergio Kokis, écrivain, mais aussi artiste dont les œuvres se rattachent à l'expressionnisme, nous fait part de ses préoccupations de peintre.

L'ÉCRITURE MIGRANTE

Le phénomène de l'immigration, plus important que jamais à partir des années 1980, modifie en profondeur l'organisation sociale dans plusieurs pays. La littérature en vient à refléter les expériences diverses d'immigrants qui doivent s'intégrer à leur nouveau pays et comprendre des usages différents de ceux auxquels ils ont été habitués.

Comme la plupart des pays occidentaux, le Québec, maintenant riche et prospère, devient une terre d'accueil. Dans ce Québec qui se transforme, le milieu littéraire reçoit avec intérêt les œuvres des nouveaux arrivants. Leur production, que l'on désigne souvent par l'expression «écriture migrante», rassemble de multiples témoignages qui permettent aux Québécois d'obtenir sur notre monde un regard nouveau, très souvent sans complaisance, qui ébranle les certitudes.

Si les points de vue d'auteurs d'origine chinoise, libanaise, brésilienne ou italienne sont forcément très différents, il est cependant possible de ramener la littérature migrante à certaines caractéristiques communes:

- **L'écriture migrante permet de transmettre une somme d'expériences variées, qui reflètent la diversité des cultures dans le monde.** La majorité des Québécois contemporains, élevés dans un pays très favorisé, méconnaissent plusieurs de ces expériences: la guerre, la grande pauvreté, la dictature, le communisme. Puisant comme tous les auteurs dans leur passé, les écrivains migrants transmettent aux lecteurs québécois une réalité lointaine et fascinante.

- **Le thème du *déracinement* est placé au cœur de l'écriture migrante.** Même lorsque l'émigration est souhaitée, s'arracher à sa culture d'origine reste douloureux pour l'individu, provoque des questionnements multiples et parfois de la nostalgie.

- **Les personnages de nouveaux arrivants qui figurent dans les œuvres rattachées à l'écriture migrante réfléchissent à leur condition d'«étrangers».** L'écrivain migrant, même s'il cherche à être accepté de ses nouveaux concitoyens, se considère souvent comme différent, incapable de se confondre entièrement à sa société d'accueil. Par ses personnages, il exprime parfois à quel point il se sent doublement étranger: dans son pays d'accueil, mais aussi dans son pays d'origine qui s'est transformé depuis son départ.

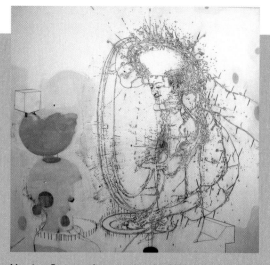

Massimo Guerrera, *Au cœur du sujet*, 2003-2006.
Certains artistes d'origine étrangère se font apprécier au Québec, comme Massimo Guerrera, qui conçoit des œuvres dramatiques et provocantes, le plus souvent sous forme d'installation.

- **L'écriture migrante met souvent en scène un nouvel arrivant qui apprend à vivre dans son pays d'accueil.** Qu'il ait rêvé de vivre au Québec (ou ailleurs), ou qu'il y soit abouti par hasard, le nouvel arrivant doit apprendre à connaître son pays d'adoption, qui lui offre de nombreuses surprises et qu'il compare inévitablement à son pays d'origine.

L'écriture migrante a nourri tous les genres littéraires: la poésie, par exemple celle de Joël Desrosiers, né à Haïti, et d'Anne-Marie Alonzo, née en Égypte; le théâtre, avec les pièces du dramaturge d'origine italienne Marco Micone, ou d'Abla Farhoud et de Wajdi Mouawad, nés au Liban; l'essai, entre autres *Le Marché aux illusions* (1995), de l'auteur d'origine antillaise Neil Bissoondath, qui développe une riche réflexion sur le multiculturalisme.

Mais le roman reste particulièrement propice pour exprimer l'expérience de l'immigration. Les œuvres très appréciées de Dany Laferrière, Ying Chen, Sergio Kokis, respectivement d'origine haïtienne, chinoise et brésilienne, ont su s'imposer parmi les plus importantes de la littérature québécoise contemporaine. Certains Québécois nés au pays abordent aussi dans leurs œuvres des problématiques liées à la littérature migrante, entre autres Francine Noël dans *Babel prise deux* (1990)[1] ou Monique Proulx dans *Les Aurores montréales* (1996).

---

1. Connu aussi sous le titre de *Nous avons tous découvert l'Amérique*.

Monique Proulx (née en 1952)

Monique Proulx est une conteuse de premier ordre. Elle campe des personnages plus vrais que nature, manie avec aisance l'humour et la dérision, conserve une saine distance envers ses personnages, ce qui lui permet de les aborder avec humanité, mais sans trop s'attendrir. Elle se fait remarquer par ses romans *Le Sexe des étoiles* (1987) et *Homme invisible à la fenêtre* (1993). Mais ses talents de conteuse se manifestent peut-être davantage dans la nouvelle, genre qu'elle maîtrise à la perfection.

Le recueil de nouvelles *Les Aurores montréales* présente un Montréal multiethnique en constante transformation. Parfois avec une touche d'humour, Monique Proulx place le lecteur face au désarroi de personnages consternés par les changements de valeurs qu'impose la société moderne. Elle décrit comment ils s'efforcent de résoudre leurs dilemmes et leurs contradictions, alors que tout semble leur échapper. À quelques occasions, elle donne la parole à des gens des communautés culturelles par des lettres qu'ils envoient à leurs proches. Ce procédé permet à l'auteure de jeter un regard neuf et critique sur Montréal. Ainsi, elle se permet de réfléchir sur notre société de consommation en donnant la parole à une jeune Chinoise qui visite un grand magasin.

NOUVELLE

LES AURORES MONTRÉALES (1996)

Jaune et Blanc

Les choses de ce magasin, grand-mère, courent à perte de vue dans des allées plus larges que des ruelles et grimperaient jusqu'au ciel si le plafond ne venait interrompre leur escalade. Elles sont rouges, grises, jaunes, vertes, grandes, petites, allongées, rondes ou rectangulaires, et pourtant on dirait qu'elles
5 se ressemblent toutes, et plus le regard cherche à les distinguer les unes des autres, plus elles se multiplient et se dérobent et se fondent à l'infini en un seul objet monstrueux, aux parties innombrables et à l'usage mystérieux.

J'ai tenté d'avancer dans ce magasin comme je l'aurais fait dans la rue Nanjing au milieu d'une cohue. Mais comment avancer lorsqu'il n'y a aucun repère,
10 comment savoir dans quelle direction porter ses pas ? Alors je suis restée immobile, le cœur serré par l'effroi, pendant que les clients affluaient à l'intérieur, me contournaient sans me voir, fonçaient avec détermination là où il leur fallait aller, là où les attendaient une destination et un objet précis. Je n'ai jamais connu d'angoisse plus grande qu'à ce moment-là, grand-mère,
15 à ce moment où Montréal m'est apparu comme une énigme indéchiffrable dont les clés et les codes pour survivre m'échapperaient à jamais.

Ma détresse n'est pas demeurée inaperçue, puisqu'un homme s'est approché de moi et m'a demandé en anglais, avec un accent français, s'il pouvait m'aider. Je lui ai répondu en français, qui est la seule langue d'Amérique du Nord
20 que je connaisse, mais aucune langue à cet instant n'avait d'utilité pour décrire un objet dont j'ignorais le nom, et lorsque je lui ai dit avec affolement « non merci », il a interprété malheureusement ces mots comme une invitation à m'abandonner sur-le-champ, au lieu d'y voir une formule préliminaire de politesse et un appel au secours.

25 Le secours ne viendrait plus de nulle part. J'ai fait quelques pas dans n'importe quelle direction, et moi qui ne sais pas nager, grand-mère, je me suis enfoncée dans cette mer solide et insondable jusqu'à ce qu'elle se referme complètement sur moi. J'ai affronté minutieusement chacun de ces objets sophistiqués, ouvragés par des mains d'artistes ou de robots, j'ai interrogé un à un les mor-
30 ceaux de métal et de substance colorée pour tenter de déceler à quelle partie de la maison ou de l'existence ils pouvaient se rattacher. À un certain moment, j'ai reconnu des couteaux. Il y en avait cent vingt-neuf, de formes et de dimensions différentes, et j'ai pensé avec terreur qu'il existait dans ce fabuleux pays cent vingt-neuf façons de découper, et que je n'en connaissais qu'une. Un peu
35 plus loin, j'ai rencontré soixante-trois plats aux profondeurs variables dans lesquels je n'aurais su s'il fallait mettre du riz ou des clous. Soudain, encore plus loin, j'ai vu des pelles. Des pelles, grand-mère, des sœurs familières de celles que nos paysans enfonçaient dans la terre de l'autre côté du Huangpu, et je me suis précipitée vers elles, car où il y avait des pelles il y aurait peut-être
40 de la broche ou du bois pour mes fleurs, pour mes pauvres dahlias que le flot des choses sans nom commençait à entraîner dans l'oubli.

Je n'ai pas trouvé de broche ou de bois, mais j'ai trouvé quarante-neuf sortes de pelles, et dix-huit sortes d'un gros outil appelé *Weed Eater*, une chose démesurée enveloppée
45 dans du plastique et perchée au-dessus des allées comme un roi aux pouvoirs obscurs.

C'est ainsi, grand-mère, que s'est déroulée mon initiation à la vie montréalaise, cet automne presque lointain où j'étais encore un arbuste chinois fraîchement transplanté en
50 Amérique du Nord.

![VERS LA DISSERTATION]

1. Montrez que ce texte fait une critique de la société de consommation.
2. Par quelles images la narratrice exprime-t-elle son désarroi ?
3. Quelle est l'attitude des Québécois à l'égard de cette jeune Chinoise égarée dans un grand magasin ?
4. Quelle leçon la narratrice tire-t-elle de l'expérience ?
5. Comparez cette nouvelle à l'extrait tiré des *Lettres chinoises* de Ying Chen (p. 179). Peut-on dire que les deux jeunes narratrices chinoises ont une vision semblable de leur pays d'accueil ?

Marie Cinq-Mars, *Wilensky*, 1995.

Plusieurs nouvelles des *Aurores montréales* de Monique Proulx se déroulent dans le Mile-End, quartier bigarré et multiethnique où vivent aussi de nombreux artistes.

Gaétan Soucy (né en 1958)

Gaétan Soucy acquiert une formation éclectique : il étudie la physique, les mathématiques, la littérature, la philosophie et la langue japonaise. Il écrit deux romans très appréciés de la critique, *L'Immaculée Conception* (1995) et *L'Acquittement* (1997), avant de connaître un important succès auprès du public, tant au Québec qu'en France, avec *La petite fille qui aimait trop les allumettes*.

Ce roman s'apparente à un conte : l'auteur se préoccupe peu de la vraisemblance et situe son histoire, hautement symbolique, dans une époque et un lieu indéterminés ; son récit, court et rempli de retournements, passe rapidement de la fantaisie à l'horreur. L'efficacité de *La petite fille qui aimait trop les allumettes* est due en grande partie à la langue de la narratrice, qui, dans la tradition de Ducharme, bouscule le langage, transforme les mots, ne cesse de surprendre et d'amuser le lecteur. Ce langage crée un étrange contrepoint avec l'extrême gravité des événements racontés. Dans *La petite fille qui aimait trop les allumettes*, le drame est déclenché par le suicide du père. La narratrice, qui s'imagine alors être un garçon et qui a toujours vécu enfermée, quitte le domaine familial pour chercher un cercueil. Lors de son expédition au village, elle se retrouve à l'église où se déroulent des funérailles.

LA PETITE FILLE QUI AIMAIT TROP LES ALLUMETTES (1998)

Et alors ce qui nous a sidérés cheval et moi c'est que la musique qui venait de l'église ressemblait comme une goutte d'eau à la musique qui sortait de l'instrument à tuyaux de papa, et comme je suis attiré contre toute raison par la musique qui me met en lambeaux calcinés, nous sommes entrés cheval et moi à cause de ça à l'intérieur.

Et je vais vous dire, malheur à celui par qui le scandale arrive, comme c'est vrai. Je me suis avancé dans la grande allée avec cheval. Il y avait le cercueil tout nu tout droit devant. Le prêtre agitait mollement un encensoir, on n'apprend pas à un vieux singe, et il avait les paupières mi-closes, et marmonnait, et avait l'air de réfléchir énormément à quelque chose de douloureux, nous fîmes une entrée remarquée cheval et moi. Je tenais mon sac à sous à bout de bras à hauteur d'épaule, et je le montrais aux gens assis sur les bancs en marchant tristement, je répétais s'il vous plaît s'il vous plaît donnez-moi un cercueil, et je faisais pitié. Je ne sais pas où sont passés les cœurs dans ce village, les gens n'en ont pas, je dis la chose ainsi qu'elle m'apparaît. Je dois cependant à la vérité de dire à la décharge du village qu'il y avait une vieille pute dans la troisième rangée toute courbée par son dos et qui m'a néanmoins regardé sans haine, et j'ai cru apercevoir derrière son voile gris qu'elle m'adressait peut-être un sourire qui ressemblait ma foi à de la compassion, une seule vieille pute dans toute cette église et dont il me plaît à penser que l'auteur des choses lui ménagera une mort douce, comme celle que connaissent les fleurs et les papillons, c'est le souhait que je formule, jamais je n'oublierai ce sourire qui comprenait. Deux hommes m'ont attrapé par derrière sans que je puisse mais. Je ne sais pas si c'étaient les deux mêmes hommes que tantôt au magasin général du mort, il y a des fois où tout me semble interchangeable dans l'univers, mais comme j'étais une chèvre enragée, j'eus le temps de leur lancer par la tête à tue-tête : « Vous torturez votre mort avec cette musique », je ne le leur ai pas envoyé dire, à tous autant qu'ils étaient, moins la vieille pute au sourire, à qui j'eus le temps de sourire aussi en ce bref instant. Seulement ils étaient deux, je ne sais pas si j'ai oublié de le dire, je veux dire les deux hommes qui m'ont attrapé lâchement par derrière, et ils étaient nettement plus forts, on ne peut rien contre les lois de la nature.

Or cheval était si bouleversé de ce qui nous arrivait qu'il se mit dans des états, bondit hors de l'église, et le voilà parti comme un fusil, à une vitesse dont je ne l'aurais pas cru capable, à rebours du chemin que nous avions parcouru ensemble jusque-là, le ventre à ras le sol, hennissant vers la pinède au-delà de laquelle il y a notre maison et papa qui n'avait toujours pas son cercueil. Est-ce dieu possible ! On me laissa au milieu de la route devant le parvis, on agita devant moi un index menaçant en m'intimant des ordres, mais il était trop tard, j'étais parti pour ne plus rien comprendre à rien, je venais d'être saisi d'une figette.

▶ VERS LA DISSERTATION

1. Notez les divers éléments absurdes dans cette situation.
2. Quels sont les effets comiques créés par le langage de la narratrice ?
3. Quelle est la relation entre la narratrice et la « vieille pute » dans l'église ? Pourquoi la narratrice choisit-elle la dénomination de « vieille pute » ?
4. Qui est « l'auteur des choses » ? De quelle figure de style cette expression est-elle formée ?
5. Est-il juste de dire que, dans cet extrait, la narratrice se montre très naïve ?

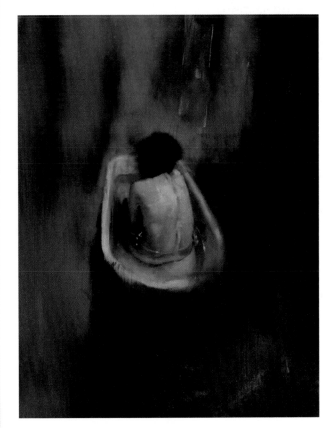

Sophie Jodoin, *Bathroom Scene # 5*, 2007.

Gil Courtemanche (né en 1943)

Gil Courtemanche mène une importante carrière de journaliste spécialisé dans la politique internationale. Il côtoie les pires drames humains de nombreux pays où il se rend, entre autres le Cambodge, le Liban et l'Éthiopie. Il devient très critique à l'égard du métier de journaliste et dénonce «les codes et l'objectivité qui étouffent et trahissent la réalité», selon le propos qu'il associe au personnage principal d'*Un dimanche à la piscine à Kigali*. Il entreprend des séjours au Rwanda, et est témoin des ravages provoqués par le sida et du génocide de 1994. Il tire de cette expérience un roman complexe et percutant, *Un dimanche à la piscine à Kigali*, qui est traduit dans une vingtaine de langues. Gil Courtemanche exerce encore son métier de journaliste et demeure un chroniqueur apprécié au quotidien *Le Devoir*.

Un dimanche à la piscine à Kigali raconte la genèse d'un massacre, le génocide de 1994 au Rwanda, qui a fait près de 800 000 victimes, sans que la communauté internationale ne parvienne à intervenir. Cinéaste en mission au Rwanda, où la mort est déjà omniprésente en raison du sida qui affecte le tiers de la population, le narrateur, Bernard Valcourt, refuse de désespérer. Tout en dénonçant avec force l'impéritie et les actions nuisibles des grandes instances internationales, il présente une série de personnages attachants qui s'accrochent à la vie. Lui-même renaît lorsqu'il tombe amoureux de Gentille, une jeune Hutue avec un corps de Tutsie. Valcourt est témoin du drame qui se prépare : des Hutus, ethnie majoritaire, planifient la mort à coups de machette des Tutsis et le viol de leurs femmes. Le massacre finit par éclater, et l'auteur en fait une description crue et bouleversante.

ROMAN

UN DIMANCHE À LA PISCINE À KIGALI (2000)

Le lendemain matin, au petit-déjeuner, Valcourt et Gentille apprirent par bribes que leur monde s'écroulait. Ils étaient quelques centaines maintenant à camper autour de la piscine, dans le parking et dans tous les corridors de l'hôtel. L'approvisionnement
5 en eau avait été coupé ainsi que les lignes téléphoniques. Victor, le restaurateur, grand chrétien et ennemi de la politique, fut accueilli en héros quand il se présenta avec une centaine de pains, des bouteilles d'eau et tous les œufs que contenait son réfrigérateur. Il avait déjà effectué dix voyages entre son restaurant
10 de l'avenue de la Justice et l'hôtel. Une centaine de personnes s'étaient réfugiées dans son sous-sol. Quatre par quatre, dans sa reluisante Peugeot beige, en brandissant des liasses de billets sous les yeux des miliciens et des gendarmes, il les menait au Mille-Collines. La rumeur avait vite couru : la présence des
15 coopérants et des experts blancs, ainsi que celle de quelques soldats de l'ONU, faisait de l'hôtel, propriété de la Sabena, un sanctuaire encore plus sûr que les églises. Victor demanda à Valcourt de l'accompagner dans ses allées et venues. Sa présence serait peut-être utile.

20 Valcourt monta avec Victor, qui d'une main tenait le volant et de l'autre égrenait un chapelet. La présence du Blanc et ses papiers du ministère de l'Information ne pouvaient que lui faciliter la tâche. Dès la première barrière, Valcourt blêmit et pensa s'évanouir. Un long serpent de corps longeait l'avenue de la
25 Justice. Devant eux, des miliciens et des gendarmes ordonnaient à des passagers de sortir de leur véhicule. Souvent, un seul coup de machette suffisait, et des adolescents traînaient le corps encore frémissant vers le côté de la chaussée. Les cadavres des hommes faisaient des taches noir et blanc, ceux des femmes s'étalaient,
30 les jambes ouvertes, les seins dénudés, la culotte rose ou rouge encerclant les genoux. Plusieurs d'entre elles vivaient encore. Valcourt les voyait trembler, les entendait râler et gémir. On tuait les hommes, d'un coup de feu ou d'un coup de machette, savant et précis. Mais les femmes n'avaient pas droit à une mort
35 claire et nette. On les mutilait, on les torturait, on les violait, mais on ne les achevait pas, comme on l'aurait fait avec des animaux blessés. On les laissait aller au bout de leur sang, sentir venir la mort râle par râle, crachat par crachat, pour les punir d'avoir mis au monde tant de Tutsis, mais aussi pour les punir de leur
40 arrogance car, à tous ces jeunes qui tuaient, on avait raconté que la femme tutsie se croyait trop belle pour eux.

Ils suivaient une fourgonnette rouge. Debout à l'arrière, trois membres de la garde présidentielle et un caméraman qui filmait calmement le long ruban multicolore. Ils s'arrêtèrent près d'une
45 femme toute vêtue de rose, allongée sur le dos. À côté d'elle, deux enfants agenouillés pleuraient. Un des militaires retourna du pied le corps léger de la femme, qui allongea un bras fin vers l'homme comme pour demander de l'aide. Le caméraman conti-nua à filmer, tournant autour de la femme pour multiplier les
50 plans et les angles, puis il posa sa caméra sur le sol, défit sa bra-guette et pénétra la femme. Quand il releva la tête, probablement après avoir éjaculé, Valcourt le reconnut. C'était Dieudonné, son meilleur élève. Victor marmonnait: «Je vous salue Marie, pleine de grâces, le Seigneur est avec vous...» Les corbeaux et
55 les buses volaient bas, tournoyaient au-dessus du banquet qu'on leur offrait. Valcourt vomissait ses entrailles. Ils dépassèrent la prison et le siège de la police, d'où des groupes de miliciens armés sortaient sans arrêt, accompagnés d'un policier, et montaient dans des véhicules qui partaient en direction de
60 Nyamirambo, de Gikondo ou de Muhima. Victor emprunta la rue de l'Hôpital, puis le boulevard de la Révolution. Les vendeurs de médicaments périmés et les marchandes d'aliments qui entouraient d'ordinaire l'entrée du Centre hospitalier de Kigali avaient
65 disparu. Aucun médecin ne faisait le tri des blessés qui se présentaient pour recevoir des soins. Des militaires les regardaient rapidement. La méthode de sélection témoignait d'une logique
70 à toute épreuve. Une personne blessée par machette ne pouvait être qu'un rebelle, et on l'achevait. On jetait son corps sur les piles de cadavres que camions, autobus et automobiles
75 venaient déverser. Des miliciens fouillaient les vêtements et bran-dissaient leurs trouvailles précieuses en criant joyeusement.

VERS LA DISSERTATION

1. Montrez que la cruauté des génocidaires n'a pas de limites.
2. Comment Victor et Valcourt réagissent-ils aux scènes d'horreur dont ils sont témoins?
3. Montrez que l'auteur répond à l'horreur par la sobriété de son style.
4. Qu'est-ce que l'auteur cherche à faire comprendre en décrivant ces scènes?
5. Dans cet extrait, l'auteur décrit une scène d'une telle barbarie qu'il ne laisse aucune place à l'espoir. Discutez.

Luc Picard interprète Bernard Valcourt, personnage principal du roman de Gil Courtemanche, dans un film de Robert Favreau, *Un dimanche à Kigali* (2006).

Louis Hamelin (né en 1959)

Louis Hamelin fait une entrée remarquée en littérature avec son premier roman, *La Rage* (1989). Ce roman donne le ton à toute son œuvre : dans un style éblouissant, qui perturbe le lecteur par ses effets de surenchère, l'auteur raconte la quête de sens d'un jeune décrocheur enragé contre une société de consommation qui soumet les gens à un bonheur faux et convenu. Les romans qui suivent (entre autres *Cowboy* en 1992 et *Betsy Larousse* en 1994) mettent en valeur une même faune de marginaux : alcooliques, starlettes, autochtones ténébreux, intellectuels désabusés et héros déchus.

Dans *Le Joueur de flûte*, Hamelin assagit son écriture et la met au service de l'histoire qu'il raconte. Ti-Luc Blouin se rend dans l'île de Vancouver à la recherche de son père, qu'il n'a jamais connu. Cette quête permet à l'auteur de juxtaposer habilement deux sujets qui deviennent complémentaires : d'une part, la lutte des autochtones et des écologistes pour protéger la forêt d'une île sauvage contre l'appétit d'une multinationale, et, d'autre part, le désenchantement de la génération de la contre-culture, qui doit apprendre à vivre avec l'idée de l'effondrement de ses rêves. La traversée du Canada par Ti-Luc Blouin est un bon exemple de l'écriture de Hamelin. En quelques lignes, l'auteur transmet son sens de l'autodérision et dresse un portrait amer du Canada.

LE JOUEUR DE FLÛTE (2001)

Par un petit jour encore gris du mois d'octobre, fringué de mes plus beaux atours (veste militaire matelassée, ma meilleure paire de Levi's et des bottes de marche munies de semelles Vibram), équipé de
5   ma tente et de mon couchage et ayant vidé mon compte en banque trente-six heures plus tôt, j'ai enroulé, vers cinq heures du matin, une voiture flamblant neuve autour d'une solide épinette blanche dressée en bordure de la route Transcanadienne
10 juste à l'ouest de Petawawa. Le chauffeur principal, rencontré par l'entremise d'Allô-Stop, était plongé dans son petit roupillon sur la banquette arrière. Il avait été embauché pour livrer la bagnole trois jours plus tard à Calgary. Et il semblait croire que c'était
15 de ma faute s'il tombait une fine neige mouillée sur cette maudite forêt d'épinettes un 10 octobre. Son regard meurtrier pendant qu'on le poussait à l'intérieur de l'ambulance. Avant qu'aient pu être éclaircies, à la satisfaction générale, les inévitables questions
20 d'assurances et de responsabilité (aucune, dans mon cas, ai-je respectueusement soumis au policier qui m'avait invité à causer, indemne et bien au chaud dans sa voiture), je me suis retrouvé sur le quai de la petite gare de Chalk River, proche d'une centrale
25 nucléaire, en train d'attendre le train.

De Calgary, j'ai pris un autobus pour Banff où, après avoir dragué une touriste belge au Black Bear, j'ai vu cette dernière me filer sous le nez à l'auberge de jeunesse, en compagnie d'un Américain chauve
30 originaire de l'Alaska. Le lendemain, j'ai cassé le manche de la hache du propriétaire de l'auberge en essayant de fendre du bois.

À Jasper, j'ai dormi dans un grand dortoir et rencontré une fille de Laval qui avait participé, en tant que
35 victime, à la fameuse bastonnade d'Osoyoos au milieu des années quatre-vingt. Les rednecks[1] du coin, armés de bâtons de baseball, l'avaient traitée de *frog* avant de la saisir par les extrémités pour la balancer dans l'étang.

---

1. Anglo-Saxons blancs aux idées étroites, racistes et conservateurs.

40 Arrivée dans le B.C.[1] non loin d'un endroit appelé
Tete-Jaune-Cache. Un policier rondouillard et trapu,
la lippe mauvaise, me permit de m'abriter de la pluie
dans sa voiture de service pendant qu'il procédait à
une vérification routinière de mon identité.

45 Ensuite, je montai dans un bolide presque neuf
(cinquante-trois kilomètres au compteur) conduit
par un sikh enturbanné qui portait au flanc son sabre
rituel. S'il n'avait pas cassé la transmission, j'aurais
atteint les rives du Pacifique avant la tombée de la
50 nuit. Un véhicule poids lourd finit par me déposer,
au terme d'une équipée fantastique ponctuée de
nombreux pétards génétiquement modifiés,
dans le parking désert d'un centre commercial
de Richmond au beau milieu de la nuit.

* * *

55 À Vancouver, les tas de merde humide déposés par
les oies sauvages engraissaient les pelouses de Stanley
Park. Les cargos à l'ancre à l'entrée de la baie. Sur
l'étang, des morillons au bec bleu dormaient en se
laissant dériver, la tête fourrée sous l'aile. Un joggeur
60 passa en ahanant dans un survêtement rouge vif.
Depuis trois jours, j'avais dormi environ deux heures
et demie. Je m'allongeai sur un banc, le temps de
cogner quelques clous.

---

1. Colombie-Britannique.

VERS LA DISSERTATION

1. Montrez que le narrateur se moque de lui-même.
2. Notez le sens du détail du narrateur. Montrez que ces détails donnent un ton réaliste à l'extrait.
3. Le narrateur utilise habilement l'ellipse. Donnez-en des exemples.
4. Le mot «frog» est une insulte faite aux francophones. À quelle insulte et à quel célèbre poème des années 1960 cette insulte fait-elle penser?
5. Est-il juste de dire que l'auteur dresse un portrait négatif du Canada?

Reynald Connolly, *Truisme*, 2000.

Nelly Arcan (née en 1975)

Les romans *Putain* et *Folle* (2004), écrits par Nelly Arcan, figurent parmi les meilleures autofictions québécoises. Dans l'autofiction, tendance littéraire très populaire en France, l'auteur se prend comme sujet et ne craint pas de révéler les aspects les plus intimes de sa vie. Dans *Putain*, les révélations de Nelly Arcan ne sont pas banales: cette auteure avoue avoir exercé le métier de prostituée. Le sujet particulier du livre et sa sortie chez un éditeur français prestigieux font de Nelly Arcan un important phénomène médiatique. Mais l'intérêt pour ses livres va au-delà de l'effet émoustillant provoqué par des révélations scabreuses: Nelly Arcan écrit avec style et ses romans sont une riche intériorisation de ses expériences.

Putain plonge le lecteur dans l'intimité d'une prostituée. Le roman décrit moins la vie quotidienne de la prostituée que ses angoisses, son désir acharné de plaire, ses relations distantes avec ses clients, son rapport trouble avec son père et les autres membres de sa famille, des religieux pratiquants. L'auteure, qui a étudié la littérature et suivi une psychanalyse, sait habilement exprimer les états d'âme et les contradictions de son personnage. Elle y parvient par un style très maîtrisé, caractérisé par de longues phrases et par une reprise en boucle des mêmes obsessions.

ROMAN

PUTAIN (2001)

Et il faut voir la chambre où j'attends les clients, il faut la voir pour comprendre quelque chose à cette vie d'attendre qu'un homme frappe à la porte, il faut voir le lit, la table de chevet et le fauteuil qui forment un triangle et qui se
5 regardent depuis leur emplacement, depuis leur solitude de servir à tous et de n'appartenir à personne, de porter la trace de l'usure sans avoir d'âme, comme les bancs de gare sur lesquels on s'impatiente en regardant sa montre tous les quarts d'heure, il faut voir l'unique lampe qui éclaire
10 jaune, qui donne une apparence de soirée aux journées, le lit blanc en bois compressé au pied duquel s'accumulent les poils des clients, de petites mottes qui roulent lorsqu'on ouvre la porte, qui traversent la pièce comme des chatons gris poussés par les courants d'air, les mottes que je ne
15 ramasse pas, jamais, je les laisse courir car je veux qu'elles soient vues, qu'elles marquent les rapports avec les clients, j'aime qu'ils ne soient pas trop à leur aise, qu'ils sachent qu'ils ne sont pas seuls dans cette pièce, que d'autres y sont encore un peu, qu'ils ne sont qu'un point perdu dans
20 la série des hommes qui passent et qu'ils se retrouveront en tas, indifférenciés sur le plancher, je veux qu'ils comprennent que cette chambre n'est pas la mienne et qu'elle est fréquentée par tant de gens qu'il ne vaut pas la peine de l'entretenir, et puis de toute façon un autre viendra bientôt,
25 il faut faire vite, s'habiller dès que fini et partir aussitôt pour ne pas rencontrer celui qui est sur le point d'arriver, et il faut les voir s'habiller à toute allure, les entendre filer dans le couloir pour rejoindre l'ascenseur, il faut imaginer leur air de n'avoir l'air de rien, comme si de rien n'était, comme
30 si payer une femme pour coucher avec elle n'était impensable que lorsqu'on croise un témoin, et il y a bien la pile de magazines que je ne lis pas, achetés par l'agence et posés là sur la table de chevet pour le divertissement des putains, des magazines exprès pour moi, mais je ne
35 sais pas pourquoi, détailler de jeunes adolescentes à moitié nues qui me regardent de leur bouche entrouverte à tour de pages ne me divertit pas, elles me font peur, plutôt les retourner face contre terre, plutôt arracher la couverture où jouit cambrée la schtroumpfette en chef, l'employée

du mois encerclée de slogans stupides, toujours les mêmes,
40 spécial sexe, tout sur le sexe, comme s'il ne suffisait pas
de le faire tout le temps, comme s'il fallait aussi en parler,
en parler encore, cataloguer, distribuer, dix trucs infaillibles
pour séduire les hommes, dix robes à porter pour faire
45 tourner les têtes, comment se pencher mine de rien vers
l'avant pour faire bander le patron, il faudrait les émietter,
une par une, les balayer sous le lit avec les enveloppes de
préservatifs jetés là parce que le panier n'était pas à la portée
de la main, parce qu'il était plein, mais ça ne sert à rien
50 car elles sont trop nombreuses, d'autres magazines seront
empilés au même endroit la semaine prochaine, d'autres
schtroumpfettes me défieront de les émietter, on ne peut
rien contre ce qui est à recommencer chaque semaine, il
me faut donc les laisser à leurs quinze ans et leur perfection
55 de bouche entrouverte, à leur royaume de postures affolantes.

VERS LA DISSERTATION

1. Décrivez la chambre où la narratrice reçoit ses clients. Quelle figure de style est le plus souvent employée pour la décrire?

2. Qu'est-ce que l'ambiance de cette chambre suggère?

3. Pourquoi la narratrice aime-t-elle que ses clients ne soient pas trop à l'aise?

4. Pourquoi la narratrice souhaite-t-elle émietter les magazines remplis de photos de jeunes adolescentes?

5. Dans cet extrait, la narratrice est portée par une rancœur dirigée à la fois contre les hommes et les jeunes filles. Discutez.

6. Peut-on dire que la narratrice fait une critique de l'hypersexualisation des individus dans la société actuelle?

Marcellin Dufour, *Sans titre*, 1979.

François Charron (né en 1952)

Avec une trentaine de recueils de poésie à son actif, François Charron est l'un des poètes québécois les plus prolifiques. Sa poésie très diversifiée, récompensée par de nombreux prix littéraires, prend d'abord sa source dans le marxisme et la contre-culture. Au fil des parutions, le poète calme ses ardeurs et adopte un style d'un lyrisme discret qui contient ses effets. L'un de ses recueils les plus appréciés, *Pour les amants*, est écrit dans cette veine.

Ce recueil est caractéristique de la redécouverte de l'intimité par les poètes québécois, après l'effondrement de leurs idéaux politiques des années 1970. L'écriture atteint ici un grand dépouillement : Charron utilise des phrases courtes, un vocabulaire simple ; ses descriptions du quotidien sont à la limite de la banalité. Mais le recueil constitue surtout une réelle réconciliation avec la vie, avec l'amour que le poète semble explorer, redécouvrir, porté par une joie intense et stupéfaite. Un livre écrit « pour les amants qui font des miracles », précise le poète.

Lilo Raymond, *Bed, Amagansett,* 1977.

L'impression de douceur et d'intimité qui se dégage de cette image de Lilo Raymond correspond au climat de *Pour les amants*. Une photographie de cet artiste illustre d'ailleurs l'édition originale de ce recueil de François Charron.

POÉSIE

POUR LES AMANTS (1995)

La douceur qui vient de naître

Ta peau blanche est une pensée qui s'ignore, ta peau blanche baigne au sein du silence. Un chien aboie, une route se perd à travers les champs endormis. Nous sommes entourés d'objets familiers, je te mordille l'épaule, tu t'allonges sur un drap en
5 refermant délicatement les paupières. Je mets mes mains sur ton corps, un ange reste attentif, il n'y a pas de distance en nous. Nous nous glissons dans l'éblouissement de la nuit.

Voyager dans nos yeux

Notre planète change et demeure. Les stores ont été baissés. Une fourchette tombe en faisant un bruit clair sur le plancher. J'ai sorti ta vieille bicyclette de la cave. Tu mords dans une pomme. Je repense à tes allures de belle étrangère. Il y a
5 tellement de choses à éprouver. Nous avons envie d'être l'innocence de tout. Nous imaginons des gestes éperdus qui ont aussitôt la transparence d'un voyage.

Éloge du vertige

Nous allons au lit pour essayer de dormir. L'appartement est devenu silencieux. Je presse tes seins merveilleux en imaginant le ciel de ta vie. Ensuite, j'embrasse le bout de ton nez et nous nous mettons à rire. Un voyage sans fin apparaît dans
5 nos gestes si tendres, un voyage sans fin nous fait visiter d'autres parties encore inexplorées du monde. Nous ne cherchons pas à comprendre notre folie, le vertige en naissant est la plus grande révélation. Notre seule existence, aussitôt lumière, se trouve libre quelque part.

VERS LA DISSERTATION

1. Ces trois poèmes parlent d'événements quotidiens. Faites-en ressortir quelques-uns et expliquez en quoi le quotidien devient poétique.

2. Observez la structure des phrases. Quel est l'effet produit par la juxtaposition de phrases courtes ?

3. Quelles images et quels champs lexicaux l'auteur utilise-t-il pour décrire la fascination de l'amour ?

4. Comment l'auteur indique-t-il que l'amour se vit ici dans une grande intimité ?

5. Ces trois poèmes expriment une vision identique de l'expérience amoureuse. Discutez.

Gilbert Langevin (1938-1995)

Poète écorché, vagabond nocturne, Gilbert Langevin se dévoue entièrement à la poésie. Il écrit une œuvre abondante, composée de 34 livres, de la poésie surtout, mais aussi de la prose et des aphorismes, genre qu'il maîtrise particulièrement bien. Langevin se fait aussi parolier et écrit pour de nombreux chanteurs, dont Gerry Boulet, Marjo, Dan Bigras et Luce Dufault.

Sa poésie concentre les effets de style dans une écriture serrée, d'une rare densité. Elle transmet une émotivité à fleur de peau, un profond mal de vivre, celui d'un homme qui refuse pourtant de sombrer. *PoéVie*, qui est publié par Normand Baillargeon au lendemain de sa mort et assemble ses textes les plus significatifs, donne un excellent aperçu de la diversité de l'œuvre de Langevin. Son poème « Lettre à la vie en pleine nuit », écrit en 1990, est très représentatif de l'univers de Langevin et de son attachement à la vie, malgré « la difficulté d'être », selon l'expression du poète Jean Cocteau.

PoéVie (1997)

Lettre à la vie en pleine nuit

*Texte dédié à Raôul Duguay
et à Richard Desjardins*

Ta soif la plus claire
se noie dans mon verre
désirable désirante
jamais indifférente
5 à tout ce qui brûle
à tout ce qui hurle
souvent bienveillante
au plus faible murmure
dans l'éclos dans l'ultime
10 voilà pourquoi je vénère
ton nom comme on respire
sans savoir s'il s'agit
tout à l'heure de mourir
ou de vivre autrement
15 sur un autre versant

sans arme ni défense
tu triomphes quand même
chair d'ange ou semence
à l'infini volonté veloutée
20 fleur d'altitude ouverte
aux beaux réseaux d'aimer
catalyse parfaite ah pourtant
tant et tant de funeste fut
avant que je te reconnaisse
25 de gris désastre en triste cas
sans la plus mince esquisse
d'une vision consolatrice
et tout cela jusqu'à la moelle
et jusqu'au sang d'avoir subi
30 ce long désert trop d'avanies
quand dans un corps en détresse
criblé d'alco-tremblements
on ne ressent que l'inaptitude
à jouir même de la bonté du soleil

35 et longtemps ce supplice amer
pire que le pire des calvaires
de n'appartenir qu'au plus pauvre
et noir des comportements
sans avoir aucune fenêtre aucune
40 où fuir en dehors de souffrir
partout l'empêchement les murs
mais je te tiens enfin
à bout de nerfs et de souffle
Ô VIE poème des poèmes
45 fontaine de la parole humaine
toi ma sereine reine
mon affable souveraine
et je couche dans ton repos
mes plaintes et mes peines
50 ô mère parce que je t'aime

Montréal, le 17 novembre 1990

Serge Clément, *Fusion*, 2002.

**Serge Clément s'est fait connaître
par ses photographies stylisées
et évocatrices de la grande ville.**

VERS LA DISSERTATION

1. Relevez les images qui renvoient à la nuit.
2. Comment le poète manifeste-t-il son amour pour la vie ?
3. Comment le poète exprime-t-il son mal de vivre ?
4. Quel effet le poète cherche-t-il à produire chez le lecteur par les sept derniers vers du poème ?
5. Peut-on dire que, pour Gilbert Langevin, l'amour de la vie naît du mal de vivre ?

Marie Laberge (née en 1950)

Avant de faire publier la très populaire trilogie romanesque *Le Goût du bonheur*, Marie Laberge exerce le métier de comédienne et écrit une vingtaine de pièces de théâtre. Dans ses pièces, elle met l'accent sur la dimension psychologique, le vécu des femmes et les drames auxquels elles doivent faire face. L'une de ses pièces les plus appréciées, *C'était avant la guerre à l'Anse à Gilles* (1980), raconte la difficile émancipation de deux femmes dans les années 1930. *Aurélie, ma sœur* (1988) relate avec émotion la relation entre une fille et sa mère adoptive.

Dans *L'Homme gris*, Marie Laberge crée un étrange huis clos qui fait s'affronter un père et une fille dans une chambre de motel. Le père, qui vient de soustraire sa fille à un mari qui la battait, entreprend un long monologue. Rempli de bonnes intentions, l'homme révèle sans le vouloir ses failles, son alcoolisme, son assurance aveugle, et se montre incapable de comprendre sa fille terrée dans son silence. Par des touches discrètes, Marie Laberge réussit à faire monter la tension jusqu'à ce que la maladresse du père fasse éclater une violence imprévue.

L'Homme gris (1984)

Dans c'temps-là, pour rien au monde j'aurais voulu t'changer pour un garçon. Tu m'aurais d'mandé n'importe quoi, tu l'aurais eu. Par chance que tu t'en doutais pas, han, t'en aurais ben profité. Ouain, l'année

5 d'tes onze ans, c't'encore à ça que j'pense quand j'pense à toi. Ma belle tite fille de onze ans. Jamais j'aurais voulu que l'temps passe, que ça change. J't'aurais jusse r'gardée là, sans parler, sans t'toucher, jusse te voir de même, ç'aurait faite mon bonheur. Pis on peut dire

10 que ça l'a faite. Maman était toute contente que j'te r'marque, que j'soye fier de toi. Pis pour être fier, j'tais fier. Un p'tit ange, un p'tit ange pur, intouchable, c'est ça qu't'étais, ma Cri-Cri... (*Un temps. Aigri.*) C'est ça qu't'étais jusse avant d'tomber malade, pis d'maigrir

15 comme t'as maigri. Eh batinse, on peut dire que tu nous as faite peur avec ça. On n'était pas loin d'penser qu'on allait t'perdre. Maigre... mais maigre... pis têtue, mauvaise, à pas vouloir manger de rien de ce que maman faisait, à bouder, à t'enfermer pis vomir comme

20 t'à l'heure... T'es jamais r'venue aussi belle qu'avant, j'ai pus jamais r'vu ma fille à moi, mon p'tit ange pur, ma Cri-Cri intouchable. T'as passé trop d'temps malade, ça été long avant qu'tu soyes correque... mais au moins, t'es r'venue en santé. Pas forte, forte,

25 mais en santé. T'avais perdu ton air d'enfant. C'est sûr, han... (*Un temps.*) Quand t'es sortie d'l'hôpital, quand j't'ai revue chez nous, j'peux ben te l'dire asteure que t'es correque, j'tais pas capable de te r'garder. Pas capable, j'te mens pas. C'tait plus fort que moi... Tu

30 ressemblais aux photos du Biafra dans l'temps, tu sais? Pis tes yeux, tes yeux on aurait dit qu'y prenaient toute la place dans ta face. Pis c'taient des yeux... j'sais pas, c'pas disable... des yeux de vieux, non, heu... des yeux terribles. J'pouvais pas te r'garder, j'tais pas capable, ça

35 m'rendait malade. Moi, j'me souvenais de toi à onze ans, pis j'te r'gardais, là, à quinze... c'pas mêlant on aurait dit qu'y t'avaient battue à l'hôpital. T'as l'air

mieux aujourd'hui que dans c'temps-là, c'pour dire han… Non, jamais j'oublierai ça, c'est comme si on
40 m'avait enlevé mon rêve, enlevé ma fille. Pis les spécialistes ont dit qu'on t'aimait pas assez! Si moi j't'aimais pas, j'me d'mande ben c'que ça leur prenait, j'voudrais ben qu'quequ'un vienne m'expliquer c'est quoi, d'abord, l'amour… si j't'aimais… j'ai failli virer fou avec
45 c't'histoire-là, avec tes yeux pis ta maladie, pis comment t'es revenue. Maman, elle, c'est pendant ta maladie qu'a l'a failli virer folle. Moi, personne l'a su, mais c'est après, quand t'es revenue pis que t'étais pus toi. Là, j'cré ben que si y a queque chose qui aurait pu
50 m'faire tomber dans l'alcool, c'aurait été ça. C'te déception-là, c'est comme si j'm'en remettais pas. J'pouvais pas prendre le dessus.

VERS LA DISSERTATION

1. Qu'est-ce que le recours à la langue jouale apporte au texte?
2. Montrez le contraste entre la fille telle que le père la rêvait et celle qu'elle est devenue réellement.
3. Quel portrait le père fait-il de sa fille malade?
4. Quelle a été la réaction du père à l'anorexie de sa fille?
5. Expliquez comment ce père qui cherche à être compréhensif envers sa fille est en fait très maladroit.
6. Peut-on dire que le père manque d'amour pour sa fille?

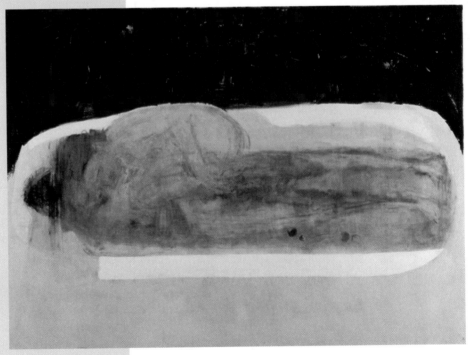

Julie Ouellet, *L'Heure endormie*, 2002.

Michel Tremblay (né en 1942)

Fort de ses succès théâtraux, Michel Tremblay se lance dans le roman à la fin des années 1970. Il écrit les populaires *Chroniques du Plateau Mont-Royal*, dans lesquelles il reprend plusieurs personnages de ses pièces de théâtre. Il les fait revivre avec humour et tendresse, dans le quartier de son enfance. Ce retour dans le passé est pour lui l'occasion de se tourner vers l'autobiographie, qui en vient à prendre une place importante dans son œuvre. Il ne délaisse pas pour autant le théâtre, et, si sa production surabondante de romans et de pièces de théâtre déconcerte parfois, il parvient encore à livrer des œuvres puissantes à ses lecteurs.

Le Vrai Monde ? est une pièce complexe, dans laquelle Tremblay réfléchit sur la capacité de l'écrivain à bien transmettre la réalité. Il se demande comment le point de vue d'un auteur transforme les choses. Il cherche à savoir si un auteur a le droit de s'inspirer de ses drames personnels et de ceux de ses proches. Tremblay partage avec le public ces interrogations d'auteur par l'entremise de l'histoire de Claude, un jeune dramaturge qui écrit sa première pièce et dont les personnages sont nuls autres que son père, sa mère et sa sœur. La pièce confronte de façon dynamique les personnages « réels » et ceux que Claude a « inventés ». Ainsi, la mère réagit de façon très forte à son double dans la pièce de Claude.

THÉÂTRE

LE VRAI MONDE ? (1987)

MADELEINE I. — [...] Quand ton père est disparu depuis des jours pis que ta sœur est partie travailler, ça m'arrive de m'ennuyer, c'est sûr. J'me promène dans'maison, j'sais pas quoi faire de mon corps... La télévision est plate, la lecture
5   m'a jamais vraiment beaucoup intéressée... J'ai passé l'âge où y fallait que je sorte tous les jours, même si c'était juste pour aller acheter une pinte de lait dont on n'avait même pas besoin... Ça fait que j'me retrouve immanquablement ici, dans le salon, sur le sofa, avec les mains croisées sur les
10 genoux pis un verre de lait posé sur la table à café au cas où une douleur me prendrait... Les premières minutes sont toujours difficiles... Tous les jours... J'angoisse, j'ai le cœur serré, j'me demande comment j'vas faire pour passer à travers la minute qui s'en vient, pour survivre à l'après-midi qui vient
15 à peine de commencer... Des fois chus obligée de me plier en deux tellement j'ai peur. Non, c'est pas vrai, j'ai pas peur. C'est pas de la peur. Tu comprends, j'ai pas peur qu'y m'arrive quequ'chose, je le sais qu'y peut rien m'arriver, rien ! Mais j'angoisse parce que j'ai l'impression que j'vas mourir
20 d'ennui. J'ai rien à faire. Si je sais que ton père rentrera pas, j'aurai juste un p'tit repas à préparer pour Mariette pis moi, vers six heures... pis si Mariette m'appelle pour me dire qu'a'soupera pas avec moi, j'peux me contenter d'une soupe en boîte ou ben d'une sandwich... (*Silence. On la sent angoisser.*)
25 Ça fait que j'ai... cinq heures à remplir. Dans le silence. Pis là, dans le milieu du silence, la tempête arrive. J'la sens venir... Des fois j'ai pas le goût parce que chus trop fatiguée ou ben parce que j'ai mal au côté, mais a'vient pareil... peut-être parce que j'en ai besoin... pour passer le temps. Pis là...
30 c'est sûr que tout c'que t'as mis dans ta pièce me passe par la tête... J't'ai dit tout à l'heure que tout ça c'taient des choses que j'm'avouais pas à moi-même... c'est sûr que c'est pas vrai... Chus pas folle, je le sais la vie que j'ai eue ! Ça fait que j'fais des scènes qui durent des heures, des scènes tellement
35 violentes, si tu savais... j'me décharge de tout mon fardeau, pis j'en remets... J'deviens... une sorte d'héroïne... J'démolis la maison ou ben j'y mets le feu, j'égorge ton père, j'y fais même pire que ça... J'vous fais des scènes, à ta sœur pis à toi... Tout c'que j'ose pas vous dire au téléphone ou ben
40 quand vous êtes là sort... par vagues plus hautes que la maison ! Mais tout ça, Claude, se fait dans le silence. T'arriverais au milieu de tout ça pis tu penserais que chus juste dans la lune ou ben que chus t'en train de me demander c'que j'vas faire pour le souper... parce que c'est l'image que je vous ai toujours
45 donnée de moi... C'est ça ma force. Ça a toujours été ça. Le

silence. J'connais rien au théâtre mais chus sûre que ça serait
pas mal difficile de faire ça, une tempête dans une tête! Mais
laisse-moi te dire que c'est ben plus efficace que n'importe
quelle scène de ménage! parce que ça porte pas à conséquence!
50 J'ai toujours tout enduré en silence parce que j'ai toujours
su qu'au bout du compte ça payerait plus. Tu peux penser
tout ce que tu veux quand tu te barricades là-dedans, tout en
faisant autre chose qui a rien à voir pis qui donne aux autres
la version de toi que tu veux qu'y ayent... De toute façon,
55 que c'est que ça me donnerait de faire comme dans ta pièce?
Oùsque j'irais, un coup divorcée? M'ennuyer ailleurs? Dans
un appartement miteux pour les pauvres folles comme moi
qui auraient pas eu l'intelligence de se taire? Me trouver une
job? J'sais rien faire d'autre que le ménage pis à manger!
60 J'irai pas faire des ménages dans des maisons de riches pour
le reste de mes jours juste parce que j'me serai
déchargé le cœur une fois! Pis j'irai pas continuer
mes cauchemars de l'après-midi dans un deux pièces
et demie meublé! Ta femme, là, dans la pièce, là, qui
65 porte mon nom pis qui est habillée comme moi,
que c'est qu'a'va faire, le lendemain matin? Hein?
Après avoir joué l'héroïne? On sait ben, ça t'intéresse
pas, toi! Quand a'l'ouvre la porte pis qu'a'sort d'la
scène, a'l'arrête d'exister pour toi pis tu t'en sacres,
70 d'abord que t'as écrit des belles scènes! Mais moi,
faut que je vive demain, pis après-demain, pis les
autres jours! Si t'as jamais entendu le vacarme que
fait mon silence, Claude, t'es pas un vrai écrivain!

Marc Séguin, *Fumez-vous le cigare, croyez-vous en Dieu?*, 1998.

VERS LA DISSERTATION

1. Décrivez ce que Madeleine appelle «la tempête».
   Pourquoi a-t-elle de pareilles pensées?

2. Pourquoi Madeleine considère-t-elle que le silence paie
   plus que la parole?

3. À quoi la mère fait-elle allusion lorsqu'elle dit: «Tu peux
   penser tout ce que tu veux quand tu te barricades là-dedans»?

4. Claude avait-il entendu le «vacarme» du silence de sa mère
   lorsqu'il écrivait sa pièce?

5. Selon vous, Madeleine renonce-t-elle à être heureuse?

6. Comparez le joual du *Vrai Monde?* avec celui d'*À toi,
   pour toujours, ta Marie-Lou* (p. 141-142). Qu'est-ce que
   cette comparaison révèle?

7. Comparez cet extrait au monologue de Léopold dans *À toi,
   pour toujours, ta Marie-Lou* (p. 141-142). Peut-on dire que
   Michel Tremblay décrit deux formes différentes d'aliénation?

Michel-Marc Bouchard (né en 1958)

Michel-Marc Bouchard a su s'affirmer dans le théâtre québécois en présentant un univers très singulier, qui reprend sans naïveté des recettes du mélodrame et plonge les spectateurs dans des époques révolues qu'il se permet de réinventer. L'homosexualité est l'un de ses thèmes de prédilection; il l'aborde avec franchise et romantisme dans de nombreuses pièces, dont *Les Feluettes* (1987). Aujourd'hui, Michel-Marc Bouchard est l'un des auteurs québécois les plus traduits et les plus joués à l'étranger.

Les Muses orphelines sont un drame puissant, à l'intrigue bien ficelée, dont les personnages sont troublés par des émotions complexes. Dans cette pièce, les enfants Tanguay, trois sœurs et un frère, se retrouvent ensemble dans leur village de Saint-Ludger de Milot près de vingt ans après que leur père est mort à la guerre et que leur mère les a abandonnés. Ils attendent avec inquiétude le retour de leur mère, qui leur a donné rendez-vous. Cette réunion sert de prétexte pour revivre le drame de leur abandon: la mère a pris un amant espagnol, Federico, au vu et au su de tout le village, qui a fait chèrement payer aux coupables cet écart de conduite. Dans un épisode important de la pièce, les enfants jouent pour eux-mêmes ce drame, comme pour l'exorciser.

THÉÂTRE

LES MUSES ORPHELINES (1988)

ISABELLE. — Joue, Martine. Rien qu'à soir. Pour la dernière fois. Rien qu'à soir.

MARTINE. — Non.

LUC, *jouant sa mère.* — Qu'est-ce que tu fais habillé en soldat?

5 **MARTINE,** *se levant.* — J'm'en vas!

LUC, *jouant sa mère.* — Tu penses que c'est la solution?

MARTINE. — J'aime mieux m'en aller que de me faire accroire que ça me fait rien.

LUC, *jouant sa mère.* — C'est lâche ce que tu fais. (*Silence.*) Les enfants,
10 on rentre chez nous.

MARTINE, *soudain, jouant son père.* — Non! On va régler ça icitte! T'as voulu montrer ton bonheur à tout le village, Jacqueline? On va leux montrer le reste.

LUC, *jouant sa mère.* — Tu savais qu'en amenant Federico ici...

MARTINE, *jouant son père.* — J'ai jamais été capable de t'inventer le monde
15 que tu voulais. J'ai rien à t'apprendre sus mon pays, c'est le même que le tien pis tu l'aimes pas. Chaque matin que le bon dieu amène, on ouvre les yeux pis on voit tout le temps les mêmes arbres, la même savane, les mêmes faces. J'suis pas capable de te parler d'amour. J'ai appris à le dire, pas à radoter d'sus. J'suis peut-être pas un... un bon...

20 **LUC,** *jouant sa mère.* — Ça s'appelle «un amant», Lucien.

MARTINE, *jouant son père.* — J'suis peut-être rien qu'un...

LUC, *jouant sa mère.* — T'es juste un gars de Saint-Ludger comme y'en a ici des dizaines d'autres. T'es juste celui-là que j'ai pas pus choisir parce qu'y avait pas de choix. T'es juste ce que nos enfants sont en train de devenir;
25 du monde pareil aux autres qui font pareil aux autres.

MARTINE, *jouant son père.* — Un autre que moi, un de tes dizaines de gars pareils vous aurait déjà tués, Jacqueline. J'préfère aller tuer oùsque ça compte.

CATHERINE. — Y'a fait demi-tour. Y'a marché vers les portes de la grande salle pis juste avant de disparaître pour toujours, y'a regardé meman une
30 dernière fois.

MARTINE, *jouant son père.* — Y me l'avait dit dans ma famille. Fais attention aux femmes qui sont trop belles. C'est le diable qui les a fait belles comme ça. À leux naissance, y leux a donné un cadeau empoisonné qui s'appelle le désir. Jacqueline, tu vas toujours désirer pis ça va être ça ton malheur. Ramassez
35 les restes de l'Espagnol, sa maîtresse doit déjà en désirer un autre.

Martine s'éloigne des autres.

CATHERINE. — Merci, Martine.

ISABELLE. — T'étais ben bonne, Martine.

MARTINE. — Demain 'est mieux de pas nous faire le coup du repentir.

40 **ISABELLE.** — Que c'est que ça veut dire «repentir»?

MARTINE. — Ça veut dire quelqu'un qui revient à quatre pattes en lichant le plancher pour se faire excuser! Non, on ne se tapera pas l'apothéose du pardon! «Apothéose», ça veut dire la cerise sus l'sundae! Prends ton dictionnaire!

LUC, *lisant.* — «21 juillet 1944. Cher fils adoré. J'ai reçu une lettre des
45 Forces armées canadiennes. Votre père est mort lors du débarquement de Normandie. Ses amis l'avaient surnommé "Le suicidaire". À l'annonce de la nouvelle, Martine a cassé la statuette du matador. Le lendemain, en revenant de son entraînement de port d'armes, Martine a braqué la 22 de ton père sur
50 Federico, et elle est restée comme ça, immobile. Elle a demandé comme cadeau de Noël que Federico s'en aille sinon, la prochaine fois, elle fera feu.»

CATHERINE. — Ça m'a toujours chicotée; t'aurais-tu tiré?

55 **MARTINE.** — Oui… sur elle. Demain, en la voyant franchir la porte, on va être là, fragiles, effrayés comme des p'tits enfants, parce que le temps s'est arrêté depuis qu'elle est partie! Si j'en vois un y faire la moindre gentillesse, j'la sors la 22, pis c'te coup-là… j'tire!

60 **LUC,** *lisant.* — «Dernière lettre du Canada. Avril 1945. Cher fils que j'aime. Federico est reparti. Le jour de son départ… *adios, adios…* le vent avait de nouveau cristallisé la neige en vagues inertes. Ce matin au comptoir postal, je suis allée chercher le dictionnaire d'espagnol que Federico m'a
65 envoyé. Madame Tessier a été méchante comme d'habitude, comme l'épicier, comme les demoiselles de la bibliothèque. Isabelle et toi, vous m'aidez à faire ma valise. Je vous laisse mes vêtements espagnols. Là où je vais, j'en trouverai de plus beaux. Avant de quitter Saint-Ludger, j'irai chanter
70 ma libération à la veillée pascale. Je quitterai la maison sans vous embrasser. Le moindre attendrissement pourrait nuire à ma destinée. Ta mère qui t'aimera toujours. Adieu.»

Le succès des *Muses orphelines* se mesure par de nombreuses reprises de la pièce au Québec et à l'étranger, et par une adaptation au cinéma. Cette image provient de l'affiche annonçant les représentations de la pièce au Théâtre de la Bordée à Québec en 2006.

CORRESPONDANCE

Michel Garneau (né en 1939)

Michel Garneau se définit le plus souvent comme poète. Mais il mène aussi une importante carrière d'homme de théâtre. Il se fait apprécier par ses traductions très réussies de Shakespeare (dont *Macbeth* et *La Tempête*) dans un québécois archaïque qui vise à correspondre à l'anglais ancien des textes originaux. Il a aussi adapté *Gilgamesh*, le récit le plus ancien de l'humanité. Il écrit de nombreuses pièces, dont *Quatre à quatre*, un drame où s'affrontent quatre femmes d'autant de générations, qui s'expriment dans la langue poétique chère à l'auteur.

Dans *Les Guerriers*, Garneau change de registre et aborde un sujet politique. Deux hommes s'enferment pendant 10 jours afin de trouver un slogan publicitaire pour l'armée canadienne. L'appartement luxueux où ils sont reclus devient le lieu de tous les affrontements. Les thématiques de la pièce sont particulièrement riches : Garneau aborde la relation entre le créateur et celui qui le finance, il dénonce les guerres et réfléchit sur le pouvoir corrupteur de la publicité. L'épisode dans lequel le « créatif » raconte comment il a trouvé un slogan pour vendre du lait montre bien la férocité de l'auteur et son sens du sarcasme.

LES GUERRIERS (1989)

GILLES
on était sept huit
on cherchait un slogan pour l'association
des producteurs de lait
on avait tout sorti

PAUL
5 tempête de cerveau

GILLES
une grosse
moi j'étais l'plus jeune
j'disais pas grand-chose

PAUL
c't'ait l'bon temps

GILLES
10 très drôle
ton humour est toujours si neuf

si frais si revivifiant
et surtout si original

PAUL
tu la contes ou tu la contes pas
15 ton anecdote !

un temps
gilles prend une grosse gorgée
de royal salute

GILLES
je regardais   j'essayais d'apprendre
20 ça faisait une semaine qu'une dizaine d'adultes
consentants disaient les pires niaiseries
les folies les plus laborieuses les nouilleries les plus
molles les farces les plus plattes les jeux de mots les plus
débiles   à rendre un épais fou   quatorze heures par jour

PAUL
25 yé

GILLES
on était complètement tarés   j'en r'venais pas
pleins de mauvais café   mal au ventre   pus de digestion
pantoute   avec des milliers de mots
qui te viennent tout
30 seuls dans la tête

paul s'amuse beaucoup

dans la bouche   dans le corps tout entier
on était épuisés   excédés   à bout d'nerfs
pitoyables

PAUL
35 hé qu'ça devait être beau

GILLES
ça fait que j'ai décidé que c'était vraiment pas pour moi
cette job-là   que j'étais décidément pus capable

PAUL
cré bonhomme   t'as vraiment pas changé

GILLES
j'les haïssais tellement   toute c'te pathétique
40 bande de cocombes
j'ai décidé que j'm'en allais dret-là

PAUL
bien sûr

GILLES
ça continuait à délirer autour de moi
j'me lève
45 chu en train de m'en aller

j'ouvre la porte
et y me vient la chose la plus colonne   l'affaire la plus
habitante la plus noune la plus dérisoire possible
que j'me dis
50 j'ai rien à perdre et chu déjà tout sali
et par pure dérision
juste pour finir cette histoire mardeuse
dans le vif du caca
j'm'en vas leur dire   j'me r'tourne j'les r'garde
55 y'a tellement d'fumée qu'on dirait
qu'y sont pognés en feu toute la gagne
j'leur dis   comme un vomi
le   lait   c'est   vachement   bon

gilles est essoufflé

PAUL
60 c'est toi!
c'est toi le génie qui a pondu ça!
ben crisse de viarge! tu me l'avais pas dit!

GILLES
je sors en claquant la porte
dans l'corridor j'entends des cris
65 des hurlements de joie

PAUL
j'comprends

GILLES
des applaudissements
quelqu'un sort en courant m'attrappe
me revire par les épaules
70 m'embrasse me serre dans ses bras
tout le monde est debout c'est l'ovation
mon boss écrit au tableau religieusement

paul le dit avec gilles

le   lait   c'est   vachement   bon
75 c'est le délire y'en a qui pleurent
moi j'commence à rire bien malgré moi
à rire à brailler en riant
et pis les bouteilles sortent
on commence à prendre un coup
80 c'est la fête la job est faite
et c'est moi qui l'ai faite

gilles est très essoufflé

le lait c'est vachement bon
c'est ça qu'on cherchait depuis une semaine
85 quatorze heures par jour
y m'ont donné ma permanence

une grosse augmentation
un nouveau bureau
pour l'affaire la plus stupide

PAUL
90 la plus efficace

GILLES
la plus idiote

PAUL
la plus simple

GILLES
la plus crétine

PAUL
on rit ou ben on gémit
95 mais on s'en souvient!

GILLES
l'affaire la plus cave que j'aie réussie
à sortir par dérision par simple dérision
par pure dérision

PAUL
du moment qu'ça sort!!

GILLES
100 c'est comme ça que l'imposture est née
c'est comme ça que chu devenu
c'que t'appelles le meilleur idéateur au canada
c'est comme ça qu'à chaque job
j'ai toujours peur de perdre le sens
105 de la dérision
parc' que c'est
ma créativité

PAUL
au moins t'en as une!!!

gilles reprend son souffle
110 *difficilement*
paul le regarde et s'amuse

PAUL
wow!!!!
le lait c'est vachement bon
c't'un slogan qui a marché des années

GILLES
115 des années des années des années des années

Avant de se consacrer principalement à sa carrière d'écrivain, l'auteur français Frédéric Beigbeder est rédacteur publicitaire. Dans son roman *99 Francs*, il raconte avec franchise et cynisme les dessous de son métier. Le personnage principal du roman, Octave, est tellement dégoûté de son travail qu'il cherche à se faire congédier. Ses mésaventures et ses succès involontaires sont l'occasion, pour Beigbeder, de tourner son regard impitoyable, mais parfois amusé, sur le monde de la publicité.

99 FRANCS (2000)

Je me prénomme Octave et m'habille chez APC. Je suis publicitaire : eh oui, je pollue l'univers. Je suis le type qui vous vend de la merde. Qui vous fait rêver de ces choses que vous n'aurez jamais. Ciel toujours bleu, nanas jamais
5 moches, un bonheur parfait, retouché sur PhotoShop. Images léchées, musiques dans le vent. Quand, à force d'économies, vous réussirez à vous payer la bagnole de vos rêves, celle que j'ai shootée dans ma dernière campagne, je l'aurai déjà démodée. J'ai trois vogues d'avance, et
10 m'arrange toujours pour que vous soyez frustré. Le Glamour, c'est le pays où l'on n'arrive jamais. Je vous drogue à la nouveauté, et l'avantage avec la nouveauté, c'est qu'elle ne reste jamais neuve. Il y a toujours une nouvelle nouveauté pour faire vieillir la précédente. Vous faire baver,
15 tel est mon sacerdoce. Dans ma profession, personne ne souhaite votre bonheur, parce que les gens heureux ne consomment pas.

[…]

Je rabâche mes slogans dans vos magazines favoris et on m'offre un mas provençal ou un château périgourdin ou une
20 villa corse ou une ferme ardéchoise ou un palais marocain ou un catamaran antillais ou un yacht tropézien. Je Suis Partout[1]. Vous ne m'échapperez pas. Où que vous posiez les yeux, trône ma publicité. Je vous interdis de vous ennuyer. Je vous empêche de penser. Le terrorisme de la nouveauté

25 me sert à vendre du vide. Demandez à n'importe quel surfeur : pour tenir à la surface, il est indispensable d'avoir un creux en dessous. Surfer, c'est glisser sur un trou béant (les adeptes d'Internet le savent aussi bien que les champions de Lacanau[2]. Je décrète ce qui est Vrai, ce qui est Beau, ce
30 qui est Bien. Je caste les mannequins qui vous feront bander dans six mois. À force de les placarder, vous les baptisez top-models ; mes jeunes filles traumatiseront toute femme qui a plus de 14 ans. Vous idolâtrez mes choix. Cet hiver, il faudra avoir les seins plus hauts que les épaules et la fou-
35 foune dépeuplée. Plus je joue avec votre subconscient, plus vous m'obéissez. Si je vante un yaourt sur les murs de votre ville, je vous garantis que vous allez l'acheter. Vous croyez que vous avez votre libre arbitre, mais un jour ou l'autre, vous allez reconnaître mon produit dans le rayonnage d'un
40 supermarché, et vous l'achèterez, comme ça, juste pour goûter, croyez-moi, je connais mon boulot.

Mmm, c'est si bon de pénétrer votre cerveau. Je jouis dans votre hémisphère droit. Votre désir ne vous appartient plus : je vous impose le mien. Je vous défends de désirer au
45 hasard. Votre désir est le résultat d'un investissement qui se chiffre en milliards d'euros. C'est moi qui décide aujourd'hui ce que vous allez vouloir demain.

---

1. *Je suis partout* est aussi le nom d'un journal français qui devient fasciste et collaborateur pendant la Seconde Guerre mondiale.
2. Station balnéaire du sud de la France où se déroule un championnat de surf.

VERS LA DISSERTATION

1. Dans l'extrait des *Guerriers*, notez les images négatives utilisées par Gilles pour qualifier le monde de la publicité.
2. Montrez que Gilles s'oppose à Paul et à ses collègues.
3. Gilles tire sa créativité de son sens de la dérision. Cette affirmation se justifie-t-elle dans l'extrait ?
4. Dans le deuxième texte, que veut dire le narrateur lorsqu'il affirme : « Le Glamour, c'est le pays où l'on arrive jamais » ?
5. Est-il juste de dire que les personnages des deux extraits se méprisent eux-mêmes parce qu'ils exercent le métier de publicitaire ?
6. Dans ces deux extraits, a-t-on raison d'affirmer que les deux auteurs développent une critique similaire de la publicité ?

Dominic Champagne (né en 1963)

Dominic Champagne est à la fois auteur, comédien et metteur en scène. Il se fait remarquer par ses premiers spectacles, qu'il réalise avec peu de moyens et qui sont insolents, comiques et provocateurs. Il invente un théâtre décadent et cynique qui plaît à un public désabusé, un théâtre de la dérision qui tranche avec l'esthétique sophistiquée des années antérieures. Après ses premiers succès, Dominic Champagne met en scène au Théâtre du Nouveau Monde les classiques *Don Quichotte* et *L'Odyssée*, spectacles qui remportent un grand succès. Cette réussite le mène au Cirque du Soleil, pour lequel il crée de spectaculaires mises en scène.

Au moment de sa création, *Cabaret Neiges Noires*, écrit avec Jean-Frédéric Messier, Pascale Rafie et Jean-François Caron, est vu comme le manifeste d'une génération sans avenir. Le spectacle, inspiré du cabaret et de la comédie burlesque, est composé d'une suite de numéros décousus qui finissent par raconter, malgré tout, des histoires. La pièce est irritante, violente, drôle, insolente, et stigmatise les tares d'une société en crise. *Cabaret Neiges Noires* n'a rien perdu de sa pertinence et exprime le désir profond des individus de rechercher « un petit goût de vivre » dans un monde cynique.

CABARET NEIGES NOIRES (1992)

LE PROLOGUE

Ami public, bonsoir…
La scène est à Montréal
Et vous avez devant vous
Ce que la magie du théâtre depuis des siècles
5 Vous présente comme étant Le Prologue
C'est-à-dire ce personnage
Plus ou moins incarné
Qui entre au début de la pièce
Pour introduire l'action en situant le décor
10 Le contexte de l'histoire, *et cætera…*

Seulement ce soir je me fais aucune illusion
Sur la pertinence de ma présence
Sur cette scène devant vous
Ni sur les possibilités que j'ai
15 De vous faire croire que je suis
Rien d'autre qu'un simple comédien
Qu'un metteur en scène a appelé
Pour lui proposer n'importe quel rôle
Et qui a accepté de jouer
20 Tout bonnement pour gagner sa vie
De façon plus ou moins honorable
En sachant pertinemment qu'un autre comédien
Aurait très bien pu venir faire tout ça
À ma place aussi bien que moi sinon mieux
25 S'il avait eu la chance d'être appelé
Par le metteur en scène avant moi

La scène à Montréal
C'est pas une convention théâtrale
C'est la dure réalité de la vie
30 Disons que c'est le point A d'un spectacle
Qui devrait aboutir – si tout va bien –
À un point B qui sera la fin du spectacle
(C'est clair)
On vous invite d'ailleurs
35 À boire généreusement d'ici là
Normalement ça devrait vous aider
À passer au travers

Parce que y a un problème
Avec le spectacle auquel vous allez assister
40 Quand je vais finir par me taire
C'est que ce spectacle sur lequel on a sué
Depuis des mois pour un salaire de crève-faim

Et pour lequel vous avez payé
Probablement trop cher
45 Eh bien ce spectacle-là
N'a aucun sens

[...]

Donc ce spectacle-là n'a aucun sens...
Je veux pas dire qu'on n'a pas cherché
Depuis des mois à y donner un sens
50 À ce spectacle-là
Je veux pas dire que c'est volontaire
Si ce que vous allez voir est insignifiant
Allez surtout pas croire
Qu'on a la conscience tranquille
55 De faire ce qu'on fait là on sait très bien
Que l'artiste a une responsabilité
Envers la société dans laquelle il vit
Mais on sait qu'on a failli à notre tâche
Et nous préférons vous en aviser

60 La scène est à Montréal
Et ce que nous allons jouer ce soir
Chacun est libre d'en penser ce qu'il veut
Ou – ce qui serait plus normal
Dans l'état actuel des choses –
65 De rien penser du tout

(Après tout on est dans un pays libre
Puisque la scène est à Montréal
Libre de dire et de penser n'importe quoi
Parce que de toutes façons
70 Personne veut rien savoir
Mais ça c'est un autre problème
Pis on rentrera pas là-dedans)

Ami public
La scène est à Montréal dans un cul-de-sac
75 Et si nous savons notre devoir d'artiste
De vous en faire sortir de ce cul-de-sac
Ou à tout le moins bien humblement
De tenter de faire jaillir une parcelle
D'étincelle au bout du tunnel

Image tirée de l'adaptation cinématographique de *Cabaret Neiges Noires* réalisée par Raymond Saint-Jean en 1997. On y voit les Joyeux Troubadours, clowns cyniques, vulgaires et impitoyables.

80 Eh bien malgré toute notre bonne volonté
Nous ne savons pas comment

La scène est à Montréal
C'est le début de l'hiver
Et s'il est vrai que c'est dans la nuit
85 La plus noire que les étoiles
Nous apparaissent le mieux
Ce soir il neige de la neige noire
Dans le ciel de Montréal
Avec une légère odeur de pourri
90 Qui plane au-dessus de nos têtes

Le bar est là
Bonne soirée quand même

VERS LA DISSERTATION

1. Montrez que cet extrait est marqué par le sens de la dérision.

2. Montrez que ce « prologue » brise les conventions théâtrales.

3. Qu'est-ce que cet extrait apprend au spectateur sur le sort du comédien ?

4. Quel effet l'auteur vise-t-il par la répétition de la phrase « La scène est à Montréal » ?

5. Comparez ce texte à l'extrait des *Guerriers* de Michel Garneau (p. 200-201). Est-il juste de dire que les deux auteurs abordent le thème de la dérision de façon très différente ?

LES METTEURS EN SCÈNE ET LES AUTEURS

Au tournant des années 1980, les metteurs en scène occupent une place primordiale dans la conception du spectacle théâtral. Ils s'emparent des textes pour les éclairer de leur vision personnelle, et les pièces présentées, bien souvent, portent leur signature tout autant que celle du dramaturge. Poussés par une créativité de plus en plus grande, certains metteurs en scène en viennent à concevoir leurs propres pièces. Très souvent, les pièces conçues par les metteurs en scène diffèrent largement de celles écrites par un auteur. Elles sont pensées en vue du spectacle à venir, et, comme l'acte d'écriture est fait moins solitairement que dans le cas d'un dramaturge, elles comportent de nombreux emprunts et sont moins marquées par la recherche d'effets d'écriture qui les singulariseraient.

Le théâtre des metteurs en scène comporte, entre autres caractéristiques, les suivantes :

- Plusieurs metteurs en scène et auteurs ont pratiqué la création collective. La trame et les répliques de leurs pièces proviennent parfois d'improvisations avec les comédiens, qui prennent une place importante dans la création.

- Les metteurs en scène ont tendance à concevoir leurs spectacles en fonction des effets de mise en scène, des images qu'ils veulent transmettre aux spectateurs. Certains critiques parlent d'un théâtre de l'image.

- Certains de ces metteurs en scène et auteurs aiment briser les frontières entre les disciplines artistiques. Par exemple, ils intègrent dans leurs spectacles le mime, la danse, la musique et les effets technologiques de pointe.

La Trilogie des dragons, mise en scène par Robert Lepage, au Festival de théâtre des Amériques en 2003.

- Certains metteurs en scène et auteurs ne jugent pas nécessaire de créer un texte entièrement original. Ainsi, ils ont souvent recours au collage de textes et à de nombreuses citations.

- Les metteurs en scène aiment expérimenter de nouvelles formes et briser certains rituels du spectacle (par exemple, ils conçoivent des pièces sans dialogues, remettent en question la scène à l'italienne, intègrent de faux décrochages au spectacle, produisent des spectacles-fleuves, etc.).

Les metteurs en scène et auteurs suivants figurent parmi les plus importants de cette période :

- **Jean-Pierre Ronfard** (*Vie et Mort du roi boiteux*, 1981 ; *Les Mots*, 1998). Auteur d'un théâtre sensuel et truculent, héritier de la création collective, Jean-Pierre Ronfard a une prédilection pour le collage de textes classiques. Il s'interroge sur l'utilisation de l'espace théâtral et invente une nouvelle disposition scénique pour chacun de ses spectacles. Il aime les anachronismes, les mélanges de niveaux de langue, le second degré.

- **Gilles Maheu** (*Le Rail*, 1983 ; *Le Dortoir*, 1988). Mime de formation, Gilles Maheu conçoit des spectacles aux images fortes et suggestives, qui intègrent le mime, la danse et le théâtre.

- **Robert Lepage** (*La Trilogie des dragons*, 1985 ; *Les Sept Branches de la rivière Ota*, 1995 ; *La Face cachée de la Lune*, 2000). Cet auteur crée de longues sagas et d'audacieux spectacles solos. Ses pièces s'inspirent de grands mythes contemporains. Sa capacité d'invention semble illimitée. Lepage aime utiliser les objets sur la scène en leur donnant des usages inattendus. Il fait souvent appel aux nouvelles technologies et invente d'impressionnantes machines scéniques.

- **Dominic Champagne** (*Cabaret Neiges Noires*, 1992 ; *Lolita*, 1996). Les premières créations de cet auteur sont des spectacles iconoclastes et provocateurs, en forme de fêtes décadentes, dans lesquelles il joue sur les décrochages et le second degré. Cependant, après quelques années, il se tourne vers les adaptations de classiques, puis vers le divertissement.

- **Wajdi Mouawad** (*Littoral*, 1997 ; *Incendies*, 2003). Parmi les metteurs en scène qui sont aussi auteurs, il est sans doute le plus attaché à l'écriture. Il écrit des pièces complexes, avec des dialogues bien nourris et de longues tirades. En tant que metteur en scène, il sait développer des images puissantes avec des procédés théâtraux d'une grande simplicité.

Jean-Pierre Ronfard (1929-2003)

Jean-Pierre Ronfard connaît le théâtre sous toutes ses facettes, puisqu'il est à la fois comédien, metteur en scène, directeur de troupe, professeur, directeur d'école, auteur, vulgarisateur et érudit du théâtre. Dans son travail, il exprime son amour profond pour son art, qu'il remet sans cesse en question. Metteur en scène audacieux, il monte d'abord de grandes pièces du répertoire québécois, entre autres celles de Gauvreau et de Ducharme. Puis, il fonde, avec Robert Gravel, Anne-Marie Provencher et Robert Claing, le Nouveau Théâtre Expérimental qui devient, comme son nom l'indique, le lieu de toutes les expérimentations. Ronfard crée des pièces avant-gardistes, truculentes et érudites, dans lesquelles il cite constamment les grands textes du répertoire et pour lesquelles il transforme à chaque spectacle la disposition de la scène. Il est l'auteur d'une grande fresque jouissive, *Vie et Mort du roi boiteux* (1981), son spectacle le plus ambitieux.

Dans *Les Mots*, Ronfard exprime son amour pour la langue et les mots qui transmettent les infinies nuances de la pensée, pour ces mots qu'on maltraite parfois, qu'on galvaude, mais qui alimentent le plaisir et donnent son sens à la vie. La pièce comporte une série de courtes scènes enchaînées. Chacune d'entre elles questionne avec humour le rapport aux mots sous un angle particulier.

THÉÂTRE

LES MOTS (1998)

Séquence IV
DE HAUT EN BAS

LE PRÉSIDENT DU CONSEIL D'ADMINISTRATION
Madame, Messieurs,
J'enregistre avec la plus grande satisfaction qu'une imposante majorité de notre conseil d'administration vient d'approuver les
5 conclusions du comité d'évaluation – que, entre parenthèses, je remercie pour la qualité de son travail. Il s'agit donc maintenant de mettre en œuvre les résolutions que le comité nous suggère et de procéder aux mesures de **restructuration** et de **délocalisation** qui s'y trouvent impliquées. J'aimerais demander à notre directrice exé-
10 cutive de se consacrer dès maintenant à cette importante **refonte de nos structures** administratives, logistiques et financières, et de résoudre, avec le savoir-faire que nous lui connaissons, le délicat problème des **compressions** budgétaires et des **suppressions** d'emplois.

LA DIRECTRICE EXÉCUTIVE
15 Monsieur le Président, je vous remercie de votre confiance, en espérant que tous les membres du conseil la partagent. Dès aujourd'hui, je mettrai en œuvre les mesures qui s'imposent et que notre gérant, monsieur Bernier, aura la charge d'exécuter.

S'adressant au gérant d'atelier :
20 Monsieur Bernier, je veux vous faire part immédiatement des décisions de la compagnie. Je pense que c'est le travail le plus important qui va vous être demandé depuis les douze ans que vous êtes gérant général de notre atelier de St-Félicien. Je suis persuadée que vous saurez le mener à bien. Il s'agit de **réduire le nombre**
25 **de nos employés** d'environ 20 % et la masse salariale de 25 à 30 %. Je vous laisse le soin d'étudier de près cette mesure et de me proposer au plus tôt la façon dont vous pensez y parvenir. Il est bien évident que votre réussite dans cette affaire ne pourra qu'être bénéfique à la continuation de votre carrière. Étudiez-moi donc
30 ça en détail avec la chef du personnel. Et vous viendrez me dire comment vous pensez procéder.

LE GÉRANT D'ATELIER *à la chef du personnel.*
Madame Wilson, il va falloir qu'on se voie bientôt. Là-haut, ils veulent qu'on **coupe dans le personnel.** Je suis bien d'accord.
35 Y a trop de monde pas assez occupés pour le temps qu'ils passent ici. Moi, je pense qu'on devrait remplacer quasiment le tiers des employés par des machines électroniques. Les machines électroniques, c'est sûr, c'est rapide et ça ne fait jamais la grève. Voyez-moi donc ça avec vos contremaîtresses. Puis vous me
40 donnerez la liste du monde que vous croyez qu'on doit remercier.

LA CHEF DU PERSONNEL *à la contremaîtresse.*
Germaine Beaulieu, viens pas me dire que vous êtes trop occupés
et que vous n'avez même pas le temps d'aller pisser tranquille
ou de prendre un coke de temps en temps. C'est bien simple,
45 on **supprime quatre employés** au déchargement des camions.
Avec les trois machines qui feront le gros de la job, je veux pas en
voir plus de douze au shipping. Et puis, Jeannine Chiasson, mets-la
dehors. Claude Bonin pis le p'tit Louis sont bien en masse pour
faire le ménage.

50 LA CONTREMAÎTRESSE *à l'ouvrière Jeannine Chiasson.*
Hey Jeannine, 'scuse-moi. Vois-tu… Y **mettent du monde dehors…**
Pis… Chépas comment t'dire ça là, mais tu comprends, t'es la
dernière rentrée, pis… tout' ça… fait que… tu comprends… ça
m'écœure de t'dire ça là, mais, euh… T'es **slaquée.**

VERS LA DISSERTATION

1. Quel est le point commun entre les mots en caractères gras ?
2. Que peut-on dire des variations de niveau de langue, de la réplique du président du conseil d'administration jusqu'à celle de la contremaîtresse ?
3. Quelle attitude les différents personnages ont-ils à l'égard des suppressions d'emploi ?
4. Les mots sont le thème de cette pièce. Quels liens peut-on établir entre la façon dont ce texte est écrit et son thème ?
5. Qu'est-ce que ce texte révèle sur les changements dans le monde du travail ?
6. Est-il juste de dire que, dans ce texte, Jean-Pierre Ronfard fait de la critique sociale ?

Pour *Les Mots,* Ronfard conçoit une scénographie originale : il fait asseoir les spectateurs à des pupitres d'écoliers dans un théâtre transformé en une grande classe ; les comédiens jouent adroitement parmi les spectateurs, dans cette salle de cours reconstituée.

Robert Lepage (né en 1957)

Robert Lepage est l'un des metteurs en scène les plus appréciés au monde. Il dirige des pièces de théâtre et des opéras pour de prestigieuses maisons en Europe et en Amérique. Homme-orchestre, il est aussi comédien, scénographe et cinéaste. L'essentiel de son travail reste cependant ses propres pièces de théâtre, qu'il conçoit comme des *works in progress* et qui évoluent, de façon parfois considérable, des premières représentations aux dernières. Lepage ne craint pas de s'attaquer à de grands sujets, comme l'héritage de la civilisation chinoise, la bombe larguée sur Hiroshima, Léonard de Vinci, le mouvement des continents. Dans ses pièces, des gens ordinaires rencontrent de grands mythes modernes et subissent de près ou de loin les bouleversements de l'histoire.

Robert Lepage est aussi le maître du spectacle solo. Il sait mettre en valeur ce genre, le hisser à un niveau rarement atteint, grâce à son imagination puissante de metteur en scène et son recours à la technologie. Dans *La Face cachée de la Lune*, Lepage met en parallèle la course entre les Soviétiques et les Américains pour la conquête de l'espace, et la rivalité entre deux frères, interpellés par la mort de leur mère. Par d'habiles jeux de miroir, il y traite d'amour-propre, d'affrontements sournois et d'espoirs déchus. L'aîné des deux frères, Philippe, un chercheur sans envergure, accumule les échecs. Il devient touchant lorsqu'il prend plaisir à produire une vidéo où il explique la vie sur Terre à des extraterrestres.

THÉÂTRE

LA FACE CACHÉE DE LA LUNE (2000)

L'image de la Terre fait place à celle de vêtements tournant dans une sécheuse. Philippe, en peignoir, démarre la caméra qui est installée au-dessus de la planche à repasser, où il place une orange et neuf cailloux de couleurs et de grosseurs différentes. L'image vidéo,
5 *légèrement grossie, est projetée en direct sur le mur derrière lui.*

Il m'est venu à l'idée que, si jamais vous vouliez venir nous visiter, vous auriez probablement besoin de nous repérer, alors j'ai décidé de vous faire une petite démonstration pour vous aider à nous localiser. Disons que la première chose qu'il
10 faut savoir, c'est que, selon les scientifiques, notre système solaire est tout à fait quelconque et qu'il est situé un peu en banlieue de notre galaxie et que notre galaxie elle-même est tout à fait quelconque et qu'elle est située quelque part en banlieue de l'univers. Alors, à en croire les scientifiques, vous
15 n'avez qu'à tourner à gauche après le centre commercial et vous allez nous trouver. Si jamais il vous arrive de rencontrer un alignement planétaire qui ressemble à celui que vous voyez présentement, vous devez savoir qu'on est la troisième planète à partir du Soleil. Évidemment, si vous empruntez
20 la route panoramique, là, c'est sûr qu'on habite la... un, deux, trois, quatre, cinq, six, septième planète du système solaire. De toute façon, vous pourrez pas nous manquer parce que c'est une planète qui est bleue. D'ailleurs, on l'appelle la planète bleue. Ça, c'est à cause du maelström de tous les éléments
25 organiques qui permettent à la planète d'avoir une forme de vie intelligente. Je me demande d'ailleurs pourquoi on appelle ça comme ça, parce que, si on était si intelligents, ça ferait longtemps qu'on aurait trouvé une façon équitable de répartir les richesses de la planète. En plus, c'est surpeuplé.
30 Il y a plus de six milliards d'habitants, ici. Alors, je vous conseillerais d'essayer de vous trouver du stationnement sur les planètes avoisinantes parce que, disons qu'ici, les places sont chères. Mais là, pour bien se comprendre, ça, ce n'est qu'une représentation du système solaire. L'échelle est tout
35 à fait approximative. Ça, c'est pas le Soleil, c'est une orange de la Floride. Ça, ce sont pas vraiment des planètes, ce sont des pierres, en fait, des minéraux qui faisaient partie d'une collection que mon frère avait quand il était jeune et qu'il m'avait offerte en cadeau quand je suis tombé malade à l'âge
40 de treize ans et que je suis entré à l'hôpital et que tout le monde pensait que j'allais mourir. Alors, j'imagine que c'était sa façon à lui d'attirer mon attention une dernière fois avant que je trépasse.

Il range les cailloux dans une boîte, déplace la planche à repasser
45 *puis s'adresse directement à la caméra au-dessus de lui.*

Parce que, voyez-vous, ici, sur Terre, on est prêts à faire
bien des bassesses pour attirer l'attention d'un être cher.
C'est probablement la raison pour laquelle je suis tombé
gravement malade. Mon père venait de mourir et ma mère
50 avait jeté tout son dévolu sur mon jeune frère, alors j'étais
jaloux. Un matin, je me suis réveillé avec un mal de tête
terrible. J'avais une douleur aiguë derrière mon œil droit.
J'essayais d'ouvrir mon œil parce que je pensais qu'il était
fermé mais, en fait, il était ouvert. Je voyais plus rien de
55 cet œil-là. J'avais de la difficulté à calculer les distances,
je tombais partout et j'ai failli me faire frapper par
une voiture, alors ça a fonctionné très bien
parce que ma mère est devenue très inquiète
et elle a pensé qu'il fallait absolument que j'aille
60 voir un médecin.

◀ VERS LA DISSERTATION

1. Observez la progression du texte. Montrez que le discours du personnage passe du très général au très particulier.

2. Qu'est-ce qu'un «maelström»?

3. Comment le personnage fait-il le lien entre l'immensité de l'univers et son vécu familial?

4. Quelle analogie amusante Lepage utilise-t-il pour faire comprendre la place de la Terre dans l'univers?

5. Que pouvez-vous déduire de la relation entre Philippe et son frère, d'après cet extrait?

6. Pourquoi Philippe croit-il qu'il est tombé malade?

7. Est-il juste de dire que, dans cet extrait, Philippe n'a pas une très haute opinion de l'espèce humaine?

Dans *La Face cachée de la Lune,* Robert Lepage interprétait plusieurs personnages, dont celui de sa mère.

Jean Larose (né en 1948)

Professeur à l'Université de Montréal, Jean Larose est un essayiste aux positions fermes, que l'on qualifie souvent de franc-tireur. Il séduit par son style brillant, parfois agressif, et ne craint pas de s'intéresser à des sujets variés, qu'il aime aborder sous l'angle de la psychanalyse. Parce que ses écrits dégagent une certaine nostalgie pour l'enseignement de la littérature dans les collèges classiques et qu'ils reprennent des idées développées par des intellectuels tels l'Américain Allan Bloom et le Français Alain Finkielkraut, Jean Larose est associé par ses opposants au courant néoconservateur.

Le recueil d'essais *L'Amour du pauvre* renchérit sur les positions que Larose a déjà émises dans *La Petite Noirceur* (1987). L'auteur fustige la pauvreté culturelle des Québécois, se désole du sort réservé à l'intellectuel au Québec, dénonce la place que l'école accorde au «vécu», aux dépens d'un véritable apprentissage de la littérature et de la culture. Si Larose s'attire des adversaires par les controverses qu'il ne se prive pas de susciter, il rassemble cependant les amoureux de la littérature lorsqu'il soutient avec force et conviction la nécessité de l'enseigner.

E S S A I

L'Amour du pauvre (1991)

Le Fantôme de la littérature

Renoncer à l'enseignement de la littérature, c'est interdire l'appréhension géniale et objective du monde – au sens de ce que réclamait Rimbaud quand il prônait une poésie *objective*.

À rebours des idées en vogue, la littérature exerce donc dans
5 l'éducation ses effets bénéfiques à la manière de ce «grand fantôme» halluciné par Diderot. La pratique des textes littéraires peut permettre à l'étudiant de s'affranchir de la tyrannie du moi et de l'hypocrite contrainte de la sincérité, de déjouer la censure et le conformisme sociaux – lesquels voudraient l'asservir non
10 seulement à n'être que «lui-même», mais aussi à n'être que de sa famille, ou à se soumettre aux idées de son quartier, ou à servir les intérêts de sa classe, ou à respecter l'identité de sa nation – quand, peut-être, il ressent pour sa famille, son quartier, sa classe ou sa nation, du mépris. Oui, la littérature, l'école par
15 excellence de la liberté, est aussi cela, le lieu d'un travail critique grâce auquel des hommes et des femmes jeunes peuvent apprendre qu'ils disposent, avec le droit d'aimer librement, de celui de mépriser.

C'est dire que le fantôme de la littérature ne donne pas que
20 du symbole géant, mais aussi du symbole autre, étrange ou étranger. «Littérature» est en effet le nom de cet ensemble de textes dont le sens n'est pas sûr, dont on ne peut s'assurer, pour lesquels ou contre lesquels il n'existe pas d'assurance possible. À la manière du fantôme aspirant le comédien vers *son*
25 inconnu, pour le transformer en quelqu'un d'autre, le texte littéraire nous aspire en lui pour nous former, comme un moule antérieur à nous, moule d'une statue qui n'a jamais été et ne sera jamais coulée pour de bon, et qui déjoue – ou remet en jeu – toutes nos appartenances.

30 Je dis: pour nous former, mais c'est peut-être – étrange formation de la littérature – plus pour nous déformer que pour nous former. Il n'y a pas qu'au poète que la poésie prescrive «le dérèglement raisonné de tous les sens». Cette formule décrit aussi l'effet libérateur de la poésie sur tout jeune esprit dont on
35 a confié l'éducation à la littérature. La littérature est la véritable école du jeu et de la perversion – au sens noble de ce terme –, la vraie voie d'échappement aux sentiments obligatoires comme aux communautés obligatoires. La littérature, en permettant de s'écarter de soi, permet d'accueillir l'autre en soi: par la
40 littérature, il est possible, selon le beau mot d'une de mes étudiantes, de connaître l'expérience de l'autre sans en recevoir une leçon. Elle pénètre le mystère, accueille, connaît, transfigure les

choses inanimées, les animaux, les races, les pauvres, les esclaves, les malades, les agonisants, et même les morts.

45 Comme l'écrit Elias Canetti[1], la liberté poétique permet de créer en soi toujours plus de place pour un savoir acquis sans but déterminé ; et surtout toujours plus de place pour tous ces êtres dont le poète fait l'expérience, lui qui a conservé un don perdu par les autres hommes, et c'est le don poétique par excellence :
50 le don de métamorphose. La littérature est la gardienne des métamorphoses, la clef du changement de formes, qui permet de « garder ouverts les accès entre les êtres » ; c'est « l'oreille toujours ouverte » à ce qui retombe en résonnant du vieux ciel, désormais bouché, de l'espérance surnaturelle.

---

1. Écrivain d'expression allemande, Prix Nobel de littérature en 1981.

VERS LA DISSERTATION

1. Quels sont les avantages de la littérature, selon ce qu'exprime l'auteur dans le deuxième paragraphe ?

2. Que veut dire l'auteur lorsqu'il avance que la littérature est un ensemble de textes dont « le sens n'est pas sûr » ?

3. Quel avantage pourrait-il y avoir à ce que la littérature « déforme » plutôt qu'elle « forme » ?

4. Expliquez le passage où Larose paraphrase et cite Elias Canetti.

5. Est-il exact de dire que, pour l'auteur, la littérature est un apprentissage ?

Paul Béliveau, *Les Humanités C*, 2004.

François Ricard (né en 1947)

François Ricard enseigne les littératures québécoise et française à l'Université McGill à Montréal. Il est surtout connu comme essayiste dans le domaine littéraire. On lui doit aussi une importante biographie de Gabrielle Roy (1996). Dans *La Génération lyrique*, il se fait sociologue et jette un regard attentif sur les enfants du baby-boom, nés pendant ou immédiatement après la Seconde Guerre mondiale.

François Ricard donne à sa propre génération le qualificatif de « lyrique » parce qu'elle s'est épanouie dans la confiance et le bonheur, conditions qui sont plutôt rares, somme toute, dans l'histoire contemporaine de l'Occident. L'auteur reconnaît les privilèges accordés à sa génération, qui est forte des idéaux qu'on lui a inculqués et qui triomphe par son poids démographique. Il critique aussi les valeurs matérialistes de cette génération, son attachement au monde de la consommation. Si Ricard n'évite pas toujours le piège de la généralisation, son analyse très perspicace demeure l'une des meilleures réflexions sur le phénomène des baby-boomers, qui ont modifié en profondeur l'organisation de la société québécoise. Ricard équilibre sa critique, voit tant les aspects positifs de la génération lyrique que ses défauts, comme son narcissisme, qui n'est peut-être pas une caractéristique exclusive de cette génération.

ESSAI

LA GÉNÉRATION LYRIQUE (1992)

Narcisse multitudinaire

On imagine habituellement Narcisse[1] seul au bord de son étang, ne rencontrant partout que son propre visage, n'entendant que l'écho de sa propre voix, et ne voulant, ne sachant aimer personne d'autre que lui-même; le monde autour de lui est un désert,
5 où l'on ne voit âme qui vive. En ce sens, on pourrait dire que l'attitude narcissique est le contraire même de l'expérience vécue par la génération lyrique, si nombreuse en vérité, si densément peuplée de garçons et de filles que tout repli sur soi, toute solitude individuelle en devient impossible.

10 C'est pourquoi je préfère parler de narcissisme démographique, ou collectif. Le repli sur soi, la contemplation et la jouissance de sa propre image sont ici le fait non de l'individu mais du groupe, non de chaque sujet en particulier mais de l'ensemble qu'ils forment, homogène, innombrable, se sentant à la fois distinct
15 de tous les autres et seul dans le monde. C'est cela, déjà, qu'indiquait le sentiment de « centralité » dont j'ai parlé précédemment : étant donné la masse qu'elle représente et qui, en comparaison, fait paraître insignifiante celle des autres groupes, étant donné aussi l'attention admirative dont elle est l'objet de
20 la part de ces mêmes groupes et leur refus (ou leur incapacité) de s'opposer à elle, cette génération peut non seulement se sentir différente et inassimilable, mais éprouver qu'il n'y a qu'elle de vraiment présente, de vraiment *réelle* dans l'espace social qui l'environne. Elle emplit à ce point le monde que
25 le monde, effectivement, paraît la refléter tout entier.

Pour ces garçons et ces filles, le narcissisme collectif est d'abord une donnée concrète. Nombreux comme ils sont, ils vivent toujours dans le nombre et entre eux. Tout ce qu'ils font, tout ce qu'ils éprouvent, tout ce qu'ils pensent, ils sont invariablement
30 une foule à le faire, l'éprouver, le penser. Leur cadre de vie, leur milieu naturel, c'est la multitude. Chacune de leurs expériences, chacun de leurs choix dits individuels prend la forme et l'ampleur d'une « vague » et se démultiplie aussitôt en une infinité d'expériences et de choix semblables faits au même moment
35 par d'autres garçons et d'autres filles de leur âge, dans des conditions et pour des motifs également semblables. Leurs façons de se vêtir, leurs goûts musicaux, leurs lectures, leur optimisme ou leur révolte sont ceux de milliers, de millions d'autres jeunes qui font partie comme eux du groupe le plus
40 dense et le plus visible, face auquel les autres groupes sont pour

1. Personnage de la mythologie grecque, amoureux de sa propre image.

ainsi dire sans poids et comme inexistants, incapables en
tout cas de se mesurer à lui et de résister à ses mouvements.

Mais le narcissisme consiste aussi, pour l'individu contenu
dans cette multitude, à ne rencontrer autour de lui que
45 d'autres individus semblables à lui, ayant le même âge,
portant les mêmes vêtements, écoutant les mêmes disques,
fréquentant les mêmes cafés-terrasses et nourrissant la
même vision du monde, les mêmes préoccupations,
les mêmes attentes. L'autre n'est plus l'autre, le différent,
50 l'étranger, celui que je dois affronter et en présence de
qui je dois accepter de sacrifier une part de ce que je suis.
En fait, il n'y a plus d'autre, mais un gigantesque *nous* pareil
à moi-même, qui m'accueille, m'enveloppe, me prolonge
et apporte à mon existence une confirmation et un élargis-
55 sement de chaque instant. Il suffit de regarder autour de
moi, de sentir battre au rythme de mon cœur le cœur una-
nime de mes semblables, pour être à la fois rassuré et exalté,
et donc pour n'avoir qu'un seul désir, un seul espoir:
être à jamais parmi eux, avec eux, en eux, dans le même
60 cortège, dans la même mouvance de l'histoire.
Vivre, c'est vivre nombreux, c'est vivre
«in», c'est-à-dire se retrouver toujours
face à soi au milieu de tous.

Cette génération acquiert ainsi, dès son
65 entrée dans la vie publique, l'habitude de
la dissolution dans une foule immense qui
est à la fois pour l'individu sa projection et
son annulation, son miroir et son tyran.
Une expérience, si elle n'est pas vécue
70 en foule, si elle ne rend pas l'individu
complice de millions d'autres, paraît
comme dépourvue de valeur et de réalité.
Chaque désir, chaque opinion, chaque
«feeling» n'a de signification que s'il
75 rejoint celui d'une infinité d'autres jeunes
tous pareils à soi, qui tous s'y identifient
pour, tous ensemble, se reconnaître
solidaires et, tous ensemble, se distinguer
de leurs aînés.

VERS LA DISSERTATION

1. En quoi le qualificatif «narcissique» semble-t-il ne pas convenir, de prime abord, à la génération lyrique?

2. Qu'est-ce que le «narcissisme collectif», selon l'auteur?

3. Comment la génération lyrique réagit-elle à l'«autre», à la différence?

4. Expliquez le sens de cette affirmation: «En fait, il n'y a plus d'autre, mais un gigantesque *nous* pareil à moi-même [...]»

5. Est-il juste de dire que l'auteur, dans ce passage, dénonce une forme de conformisme?

Dans *La Génération lyrique*, François Ricard nous présente une génération, celle des baby-boomers, qui à la fois a subi et provoqué de très grands changements sociaux au Québec.

Bernard Arcand (né en 1945)
Serge Bouchard (né en 1947)

Tous deux anthropologues, Bernard Arcand et Serge Bouchard unissent leurs voix pour présenter une émission de radio, *Les Lieux communs*, pendant laquelle ils réfléchissent sur divers aspects de la vie moderne, dans ce qu'elle a de plus quotidien, voire de grandement banal. Leur savoir d'anthropologues leur permet de jeter un regard inattendu sur des sujets auxquels la majorité des gens ne juge pas toujours nécessaire de réfléchir. Ces « lieux communs », d'abord lus à la radio, sont par la suite publiés sous forme d'essais, dans une série qui comprend sept titres, dont une sélection des meilleurs textes.

Dès la parution de *Quinze Lieux communs*, le premier livre de la série, les auteurs fixent leur méthode : formuler une réflexion érudite et amusée, en alternant le propos de chacun des auteurs, qui se renvoient la balle sans nécessairement se répondre. Les sujets sont d'une franche trivialité : par exemple, la calvitie, le gazon, le téléphone, les vendeurs. Dans *Les Lieux communs*, Arcand et Bouchard ne cherchent pas à instruire ni à débattre de grands enjeux de société, mais à dévoiler une magie du quotidien, par des rapprochements inattendus, des traits d'ironie, des révélations paradoxales.

ESSAI

QUINZE LIEUX COMMUNS (1993)

La Télévision (Bernard Arcand)

On raconte très souvent que la télévision a maintenant tout envahi et que le monde entier est aujourd'hui branché sur des postes qui répandent les mêmes modèles culturels et les mêmes valeurs. De telle sorte que nous assistons à une remarquable
5 uniformisation des peuples de la planète, une sorte d'invasion qui peut aussi être perçue comme une inquiétante américanisation du monde. Cette vision reste sans doute vraie, mais il faut ajouter que la télévision amène aussi le monde entier chez soi. Elle offre, bien sûr, le salut éternel des évangélistes et la damnation
10 par la pornographie. Mais elle permet aussi de prendre contact avec d'autres problèmes, d'autres solutions et d'autres politiques, de rencontrer d'autres cultures, ce qui ne peut que semer le doute et miner les consensus. Nous avons de moins en moins de certitudes, depuis que la télévision nous a montré des alternatives
15 plausibles. Les enfants de demain auront trop vu pour croire ce que leurs parents racontent ; ils ne savent rien, dit-on, mais ils ont quand même tout vu et la télévision laisse des traces.

De toute façon, la tendance paraît irréversible. Si, dans un effort louable pour préserver la diversité humaine, les Nations Unies
20 déclaraient que, après les années internationales de la femme, de l'enfant et des peuples autochtones, l'an prochain serait l'année internationale du débranchement des postes de télévision, les résultats d'une telle décision seraient probablement désastreux. On peut honnêtement espérer que l'absence de la télévision
25 encourage des entreprises plus satisfaisantes et que, par exemple, les habitants d'immeubles partagés en quarante appartements par autant de familles plus ou moins nombreuses, ne sachant plus quoi faire de leurs nombreuses heures de loisir nouvellement découvertes, commenceraient à se fréquenter et donc à s'enrichir
30 mutuellement. Mais on peut craindre tout autant que tous ces gens, se parlant, ne se découvrent des conflits qui dégénéreraient rapidement. Les couloirs de ces immeubles où l'on n'entend aujourd'hui que les sons atténués des téléviseurs domestiques deviendraient des lieux d'échanges grouillants de vie mais trop
35 bruyants de rires, de discussions et de chicanes. On comprendrait

alors à quel point la télévision est une condition essentielle de l'entassement urbain et comment le câble canalise les pires violences. Sans télévision, des gens soudain moins amorphes pourraient aussi se révéler moins paisibles.

40 Mais il y a pire. Le débranchement planétaire des téléviseurs aurait sans aucun doute un effet direct et catastrophique sur la démographie mondiale. Car, quoi que l'on dise des vertus de la pilule dans les années 60, c'est plutôt l'arrivée de la télévision à ce moment-là qui nous a procuré le meilleur contraceptif
45 de l'histoire. Loin de l'interdire, il faudrait recommander à l'ACDI comme au Vatican de financer des achats massifs de téléviseurs pour l'ensemble des pays du tiers monde et pour la Chine, de sorte que leurs habitants puissent enfin suivre jusqu'à des heures tardives des entrevues avec des artistes, des analyses
50 interminables de nouvelles défraîchies, jusqu'au milieu de la nuit, de la musique à répétition ou des émissions d'après-partie.

Martin Bureau, *À propos de rien*, 2000.

MYTHOLOGIES (1957)

Cerveaux de génies

Bien avant Bouchard et Arcand, le critique français Roland Barthes écrit une série d'essais sur des sujets banals, intitulée *Mythologies* (1957). L'auteur poursuit deux objectifs : il veut déceler de nouveaux mythes modernes, reflets des transformations de la société ; et, s'inspirant de la pensée marxiste, il souhaite jeter un regard critique sur la culture de masse. *Mythologies* est sans aucun doute un modèle pour Arcand et Bouchard. Cela ne les empêche pas de développer leurs propres lieux communs de façon personnelle et originale. Il est tout de même enrichissant de comparer la façon dont Barthes et Bouchard parlent de leur fascination pour le cerveau d'un génie.

Le Cerveau d'Einstein

Le cerveau d'Einstein est un objet mythique : paradoxalement, la plus grande intelligence forme l'image de la mécanique la mieux perfectionnée, l'homme trop puissant est séparé de la psychologie, introduit dans un monde de robots ; on sait
5 que dans les romans d'anticipation, les surhommes ont toujours quelque chose de réifié. Einstein aussi : on l'exprime communément par son cerveau, organe anthologique, véritable pièce de musée. Peut-être à cause de sa spécialisation mathématique, le surhomme est ici dépouillé de tout caractère magique ; en lui
10 aucune puissance diffuse, aucun mystère autre que mécanique : il est un organe supérieur, prodigieux, mais réel, physiologique même. Mythologiquement, Einstein est matière, son pouvoir n'entraîne pas spontanément à la spiritualité, il lui faut le secours d'une morale indépendante, le rappel de la
15 « conscience » du savant. (*Science sans conscience*, a-t-on dit.)

Einstein lui-même a prêté un peu à la légende en léguant son cerveau, que deux hôpitaux se disputent comme s'il s'agissait d'une mécanique insolite que
20 l'on va pouvoir enfin démonter. Une image le montre étendu, la tête hérissée de fils électriques : on enregistre les ondes de son cerveau, cependant qu'on lui demande de « penser à la relativité ».
25 (Mais, au fait, que veut dire exactement : « penser à… » ?) On veut nous faire entendre sans doute que les sismogrammes seront d'autant plus violents que la « relativité » est un sujet ardu. La
30 pensée elle-même est ainsi représentée comme une matière énergétique, le produit mesurable d'un appareil complexe (à peu de chose près électrique) qui transforme la substance cérébrale en
35 force. La mythologie d'Einstein en fait un génie si peu magique, que l'on parle de sa pensée comme d'un travail fonctionnel analogue à la confection mécanique des saucisses, à la mouture du grain ou au bocardage
40 du minerai : il produisait de la pensée, continûment, comme le moulin de la farine, et la mort a été pour lui, avant tout, l'arrêt d'une fonction localisée : « Le plus puissant cerveau s'est arrêté de penser. »

Einstein et Lénine, deux grandes figures incarnant le génie au XXᵉ siècle, ont été l'objet d'un véritable culte populaire.

Paul Piché (né en 1953)

Paul Piché est un chanteur combatif et dynamique sur scène, qui n'a jamais renoncé à ses idées. Il est un des rares chanteurs à avoir toujours entretenu la flamme souverainiste, et il continue à s'engager activement dans de nombreuses causes sociales et environnementales. Il sait faire évoluer son style, sans toutefois y introduire de ruptures radicales. Sa chanson, qui est presque folklorique à l'époque de son premier album, *À qui appartient le beau temps*, devient ensuite plus énergique, et parfois plus méditative (par exemple, sa chanson « L'Escalier » ou son album *Le Chemin des incendies*). Dans « Cochez oui, cochez non » de l'album *Nouvelles d'Europe*, Paul Piché se moque de notre société inhumaine qui réduit les gens à ce qu'on les force à répondre dans de petites cases cochées rapidement.

VERS LA DISSERTATION ▶

1. Quel est l'effet de la répétition de « Cochez oui, cochez non » ?
2. De quelle manière Paul Piché exploite-t-il le thème de la déshumanisation ?
3. Comment Paul Piché aborde-t-il le thème de la vieillesse dans l'avant-dernière strophe ?
4. Quelle signification donnez-vous à la dernière strophe ?
5. Est-il juste de dire que ce texte est une critique de la bureaucratie ?

CHANSON

COCHEZ OUI, COCHEZ NON (1984)

Cochez oui, cochez non
Nom, prénom, nom d'fille de votre mère
Nommez-nous quelques-uns de vos pères
Là votre âge, là votre numéro
5 Attention, répondez comme il faut
Ma mère s'appelle maman
Mon père appelle pas souvent
Y a peut-être pas le temps

Cochez oui, cochez non
10 Nom, prénom, quelles sont vos opinions
Sur la guerre, le mariage, les grandes questions
Maintenant que pour vous l'école est finie
Savez-vous ce que vous ferez de votre vie ?
J'me d'mandais justement
15 Quoi faire pour passer l'temps
Vous venez de me l'trouver
J'vais m'inquiéter

C'que j'ai comme crainte ou comme espoir
Vous ne voulez pas l'savoir
20 J'peux pas classer mes émotions
En petites piles de oui pis d'non
Mais puisque vous me le demandez
Voici pour vos dossiers
J'espère seulement qu'un jour la guerre
25 Ne sera qu'une case du questionnaire

Cochez oui, cochez non
Nom, prénom, pensionné récemment
Avez-vous l'intention d'être vieux longtemps ?
Savez-vous comment vous occuper ?
30 Savez-vous combien ça va nous coûter ?
J'sais pas, mais dernièrement
J'enterrais mes parents
J'espère vivre aussi vieux
Ce sera coûteux

35 J'aurais aimé vous conter l'histoire
Des années folles, des années noires
D'l'amour, d'la haine qu'on a connus
De tous les proches que j'ai perdus
Grâce à vos fiches, oui, vous savez
40 Quand les gens meurent, où ils sont nés
Et d'un crayon vous faites une croix
Leurs vies vous passent entre les doigts
Cochez oui, cochez non

Richard Desjardins (né en 1948)

Richard Desjardins se fait remarquer par son disque *Tu m'aimes-tu* (1990) et ses chansons dont les textes riches et suggestifs sont d'une poésie lumineuse. Dans cet album solo, la voix de Desjardins, au timbre rauque, unique, s'accompagne d'une guitare qui marque fermement le rythme ou d'un piano qui se lance dans de belles envolées romantiques. Richard Desjardins continue à offrir une chanson d'une rare intelligence, d'une haute teneur poétique, dont les influences multiples vont du pur country aux résonances jazz et classiques. Il mélange avec aisance humour et lyrisme. Sans devenir moraliste, il prend la défense de causes qui lui sont chères, celles des autochtones, de la forêt, de la liberté. Desjardins est aussi un documentariste et un militant actif; son film *L'Erreur boréale* (1999), réalisé avec Robert Monderie, réussit à sensibiliser un large public aux problèmes qui menacent la forêt boréale au Québec. Dans sa chanson «… Et j'ai couché dans mon char», le poète devient un habile raconteur.

CHANSON

… ET J'AI COUCHÉ DANS MON CHAR (1990)

J'ai roulé quatre cents milles
Sous un ciel fâché
Aux limites de la ville
Mon cœur a clenché

5 Les gros flashes apparaissent
Dans mon âme égarée
Les fantômes se dressent
À chaque pouce carré

Revenir d'exil
10 Comporte des risques
Comme rentrer une aiguille
Dans un vieux disque

Y a eu ben du progrès
Ben d'l'asphalte ainsi d'suite
15 J'me demande qui je serais
Si j'tais resté icitte

Une peine imbuvable
À qui la faute
J'étais juste pus capable
20 D'la voir avec un autre

Mais c'est tout oublié
Chus r'dev'nu un homme
Le 'tit cœur pomponné
S'en vient voir ses vieux chums

25 Salut les Apaches
Salut les crottés
Vous me trouvez le stash
Moi je paye le party

J'entends la fonderie qui rush
30 Pour ceux qui l'savent pas
On y brûle la roche
Et des tonnes de bons gars

Les deux grandes cheminées
Éternelles comme l'enfer
35 Quand le gaz m'a pogné
Chus v'nu tout à l'envers

Entendez-vous la rumeur
La loi de la compagnie
«Il faudra que tu meures
40 Si tu veux vivre mon ami»

J'ai passé mon p'tit change
Dans l'trou du téléphone
Sentiment étrange
Je rejoins pus personne

45 «Time flies» que j'me dis
M'en vas faire de mon best
J'ai marché dans la nuit
En cherchant un orchestre

J'prends ma chambre à Capri
50 J'aboutis dans la même
Mêmes brûlures su'l tapis
Même vue sur la Main

Comment dormir dans un lit
Où t'as baisé des anges
55 Je sens monter la folie
Je descends dans le lounge

Dans la flamme d'un briquet
Un visage intrigant
C'te gars-là je l'connais
60 Bonyeu mais c'est Satan

Long time no see
Fait pas chaud là mets-en
J'ai passé proche l'embrasser
À force que j'étais content

65 Y m'dit: «La gang est splitée
C'était rien qu'une époque
Sa valeur est tombée
Comme le prix de la coppe

Y s'sont tout' fait buster
70 Un après l'autre
À la fin y est resté
Moi mon ombre pis son coat

Les aut' ont farmé leu' yeule
Y déclarent à l'impôt
75 Nouvelle clientèle
Et musique de robot

Quand les downs de tes highs
Te défoncent l'intérieur
Tu t'engages comme bétail
80 Pas d'malheur pas d'bonheur

Y ont vendu l'amour bandé
Pour de la tendresse
Ils se sont enfermés
Dans la chambre de commerce

85 Astheure chus quas'ment tout seul
À fournir à' Plaza
Que c'est que l'monde veulent
Que c'est que la loi veut pas

A peut v'nir me chercher
90 Pour m'passer les menottes
Quarante ans d'liberté
De nos jours c't'une bonne cote

Y a personne qui m'encule
J'ai gardé mes bons nerfs
95 Comment ça vaut ça ? Calcule !
Chus déjà millionnaire

Côté cœur, ben content
Y a du monde su' la ligne
Quand les chums sont en d'dans
100 Moi j'm'occupe des darlings

Tu t'rappelles ton gros kick
La belle Rose-Aimée
M'as t'en pousser une comique
Moi pis elle c'est steady.»

105 Quand y m'a dit ça...

C'est rentré comme un clou
Un couteau dans' patate
La suture a t'nu l'coup
Well let's drink to that !

110 Le jour s'est levé sur Rouyn
Avec des gros rayons d'or
J'ai jasé 'ec mon instinct
Et j'ai couché dans mon char.

VERS LA DISSERTATION

1. De quel exil parle-t-on dans cette chanson ? À quoi le retour d'exil est-il comparé ?

2. Pourquoi le poète revient-il à Rouyn ?

3. Relevez les aspects politiques de cette chanson. Quelles sont les tares que Richard Desjardins dénonce ?

4. Quels sont les changements décrits par l'ami du poète depuis que « [l]a gang est splittée » ?

5. Par quels moyens cette chanson reproduit-elle la langue orale ? Relevez, entre autres, les anglicismes.

6. Écoutez la chanson et remarquez l'effet de l'accompagnement dans la dernière strophe. En quoi cet effet souligne-t-il le sens de la strophe ?

7. Est-il juste de dire que cette chanson est empreinte de nostalgie ?

« J'entends la fonderie qui rush / Pour ceux qui l'savent pas / On y brûle la roche / Et des tonnes de bons gars »

Jean Leloup (né en 1961)

Jean Leclerc, qui porte longtemps le nom d'artiste Jean Leloup, est un bel excentrique de la chanson québécoise qui écrit une musique spontanée, emportée, un rock vif, brouillon, amphigourique par moments. Sur une musique nappée de guitares, il enchaîne des logorrhées verbales, des paroles qui, même si elles semblent aller dans tous les sens, finissent par décrire une faune de jeunes souvent déjantés, étourdis par la consommation de drogue, ou une société que le poète ne parvient pas à comprendre et qu'il compare entre autres à un monde de fourmis. Jean Leclerc est remarquable par son indépendance d'esprit, son refus de se laisser embrigader. Son œuvre plaît vivement tant à son public qu'aux critiques. Sa chanson « 1990 », de l'album *L'amour est sans pitié*, qui est inspirée par la première guerre du Golfe et remporte un succès considérable, est l'une de ses plus réussies, par son rythme accrocheur et ses mots d'une fine ironie.

CHANSON

1990 (1991)

Mesdames et messieurs attention
je vais vous faire une chanson
le sujet en est ambitieux
de mon image je suis soucieux
5 en 1990
c'est l'heure des communications

depuis le début de ce siècle
nous avons vu l'apparition
du moteur Ford à explosion
10 puis de l'avion à réaction

mais de toutes les inventions
c'est sans doute la bombe à neutrons
qui nous laissa le plus baba
au cours du célèbre hiroshima
15 mais 1990 devrait nous laisser tous pantois
devrait nous laisser tous gagas

il y a des missiles patriotes
dirigés par ordinateurs
sony fuji et macintosh
20 se culbutent dans les airs le rush
la guerre technologique fait rage
c'est un super méga carnage
attention voilà les avions
qui tirent
25 c'est l'heure de l'émission
en 1990
c'est l'heure de la médiatisation
en 1990
c'est l'ère de la conscientisation

30 fini les temps maudits du sport
du jogging et de la cigarette
la preuve en est nos beaux soldats
américains qui sont là-bas
bronzés à la vitamine d
35 nourris aux fibres équilibrées
les morts qui seront faits là-bas
seront en bonne santé je crois

les impôts du contribuable
n'ont pas été payés en vain
40 la preuve en est il est possible
de ne jamais rater sa cible
si on connaît le vidéo

si on se pratique le coco
bientôt disponible bientôt
45 koweit irak en nintendo
en 1990 c'est l'ère de la socialisation
en 1990 c'est la démocratisation

j'en étais à ces réflexions
quand tout à coup je me sens con
50 assis par terre dans le salon
je ne fous rien je suis un con
heureusement que ma copine
a soudain l'idée de génie
de me toucher le porte-avion
55 vite fait je lui sors mon canon
ça va chauffer oui mon amour
je pointe mon radar à ions
en plein dans ta sortie de secours
je vais larguer mes bombes attention
60 en 1990 j'ai mis ma participation
en 1990 j'étais dans la coalition
en 1990 (bis)
hier soir dj a sauvé mon âme avec cette chanson (bis)

« 1990 » de Jean Leloup est une réflexion ironique sur la première guerre du Golfe, une guerre hautement médiatisée.

Daniel Bélanger (né en 1962)

Daniel Bélanger parvient à s'imposer grâce à son style, qui est très personnel dès son premier album: un folk-rock mélodieux, aux paroles inventives et lapidaires, porté par le timbre clair et lumineux de la voix du chanteur. De disque en disque, Daniel Bélanger reproduit le même travail très rigoureux, qui rallie un large public. Dans *Rêver mieux*, il intègre certains effets liés à la techno qui se superposent de façon inattendue à la guitare acoustique. Mais l'esprit reste le même: des textes rêveurs sur des mélodies enjôleuses, ce qu'on trouve déjà dans «La Folie en quatre», une chanson tirée de son premier album, *Les insomniaques s'amusent*.

Stéphanie Béliveau, *Kopf n° 8*, 2006.

CHANSON

LA FOLIE EN QUATRE (1992)

S'il fallait qu'un de ces quatre
Mon âme se disperse
Bien avant qu'elle ne s'écarte
Du corps qui la berce
5 Qu'un de ces quatre
Qu'un de ces jours la folie…

S'il fallait qu'à cause d'elle
Ton nom s'efface de ma mémoire
Que si facilement ma cervelle
10 Se répète du matin au soir
S'il fallait qu'un jour
Ce jour se jure de ma folie…

En somme si mon âme oublie ton âme
Et que mes yeux oublient tes yeux
15 Ce sera le fruit de la démence
Et non la violence d'un aveu
Alors avant qu'un de ces jours, la folie…
Je t'aime

VERS LA DISSERTATION

1. Que signifie l'expression du premier vers: «un de ces quatre»?

2. Quels dommages pourrait causer la folie dans la vie personnelle du poète?

3. Montrez de quelle façon ce texte établit un lien entre la folie et l'amour.

4. Écoutez la chanson et relevez par quel effet musical le chanteur met en évidence le mot «folie».

5. Expliquez le sens de la dernière strophe. Que signifie l'opposition entre «le fruit de la démence» et «la violence d'un aveu»?

6. Peut-on affirmer que Richard Desjardins, dans «… Et j'ai couché dans mon char» (p. 220-221), et Daniel Bélanger, dans «La Folie en quatre», parlent de l'amour de façon similaire?

Jean-Pierre Ferland (né en 1934)

Jean-Pierre Ferland écrit des chansons qui se distinguent tant par la qualité de leurs textes que par leurs mélodies prenantes et efficaces. Il commence, au début des années 1960, sa fructueuse carrière comme chansonnier. Il est alors influencé par la chanson française, préfère les accompagnements orchestraux parfois imposants et met de l'avant ses textes bien tournés. Puis, avec son disque *Jaune*, il prend un virage rock qu'il réussit très bien. Il continue cependant à polir ses textes et parle toujours de son grand amour pour les femmes, thème récurrent dans toute son œuvre. Après quelques années pendant lesquelles il travaille comme animateur à la télévision, il revient à la musique, sans qu'il ait rien perdu de son inspiration. Sa chanson « La Musique » de l'album *Écoute pas ça*, par laquelle il se réconcilie avec son art et lui rend hommage à la fois, décrit bien sa relation passionnée avec celle qui lui a tant donné.

CHANSON

LA MUSIQUE (1995)

Quand elle est arrivée
Je n'en menais pas large
Je m'enfargeais dans les nuages
Je me brûlais au fer de forge
5   J'astiquais mon revolver
Quasiment mort de rire
De rôtir en enfer
Mort à proprement dire
De vivre ma vie sur la terre
10 J'étais un chien fini

Quand elle est arrivée
Je n'voyais pas
J'étais dans un piteux état
C'est probablement mon fantôme
15 Qui l'a touchée tout d'abord
À moins que ce soit Sodome ou Gomorrhe[1]
Qui me brûlait les yeux
Toujours est-il qu'entre 28 plaies vives
Et 82 bosses la voilà qui arrive
20 J'étais fait à l'os

La musique… mon amour de musique
Est-ce que tu m'aimes encore?

Quand elle est arrivée
Elle m'a embrassé dans l'oreille
25 Jusque sur la peau de l'âme
Dieu merci la reine abeille
Avait du violoncelle sur le dard
La muse « Euterpe » m'a tiré sa flèche
Là où l'amour crèche
30 Au creux de l'harmonie
Elle m'a sauvé la vie

Quand elle est arrivée
J'étais tout croche
J'avais les yeux en-dessous des poches
35 Je me saignais pour des danseuses
Je me traînais pour 10 dollars
Entre deux cuites et deux plumards
La voilà qui arrive entre 28 plaies vives
Et 82 bosses
40 Et j'ai quitté mon boss

---

1. Dans l'Ancien Testament, deux villes où régnait la débauche, détruites par un feu envoyé par Dieu.

La musique... mon amour de musique
Est-ce que tu m'aimes encore ?

Quand j'en ai eu plus que marre
Que la pluie pleuve à verse
45 Quand la folie m'agresse
Lorsque j'en viens aux coups
Parce que la politique
Parce que la mer est sale
La route électronique et le papier journal
50 Au lieu de tomber dans l'analgésique
Avant de péter la gueule aux connards
J'époussette ma guitare

Je la prends par la taille
Et c'est sur mes genoux
55 Que la douleur se taille
Que les enfants s'endorment
Je ne sais pas de drame
Quand je joue
Je ne suis plus aux femmes
60 Je suis aux oiseaux
Entre 28 plaies vives
Et 82 bosses
Je suis fait à l'os

La musique... mon amour de musique
65 Est-ce que tu m'aimes encore ?

La musique... mon trésor
Est-ce que tu m'aimes encore ?

C'est gênant de te demander ça
C'est pour ça que je te le demande tout bas
70 Après mes slows, mes blues, les drums et les ordinateurs
As-tu toujours une fleur d'amour
Un fond d'émotion, une graine de douceur
Pour ton compositeur

La musique... mon amour de musique
75 Est-ce que tu m'aimes encore ?

La musique
Est-ce que tu m'aimes encore ?

Mon trésor

Jeannette Perreault, *L'Air du temps*, 2001.

VERS LA DISSERTATION

1. Relevez les liens établis par Ferland entre la musique et les femmes. Par quelle figure de style ces liens sont-ils établis ?

2. Pourquoi le chanteur, au lieu de lui affirmer son amour, demande-t-il à la musique si elle l'aime encore ?

3. Quelles sont les difficultés qu'éprouvait le chanteur avant qu'il ne se réconcilie avec la musique ?

4. Écoutez la chanson. Quel accompagnement le chanteur a-t-il choisi pour cette chanson qui rend hommage à la musique ?

5. Est-il juste de dire que cette chanson sur la musique est écrite comme une chanson d'amour ?

Les Colocs

Nul groupe n'a autant marqué la musique québécoise des années 1990 que Les Colocs. Ceux-ci s'imposent dès leur premier disque par un mélange vivifiant de rock et de swing, par une musique festive, énergique, et des textes corrosifs et provocateurs. Le groupe intègre progressivement des sonorités reggae à sa musique, mais reste toujours fidèle à lui-même par son sens de la fête et son énergie communicative. L'aventure des Colocs se termine brutalement par la mort tragique de leur chanteur et leader, André Fortin. Les Colocs manifestent toujours, dans leurs chansons, leur parti pris pour les perdants, les marginaux, et leur colère contre les bien-pensants et les opportunistes. «Bonyeu», de l'album *Atrocetomique*, est une chanson qui rend compte avec humour du sort difficile des chômeurs.

CHANSON

BONYEU (1995)

Bonyeu donne-moé une job
Faut que j'fasse mes paiements
Amener ma blonde au restaurant
Pis tchéquer les numéros gagnants

5   Bonyeu donne-moé une job
J'vas payer l'loyer du mois passé
J'vas r'brancher l'téléphone
Les collecteurs vont pouvoir me r'trouver

REFRAIN:
Pis si jamais tu m'donnes une job
10 Tu me r'verras à l'église
À genoux devant l'curé
Bonyeu laisse-moé pas tomber

Bonyeu donne-moé une job
Chu prêt à commencer en bas d'l'échelle
15 Ch'pas pire avec les chiffres
Pis j'sais m'servir de ma cervelle

Bonyeu donne-moé une job
Pis j'te jure que j'vas m'caser,
J'vas m'lever tôt tous les matins
20 Pis j'te promets d'arrêter d'chialer

REFRAIN

Bonyeu donne-moé une job
J'veux travailler avec le public
Chu bon vendeur j'arrive à l'heure
Pis j'bois moins qu'un alcoolique

25 Bonyeu donne-moé une job
Chu prêt à bûcher comme un Viet
Y faut que j'fasse de quoi de moé
Ch'tanné d'attendre après mon chèque

REFRAIN

Bonyeu donne-moé une job
30 N'importe laquelle f'rait mon affaire
N'importe où n'importe quand
Pour me sortir de mon calvaire

Bonyeu donne-moé une job
J'envoie mon C.V. à Saint Pierre
35 Parlez-y d'moé si vous voulez
Un pourcentage sur mon salaire

REFRAIN

SYNTHÈSE

Le contexte sociohistorique

→ De 1980 à 2001, la question nationale reste au cœur des préoccupations politiques au Québec. Les deux référendums perdus par les souverainistes, l'un en 1980 et l'autre en 1995, n'atténuent pas les tensions, qui restent vives entre les fédéralistes et les tenants de l'indépendance du Québec.

→ Comme ailleurs dans le monde, le Québec entreprend un virage vers le néolibéralisme et adopte des mesures qui réduisent progressivement le rôle de l'État et donnent plus de place à l'entreprise privée.

→ Le Québec reçoit plus que jamais de nouveaux arrivants en provenance de toutes les régions du monde. Le gouvernement adopte une politique «interculturelle», qui vise à favoriser la cohabitation des divers groupes ethniques.

→ Les artistes québécois s'ouvrent sur le monde et certains d'entre eux ont l'occasion de faire connaître leurs œuvres à l'étranger. Dans plusieurs domaines, des artistes d'ici remportent un important succès international.

La littérature

■ Les écrivains se détournent des thématiques nationalistes pour s'intéresser plutôt aux individus, dont ils exposent l'intimité, et aux marginaux.

■ Le milieu littéraire s'appuie désormais sur des institutions solides: maisons d'édition, revues, compagnies théâtrales, prix littéraires, bourses d'écriture et associations d'écrivains stimulent la vie littéraire, qui poursuit son organisation dans la continuité.

■ Le public de lecteurs s'élargit à la suite d'une plus grande scolarisation des Québécois et de la croissance de la population, ce qui permet à l'offre littéraire de se diversifier.

■ Parmi les nouvelles tendances qui apparaissent, l'une des plus productives est l'écriture migrante, qui exprime le vécu des nouveaux arrivants au Québec.

Le roman

Le roman est écrit sous toutes sortes de formes qui montrent la diversité de la littérature québécoise. Il se publie plus de romans que jamais, tant des best-sellers qui rivalisent avec la production étrangère que des œuvres personnelles aux sujets variés, tels l'adolescence rebelle, l'Amérique, le déracinement, l'autobiographie.

La poésie

Délaissant la question nationale et les grandes utopies, les poètes se tournent vers eux-mêmes et explorent leur vie intime. Très souvent, ils écrivent une poésie dépouillée et introspective, et préfèrent les formes courtes.

Le théâtre

Le théâtre québécois se trouve transformé par les metteurs en scène qui se mettent à l'écriture, conçoivent des spectacles d'une remarquable efficacité scénique et remportent ainsi d'importants succès. Certains auteurs, comme Michel-Marc Bouchard et Michel Garneau, continuent à pratiquer une écriture théâtrale rigoureuse et efficace.

L'essai

L'essai québécois est marqué non plus par des thématiques récurrentes, mais par des auteurs dont l'écriture est vive et parfois polémique. Ainsi, François Ricard, Jean Larose et le duo formé de Bernard Arcand et de Serge Bouchard marquent le genre par leur pensée qui refuse les embrigadements.

7

2001-2007
Les nouvelles inquiétudes
Littérature: l'ère de l'abondance

Les attentats du 11 septembre 2001 aux États-Unis, ainsi que les guerres en Afghanistan et en Irak qui ont suivi, ont créé un grand climat d'incertitude. Les tourments du monde sont plus visibles que jamais: écarts croissants entre les riches et les pauvres, réchauffement climatique, guerres interminables. Face à cet état des choses, les écrivains québécois comme leurs camarades d'autres pays hésitent entre plusieurs attitudes, par exemple: se réfugier en eux-mêmes; écrire une œuvre qui compense, par son harmonie et sa sincérité, les horreurs qui se perpétuent; ou encore dénoncer les maux qui affectent le monde par l'humour, l'ironie ou l'attaque frontale. À l'heure où la mondialisation s'instaure de gré ou de force, les écrivains québécois poursuivent leur travail avec constance, voire acharnement, et publient en abondance. Ils voyagent beaucoup, comprennent le monde à leur manière, refusent l'embrigadement et produisent des œuvres nourries de la multiplicité de leurs expériences.

DE 2001 À 2007

Le monde	Le Québec

2001: Premier Forum social mondial à Porto Alegre au Brésil
Manifestation de plus de 300 000 personnes à Gênes, en Italie, lors du sommet du G8; répression violente qui fait un mort
Attaques terroristes aux États-Unis: deux avions civils se fracassent contre le World Trade Center et un troisième, contre le Pentagone; ces attentats font près de 3000 morts

2001: Démission de Lucien Bouchard en tant que chef du Parti québécois et premier ministre du Québec
Remplacement de Lucien Bouchard par Bernard Landry
Sommet des Amériques dans la ville de Québec

2001-2002: Faillite d'entreprises géantes telles Enron et Worldcom, à l'origine d'une crise financière majeure

2002: Invasion de l'Afghanistan par des nations alliées dirigées par les États-Unis

Adoption de l'euro comme monnaie officielle dans 12 des 15 pays qui formaient alors l'Union européenne
Ratification par le Canada du protocole de Kyoto

2003: Manifestation de plus de 10 millions de personnes à travers le monde contre la possibilité d'une guerre en Irak
Invasion de l'Irak par les États-Unis et leurs alliés

2003: Élection de Jean Charest, chef du Parti libéral, comme premier ministre du Québec

2004: Résistance des Irakiens en Irak, qui est en état de guerre permanente
Dévastation des terres côtières de l'océan Indien par un tsunami, qui fait plus de 250 000 victimes

2004-2005: Enquête de la commission Gomery sur le scandale des commandites

2005: Adoption de la Convention sur la protection et la promotion de la diversité des expressions culturelles à l'UNESCO
Entrée en vigueur du protocole de Kyoto
Ravages sans précédent causés aux côtes de la Nouvelle-Orléans par l'ouragan Katrina

2005: Grève générale illimitée de 70 000 étudiants
Manifeste des «lucides» auquel répond le manifeste des «solidaires»
Ouverture de la Grande Bibliothèque du Québec

2006: Création du parti de gauche Québec solidaire
Sous le gouvernement Harper, adoption, par la Chambre des communes du Canada, d'une motion reconnaissant que le Québec forme une nation dans un Canada uni

2007: Sommet de Bali sur les changements climatiques
Rapport du Groupe d'experts intergouvernemental sur l'évolution du climat (GIEC), qui confirme la responsabilité de l'homme dans le réchauffement planétaire

2007: Élection d'un gouvernement libéral minoritaire à l'Assemblée nationale et réélection de Jean Charest comme premier ministre
Accession de Mario Dumont, de l'Action démocratique du Québec (ADQ), au poste de chef de l'opposition officielle
Premier Forum social québécois
Commission Bouchard-Taylor sur les pratiques d'accommodement reliées aux différences culturelles

2003 : Lise Tremblay, *La Héronnière* (nouvelles)
Wajdi Mouawad, *Incendies* (théâtre)
Évelyne de la Chenelière, *Bashir Lazhar* (théâtre)
Denys Arcand, *Les Invasions barbares* (film)

2004 : Michel Garneau, *Discrète Parade d'éléphants* (poésie)

2005 : Nicolas Dickner, *Nikolski* (roman)
Fred Pellerin, *Comme une odeur de muscles* (contes)
Normand Baillargeon, *Petit Cours d'autodéfense intellectuelle* (essai)
Jean-Marc Vallée, *C.R.A.Z.Y.* (film)

2006 : Hélène Dorion, *Mondes fragiles, choses frêles* (poésie)

Le monde : une mondialisation douloureuse

Lorsque deux avions s'écrasent contre les tours jumelles du World Trade Center à New York le 11 septembre 2001, et qu'un troisième atteint le Pentagone à Washington, les populations du monde comprennent que l'équilibre entre les nations ne sera plus le même. Le gouvernement états-unien, humilié, promet une riposte. Mais quelle sera-t-elle ?

Au cours des années qui précèdent ces attentats, les gouvernements des grandes puissances économiques prétendent que des échanges commerciaux libres et généralisés assureront la prospérité et la paix à l'ensemble des citoyens de la planète. De nombreux observateurs affirment toutefois que cette libéralisation du commerce a surtout comme conséquence d'accentuer les écarts entre les riches et les pauvres. Une résistance à l'ordre néolibéral se met en place. Elle donne naissance à un nouveau courant, qui cherche à organiser le monde selon d'autres valeurs que la primauté de la compétitivité et du commerce : le courant **altermondialiste**.

Les lendemains du 11 septembre ont été amers et ont provoqué une rhétorique selon laquelle on prévoyait une guerre sans fin contre le terrorisme.

Les attentats du 11 septembre, menés par des terroristes d'Al-Qaïda, changent les rapports de force, et le gouvernement du président états-unien, George W. Bush, attise les tensions en répliquant au terrorisme par la force et par une guerre perpétuelle.

Les lendemains du 11 septembre sont marqués, dans le monde, par d'importantes perturbations :

- **Une guerre en Afghanistan, puis en Irak.** Loin de ramener la paix et la démocratie dans ces pays, les Américains et leurs alliés provoquent une guerre coûteuse et interminable qui fait de terribles ravages parmi les populations civiles.

- **Les ratés de la mondialisation.** Les grandes institutions financières internationales (Banque mondiale, Fonds monétaire international, Organisation mondiale du commerce) traversent certaines difficultés : les privatisations et déréglementations qu'elles ont encouragées ont pour effet d'augmenter les écarts entre les riches et les pauvres, et d'enlever à une large part de la population l'accès à des services essentiels. Pourtant, dans les pays du Nord, les privatisations se poursuivent.

- **La reconnaissance du problème de réchauffement planétaire.** Bien que le danger du réchauffement climatique ait été signalé depuis plusieurs années, et malgré de nombreuses études sur ses effets désastreux, peu de pays prennent des mesures fortes pour limiter les gaz à effet de serre qui provoquent cette catastrophe écologique.

- **La montée en puissance de plusieurs pays en développement.** La Chine, l'Inde et le Brésil, entre autres, commencent à occuper un rôle politique international proportionnel à leur population, bien que la pauvreté reste un problème majeur dans ces pays.

Les perturbations de cette période mouvementée ont surtout comme effet de créer chez les populations un important questionnement: comment l'humanité continuera-t-elle à vivre comme elle le fait, alors que les ressources naturelles s'épuisent et que les écosystèmes sont partout menacés? Comment les peuples arriveront-ils à vivre en paix, alors que la cohabitation entre les religions et entre les cultures semble plus difficile? Comment résoudre le problème de la pauvreté qui ne semble pas s'atténuer et qui frappe un continent tout entier, l'Afrique?

Les Québécois n'échappent pas à ce questionnement: les déséquilibres écologiques ignorent les frontières, et la grande pauvreté a des répercussions sur tous les pays du monde. Plus que jamais, les problèmes de la planète ont un impact sur la vie quotidienne des Québécois.

La société québécoise: la croisée des chemins

Dans une économie mondialisée, plusieurs décisions importantes, normalement assumées par l'État, échappent dorénavant au pouvoir des gouvernements du Québec et du Canada. Il leur devient de plus en plus difficile d'élaborer des politiques monétaires, d'augmenter le salaire minimum, d'empêcher les achats de compagnies canadiennes par des étrangers, de taxer les entreprises, de réglementer le travail. La mondialisation crée, entre tous les pays, une concurrence qui profite largement aux grandes entreprises: celles-ci ne paient presque plus d'impôts et peuvent s'établir là où les conditions d'accueil sont les plus avantageuses et où la main-d'œuvre coûte le moins cher.

Malgré les bouleversements liés à la mondialisation, la question nationale reste au cœur des débats. Alors que le Parti libéral reste franchement fédéraliste, le Parti québécois ne parvient plus à convaincre une majorité de Québécois de se lancer dans une nouvelle campagne référendaire. Jouant sur l'ambivalence, Mario Dumont, à la tête de l'Action démocratique du Québec, développe une position «autonomiste», entre le fédéralisme et la souveraineté. Cette position et ses discours populistes permettent à son parti de devenir l'opposition officielle aux élections de 2007.

Depuis la fin de la récession du début des années 1990, le Québec connaît une longue période de croissance économique. Le chômage est réduit, les villes deviennent plus prospères, l'économie se diversifie et se dynamise.

Mais le Québec change et doit affronter de nouveaux défis:

- **Le financement des services publics, principalement la santé et l'éducation, devient insuffisant.** En dépit de la prospérité économique et de la croissance, les gouvernements prétendent ne plus avoir les moyens de soutenir adéquatement ces services. Les gens d'affaires proposent de privatiser ces services pour les rendre plus efficaces. Mais plusieurs organisations de citoyens croient qu'il faut donner la priorité au maintien de services publics de qualité, et qu'il serait possible d'y arriver par l'établissement d'un système fiscal plus juste.

- **Certaines régions du Québec connaissent de graves difficultés.** Des entreprises établies en région ferment, et le travail devient rare; les jeunes quittent les régions éloignées, qui sont parfois victimes d'importantes baisses de la population. De plus, la qualité de l'environnement se détériore. Une incompréhension semble se développer entre Montréal, prospère, qui reçoit des citoyens de partout dans le monde et se montre tolérante envers les marginaux, et les régions, qui subissent durement les méfaits d'une économie centrée sur les besoins des villes.

- **L'intégration des nouveaux arrivants amène la question de l'«accommodement raisonnable ».** Des Québécois se braquent contre les exigences de certaines minorités religieuses, qui demandent qu'on adapte certaines règles afin qu'elles conviennent aux manifestations de leur foi. Jusqu'où faut-il aller pour permettre la liberté des pratiques religieuses ? En quelles circonstances doit-on imposer la laïcité dans l'espace public ? Comment éviter le piège du racisme et de l'intolérance ? Ces questions provoquent de larges débats au Québec comme dans plusieurs pays occidentaux.

D'autres sujets soulèvent de multiples interrogations : le vieillissement de la population du Québec entraînera-t-il des problèmes économiques ? Le modèle québécois, basé sur un État fort et interventionniste, peut-il subsister ? Faut-il donner la priorité au paiement de la dette publique du Québec, quitte à affaiblir les services publics, déjà sous-financés ?

La commission Bouchard-Taylor sur «les pratiques d'accommodement reliées aux différences culturelles » a soulevé de vastes débats, souvent très émotifs, sur l'accueil des immigrants au Québec.

Ces questions forcent les Québécois à prendre position. Un affrontement entre deux manifestes, celui des «lucides » et celui des «solidaires », montre bien les enjeux du débat.

- Le manifeste *Pour un Québec lucide* est signé par des personnalités liées au milieu des affaires, dont l'ancien premier ministre provincial Lucien Bouchard. Les **lucides** s'inquiètent du vieillissement de la population et de la dette du Québec. Ils considèrent que les Québécois sont trop taxés. Ils visent à «responsabiliser » les citoyens en répandant le principe de l'utilisateur-payeur ; ils souhaitent ainsi augmenter les tarifs d'électricité et les droits de scolarité.

- Le manifeste *Pour un Québec solidaire* est une réponse au manifeste *Pour un Québec lucide*. Signé par des citoyens de diverses provenances, dont les deux porte-parole du parti Québec solidaire, Françoise David et Amir Khadir, le manifeste souligne que l'économie du Québec peut aisément soutenir le vieillissement de la population. Les **solidaires** font remarquer que la dette du Québec n'est pas plus élevée que la dette moyenne des pays riches. Ils s'opposent aux baisses d'impôts et défendent une plus juste répartition de la richesse, qui serait à l'avantage de tous les Québécois.

Ces deux discours ne se trouvent cependant pas également représentés dans les partis politiques. Dans le contexte de la mondialisation néolibérale, ce sont les valeurs de la droite conservatrice, dont relève le manifeste *Pour un Québec lucide*, qui l'emportent, alors que la gauche se trouve sous-représentée. Les idées progressistes restent cependant largement soutenues par divers groupes sociaux, syndicats, organisations non gouvernementales (ONG) et associations de citoyens.

Les écrivains et les artistes se trouvent eux aussi interpellés par ces débats. Quelques-uns d'entre eux choisissent d'appuyer des causes diverses – surtout celles qui sont liées à la protection de l'environnement – et renouent ainsi avec la tradition de l'engagement.

La littérature québécoise : le souci de l'autre

De façon régulière, depuis quelques années, certains commentateurs mettent en doute la pérennité de la littérature. À l'ère de l'internet, du DVD, du téléphone cellulaire et des écrans omniprésents, les livres font face à des concurrents qui offrent des plaisirs plus faciles. Pourtant, quoi qu'on en dise, la littérature ne semble pas perdre de son attrait. La preuve : le nombre toujours plus grand de livres publiés au Québec, la quantité énorme de manuscrits envoyés aux éditeurs, l'intérêt soulevé par de nombreux livres, en dépit du peu d'attention que les médias leur prêtent.

Le milieu littéraire se distingue par un dynamisme qui ne se dément pas :

- Les grands éditeurs maintiennent ou augmentent leur production tandis qu'apparaissent (et meurent parfois) nombre de nouveaux prétendants.
- La relève littéraire est assurée et les saisons littéraires font découvrir aux lecteurs de nouveaux talents, et ce, d'année en année.

Les auteurs se partagent certes un lectorat limité, puisque le Québec reste un petit marché. De plus, la réponse des lecteurs n'est pas toujours assurée et ne correspond pas aux attentes de certains auteurs. Mais il n'en demeure pas moins que les Québécois s'intéressent à leur littérature et suivent la production littéraire dans sa diversité.

Le choix des écrivains

La littérature québécoise écrite depuis 2001 reste très éclatée, à l'instar de la production des années précédentes, dont elle est la continuité. Elle demeure le reflet d'une société à plusieurs visages, dans laquelle se mêlent les classes sociales, les gens de diverses origines, les générations dont les références culturelles sont distinctes, les gens des villes et ceux des régions.

Malgré l'inquiétude de certains sur la survie de la littérature à l'ère de l'audiovisuel et de l'informatique, il se publie et se vend plus de livres que jamais au Québec.

Plus que jamais, les auteurs d'ici voyagent. Ils le font parce que les voyages sont moins dispendieux et qu'ils sont facilités par le développement du tourisme et des transports (à l'avantage des pays les plus riches). Ils le font aussi parce que les échanges littéraires internationaux sont de plus en plus nombreux. Ainsi, plusieurs écrivains québécois sont invités à l'étranger, profitent de résidences d'artistes, fréquentent les Salons du livre, présentent leurs œuvres à différents publics. Leur succès au Québec leur sert souvent de tremplin pour découvrir le monde.

Bien qu'il soit difficile, sans le recul que permet le passage du temps, de déterminer une orientation dominante dans la littérature québécoise d'aujourd'hui, il semble que beaucoup d'auteurs cherchent à se définir par rapport à un ailleurs qu'ils trouvent soit à l'étranger, soit dans leur propre pays, soit en plongeant dans le passé.

- On voyage beaucoup dans les œuvres littéraires québécoises contemporaines. Les voyages permettent aux personnages de découvrir d'autres mondes, d'être déstabilisés, de faire face à d'autres façons de voir les choses. Les voyages sont tantôt de pures découvertes, tantôt une quête des origines, ou encore le reflet d'une certaine instabilité. Ainsi, Nicolas Dickner dans *Nikolski* fait vagabonder le lecteur dans l'immensité du Canada, puis au Venezuela; Wajdi Mouawad, dans ses pièces *Littoral* et *Incendies*, passe du Québec au Liban déchiré par la guerre; le poète José Acquelin, dans *L'absolu est un dé rond*, recherche la sagesse des poètes arabes en Syrie.

- D'autres auteurs, sans sortir du pays, font face à des compatriotes qui se révèlent être imprégnés de mystère, malgré leur proximité. Lise Tremblay, dans *La Héronnière*, arrive à exprimer avec beaucoup de justesse la quantité de petites choses qui séparent les citadins des gens des régions; dans *Hadassa*, la romancière Myriam Beaudoin tente de percer le mystère de la communauté juive hassidique; dans *Là*, le dramaturge Serge Boucher imagine un double de lui-même qui éprouve des difficultés à renouer avec le milieu de son enfance, qui ne lui ressemble plus.

- Plusieurs auteurs plongent dans le passé, à la recherche de leurs racines. Ce retour vers le passé devient une façon de se définir, de se rattacher à des valeurs fermes et reconnaissables, alors que le monde va à la dérive. Ainsi, la popularité des best-sellers historiques ne se dément pas; de nombreux auteurs explorent avec jouissance – et parfois avec opportunisme – les moments les plus divers de notre histoire. La tradition du conte renaît avec vigueur et le talentueux conteur Fred Pellerin séduit un public très large. La jeune chanson québécoise ne craint plus de puiser dans la musique traditionnelle, ainsi que le font des groupes très populaires comme Les Cowboys Fringants ou Mes Aïeux.

Les œuvres ne se rattachent pas toutes, loin de là, à ces tendances. Mais il semble clair que la question de l'identité, abordée dans un nombre très important d'œuvres contemporaines, reste au centre de la littérature québécoise et qu'elle inspirera sans doute encore beaucoup d'auteurs des générations futures.

LA HÉRONNIÈRE (2003)

Élisabeth a menti

Lorsqu'Élisabeth nous rendait visite, mon mari prétextait un travail urgent, un texte à faire parvenir à son associé de recherche pour le lendemain et il s'enfermait dans son bureau. La plupart du temps, je le retrouvais, les écouteurs

5 sur les oreilles, en train de s'amuser sur un de ses jeux vidéo favoris. Nous avons eu plusieurs discussions à ce sujet. Il trouvait Élisabeth menteuse et mesquine et était contre le fait que j'aie une relation trop personnelle avec elle. En campagne, il passe sa vie enfermé dans son bureau en train d'écrire ou de

10 préparer ses cours. Il est tellement dans la lune que je doute qu'il puisse se rappeler le nom de nos voisins immédiats. Il n'a de lien avec personne et n'en veut pas. Il est là pour son travail. Pour lui, plus rien n'existe en dehors de son ouvrage en cours. Il dit que quoi que l'on fasse, les relations avec les

15 habitants du village ne seront jamais égalitaires et qu'ils nous tolèrent simplement parce que nous et les autres propriétaires de résidences secondaires sommes une source de revenus importante. Pour lui, le lien est économique et tout le reste n'est qu'une sinistre mascarade. Je lui réponds qu'il a une

20 conception du monde du dix-neuvième siècle, ce à quoi il rétorque que le village est encore au dix-neuvième et qu'il est mieux adapté que moi.

Lise Tremblay (née en 1957)

Professeure de littérature au cégep du Vieux-Montréal, Lise Tremblay écrit quatre romans, dont *La Danse juive* (1999), qui aborde avec sensibilité le problème de l'obésité. Le court recueil de nouvelles *La Héronnière* dresse un portrait sans compromis et parfois cruel de la vie dans un village éloigné.

La Héronnière est un recueil de cinq nouvelles, dont certains des personnages sont récurrents. Ce livre illustre la relation difficile entre les habitants d'un village et les gens de la ville qui viennent profiter, pendant la saison touristique, de la quiétude et de la beauté de l'endroit. L'auteure décrit très bien le mur d'incompréhension et une certaine forme de mépris réciproque entre, d'une part, les villageois, qui luttent pour leur survie dans un lieu en déperdition et sont abandonnés par les femmes et les jeunes qui choisissent l'exil, et, d'autre part, les citadins, qui leur apportent d'importants revenus, mais dont ils doivent subir les jugements parfois sévères. Avec un style sobre et des histoires bien construites, Lise Tremblay raconte habilement l'affrontement de deux mondes au sein d'une même société.

Victoria Block,
Sans titre, 2002.

Au début, j'étais convaincue que mon mari se trompait
à propos d'Élisabeth. À mon avis, il ne comprenait pas sa
25 façon de se comporter. Je lui répétais qu'Élisabeth croyait
fermement tout ce qu'elle disait. Elle vivait dans un monde
de bons sentiments où les méchants étaient clairement identifiés et faisaient la une des journaux à sensation. Je n'arrivais
pas à le convaincre. Il était certain qu'Élisabeth entretenait
30 une relation avec moi, uniquement à cause de mon prestige
social et que cela contribuait à préserver son statut dans le
village. Elle et son mari possédaient une des seules grosses
fermes encore existantes et leurs filles avaient poursuivi
des études supérieures. D'ailleurs, ne fréquentait-elle pas
35 que les étrangers ? Qu'il émette un jugement si défavorable
sur Élisabeth me surprenait plus que cela me dérangeait. Il
exprimait rarement une opinion sur les gens et m'avait depuis
longtemps relégué les corvées sociales. C'était la première
fois qu'il faisait un commentaire si radical sur une de mes
40 amies. Je ne l'avais jamais entendu utiliser le mot *mesquin*.

Je ne sais pas pourquoi, je tenais à ma relation avec Élisabeth.
Je reconnaissais que mon mari avait raison au moins sur un
aspect : elle ne fréquentait que des étrangers. Mais pour moi,
il s'agissait plutôt d'un hasard que d'un choix délibéré de sa
45 part. Et, je dois bien me l'avouer, tout au long de mon amitié
avec elle, il m'est arrivé souvent de lui mentir. Je me disais
qu'elle était trop fragile pour supporter la réalité telle que
je la voyais. D'une certaine façon, j'étais condescendante.

VERS LA DISSERTATION

1. Quel portrait la narratrice fait-elle d'Élisabeth ?

2. Montrez que la narratrice et son mari réagissent à Élisabeth de façon
   différente.

3. Que peut-on dire à propos des liens entre les citadins et les villageois
   dans cet extrait ?

4. Est-il juste de dire que la narratrice et son mari sont méprisants
   envers Élisabeth ?

5. Peut-on dire que la narratrice est hypocrite ?

Nicolas Dickner (né en 1972)

Le titre du premier ouvrage de Nicolas Dickner, *L'Encyclopédie du petit cercle* (2000), est révélateur de l'intérêt,
qui semble caractériser cet auteur, pour les connaissances
encyclopédiques, qu'il intègre à des intrigues bien construites. Son premier roman, *Nikolski*, récompensé par
plusieurs prix, éblouit par son aisance à entremêler les
intrigues. Ce roman, empreint d'une grande maturité, écrit
dans un style sobre et efficace, place Nicolas Dickner parmi
les auteurs québécois les plus importants de la relève.

Trois personnages – Noah, vagabond et étudiant en anthro-
pologie, Joyce, pirate des temps modernes, et un narrateur
anonyme, libraire impénitent – habitent près les uns des
autres, dans la Petite Italie à Montréal. Nicolas Dickner
raconte les destinées parallèles de ces individus qui se
croisent sans vraiment se connaître et sont happés par des
passions étranges : les vieux livres, les déchets, les poissons,
la piraterie. Ce curieux roman de la solitude, dans lequel
les personnages accumulent les rencontres ratées, réussit
à créer de troublantes atmosphères et raconte d'étranges
dérives. Les personnages sont abordés froidement et sans
complaisance, comme ce libraire anonyme, dont la
grande sédentarité s'oppose au nomadisme de Noah.

ROMAN

NIKOLSKI (2005)

J'ai souvent essayé de lier connaissance avec cette mystérieuse
cliente, en vain. Elle sourit poliment mais désamorce toute
tentative de rapprochement. Je ne connais même pas son
prénom. Il faut dire que j'ai toujours eu de la difficulté à
5 établir des liens avec les gens. Je suis, paraît-il, trop renfermé,
trop casanier. Aucune de mes rares amantes n'est parvenue
à comprendre que je puisse me contenter d'un boulot de
bouquiniste. Un jour ou l'autre, elles finissaient toutes par
se demander – et, fatalement, par *me* demander – pourquoi
10 je ne voulais pas voyager, étudier, faire carrière ou gagner
un meilleur salaire. Il n'existe pas de réponse simple à ces
questions-là. La plupart des gens ont une opinion tranchée
au sujet du libre arbitre : le destin (peu importe comment on
le nomme) doit exister *ou* ne pas exister. Pas d'approximation,
15 pas d'entre-deux. Cette hypothèse me semble simpliste. À mon
avis, il en va du destin comme de l'intelligence, de la beauté
ou des lymphocytes de type z+ : certains sont mieux pourvus
que d'autres. Pour ma part, je souffre d'une carence : je suis
un bouquiniste sans histoire, sans trajectoire propre ; ma
20 vie obéit à l'attraction des livres, le faible champ magnétique
de mon destin subit la distorsion de ces milliers de destins
plus puissants et plus intéressants.

Il ne s'agit pas d'une analyse très attrayante de ma situation,
mais on ne pourra pas m'accuser d'être présomptueux.

25 La fille déboutonne son imperméable, éponge ses lunettes contre
son chandail et se dirige vers la section Informatique. Je ne l'ai jamais
vue s'intéresser qu'à deux sections : Cuisine et Informatique. Dans
la première, elle achète tous les bons bouquins qui portent sur les
poissons et les fruits de mer. Dans la seconde, elle camoufle discrète-
30 ment les livres sous son aisselle, derrière sa ceinture, contre son dos.
Peut-être considère-t-elle les ordinateurs comme une passion honteuse.
J'ai découvert le pot aux roses depuis longtemps, mais je fais celui
qui ne voit rien. Il est des voleuses que l'on aime garder à proximité.

Histoire de lui laisser le champ libre, je décide de faire un peu
35 de ménage dans l'Enfer[1].

Jocelyne Aird-Bélanger, *À quoi servent les yeux ?*, 1990.

VERS LA DISSERTATION

1. Pourquoi l'arrivée de la cliente dans la librairie
   entraîne-t-elle le narrateur à parler de lui ?

2. Quel portrait le narrateur fait-il de lui-même ?

3. Selon le narrateur, comment le destin agit-il
   sur la vie des gens ?

4. Comment le narrateur considère-t-il la cliente ?

5. Que veut dire le narrateur lorsqu'il affirme qu'il
   a découvert « le pot aux roses » ?

6. Considérez-vous que le libraire de cet extrait
   et celui du roman *Le Libraire* de Gérard Bessette
   (p. 96) ont la même attitude à l'égard de la vie ?

---

1. Section de la librairie où sont gardés les livres susceptibles de causer un scandale.

Fred Pellerin (né en 1978)

Fred Pellerin remporte un succès considérable avec ses contes, qui renouvellent la tradition de ce genre au Québec. Il reprend, avec un plaisir vif et contagieux, des histoires racontées par sa grand-mère, dans lesquelles sont relatés les exploits et mésaventures des gens de son village, Saint-Élie-de-Caxton. Tout en étant très fidèle à la façon de dire de ses aïeux, auxquels il ne cesse de rendre hommage, il parvient à mêler habilement l'ancien et le moderne, et accumule les calembours et les hyperboles. Fred Pellerin appartient sans conteste à la littérature orale, mais ses succès l'entraînent à fixer ses contes sous forme de livres, quitte à ce que ses histoires perdent un peu de leur vivacité.

Comme une odeur de muscles plonge le lecteur dans le riche univers de Fred Pellerin. Axés sur le personnage d'Ésimésac Gélinas, «l'homme le plus fort du monde de Saint-Élie-de-Caxton», les contes ont pour cadre la vie quotidienne d'un village, avec ses habitants colorés, ses légendes, ses histoires folles. Fred Pellerin est particulièrement en verve lorsqu'il raconte la naissance d'Ésimésac, qui vient de passer 15 ans dans le ventre de sa mère.

COMME UNE ODEUR DE MUSCLES (2005)

S'il y eut un jour des bébés Louis Cyr et embryons de Montferrand, si l'histoire du Québec est remplie de ces capables Canadiens français et autres hypertrophiés de la musculature, aucun n'eut pu tenir tête à ce Gélinas nouveau. Un bétail inné. Un défi de livraison à n'importe quelle histoire de cigogne encore
5 lucide. Une question de transport. Petit, et déjà grand. Encore en couche et tellement fort qu'il pétait et que ça ne sentait pas. Ça goûtait.

Frais né, et de puissance surprenante. Les hormones d'homme hors normes. Il mangeait tout ce qui lui passait sous la bouche. Croûte que croûte. Nourrisson de poignées de clous et péteur craint. Un rien de temps qu'il se traça la pièce
10 d'homme dont les mesures dragoniennes dépassèrent celles des plus colossaux. Les proportions étirées au maximum. Et qui herculait devant rien. Qui fit un désastre quand il perdit ses dents de lait. À la dent qui branle, pour faire comme avec les autres, on attachait un fil à la poignée. La porte fermée sec arrachait la gencive sans douleur. Normalement. Parce qu'une fois arrivé
15 son tour, on ne comptait plus le nombre de portes démanchées.

Il vous levait un cheval d'une seule main. Vous tordait le trente sous jusqu'à ce que la face de la reine saigne du nez. Un extrémiste. Mossellement.

Venu au monde si tard, Ésimésac eut seize ans dès son premier anniversaire. À son deuxième, comme cadeau, on l'inscrivit dans la fanfare. Pour remplacer
20 un trompettiste manquant. Il pompa de son mieux mais ne put que pouet. Et fit rire de lui.

— Il faut souffler fort…

Comme un supersonique d'expiration. La démesure poumonique d'un ut de luxe. Il parvint à défriser l'instrument. Et le tuyau de cuivre fendit la
25 colonne musicale. C'est la majorette en jupe qui reçut le cornet derrière la tête. Elle brisa de cris stridents la carrière orchestrale du jeune homme.

À son troisième anniversaire, il atteignit la majorité. Parce qu'on prenait en compte les années d'incubation. Un total de dix-huit ans. Et comme la tradition le veut au passage de cet âge mûr, père et fils se donnèrent la main. En voulant
30 dire. En voulant dire quoi? Aucune idée. Mais on savait que ça voulait dire beaucoup. C'est une coutume. Par la pince, donc. Comme deux hommes. À se serrer et ne rien dire. Les yeux dans les autres. Jusqu'à ce qu'il force véritablement, le fils. Qu'il montre de quels doigts il se chauffe. Qu'il pressure et qu'à bout de bras, il réussisse à soulever son bonhomme de père de terre. Et que le père, par
35 orgueil minimum, s'adonne à haut-hisser aussi. Et qu'il soulève son cadet. Et qu'ainsi de suite, chacun plus forçant, ils se retrouvent tous les deux en l'air par la poigne de l'autre. Suspendus. Pendant qu'au sol, le niveau de la mère n'en revenait pas. Parce qu'il y a bien des limites à l'attraction de la plus pleine des lunes. Ce furent les pompiers et l'échelle qu'on appela pour que tout ce qui monte
40 doive redescendre. La relation père-fils replancha des vaches à l'heure du souper.

PANTAGRUEL (1532)

J'apprends, par les anciens historiographes[1] et poètes, que plusieurs sont nés en ce monde de façons bien étranges, qui seraient trop longues à raconter : à ce sujet, lisez le septième livre de Pline[2], si vous en avez le loisir. Mais
5 jamais vous n'entendîtes une façon qui fut plus merveilleuse que celle de Pantagruel ; car c'est une chose difficile que de croire qu'il crût en corps et en force en si peu de temps. Hercule, qui, au berceau, tua deux serpents, n'était rien comparativement à lui : car ces serpents étaient bien petits
10 et fragiles. Pantagruel, lorsqu'il était encore au berceau, fit des choses plus épouvantables.

Je ne vous dirai pas qu'à chacun de ses repas, il avalait le lait de quatre mille six cents vaches, ni que la fabrication d'un poêlon pour cuire sa bouillie occupa tous les fabricants de
15 poêles de Saumur en Anjou, de Villedieu en Normandie, de Bramont en Lorraine. On lui donnait cette bouillie dans un grand récipient que l'on voit encore à Bourges, près du palais ; mais ses dents avaient déjà tellement poussé et s'étaient tellement fortifiées qu'il arracha du récipient
20 un gros morceau, comme on peut très bien le voir encore.

Un certain matin, alors qu'on voulait lui faire téter une de ses vaches (car il n'a jamais eu d'autres nourrices, comme le dit l'histoire), il se défit des liens qui l'attachaient à son berceau par un bras, et vous prit cette vache en dessous du
25 jarret, lui mangea les deux tétins et la moitié du ventre, avec le foie et les rognons, et il l'eût toute dévorée, n'eût été qu'elle criait de façon horrible, comme si les loups la tenaient par les jambes. À ce cri, tout le monde arriva ; ils ôtèrent à Pantagruel cette vache, mais sans pouvoir empêcher
30 que le jarret qu'il tenait lui restât entre les mains. Il le mangea très bien, comme vous le feriez d'une saucisse. Et quand on voulut lui enlever l'os, il l'avala d'un seul coup, comme ferait un cormoran avec un petit poisson. Il se mit ensuite à dire : « Bon ! bon ! bon ! » car il n'avait pas encore
35 appris à bien parler et voulait donner à entendre par là qu'il avait trouvé le jarret fort bon et qu'il en prendrait bien un autre. Voyant cela, ceux qui le servaient le lièrent avec de gros câbles pareils à ceux qu'on fabrique à Tain pour

Très souvent, l'origine des contes se perd dans la nuit des temps. Ces contes, de pays ou de régions différentes, ont parfois d'étonnantes ressemblances qu'on ne parvient pas toujours à expliquer. Ainsi, les contes de Fred Pellerin ne sont pas sans parenté avec les romans de François Rabelais, humaniste et grand romancier du XVIe siècle, créateur de Gargantua et de Pantagruel, deux géants truculents et érudits.

transporter le sel à Lyon ou comme ceux du grand navire
40 français qui se trouve au havre de Grâce, en Normandie.

Mais un jour qu'un gros ours que son père nourrissait s'échappa et vint lui lécher le visage (car les nourrices ne lui avaient pas suffisamment torché les babines), Pantagruel se défit de ces câbles aussi facilement que Samson se défit
45 de ceux des Philistins, il vous prit monsieur de l'Ours, le mit en pièces comme un poulet, et vous en fit une bonne bouchée chaude pour ce repas. Mais Gargantua[3], craignant qu'il ne se fît mal, fit fabriquer quatre grosses chaînes de fer pour le lier et des arcs-boutants bien ajustés à son berceau.
50 Vous avez, à La Rochelle, l'une de ces chaînes, qu'on lève le soir, entre les deux grosses tours du port. Une autre est à Lyon, une autre à Angers, et la quatrième fut emportée par les diables pour lier Lucifer, qui se déchaînait en ce temps-là, à cause d'une colique qui le tourmentait
55 extraordinairement, pour avoir mangé l'âme d'un huissier en fricassée à son déjeuner.

---

1. Auteurs chargés officiellement d'écrire l'histoire de leur époque.
2. Encyclopédiste romain, auteur de *L'Histoire naturelle*.
3. Père de Pantagruel.

VERS LA DISSERTATION

1. Dans le premier extrait, l'auteur utilise à profusion l'exagération. Faites ressortir les mots ou expressions qui relèvent de l'hyperbole.

2. Relevez les calembours dans le premier texte.

3. Pourquoi peut-on dire que le texte de Fred Pellerin se rattache à la tradition québécoise ?

4. Relevez les points communs entre le conte de Pellerin et l'extrait de *Pantagruel* de Rabelais.

5. Peut-on dire que les deux auteurs cherchent à faire rire de la même manière ?

DES LIVRES,
ENCORE DES LIVRES...

Plusieurs observateurs se plaignent du désintérêt des générations actuelles pour la lecture et craignent que les livres soient de plus en plus délaissés. Pourtant, d'année en année, il se publie plus de livres, tant au Québec qu'ailleurs dans le monde. Les éditeurs sont assaillis de manuscrits, qui arrivent en si grand nombre qu'ils ne parviennent parfois plus à tous les lire attentivement. Les publications sont si abondantes que l'espace manque dans les librairies, et que les lecteurs les plus éclairés n'arrivent plus à suivre la production.

Les quelques statistiques suivantes éclairent le tableau :

- Au Québec, il se publie désormais environ 5000 livres par année.

- Parmi ces 5000 livres, près de 2000 appartiennent à la catégorie «langue et littérature ».

- En France, les rentrées littéraires offrent aux lecteurs environ 700 nouveaux romans.

- Dans le monde, il se publie un nouveau livre à toutes les 30 secondes.

À cause de cette abondance, il est forcément difficile d'avoir une idée claire de l'ensemble de la production. Le succès d'un livre dépend grandement de hasards et de rencontres fortuites. Il devient de plus en plus difficile de distinguer les œuvres de qualité, qui restent noyées dans la masse.

Le parcours d'une œuvre littéraire à ses lecteurs est, de nos jours, tumultueux :

- Il revient à l'éditeur de choisir le premier, parmi les nombreux manuscrits reçus, les œuvres dignes d'être distribuées.

- Les médias font par la suite un second tri. Ils relèvent les mérites des œuvres dont les qualités sont tantôt évidentes, mais aussi tantôt discutables, et qui deviennent malgré tout des références, parfois moins par leur valeur intrinsèque que parce qu'on en a beaucoup parlé.

- À l'ère du marketing, les médias ne servent pas toujours bien la littérature. Les journalistes cherchent souvent des auteurs qui soulèvent l'attention, par exemple ceux qui possèdent une personnalité médiatique ou dont l'histoire personnelle est tourmentée. Le contenu des livres est fréquemment évacué des discussions. Les écrivains d'un naturel discret et réfléchi ne passent pas bien dans la foire médiatique, qui ne recherche que les sensations fortes. Les chaînes de télévision, quant à elles, sont peu ou pas intéressées à diffuser des émissions littéraires.

- Les livres se font aussi connaître par d'autres moyens qui peuvent devenir importants : placement en librairie, recommandation d'un libraire, d'amis, de professeurs, publication d'études sur un auteur, rencontre personnelle avec un auteur, etc.

La production abondante de livres reste un précieux atout pour la culture québécoise et pour le Québec. Elle révèle un désir très fort de s'exprimer, un dynamisme indéniable de la littérature, une volonté d'offrir à un éventail plus large de lecteurs des œuvres variées qui correspondent à la diversité de la population.

Michel Garneau (né en 1939)

Michel Garneau fait de la poésie comme il respire. Il entame dès la fin des années 1950 une œuvre inépuisable qui mêle poésie et journal intime, et dans laquelle il fait part, avec beaucoup de truculence, de ses enthousiasmes, de ses colères, d'anecdotes qui ont marqué son existence et, surtout, de son amour incommensurable pour la vie. Sa langue, d'une réelle spontanéité, puise dans la musicalité des tournures spécifiquement québécoises et fait éclater les images comme des feux d'artifice. Mélangeant avec aisance l'humour, la légèreté et la gravité, la poésie de Garneau reste l'une des plus accessibles et des plus vibrantes de notre littérature.

Discrète Parade d'éléphants est un recueil marqué par la maturité, où Garneau s'amuse à retrouver ses souvenirs. Il mélange avec art poésie, narration et autobiographie. La poésie de ce recueil tient à une façon unique de raconter, aux jeux de répétitions, au rythme du vers libre et aux rapprochements inattendus. Garneau est à son meilleur lorsqu'il parle de la poésie, ainsi qu'il le fait dans «Le Rêve de la paresse ».

POÉSIE

DISCRÈTE PARADE D'ÉLÉPHANTS (2004)

Le Rêve de la paresse

Je ne connais au travail que la façon du poème
quoi que je fasse c'est ainsi que je le fais

la façon du poème demande qu'on rêve d'abord
dans la nommaison de la chose à faire

5 qu'on se dise confusément ce qu'on va faire
en cherchant la meilleure façon de le dire

[...]

le travail du poème est une incessante
mastication des mots
une manducation de la parole
10 on les mange les mots
à la fois qu'on les met au monde
dans leur nouvelle couleur
acquise par la nouvelle phrase
chacun des mots étant très vieux
15 chacun des vers pouvant être neuf

c'est le miracle du langage
qu'avec chaque bon vieux mot usagé
on peut créer parfois un sens nouveau

cette manducation cette mastication
20 ce rêve sur tout est un travail incessant
qui vibre fébrile en surface
comme il va sourdement tout doux
au fin fond de nous
on peut alors avoir souvent l'air
25 d'être en train de ne rien faire
on pourrait même avoir l'air paresseux
mais on vit si fort cet incessant travail
que cette paresse en fait demeure un idéal

oh que je voudrais savoir ne rien faire
30 mais il faudrait faire taire le travail du poème
ou juste le risquer et ça plutôt mourir

alors jamais je n'accéderai à la véritable paresse
qui est peut-être un mythe

regardez l'enfance il y a dans la ptite enfance
35 tout ce que l'adulte sera
et il n'y a pas dans la ptite enfance
d'enfant qui soit paresseux

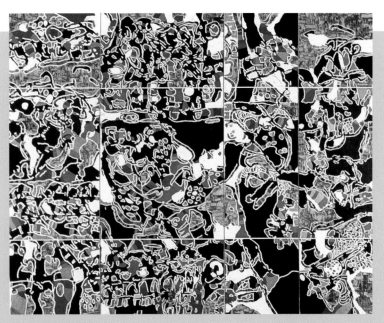

René Derouin, *Paraiso, la dualité du baroque*, 2002.

l'enfant travaille au jeu de son éveil à son sommeil
et le travail du jeu c'est une métaphore
40 où l'on apprend le travail de vivre

le travail de jeu de l'enfant est semblable
au travail du poème en fait
il est le même

il ne cesse de l'éveil au sommeil
45 et encore en rêve nous jouons
encore toujours toute notre vie

[...]

en notre société rien faire est associé
à la richesse et l'élégance

VERS LA DISSERTATION

1. Expliquez les deux premiers vers du poème.
2. Montrez que le poète sait faire du neuf avec du vieux.
3. Qu'est-ce que la «manducation»? Quel est le lien entre le sens de ce mot et le poème?
4. Faites ressortir les antithèses.
5. Quel est le lien entre le travail du poète et celui de l'enfant?
6. Est-il juste de dire que la poésie est, pour l'auteur, une préoccupation constante?

Hélène Dorion (née en 1958)

Hélène Dorion est l'une des poètes québécoises les plus reconnues. Depuis son premier livre, *L'Intervalle prolongé* (1983), elle bâtit avec constance une œuvre exigeante, dont chaque recueil devient une pièce irremplaçable d'un grand tout. La poésie d'Hélène Dorion soulève une rare unanimité: l'auteure a reçu de nombreux prix littéraires, elle a fait des lectures publiques au Québec et dans plusieurs villes d'Europe, et ses poèmes ont été traduits en plusieurs langues. *De souffle et d'argile* (2003), un choix de ses poèmes réalisé par Pierre Nepveu, et *Mondes fragiles, choses frêles*, qui rassemble ses livres de poésie publiés entre 1983 et 2000, montrent bien l'importance de cette poète, dont la qualité des recueils continue à être très grande.

Hélène Dorion écrit des poèmes intenses, dont elle exclut tout aspect anecdotique, et qui constituent pour elle une occasion de plonger dans son intérieur tourmenté. Elle livre aussi, par ses poèmes, ses réflexions d'ordre métaphysique et ses interrogations sans réponses. Ses poèmes courts, d'une forme dépouillée et concentrée, sont tantôt écrits en prose, tantôt en vers libres. Chez Dorion, l'expérience du poète atteint une grande universalité, par ses multiples réflexions tout en nuances sur l'insaisissable condition humaine.

POÉSIE

MONDES FRAGILES, CHOSES FRÊLES (2006)

Sans bord[1]

Un chant vient avec l'ombre
laissée au bord des routes
nous marchons seuls
et ne cessons d'échapper
5 à l'horizon qui nous devance.

La terre accueille la douleur
dénoue le vide.
Me rappelle où aller, où revenir
où recommencer chaque fois.

[...]

10 Ne te retourne pas
ne convoque pas ces visages;
ne dis pas que nous avons renoncé
à l'amour, chaque fois
prends la route qui arrête
15 d'aller quelque part.

Un poème attend
se penche et se relève
ne refuse ni le vent
ni la poussière du monde.

[...]

20 Tu avances une main fragile
vers le poème. Tu ne sais
où te mène le vide inconsolé
qui demeure en toi. Ce visage
bercé comme une enfant morte.

25 Sans nier que tu ne sais
où tu vas, tu peux
maintenant aller quelque part.
Marcher. Te saisir de l'ombre
qui délivre tes pas.

[...]

30 Tu ne sais pas mais avances
encore et laisses au sol les ruines
qui ne dérangent plus personne.

Tu n'imposes aucun chant
aucun silence.
35 Tu n'as que ce poème
pour te souvenir de toi-même.
Aller du seul côté des choses
qui te soit habitable.

Charles Gagnon, *Continuum*, 1989.

1. Ce poème a initialement été publié en 1995
dans le recueil *Sans bord, sans bout du monde*.

▶ VERS LA DISSERTATION

1. Montrez que l'errance est au cœur de ce poème.

2. Montrez que ce poème est, en fait, une réflexion sur l'écriture de la poésie.

3. Comment pourriez-vous caractériser les vers d'Hélène Dorion? Comparez son écriture (style de vers, procédés d'écriture, sujets) à celle d'Anne Hébert dans les extraits du *Tombeau des rois* (p. 100-101).

4. Est-il juste de dire que la conception de la poésie d'Hélène Dorion s'oppose à celle qu'exprime Michel Garneau dans «Le Rêve de la paresse» (p. 243)?

Wajdi Mouawad (né en 1968)

Auteur de pièces de théâtre viscérales et excessives, Wajdi Mouawad est un adepte d'une écriture sans compromis, à la fois provocante et très intense. Marqué par la guerre dans son pays d'origine, le Liban, puis par un séjour prolongé en Europe avant son arrivée au Québec, il écrit des pièces qui s'articulent en grande partie autour du thème de la quête des origines, surtout dans sa trilogie composée des pièces

Photographie de la pièce *Incendies*.

Littoral (1997), *Incendies* et *Forêts* (2006), par laquelle il s'impose comme un dramaturge important non seulement au Québec, mais aussi dans toute la francophonie. Wajdi Mouawad est aussi un metteur en scène remarqué, qui dirige ses propres pièces et sait enrichir le répertoire théâtral qu'il aborde de propositions toujours fortes et personnelles.

Dans *Incendies*, les jumeaux Jeanne et Simon doivent obéir aux vœux de leur mère décédée : rechercher leur père et un frère dont ils n'avaient pas entendu parler. Leur quête les plonge dans les horreurs d'une guerre qui laisse des marques indélébiles chez ceux qui survivent. Cette pièce habilement construite, qui révèle peu à peu une série de drames insupportables, est l'occasion pour Wajdi Mouawad de dénoncer la folie qui s'empare des humains pendant une guerre dévastatrice et insensée. La pièce décrit en grande partie la destinée de la mère, Nawal, accompagnée de son amie Sawda, à la recherche du fils qui lui a été enlevé dans un pays enflammé par la guerre.

VERS LA DISSERTATION

1. Quels procédés l'auteur utilise-t-il pour marquer l'émotion de Sawda ?
2. En quoi le traitement de la mère par le milicien est-il particulièrement cruel ? Montrez comment cette cruauté est illustrée dans le texte.
3. Quel portrait l'auteur fait-il de la mère ? Comment ce portrait s'intègre-t-il au drame raconté ?
4. En quoi cette pièce fait-elle partie de la littérature migrante ?
5. Wajdi Mouawad traite-t-il l'horreur de la guerre de façon comparable à ce que fait Gil Courtemanche dans l'extrait d'*Un dimanche à la piscine à Kigali* (p. 186-187) ?

INCENDIES (2003)

SAWDA. — Je ne veux pas ! Je ne veux pas me consoler, Nawal. Je ne veux pas que tes idées, tes images, tes paroles, tes yeux, ton amitié, toute notre vie côte à côte, je ne veux pas qu'ils me consolent de ce que j'ai vu et
5 entendu ! Ils sont entrés dans les camps comme des fous furieux. Les premiers cris ont réveillé les autres et rapidement on a entendu la fureur des miliciens ! Ils ont commencé par lancer les enfants contre le mur, puis ils ont tué tous les hommes qu'ils ont pu trouver. Les
10 garçons égorgés, les jeunes filles brûlées. Tout brûlait autour, Nawal, tout brûlait, tout cramait ! Il y avait des vagues de sang qui coulaient des ruelles. Les cris montaient des gorges et s'éteignaient et c'était une vie en moins. Un milicien préparait l'exécution de trois
15 frères. Il les a plaqués contre le mur. J'étais à leurs pieds, cachée dans le caniveau. Je voyais le tremblement de leurs jambes. Trois frères. Les miliciens ont tiré leur mère par les cheveux, l'ont plantée devant ses fils et l'un d'eux lui a hurlé : « Choisis ! Choisis lequel tu veux sauver.
20 Choisis ! Choisis ou je les tue tous ! Tous les trois ! Je compte jusqu'à trois, à trois je les tire tous les trois ! Choisis ! Choisis ! » Et elle, incapable de parole, incapable de rien, tournait la tête à droite et à gauche et regardait chacun de ses trois fils ! Nawal, écoute-moi, je ne te
25 raconte pas une histoire. Je te raconte une douleur qui est tombée à mes pieds. Je la voyais, entre le tremblement des jambes de ses fils. Avec ses seins trop lourds et son corps vieilli pour les avoir portés, ses trois fils. Et tout son corps hurlait : « Alors à quoi bon les avoir portés si
30 c'est pour les voir ensanglantés contre un mur ! » Et le milicien criait toujours : « Choisis ! Choisis ! » Alors elle l'a regardé et elle lui a dit, comme un dernier espoir : « Comment peux-tu, regarde-moi, je pourrais être ta mère ! » Alors il l'a frappée : « N'insulte pas ma mère !
35 Choisis » et elle a dit un nom, elle a dit « Nidal. Nidal ! » Et elle est tombée et le milicien a abattu les deux plus jeunes. Il a laissé l'aîné en vie, tremblant ! Il l'a laissé et il est parti. Les deux corps sont tombés. La mère s'est relevée et au cœur de la ville qui brûlait, qui
40 pleurait de toute sa vapeur, elle s'est mise à hurler que c'était elle qui avait tué ses fils. Avec son corps trop lourd, elle disait qu'elle était l'assassin de ses enfants !

Évelyne de la Chenelière (née en 1975)

Évelyne de la Chenelière est auteure et comédienne. Elle écrit avec constance des pièces qui se signalent par leur délicatesse et leurs dialogues habilement écrits et ancrés dans la quotidienneté. Dans *Des fraises en janvier* (1999), sa pièce la plus connue, elle ausculte les rapports amoureux. Ses liens avec le Nouveau Théâtre Expérimental lui font écrire des textes dont la conception du spectacle est très novatrice sur le plan formel, comme *Aphrodite en 04* (2004) ou *Nicht retour, mademoiselle* (2004).

Bashir Lazhar est une courte pièce très ambitieuse, écrite sous forme de monologue. L'auteure y présente un instituteur algérien, le personnage éponyme, engagé pour un remplacement à la dernière minute. Par son histoire, qui laisse deviner les réactions des personnes qu'il côtoie, sont révélées, à petites doses, de subtiles observations sur l'école d'aujourd'hui, ses nouveaux programmes, ses classes remplies d'enfants de toutes les origines. L'auteure aborde aussi des sujets plus graves, tels les préjugés raciaux, le suicide, la violence et le sort des réfugiés politiques. Mais avant tout, Bashir Lazhar est un bon instituteur, préoccupé par le sort des enfants dont il a la charge.

THÉÂTRE

BASHIR LAZHAR (2003)

Les enfants, vous pouvez sortir sans vous bousculer… Sans vous bousculer, on dirait que je libère des fauves ma parole… Allez-y allez prendre l'air, prenez tout ce que vous pouvez, ne vous bousculez pas dans l'escalier regardez bien où vous mettez les pieds
5 ne ratez pas de marche et couvrez-vous, n'allez pas prendre froid en avril ne te découvre pas d'un fil et restez au soleil partagez votre collation elle en sera meilleure mais attention aux allergies il y a des traces d'arachides partout, et bâtissez des amitiés solides et enfermez des souvenirs impérissables de vos années d'école et ne
10 rejetez personne n'empêchez personne de s'amuser avec vous un jour je nourrissais les pigeons et il y en avait un avec une seule patte, il lui manquait une patte et ça lui donnait l'air idiot, et je ne voulais pas le nourrir parce qu'il me dégoûtait un peu, avec son moignon mauve, ma mère m'a dit de le nourrir, lui aussi, et peut-
15 être même plus que les autres, parce qu'il avait besoin de beaucoup de courage pour vivre. D'ailleurs on a toujours fait allusion à mon courage, dont je pourrais avoir besoin un de ces jours, et que je fasse bien attention de ne pas ranger mon courage trop loin au cas où j'en aurais besoin. Je ne sais pas pourquoi je vous raconte tout
20 ça peut-être pour que vous vous parliez toujours avec une extrême tendresse. Et moi je vous promets que je resterai ici dans la classe bien vivant, bien tranquille à tailler mes crayons, bien sage et vous me retrouverez bien sage et bien vivant tout à l'heure c'est promis.

… Pardon ? Excuse-moi Martin j'étais dans mes pensées… Ah non.
25 C'est pas possible. Tu as besoin de prendre l'air comme les autres. Tu dois aller t'amuser pour donner un sens à la récréation et pour revenir disposé à apprendre des choses et peut-être même à me poser des questions qui me feront me dépasser comme enseignant je veux dire comme remplaçant. Allez. Descends rejoindre tes amis.
30 Non, tu ne peux pas rester. Tu ne seras plus capable de te concentrer si tu ne vas pas t'amuser. Va jouer avec tes amis… Et puis j'ai besoin, moi aussi, de cette récréation pour me reposer de vous. Pour être tranquille, pour penser, tu comprends ? Et surtout pour ne pas parler du tout parce que je ne sais pas si tu imagines ce que
35 ça prend comme énergie de parler comme ça sans arrêt. Et c'est pas juste parce que vous si vous arrêtez d'écouter, ça ne se voit pas, tandis que moi si j'arrête de vous parler ça se voit tout de suite. Allez, va vite avec tes amis. Comment, tu n'as pas d'amis ? Mais tout le monde a des amis. Pardon ce n'est pas ce que je voulais
40 dire. Moi non plus je n'ai pas d'amis, en tout cas pas d'amis assez proches pour jouer au ballon avec. Mais moi j'ai le choc des cultures comme circonstance très atténuante. C'est le temps ou jamais

de te faire des amis. C'est facile, tu n'as qu'à remarquer celui qui parle le plus fort et tu dis toujours
45 comme lui, tu te moques de celui dont on se moque,
et si c'est toi dont on se moque, tu ris très fort
comme si ça ne te dérangeait pas. Autre chose très
importante : quand on n'a pas d'amis, on ne se dirige
surtout pas vers celui qui n'a pas d'amis non plus
50 et qui pourrait avoir besoin d'amitié. Non parce
qu'on risque alors d'être identifié comme faisant
partie d'un groupe qui n'a pas d'amis, et c'est très
dur d'en sortir. Il faut se coller et se cramponner à
celui qui a le plus d'amis, même des faux ça n'a pas
55 d'importance c'est le nombre qui compte, et rester
accroché quoi qu'il arrive.

VERS LA DISSERTATION

1. Par quels procédés formels peut-on voir que ce texte a été écrit pour le théâtre ?
2. Relevez les passages où le personnage fait preuve d'ironie.
3. Quelles leçons l'instituteur donne-t-il à ses élèves ?
4. Dans ce passage, Évelyne de la Chenelière dresse le portrait d'un instituteur modèle. Discutez.

Photographie de la pièce *Bashir Lazhar*.

Normand Baillargeon (né en 1958)

Professeur de sciences de l'éducation à l'Université du Québec à Montréal, Normand Baillargeon se fait connaître par ses publications diverses : chroniques dans *Le Devoir*; textes scientifiques, articles dans la presse alternative. Ce disciple de l'intellectuel libertaire états-unien Noam Chomski se fait historien de l'anarchisme dans *L'Ordre moins le pouvoir* (2001). Les écrits de Normand Baillargeon se signalent par leur indépendance d'esprit et la volonté de l'auteur de rester vigilant face à la propagande et l'embrigadement.

Le *Petit Cours d'autodéfense intellectuelle* vise justement à éveiller la conscience des lecteurs et à leur faire éviter le piège de toute forme de manipulation. Écrit de façon ludique sous la forme d'un cours, avec de nombreux graphiques et illustrations amusantes, le livre comprend une série d'exemples pratiques qui apprennent aux lecteurs à se méfier entre autres des statistiques, du discours des médias et des croyances ésotériques. Avec humour, Normand Baillargeon s'attaque aux mécanismes qui forment les idées reçues et stimule le lecteur à rester lucide et éveillé.

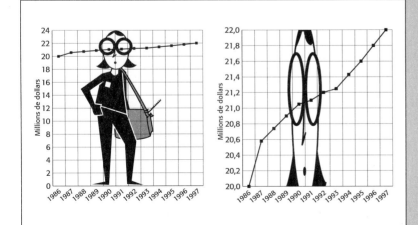

Illustrations de Charlotte Lambert.

Le *Petit Cours d'autodéfense intellectuelle* de Normand Baillargeon est illustré de nombreux dessins humoristiques qui correspondent bien au ton amusé et parfois ironique de l'essai.

PETIT COURS D'AUTODÉFENSE INTELLECTUELLE (2005)

Je suis d'abord inquiet de la prévalence de toutes ces croyances qui circulent dans nos sociétés sous divers noms, comme paranormal, ésotérisme ou nouvel âge, et qui comprennent des croyances et pratiques aussi diverses que
5 la télékinésie, la transmission de pensée, les vies antérieures, les enlèvements par des extraterrestres, les pouvoirs des cristaux, les cures miracles, les programmes et appareils d'exercice aux effets immédiats obtenus sans effort, la communication avec les morts, diverses formes de mysticisme
10 oriental appliqué, la chiropratique, l'homéopathie, l'astrologie, toutes sortes de médecines dites alternatives, le Feng Shui, les planches de Oui Ja, la possibilité de tordre des cuillères avec la seule pensée, le recours par les policiers aux services de voyantes, la cartomancie et j'en passe.

15 Je suis encore inquiet – je devrais peut-être dire consterné – par ce qui me semble être un état réellement déplorable de la réflexion, du savoir et de la rationalité dans de larges pans de la vie académique et intellectuelle. Je le dirai aussi sobrement que possible : certaines des choses qui se font
20 et se disent dans certains secteurs de l'université actuelle, où fleurissent littéralement l'inculture et le charlatanisme, me sidèrent. Je ne suis pas le seul à le penser.

Ma deuxième préoccupation est politique et concerne l'accès des citoyens des démocraties à une compréhension
25 du monde dans lequel nous vivons, à une information riche, sérieuse et plurielle qui leur permette de comprendre ce monde et d'agir sur lui. Je le dis très franchement : comme beaucoup d'autres personnes, je m'inquiète de l'état de nos médias, de leur concen-
30 tration, de leur convergence et de leur dérive marchande, du rôle propagandiste qu'ils sont amenés à jouer dans la dynamique sociale au moment où chacun de nous est littéralement bombardé d'informations et de discours qui cherchent à obtenir son
35 assentiment ou à le faire agir de telle ou telle manière.

Dans une démocratie participative, on le sait, l'éducation est l'autre grande institution, outre les médias, à laquelle il incombe, de manière privilégiée, de contribuer à la réalisation d'une vie citoyenne digne
40 de ce nom. Mais elle aussi est mise à mal. On trouve dans ses récents développements des raisons graves de s'inquiéter : par exemple, on semble renoncer avec une

réelle légèreté à poursuivre l'idéal de donner à chacun une formation libérale. Cela m'indigne particulièrement, d'autant que cette formation est, juste-
45 ment aujourd'hui, plus que jamais nécessaire au futur citoyen. Les dérives clientélistes et le réductionnisme économique qu'on décèle actuellement chez trop de gens, et en particulier parmi les décideurs du monde de l'éducation, constituent donc, à mes yeux, d'autres graves raisons de ne pas être rassuré quant à l'avenir de la démocratie participative.

50 Mais s'il est vrai, comme je le pense, qu'à chacune des avancées de l'irrationalisme, de la bêtise, de la propagande et de la manipulation, on peut toujours opposer une pensée critique et un recul réflexif, alors on peut, sans s'illusionner, trouver un certain réconfort dans la diffusion de la pensée critique. Exercer son autodéfense intellectuelle, dans cette perspective, est un acte citoyen.

VERS LA DISSERTATION

1. Quels sont les sujets qui inquiètent l'auteur dans cet extrait? Par quel procédé d'écriture les fait-il ressortir?

2. Quel est le remède aux problèmes soulevés?

3. Que reproche l'auteur aux médias?

4. Quel lien établit-il entre éducation et démocratie?

5. Qu'est-ce que l'«autodéfense intellectuelle»?

6. Peut-on dire que l'auteur pose un diagnostic juste sur les maux de notre société?

À l'écoute de la chanson québécoise

Comme la littérature, la chanson québécoise contemporaine se caractérise par sa production abondante, sa diversité et sa vitalité. Bien sûr, la chanson commerciale reste toujours populaire, propulsée par une radio conformiste et certaines émissions de télévision très suivies. Mais le public se met aussi à l'écoute des genres les plus divers, tels le hip hop, les musiques du monde, le hard rock et la musique québécoise traditionnelle. Certains groupes et chanteurs originaux, possédant une forte individualité, tournent le dos aux critères commerciaux et connaissent une grande popularité, entre autres Les Cowboys Fringants, Les Trois Accords, Loco Locass et Mes Aïeux.

Plusieurs chanteurs et groupes réagissent aux injustices et, surtout, aux problèmes causés à l'environnement. Plus que jamais, les chanteurs s'engagent, tant dans leurs chansons que dans leurs interventions publiques. Certains des chanteurs engagés les plus établis – Paul Piché, Richard Desjardins, Richard Séguin, Raôul Duguay – s'impliquent activement dans la défense de la forêt, de l'eau, de l'intégrité du territoire québécois. De nombreux nouveaux groupes ne craignent pas d'insérer dans leurs chansons des propos franchement politiques et se lancent dans une critique parfois corrosive du monde qui les entoure, entre autres Loco Locass, La Chango Family, Les Cowboys Fringants, Mononc'Serge. Rarement la chanson québécoise a été si politique.

Divers styles se développent parallèlement. Les musiciens rattachés au courant traditionnel revigoré utilisent principalement des instruments acoustiques, privilégient des mélodies qui puisent dans le folklore, et s'éloignent des modèles inspirés par le rock anglo-saxon. D'autres chanteurs explorent les possibilités de l'électronique, du rap, des guitares amplifiées, dans une musique qui se rapproche des tendances américaines et anglaises. Même si la vie de chanteur reste souvent difficile – le public ne répond pas toujours à l'appel, le revenu des musiciens demeure imprévisible et est affecté par le piratage électronique –, la coexistence dynamique de courants musicaux diversifiés, appréciés par des auditoires attentifs, est une preuve éloquente de la bonne santé de la chanson québécoise.

Les Cowboys Fringants

Les Cowboys Fringants créent une musique énergique, d'inspiration country, avec des touches de rock et de musique traditionnelle. Leurs textes incisifs s'inscrivent dans la tradition du *protest song*; parfois franchement politiques, ils dénoncent les failles du système économique et politique, ainsi que la médiocrité d'une société québécoise trop passive. Mais ils racontent aussi avec un humour bien dosé, avec un sens de l'autodérision et parfois avec tendresse, les malheurs petits et grands des gens ordinaires, bien campés et décrits avec un souci du détail vrai, qui peuplent leurs chansons. La chanson «En berne» est l'une de leurs plus virulentes et montre que Les Cowboys Fringants ne craignent pas de soulever la controverse.

Les Cowboys Fringants lors de leur spectacle de fin d'année 2006 au Centre Bell de Montréal.

CHANSON

EN BERNE (2002)

Chu né «dins» années soixante-dix
Dans un Québec en plein changement
Où l'emblème de la fleur de lys
Donnait un peu d'espoir aux gens

5 Mais quand je r'garde ça aujourd'hui
Chu donc pas fier de ma patrie
Ça dort au gaz «dins» bungalows
Le cul assis su'l statu quo

En s'gavant de téléromans
10 Et des talks-shows les plus stupides
Se laissant mourir su'l divan
Avec leur petit air candide

Dans ce royaume de la poutine
On s'complait dans' médocrité
15 Bien satisfaits de notre routine
Et du bonheur pré-fabriqué

«Prendrais-tu un p'tit gratteux?»
Me dit l'caissier au dépanneur
«Enweye le gros, sors ton p'tit deux
20 Être millionnaire c'est le bonheur.»

Y's'met à rêver le samedi
Qu'y va p't'être quitter son taudis
Espère toujours maudit moron
T'as une chance sur quatorze millions

25 Dans l'stationnement du casino
Un gars s'tire une balle dans la tête
Ayant tout «flobé» son magot
Y'avait pu trop l'cœur à la fête

Mais l'gouvernement s'en balance
30 Y's'nourrit à même les gamblers
En exploitant leur dépendance
Un peu comme le f'rait un pusher
Si c'est ça l'Québec moderne
Ben moi j'mets mon drapeau en berne
35 Et j'emmerde tous les bouffons qui nous gouvernent!
Si tu rêves d'avoir un pays
Ben moi j'te dis qu't'es mal parti
T'as ben plus de chances de gagner à' loterie…
On a été pendant des années
40 Un petit peuple de yes-man
Qui marchait les fesses serrées
Quand arrivait le foreman

Aujourd'hui ça' un peu changé
Les gars sont tous syndiqués
45 Ça jase trois-quatre autour d'une pelle
En r'gardant le plus jeune faire du zèle

Mais faudrait pas s'réjouir trop vite
On est encore des porteurs d'eau
À la solde des gens de l'élite
50 Et des pleins d'marde en tuxedo

Quand l'boss d'une grosse corporation
Ferme son usine en Gaspésie
'Te d'mandera pas ton opinion
Y' va t'slaquer sans t'dire merci !

55 Un robineux quête dans la rue
Au pied d'un grand building en verre
Y va passer inaperçu
À la sortie des actionnaires

C'qui compte pour eux c'est les revenus
60 Et non les problèmes de la terre
« C'pas d'ma faute si t'es un trou d'cul
Moi l'important c'est que j'prospère. »

Et l'premier ministre fait semblant
Qui s'en fait pour les pauvres gens
65 Alors qu'on sait qu'y est au service
Des fortunés et d'leurs business

L'environnement, la pauvreté
Ç'pas des sujets prioritaires
On n'entend pas beaucoup parler
70 Derrière les portes des ministères
Si c'est ça l'Québec moderne
Ben moi j'mets mon drapeau en berne
Et j'emmerde tous les bouffons qui nous gouvernent !
Si t'es content de ce pays
75 Ben ça mon homme c'est ton avis
Tu dois être le PDG d'une compagnie
Quand on apprend que dans le nord
Y s'passe de quoi d'pas catholique
Que nos forêts sont mises à mort
80 Ça jase dans l'opinion publique

Deux s'maines et ça sombre dans l'oubli
L'histoire est morte et enterrée
Et dans le parc d'la Vérendrye
Ils continuent à tout raser

85 C'est ça l'problème de ma patrie
Y'a pas personne pour s'indigner
Contre la fausse démocratie
Qui sert les riches et les banquiers

Dans cette contrée peuplée d'ignares
90 'Faut pas trop s'rappeler d'son histoire
Ici y'a juste les plaques de char
Qu'y ont encore un ti-peu d'mémoire…
Si c'est ça l'Québec moderne
Ben moi j'mets mon drapeau en berne
95 Et j'emmerde tous les bouffons qui nous gouvernent !
Si c'est ça qu't'appelles une nation
Probable que tu sois assez con
T'es mûr pour te présenter aux élections…

Si c'est ça l'Québec moderne
100 Ben moi j'mets mon drapeau en berne
Si c'est ça l'Québec moderne
Ben moi j'mets mon drapeau en berne

VERS LA DISSERTATION

1. De quel événement est-il question dans la première strophe ?

2. Dans la deuxième strophe, on parle de « statu quo ».
De quoi s'agit-il ?

3. Dans cette chanson, que reproche-t-on aux travailleurs ?
aux élus ? aux hommes d'affaires ?

4. Dans la dixième strophe, à quoi fait référence l'expression
« porteurs d'eau » ?

5. Expliquez l'image du drapeau en berne, qui revient dans le refrain.

6. Écoutez la chanson. Quel effet donnent l'abondance de paroles
et la façon dont Karl Tremblay les chante ?

7. Le portrait du Québec dans cette chanson vous semble-t-il
caricatural ?

Mes Aïeux

Le groupe Mes Aïeux s'inscrit dans le courant néo-traditionnel : il reprend à sa manière la musique des ancêtres québécois, raconte des légendes anciennes (celles de la Corriveau, de Rose Latulippe, d'Alexis le Trotteur) et ses membres se costument pour donner leurs concerts. Mes Aïeux ne se confinent cependant pas à la tradition : ils mêlent l'ancien et le moderne, la chanson contemporaine et les airs anciens, et leurs textes parfois inquiets rendent compte des transformations qui affectent le Québec d'aujourd'hui. Ce n'est que près de deux ans après son enregistrement que la chanson «Dégénérations» devient immensément populaire auprès du grand public. Elle permet à Mes Aïeux de sortir de l'ombre et de devenir l'un des groupes les plus appréciés au Québec.

VERS LA DISSERTATION ▶

1. Expliquez de quelles manières les quatre générations d'hommes et de femmes ont évolué.
2. Quel portrait cette chanson dresse-t-elle des jeunes d'aujourd'hui ? Est-il positif ou négatif ?
3. Qu'est-ce qui refuse malgré tout de changer ?
4. Écoutez la chanson. Quels effets musicaux propres à la musique traditionnelle sont utilisés ?
5. Selon vous, cette chanson véhicule-t-elle des valeurs conservatrices ?
6. Les chansons «Dégénérations» et «En berne» des Cowboys Fringants (p. 250-251) dressent-elles un portrait semblable du Québec ? Discutez.

CHANSON

DÉGÉNÉRATIONS (2004)

Ton arrière-arrière-grand-père, il a défriché la terre
Ton arrière-grand-père, il a labouré la terre
Et pis ton grand-père a rentabilisé la terre
Pis ton père, il l'a vendue pour devenir fonctionnaire

5 Et pis toi, mon p'tit gars, tu l'sais pus c'que tu vas faire
Dans ton p'tit trois et demi bien trop cher, frette en hiver
Il te vient des envies de devenir propriétaire
Et tu rêves la nuit d'avoir ton petit lopin de terre

Ton arrière-arrière-grand-mère, elle a eu quatorze enfants
10 Ton arrière-grand-mère en a eu quasiment autant
Et pis ta grand-mère en a eu trois c'tait suffisant
Pis ta mère en voulait pas ; toi t'étais un accident

Et pis toi, ma p'tite fille, tu changes de partenaire tout l'temps
Quand tu fais des conneries, tu t'en sauves en avortant
15 Mais y'a des matins, tu te réveilles en pleurant
Quand tu rêves la nuit d'une grande table entourée d'enfants

Ton arrière-arrière-grand-père a vécu la grosse misère
Ton arrière-grand-père, il ramassait les cennes noires
Et pis ton grand-père – miracle ! – est devenu millionnaire
20 Ton père en a hérité, il l'a tout mis dans ses RÉERs

Et pis toi, p'tite jeunesse, tu dois ton cul au ministère
Pas moyen d'avoir un prêt dans une institution bancaire
Pour calmer tes envies de hold-uper la caissière
Tu lis des livres qui parlent de simplicité volontaire

25 Tes arrière-arrière-grands-parents, ils savaient comment fêter
Tes arrière-grands-parents, ça swignait fort dans les veillées
Pis tes grands-parents ont connu l'époque yé-yé
Tes parents, c'tait les discos ; c'est là qu'ils se sont rencontrés

Et pis toi, mon ami, qu'est-ce que tu fais de ta soirée ?
30 Éteins donc ta tivi ; faut pas rester encabané
Heureusement que dans' vie certaines choses refusent de changer
Enfile tes plus beaux habits car nous allons ce soir danser...

Pierre Lapointe (né en 1981)

Pierre Lapointe s'impose très rapidement par la qualité de ses chansons et devient l'un des artistes les plus appréciés au Québec. Il sait allier avec une grande efficacité des mélodies accrocheuses, portées par sa voix douce et claire, et des textes bien fignolés, d'une belle élégance, qui expriment de la tristesse, de la mélancolie, mais aussi de l'envie de se rattacher à la vie. Héritier de la grande chanson francophone des années 1960 et 1970, il privilégie des arrangements richement instrumentés, appuyés par un piano très présent. Ses chansons toujours bien tournées, efficaces et intemporelles sont de celles qui plaisent à un large public.

VERS LA DISSERTATION

1. Pourquoi l'auteur a-t-il choisi le nom de rue des «Partances»?

2. Pourquoi se qualifie-t-il d'enfant?

3. Que restera-t-il de l'amour dont il est question?

4. Observez la première et la dernière strophe. Faites ressortir ce qui diffère et expliquez pourquoi l'auteur fait cette inversion.

5. Écoutez Pierre Lapointe chanter «Au 27-100 rue des Partances». Quels instruments a-t-il choisis pour accompagner cette chanson? Pourquoi, selon vous, a-t-il fait ce choix?

6. L'auteur de la chanson semble avoir un rapport trouble au temps. Discutez.

CHANSON

AU 27-100 RUE DES PARTANCES (2006)

Au 27-100 rue des Partances
J'ai revu mes tristesses d'avant
Brisé mes bonheurs présents
Toujours les mêmes gestes
5 Toujours le même enfant
Qui détruit tout, de peur d'être géant

Et je vais au lendemain
En sachant que rien n'ira
Aussi loin que mes amours d'à présent
10 Et je sais bien que demain
Ira peut-être moins bien
Mais je n'aurai qu'à penser au passé

Tu sais celui qu'on s'est bâti
À coup de rires et de joies
15 Celui qu'on s'est donné le droit d'habiter
Tu sais celui qu'on a souvent touché
Du bout de nos doigts
Celui qui a grandi entre toi et moi

Au 27-100 rue des Partances
20 J'ai brisé ton grand cœur d'enfant
Qui rêvait d'être géant
Toujours les mêmes gestes
Plus jamais le même amant
Me pardonneras-tu mes maladresses d'enfant?
25 Me pardonneras-tu mes maladresses d'enfant?
Me pardonneras-tu mes maladresses d'enfant?

Pierre Lapointe et l'Orchestre Métropolitain du Grand Montréal présentaient le spectacle *La Forêt des mal-aimés* en clôture des FrancoFolies de Montréal de 2007.

SYNTHÈSE

Le contexte sociohistorique

→ Comme partout ailleurs, les Québécois sont affectés par les grands problèmes liés à la mondialisation : réchauffement climatique, dommages causés à l'environnement, croissance des inégalités, délocalisations, épuisement des ressources naturelles, guerre contre le terrorisme.

→ Deux visions de l'État s'opposent : certains souhaitent un Québec néolibéral et cherchent à réduire le rôle de l'État ; d'autres défendent une société plus égalitaire, plus soucieuse de l'environnement, et se préoccupent de justice sociale.

→ Plus que jamais, les Québécois s'interrogent sur la façon dont ils doivent accueillir les immigrants. La question des « accommodements raisonnables » que l'on doit ou non accorder aux personnes de culture étrangère est largement débattue.

→ Il se développe une disparité entre certaines régions du Québec qui connaissent des difficultés économiques et la région de Montréal, qui prend de plus en plus un visage multiculturel.

La littérature

■ La littérature québécoise s'enrichit d'une production de textes littéraires toujours plus grande et plus diversifiée. Cette diversité et cette abondance permettent la cohabitation de nombreuses tendances littéraires.

■ Les écrivains québécois vivent bel et bien à l'ère de la mondialisation. Ils voyagent plus que jamais et s'intéressent à la diversité des cultures. Peu d'entre eux, toutefois, abordent des sujets franchement politiques.

■ La quête des racines reste toutefois un sujet important. Certains auteurs se tournent à nouveau vers la tradition, le plus souvent en la revisitant ; d'autres se questionnent sur l'identité et les origines.

GUIDE MÉTHODOLOGIQUE

A. La dissertation critique

1. Qu'est-ce qu'une dissertation critique?

2. La collecte d'informations et la prise de position

3. Le choix du type de plan

4. La rédaction du plan complet

5. La rédaction

6. La dissertation portant sur deux textes ou sur deux extraits de textes (plan analogique)

B. Récapitulation des notions théoriques vues dans les cours de littérature française

1. Les principaux genres littéraires

2. Les principaux courants littéraires

3. Les principales tonalités

4. Les principaux niveaux de langue

5. L'auteur, le narrateur et le personnage

6. Les principales figures de style

A. La dissertation critique

1. Qu'est-ce qu'une dissertation critique?

Alors que la dissertation explicative exige que vous prouviez la véracité du sujet, la dissertation critique demande plutôt que vous preniez *position* par rapport à ce sujet. Qu'il vous soit présenté de manière affirmative ou interrogative, le sujet doit donc d'abord faire l'objet d'une réflexion visant à en peser le pour et le contre.

SUJET PRÉSENTÉ SOUS FORME AFFIRMATIVE
Le poème «Devant deux portraits de ma mère» de Nelligan vise à célébrer la jeunesse de la mère de l'auteur. Discutez.

SUJET PRÉSENTÉ SOUS FORME INTERROGATIVE
Est-il juste de dire que le poème «Devant deux portraits de ma mère» de Nelligan vise à célébrer la jeunesse de la mère de l'auteur?

Dans les deux cas, votre tâche première consiste à relire et à analyser attentivement le sonnet de Nelligan (p. 65) afin de vérifier si, oui ou non, le poème a pour but de célébrer la jeunesse de la mère de l'auteur. Votre prise de position découlera:

1) de votre capacité d'analyse (du fond, mais également de la forme de l'œuvre);

2) de vos connaissances littéraires (et sociohistoriques);

3) de la richesse sémantique de l'œuvre étudiée.

Rappel: En littérature, le «fond» désigne les idées, le message, les émotions, la vision du monde transmis par l'œuvre, alors que la «forme» concerne le genre, la structure de l'œuvre ainsi que le style de l'auteur.

2. La collecte d'informations et la prise de position

Il va de soi qu'on ne prend pas position avant d'avoir recueilli la matière nécessaire pour juger adéquatement de la validité du sujet. Ne négligez jamais cette étape cruciale! Comme l'aventurier ou l'archéologue, partez à la recherche des trésors qui constitueront le butin vous permettant d'affirmer votre position avec conviction et rigueur. En effet, ces informations recueillies vous serviront à construire le plan complet de votre dissertation.

Voyons maintenant un peu ce qui semble se dégager du poème de Nelligan.

SUR LE PLAN DU FOND :

- Dans la première strophe, le poète célèbre la beauté de la jeune femme que fut sa mère.
  - Le poète semble particulièrement épris de cette jeune femme qu'était sa mère (vers 1).
  - La jeunesse est associée à une période faste, somptueuse (« jours glorieux », vers 2 ; « [...] le regard qui brille / Comme un éblouissant miroir vénitien ! », vers 3-4).
  - La beauté de sa mère semble presque aristocratique ou irréelle (« Le front couleur de lys [...] », vers 3). Le front très pâle évoque en effet la beauté des héroïnes romantiques du XIXᵉ siècle ou les statues de marbre.
  - Le poète évoque également la beauté intérieure de cette jeune femme pleine de vie (« [...] le regard qui brille / Comme un éblouissant miroir vénitien ! », vers 3-4).

- La seconde strophe est consacrée à la description de cette femme vieillie que connaît maintenant le poète.
  - La transformation physique de sa mère au fil du temps semble radicale (« Ma mère que voici n'est plus du tout la même ; », vers 5).
  - Son visage porte les traces de la fatigue et du vieillissement (« Les rides ont creusé le beau marbre frontal ; », vers 6).
  - On peut noter, dans cette strophe, des rappels contrastants de la beauté révolue de la jeune femme (« le beau marbre frontal » est une autre manière de désigner le front pâle évoqué au vers 3).

- De même, le poète précise que l'ancien éclat du regard de sa mère était provoqué par la passion amoureuse, un sentiment maintenant disparu chez elle (vers 7-8).

Les deux tercets en bref :

- Le premier tercet fait ressortir encore davantage le contraste entre le portrait de jeune fille et le portrait plus récent de la mère, entre la beauté de la jeunesse et le vieillissement. Le poète exprime également sa tristesse à la vue des ravages du temps.

- Le second tercet est centré sur l'émotion contradictoire du poète à l'égard des deux portraits. La mère semble évoquer en lui une sorte de réconfort alors que la jeune femme lui rappelle vraisemblablement le passage du temps, ce qui l'attriste. Ces deux émotions semblent néanmoins intimement liées à l'amour qu'éprouve le poète pour sa mère, soit pour la belle jeune femme qu'elle fut, mais aussi pour la mère qu'elle est devenue.

SUR LE PLAN FORMEL :

- Genre : poésie

- Forme fixe : sonnet (deux quatrains suivis de deux tercets)

- Vers : alexandrins

- Agencement des rimes : ABBA CDDC EEF FFF (Notez la liberté prise par Nelligan dans l'agencement des rimes par rapport aux règles de versification traditionnelles du sonnet. En effet, on devrait normalement retrouver un agencement du type ABBA dans les deux quatrains, puis un agencement CCD EDE ou CCD EED dans les deux tercets. Vous devez vous demander s'il est pertinent de retenir cette information pour votre sujet. Pour l'instant, il semble que non, mais cela pourrait changer en cours d'analyse.)

- Figures de style : comparaison (vers 3 et 4), métaphore (vers 6, vers 11)

- Ponctuation : utilisation des points d'exclamation afin de souligner la beauté impressionnante de la jeune femme (vers 4), mais aussi la stupeur du poète à l'égard des émotions contradictoires qu'il ressent (vers 12).

À la lueur de ces informations, il est à présent possible de formuler une prise de position articulée, claire et nuancée.

PRISE DE POSITION : Bien que les deux quatrains semblent effectivement consacrés à célébrer la jeunesse de la mère du poète, les deux tercets (le dernier, tout particulièrement) montrent plutôt l'attachement profond qui lie le poète à sa mère, qu'elle soit jeune ou vieille. Ainsi, **le poème cherche plutôt à rendre hommage à la figure maternelle dans tout ce qu'elle est et a été, en plus d'offrir une réflexion nostalgique sur le passage du temps.**

Votre prise de position est toujours *personnelle*, ce qui ne signifie pas qu'elle rend compte de votre appréciation *subjective* du ou des textes étudiés, mais qu'elle découle de *votre* analyse rigoureuse et systématique des faits, d'où l'importance de bien scruter, au préalable, le texte à l'étude.

La littérature n'est pas une science

Ne cherchez pas *la* bonne réponse. Partez plutôt en quête de *votre* bonne réponse, celle qui vous semble la plus convaincante, donc celle qui est pour vous la plus facile à prouver. Il n'est pas rare en littérature que l'on puisse aussi bien soutenir une chose que son contraire. Cela ne veut pas dire que l'on puisse raconter n'importe quoi, mais que plus une œuvre est *littéraire*, plus elle ouvre de portes à des interprétations diverses. On parle alors du caractère polysémique de l'œuvre étudiée (du grec *poly* = plusieurs et *sémaînen* = sémantique, c'est-à-dire qui se rapporte au sens).

Attention ! Bien qu'il soit parfois tentant de se montrer parfaitement d'accord ou tout à fait en désaccord avec le sujet proposé, la dissertation critique appelle naturellement une prise de position plus nuancée. Ainsi, vous devriez tenter de vous montrer soit *plutôt en accord* avec le sujet, soit *plutôt en désaccord*. Ce type de prise de position est en effet la marque d'une plus grande capacité d'analyse. En plus, il vous permet de construire un *plan dialectique* dans lequel sont pesés adéquatement le *pour* (thèse) et le *contre* (antithèse), ce qui vous prépare à bien démontrer à votre lecteur le bien-fondé de votre position (synthèse).

Les origines du plan dialectique

Le terme « dialectique » vient du mot composé grec *dialegein*. *Legein* signifie « parler » et le préfixe *dia* connote l'idée d'un échange, voire d'une dispute. Dans la Grèce antique, la dialectique était une méthode que les philosophes utilisaient pour tester la véracité d'une affirmation, d'une théorie. Le penseur exposait son idée et invitait ses disciples à la remettre en question afin d'en valider la valeur ou d'y apporter les nuances nécessaires.

La dialectique de nos jours

La dialectique trouve beaucoup d'applications dans la société contemporaine. Ainsi, dans le monde juridique, l'avocat de la Couronne et l'avocat de la défense incarnent, chacun, l'un de ses pôles (la thèse et l'antithèse), alors que les membres du jury représentent la synthèse. Dans la vie de tous les jours, on recourt à cette méthode chaque fois que l'on considère les deux côtés de la médaille avant de prendre une décision. Vous vous demandez si vous devriez sortir alors que vous avez un examen le lendemain ? Vous vous interrogez en période électorale à propos de deux partis dont les idées semblent vous plaire également ? Vous vous questionnez au sujet de votre part de responsabilité dans l'échec d'une relation amicale ou amoureuse ? Si vous savez faire la part des choses, vous recourrez instinctivement à la dialectique pour répondre à ces questions. Le plan dialectique en dissertation n'a donc rien d'inusité ou de particulièrement complexe. Il découle naturellement de cette faculté d'analyse que vous exercez tous les jours de votre vie.

Exemples d'arguments pour un plan dialectique à partir d'une prise de position nuancée

Après avoir pris position, vous pourriez déjà commencer à concevoir une ébauche de plan dialectique, qui se rapprocherait de l'exemple qui suit :

Thèse : Le poète semble pris d'émotion devant celle qui, malgré le passage du temps, incarne pour lui l'amour maternel.

Antithèse : Toutefois, on doit admettre que Nelligan idéalise la beauté de la jeune femme que fut sa mère, tout au long du sonnet.

Synthèse (prise de position) : En définitive, le poète ne cherche pas tant à valoriser la jeunesse de sa mère qu'à rendre hommage à cette femme à qui il doit la vie tout en proposant une réflexion sur le temps qui passe.

Notez que vous pourriez également inverser les deux premiers arguments (la thèse et l'antithèse) afin que votre discours progresse plus logiquement vers votre prise de position. Vous suivriez alors la règle suivante : partir du *moins* convaincant (l'antithèse) pour aller vers le *plus* convaincant (la thèse et la synthèse). Votre ébauche de plan se présenterait donc de la manière suivante :

Antithèse : Il est vrai que le poète idéalise la beauté de la jeune femme que fut sa mère, tout au long du sonnet.

Thèse : Néanmoins, on doit également préciser que le poète semble être pris d'émotion devant celle qui, malgré le passage du temps, incarne pour lui l'amour maternel.

Synthèse (prise de position) : En définitive, le poète ne cherche pas tant à valoriser la jeunesse de sa mère qu'à rendre hommage à cette femme à qui il doit la vie tout en proposant une réflexion sur le temps qui passe.

Les deux approches sont également valables. Certains professeurs préfèrent que les élèves adoptent la première méthode parce qu'elle répond au schéma classique du plan dialectique, alors que d'autres enseignent de suivre la seconde parce qu'elle correspond au principe de l'« entonnoir » (du plus général au plus précis ou, dans ce cas-ci, du moins important et convaincant au plus important et convaincant). Référez-vous donc à votre professeur avant de prendre une décision sur la manière d'organiser vos arguments.

Lorsque vous avez pris position, il est temps de passer à la rédaction de votre plan complet.

3. Le choix du type de plan

Nous venons de discuter dans ses grandes lignes de l'un des plans les plus fréquemment employés pour la dissertation critique (le plan dialectique). Toutefois, il est essentiel de se rappeler qu'il existe deux autres types de plans qui ont chacun leurs particularités et leur utilité. Le tableau synthèse suivant présente les trois grands types de plans employés dans l'art de la dissertation critique.

Le plan dialectique	Le plan analogique	Le plan analytique
Définition : Le plan dialectique vise à peser le pour et le contre du sujet qui vous est proposé. Il comporte trois parties : la thèse, l'antithèse et la synthèse.	Définition : Le plan analogique tient compte des ressemblances et des différences entre deux textes ou deux extraits de textes. On peut le considérer comme une variante du plan dialectique, puisqu'on y oppose ressemblances (thèse) et différences (antithèse) avant d'en arriver à une analogie (synthèse).	Définition : Le plan analytique se distingue du plan dialectique (et donc du plan analogique) en ce qu'il ne pèse pas le pour et le contre (ou les ressemblances et les différences), mais se limite à accumuler des arguments allant *tous* dans le sens de la prise de position choisie.
Usage : Ce type de plan est surtout employé lorsque le sujet de la dissertation porte sur un seul texte ou un seul extrait de texte.	Usage : Comme la définition le mentionne, ce type de plan est utilisé lorsque le sujet porte sur deux textes ou deux extraits de textes. Voir l'exemple à la page 267.	Usage : Ce type de plan peut s'appliquer indifféremment à un sujet portant sur un texte (ou un extrait de texte) ou à un sujet portant sur deux textes (ou deux extraits de textes) ; dans ce dernier cas, il porte alors le nom de *plan comparatif*.

Puisque le sujet sur Nelligan ne concerne qu'un seul texte (le sonnet « Devant deux portraits de ma mère »), vous devriez naturellement opter pour le plan dialectique ou le plan analytique. Dans les sections suivantes, nous expliquons un exemple de dissertation conçue selon le plan dialectique, afin d'en exposer toutes les subtilités.

4. La rédaction du plan complet

LE GABARIT DES PLANS DIALECTIQUE ET ANALOGIQUE

Tout comme le plan d'une dissertation explicative, le plan d'une dissertation critique doit comporter des arguments principaux et des arguments secondaires[1]. Combien doit-on formuler d'arguments principaux ? Et combien d'arguments secondaires ?

En ce qui concerne les arguments principaux, la réponse vous est fournie par le type de plan choisi. Par exemple, puisque le plan dialectique et le plan analogique sont des plans en trois parties (thèse, antithèse et synthèse ; ressemblances, différences et analogie), vous devez concevoir trois arguments principaux.

À noter : Le plan analytique, quant à lui, permet de concevoir une dissertation dont le nombre d'arguments principaux peut être inférieur ou supérieur à trois. En effet, il repose sur l'enchaînement de plusieurs arguments allant tous dans le même sens et non sur une opposition trouvant sa résolution dans une troisième partie. Certains professeurs encouragent leurs élèves à utiliser ce plan pour les forcer à assumer clairement leur position dès le premier argument principal. Si c'est le cas de votre professeur, demandez-lui toutes les informations nécessaires.

---

1. Aussi appelés « idées principales » et « idées secondaires ».

En ce qui concerne les arguments secondaires, la plupart des professeurs exigent que chaque argument principal soit soutenu par deux arguments secondaires.

Votre gabarit de plan dialectique ressemble donc à ceci :

1er argument principal (thèse ou antithèse)
    1.1 1er argument secondaire
    1.2 2e argument secondaire

2e argument principal (antithèse ou thèse)
    2.1 1er argument secondaire
    2.2 2e argument secondaire

3e argument principal (synthèse)
    3.1 1er argument secondaire
    3.2 2e argument secondaire

LA FORMULATION DES ARGUMENTS PRINCIPAUX

Un argument principal doit…

– être général sans être vague ;
– offrir déjà une ou plusieurs pistes d'analyse ;
– être formulé en une phrase complète (sujet, verbe, complément) ;
– refléter votre capacité d'abstraction ;
– annoncer les arguments secondaires.

Formulation proposée : « À première vue, il semble que le poète consacre la plupart des vers de son sonnet à idéaliser la beauté de la jeune femme que fut sa mère. »

Après avoir formulé l'argument principal, on doit trouver deux arguments secondaires relatifs à cet argument principal.

Les erreurs les plus fréquentes dans la formulation des arguments principaux	
«Le poète valorise d'abord la jeunesse de sa mère.»	Cela ne va pas plus loin que d'écrire «Premièrement, le sujet est vrai», puisque vous n'offrez aucune piste d'analyse.
«Le poète compare le regard de sa mère à un miroir vénitien.»	Il s'agit d'un fait, d'une donnée contenue dans le poème, et non d'un argument. La formulation: «Le poète évoque la beauté intérieure de la jeune femme qu'était sa mère» est déjà meilleure. Un problème demeure, toutefois: l'argument est un peu trop précis, pas suffisamment général, pour constituer un argument principal.
«D'abord, l'idéalisation de la beauté de la jeune femme.»	Ce n'est pas une phrase complète.
«À première vue, le poète semble préférer le premier portrait au deuxième.»	Pourquoi a-t-il cette préférence? L'idée est bien vague et faible du point de vue argumentatif.
«Premièrement, on note que la jeune femme est plus belle que la mère.»	N'utilisez pas les marqueurs de relation «Premièrement», «deuxièmement», etc. Privilégiez la subtilité: «À première vue», «Il semblerait d'abord que…», etc. De plus, cet argument demeure vague et n'est pas l'indice d'une grande capacité d'abstraction.

LA FORMULATION DES ARGUMENTS SECONDAIRES

Les arguments secondaires doivent…

– être plus précis que l'argument principal, mais suffisamment larges pour faire chacun l'objet d'un paragraphe complexe;

– être relatifs à l'argument principal (ils doivent s'y rapporter tous deux);

– être formulés en phrases complètes;

– refléter votre capacité d'analyse et d'abstraction;

– offrir une bonne synthèse de tout ce qu'il y a à dire à propos de votre argument principal.

L'argument principal fait allusion à la beauté de la jeune femme. Pour trouver des arguments secondaires, jetez un coup d'œil à votre «butin» (page 255). Une simple relecture de vos notes vous offre une piste intéressante: il est en effet question dans le sonnet de la beauté physique, mais également de la beauté intérieure de la mère de Nelligan. Vous pourriez donc consacrer un argument secondaire à la beauté physique de la jeune femme et un deuxième argument secondaire à sa beauté intérieure.

Votre plan ressemblerait alors à ceci:

1. À première vue, il semble que le poète consacre la plupart des vers de son sonnet à idéaliser la beauté de la jeune femme que fut sa mère.

   1.1 C'est d'abord sa beauté physique qui semble l'émouvoir.

   1.2 De plus, cette beauté physique évoque une vie intérieure tout aussi resplendissante.

Maintenant que vous avez construit la première partie de votre plan, appliquez les mêmes règles à la seconde partie. Rappelez-vous toutefois que vous cherchez à construire un plan dialectique, c'est-à-dire un plan dans lequel vous opposez un argument principal à un autre avant de prendre position. Le deuxième argument principal doit donc inclure un marqueur de relation propre à suggérer cette opposition. Reportez-vous au tableau suivant pour faire un choix éclairé:

Marqueurs de relation appropriés pour le deuxième argument principal	Marqueurs de relation à éviter
Toutefois	Deuxièmement
Néanmoins	Ensuite
Cependant	Pour continuer
Malgré tout	Aussi
En dépit de…	En plus

Deuxième partie de votre plan:

2. Toutefois, le poète semble également pris d'émotion devant celle qui, malgré le passage du temps, incarne pour lui l'amour maternel.

   2.1 Il se montre d'abord en proie à la douleur devant les ravages du temps.

   2.2 Un sentiment de bonheur finit par l'emporter sur sa tristesse à la vue du portrait le plus récent de sa mère.

Ayant maintenant formulé votre antithèse et votre thèse (vous avez choisi d'adopter cette façon d'articuler vos deux premiers arguments principaux), passez maintenant à la formulation du troisième argument principal (synthèse).

Les mêmes règles s'appliquent également à la synthèse, à la différence que votre argument principal devrait se composer de trois parties :

1. bref rappel de vos deux premiers arguments principaux ;
2. prise de position ;
3. nouvel argument.

Vous pourriez ainsi écrire :

En montrant l'émotion qu'il ressent face aux deux portraits, le poète valorise à la fois la jeune femme et la mère, et offre de plus une réflexion mélancolique sur le passage du temps.

Pour compléter le plan de votre développement, il suffit maintenant d'ajouter deux arguments secondaires relatifs à ce troisième argument principal. Vous devriez également inclure pour chaque argument secondaire de votre plan la citation (ou du moins la référence de cette citation). Votre plan complet ressemble alors à ceci :

Un exemple de plan complet d'un développement portant sur un seul texte

1. À première vue, il semble que le poète consacre la plupart des vers de son sonnet à idéaliser la beauté de la jeune femme que fut sa mère.
    1.1 C'est d'abord sa beauté physique qui semble l'émouvoir. (v. 1-4)
    1.2 De plus, cette beauté physique évoque une vie intérieure tout aussi resplendissante. (v. 3-4, v. 7-8)
2. Toutefois, le poète semble également pris d'émotion devant celle qui, malgré le passage du temps, incarne pour lui l'amour maternel.
    2.1 Il se montre d'abord en proie à la douleur devant les ravages du temps. (v. 5-6, v. 9)
    2.2 Un sentiment de bonheur finit par l'emporter sur sa tristesse à la vue du portrait le plus récent de sa mère. (v. 13-14)
3. En montrant l'émotion qu'il ressent face aux deux portraits, le poète valorise à la fois la jeune femme et la mère, et offre de plus une réflexion mélancolique sur le passage du temps.
    3.1 En fait, Nelligan adopte lui-même une sorte de plan dialectique : il oppose à la jeune femme ce qu'elle est devenue et il propose une synthèse où triomphe son amour filial. (v. 9-11)
    3.2 Qui plus est, le véritable but du poème semble être une réflexion nostalgique sur le caractère éphémère de la jeunesse. (v. 13-14)

À noter : Certains professeurs demandent à leurs élèves d'ajouter d'autres détails à leur plan (citation complète, structure du développement de chaque argument secondaire, plan de l'introduction, idée d'ouverture pour la conclusion, etc.). L'exemple de plan complet présenté ne comporte que des informations essentielles, par souci de concision. Référez-vous donc à votre professeur afin de bien connaître ses exigences à ce sujet.

5. La rédaction

Une fois votre plan du développement terminé, vous voilà prêt à passer à l'étape de la rédaction.

Par quoi commence-t-on ?

Une dissertation, qu'elle soit explicative ou critique, est composée de trois grandes parties : l'*introduction*, le *développement* et la *conclusion*. Bien qu'il semble naturel de commencer par le commencement (soit l'introduction), il est en fait plus logique et efficace de rédiger d'abord le développement, puisque cette partie constitue le cœur de votre dissertation. Qui plus est, il est difficile de présenter adéquatement ce qui n'existe que sous forme de plan. Certes, votre plan est, en théorie, tout ce qu'il vous faut pour rédiger convenablement votre introduction, mais si jamais vous aviez à changer votre plan en cours de rédaction, vous manqueriez probablement de temps pour apporter les correctifs nécessaires à votre introduction avant la fin du temps alloué par votre professeur. Et si vous consacrez trop de temps à bien ficeler votre introduction (comme c'est souvent le cas), vous risquez d'en manquer pour développer convenablement chacun de vos arguments secondaires. Vous auriez le sentiment d'avoir investi temps et énergie dans un travail qui n'en valait pas la peine. Donc, **à moins d'avis contraire de votre professeur,** vous devriez commencer par le développement et terminer par la rédaction de l'introduction, puis de la conclusion de votre dissertation.

Le développement

Vous voilà maintenant prêt à affronter la page blanche. Gardez votre calme, ayez votre plan en main, ne faites pas précéder votre premier argument principal d'un quelconque préambule ni d'un titre (et surtout pas du mot « développement »). Faites plutôt comme le plongeur qui n'a pas peur de se mouiller (!) : retranscrivez tout simplement votre idée principale telle qu'elle apparaît sur votre plan. Vous voilà bien parti ! Enchaînez maintenant avec le premier de vos deux arguments secondaires. Bien ! Que faire à présent ? Gardez en tête que l'une des règles essentielles de l'art de la dissertation est d'aller toujours du plus général au plus précis (excepté pour la phrase de clôture). Ainsi, l'argument principal est plus général que le premier argument secondaire, lui-même plus général que son développement. Ce développement comporte *toujours* quatre étapes essentielles :

1) l'exemple, l'illustration ou la mise en contexte ;

2) la preuve ou la citation ;

3) le commentaire ou l'analyse ;

4) la phrase de clôture.

Les trois premières étapes consistent à préciser toujours un peu plus votre pensée. Ainsi, l'**illustration** doit situer le lecteur dans le texte. Vous traiterez donc, dans cette partie, des éléments nécessaires à la bonne compréhension de la partie suivante, soit la **preuve** (la citation). Cette partie, comme son nom l'indique, introduit le lecteur à un passage du texte qui prouve que vous n'avez pas inventé ce que vous avancez, que votre argument secondaire tire son origine d'une expression, d'une phrase, d'une réplique, de quelques vers, etc., du texte à l'étude. La troisième partie (le **commentaire**) consiste à donner une analyse détaillée de cette citation ou à fournir des informations pour clarifier le rapport entre votre argument secondaire et la preuve. Enfin, la **phrase de clôture** résume votre cheminement intellectuel et clôt par le fait même cette partie de votre travail. Il suffit ensuite de suivre les mêmes étapes pour le deuxième argument secondaire, à la différence près que votre phrase de clôture doit cette fois résumer l'ensemble de votre première partie complète (argument principal et les arguments secondaires).

Exemple :

L'exemple, l'illustration ou la mise en contexte

La preuve ou la citation

Le commentaire ou l'analyse

La phrase de clôture

Commencez directement par l'argument principal. Ne faites pas de préambule, ne donnez pas de titre ; écrivez seulement votre premier argument, tiré directement de votre plan. Enchaînez immédiatement avec votre premier argument secondaire.

N'oubliez jamais votre alinéa au début du paragraphe.

À première vue, il semble que Nelligan consacre la plupart des vers de son sonnet à idéaliser la beauté de la jeune femme que fut sa mère. C'est d'abord sa beauté physique qui semble l'émouvoir. Le premier quatrain est entièrement consacré à la description du portrait de la future maman :

Lorsque votre citation fait plus de cinq lignes ou que vous citez une strophe complète (en poésie), transcrivez toujours le passage en retrait et sans guillemets.

> Ma mère, que je l'aime en ce portrait ancien,
> Peint aux jours glorieux qu'elle était jeune fille,
> Le front couleur de lys et le regard qui brille
> Comme un éblouissant miroir vénitien ! (v. 1-4)

Enchaînez immédiatement avec votre deuxième argument secondaire.

N'hésitez pas à faire appel, à l'occasion, à vos connaissances sociohistoriques afin de renforcer ou de diversifier votre argumentation.

« Le front couleur de lys » représente ici la blancheur immaculée d'une statue, impression confirmée à la strophe suivante lorsque le poète évoque le « marbre frontal » (v. 6). De même, « le regard qui brille / Comme un éblouissant miroir vénitien » rappelle la beauté plastique et les richesses de l'Europe, qui contrastent fortement avec les charmes plus rustiques du Canada français. La mère du poète se trouve donc idéalisée, transformée en véritable « objet d'art » aux charmes exotiques. De plus, cette beauté physique évoque une vie intérieure tout aussi resplendissante. Après avoir évoqué le regard brillant de sa mère (v. 3-4), le poète précise la raison de cet éclat particulier dans le second quatrain. Il résulterait de « l'éclat du temps sentimental / Où son hymen chanta comme un rose poème » (v. 7-8). L'hymen, terme poétique qui désigne le mariage et est associé ici « aux jours glorieux » (v. 2) et au « temps sentimental » (v. 7) de la jeunesse, est donc à la source de ce « regard qui brille » jusqu'à éblouir. Il se dégage de tout cela une impression d'innocence qui semble confirmer une idéalisation de la jeunesse de la mère du poète. En raison de cette perception de la beauté tant physique qu'intérieure, le poète semble donc valoriser avant tout la jeune femme.

À moins d'avis contraire de la part de votre professeur, la seconde phrase de clôture devrait présenter la synthèse de toute votre première partie.

N.B. Les deux autres « blocs » (ou parties) de votre dissertation se rédigent exactement comme le premier (voir l'exemple de dissertation complète aux pages 266 et 267). Appliquez toujours (et comme il se doit !) les mêmes règles, et tout ira bien !

Suggestions de mise en page :

- Vous pouvez adopter le modèle présenté en page 261, avec ses deux arguments secondaires enchaînés dans le même paragraphe. Il vous suffit alors de changer de paragraphe pour indiquer au lecteur que vous passez à la partie suivante (vous enchaînez tout simplement avec votre second argument principal).

- Vous pouvez toutefois, si votre professeur le permet, adopter une présentation quelque peu différente : **changement de paragraphe** au deuxième argument secondaire et **saut de quelques lignes (3 ou 4)** pour isoler chacune des trois grandes parties de votre développement. Cette manière de faire a l'avantage de présenter plus clairement encore la structure de votre développement. Visuellement, le professeur s'y retrouvera donc plus facilement au moment de la correction.

Les maladies courantes associées à l'art de la dissertation critique

Si la note que vous obtenez pour votre dissertation entraîne des symptômes de découragement, de remise en question, de colère et d'impuissance, reportez-vous à la liste suivante. Il est en effet probable que vous souffriez de l'une ou l'autre de ces maladies qui sont courantes, mais tout à fait curables.

- **Le vertige du deux-points/ouvrir les guillemets.** Le simple fait d'utiliser le deux-points et d'ouvrir les guillemets annonce clairement que vous vous apprêtez à citer ; de même, le fait de mettre un passage en retrait indique nettement qu'il s'agit d'une citation. Il est inutile de le préciser au préalable par une formule telle que « comme le montre la citation suivante ». De deux choses l'une : ou bien vous doutez de la clarté de votre pensée au moment de citer (dans ce cas, reformulez-la !) ou bien vous faites du remplissage (à éviter !).

- **L'empoisonnement au verbe « démontrer ».** VOUS *démontrez.* L'AUTEUR, LE PERSONNAGE, LA CITATION *montrent.* Le verbe « démontrer » signifie qu'il y a une « démonstration » en règle, soit une accumulation d'arguments qui visent à prouver quelque chose. Or, une œuvre de fiction ne démontre rien du tout. On n'y trouve pas appliquée cette rigueur logique propre à la démonstration. Évitez aussi d'autres personnifications du même acabit : une citation ne peut « expliquer » ni « dénoter ».

- **Le syndrome du signal intermittent.** Lorsque vous utilisez les crochets et les points de suspension ([...]) pour trancher dans le vif d'une citation ou supprimer le début ou la fin d'une phrase, d'un vers, d'une réplique, etc., assurez-vous que le passage cité demeure CLAIR, COMPLET et GRAMMATICALEMENT correct. Cela évitera de donner l'impression d'une conversation téléphonique perturbée par un signal intermittent. En effet, que diriez-vous si, au lieu de lire la phrase précédente, vous aviez trouvé ceci : « [...] vous utilisez les crochets et les points de suspension [...] ou la fin d'une phrase, d'un vers, d'une réplique [...] et GRAMMATICALEMENT correcte » ? Vous ne sauriez probablement pas quoi faire au moment de couper une citation !

- **La névrose du perroquet.** Paraphraser un texte signifie se contenter de répéter, à peu de mots près, ce que dit déjà clairement l'auteur au lieu d'analyser, de commenter ses propos. Par exemple, le texte suivant n'est pas très inspiré : « "Le front couleur de lys et le regard qui brille / Comme un éblouissant miroir vénitien !" (v. 3-4). Ici, le poète compare la couleur du front de sa mère à celle d'un lys et son regard brillant à un aveuglant miroir italien. » Il aurait plutôt fallu parler de l'éclat propre à la jeunesse ou de l'utilisation de la comparaison à des fins hyperboliques, etc.

- **L'adverbite aiguë.** N'essayez pas de compenser la faiblesse de vos arguments par des adverbes, comme dans cet exemple : « On voit très bien et extrêmement clairement que le poète idéalise la jeune femme que fut sa mère. » L'adverbe doit être utilisé avec parcimonie. Non seulement il alourdit vos phrases, mais il vous donne en plus l'illusion de dire quelque chose de significatif alors que vous tournez autour du pot. Il serait étonnant que vous dupiez le correcteur ! Vous le ferez simplement agiter frénétiquement son stylo rouge (notez ici l'utilisation à bon escient de l'adverbe « frénétiquement », utilisé pour renforcer une réalité et non pour en simuler une !).

- **Le complexe de la grenouille.** Vous connaissez cette fable de La Fontaine dans laquelle une grenouille, voulant se faire aussi grosse que le bœuf, se gonfle le thorax jusqu'à en éclater ? Beaucoup d'élèves s'efforcent de « faire du style » pour impressionner le professeur et lui donner l'impression qu'ils sont Victor Hugo. Ne faites pas comme eux ! L'une des principales qualités d'une bonne dissertation est d'être *claire.* Or, pour être clair, pourquoi ne tenteriez-vous pas d'écrire *simplement* ? Contentez-vous de faire des phrases brèves (sujet, verbe, complément). Restez à l'intérieur de vos limites et tout ira déjà mieux.

- **La névrose du « méchant jumeau ».** Il n'est pas rare pour un professeur de corriger une dissertation critique dans laquelle l'étudiant donne l'impression de se contredire continuellement, comme s'il était habité par un frère jumeau malfaisant qui, de temps à autre, prendrait soudainement le contrôle de sa plume. Cette impression est très souvent causée par un mauvais choix de marqueurs de relation ou par leur absence. Les plans dialectique et analogique de la dissertation critique supposent évidemment une certaine opposition, mais il faut prendre bien soin de suggérer au lecteur que vous êtes en phase d'exploration des différentes facettes de la question, et non que vous passez votre temps à changer d'idée. Référez-vous donc à la page 259 pour tout savoir sur les remèdes les plus efficaces pour contrer cette maladie trop répandue.

- **La mythomanie du plagiaire.** C'est très simple... il ne faut jamais plagier. Ni sur votre voisin, ni à partir d'une source trouvée sur Internet ou d'un livre traitant du même sujet que le vôtre, ni sur qui ou quoi que ce soit d'autre. Le problème est que le plagiaire croit souvent qu'il s'en tirera à bon compte, certain que le style de l'auteur publié (et donc souvent chevronné) ne différera pas suffisamment du sien pour que le professeur se doute de quelque chose. Rappelez-vous : un professeur de français a consacré de longues années à étudier le style, la langue, la littérature sous toutes ses coutures. Il peut donc assez facilement deviner qu'il y a anguille sous roche lorsque vos phrases semblent soudainement tout droit tirées d'une thèse de doctorat.

L'INTRODUCTION

Une fois votre développement complété, vous pouvez passer avec plus d'assurance à la rédaction de l'introduction. L'introduction est composée de trois parties :

1. le sujet amené ;

2. le sujet posé ;

3. le sujet divisé.

Le sujet amené

Selon sa définition la plus classique, le **sujet amené** consiste à présenter de manière générale l'auteur, son œuvre, l'époque à laquelle il a vécu et écrit, etc. Il s'agit en fait d'une partie visant à introduire votre lecteur au sujet dont vous allez traiter et que vous lui annoncez d'ailleurs dans la seconde partie de l'introduction (sujet posé). Aussi, pour trouver de quoi vous pourriez traiter exactement dans le sujet amené, considérez attentivement le sujet qui vous a été donné et dressez une liste des éléments à clarifier.

Qui est votre lecteur ?

Lorsque vous rédigez une dissertation, n'écrivez JAMAIS pour le professeur. Gardez en tête que vous vous adressez à quelqu'un qui s'y connaît MOINS que vous : un jeune frère ou une jeune sœur, un ou une amie, etc. Cela vous obligera à vous montrer pédagogue, à ne jamais tenir pour acquis que votre lecteur sait exactement de quoi vous lui parlez et à vous montrer exhaustif dans les informations que vous choisissez de communiquer. Autrement dit, lorsque vous rédigez une dissertation, VOUS êtes le professeur. Soyez donc explicite, dites-en davantage que pas assez, et n'hésitez pas à « prendre votre lecteur par la main » afin de le guider convenablement à travers votre réflexion.

Exemple :

SUJET : Est-il juste de dire que « Devant deux portraits de ma mère » d'Émile Nelligan est un poème célébrant la jeunesse de la mère du poète ?

Liste des éléments à présenter en sujet amené :

- Qui est Émile Nelligan ?

- À quelle époque a-t-il vécu ? Quelles caractéristiques de cette époque sont les plus susceptibles d'éclairer votre sujet ?

- À quel courant son œuvre appartient-elle ?

- Quel est son genre de prédilection ?

- Une forme fixe est-elle utilisée par Nelligan dans « Devant deux portraits de ma mère » ? Si oui, laquelle ?

- De quoi est-il question dans ce poème ?

À partir de cette liste, choisissez les questions qui vous semblent les plus pertinentes et articulez les réponses dans un court texte qui constituera votre sujet amené.

Émile Nelligan est un poète québécois ayant écrit l'essentiel de son œuvre entre 1895 et 1904. Toute empreinte de l'influence du symbolisme (Baudelaire, Verlaine, Rimbaud), cette œuvre est celle d'un artiste torturé qui oppose à la tristesse du monde l'innocence de la jeunesse.

Remarquez bien...

- Il est préférable de donner des dates plus significatives que celles de la naissance et du décès de l'écrivain (donnez, par exemple, la date de rédaction ou de publication de l'œuvre étudiée, la date d'un événement majeur dans la vie de l'écrivain qui l'aurait conduit à écrire cette œuvre, etc.).

- Bien que le sujet amené doive être général, il ne faut pas pécher par excès. Évitez les généralités grossières du genre : « De tout temps, il y a eu des poètes » ou encore « Au XIXᵉ siècle, beaucoup de poètes ont publié des recueils ».

- Évitez également les lieux communs et les vérités toutes faites aux accents trop intimes pour la dissertation : « Depuis toujours, les mères émeuvent leurs enfants » ou « L'amour d'une mère est ce qu'il y a de plus important au monde ». La dissertation est un travail qui doit être *rigoureux* et *scientifique*. Ce n'est pas une carte de vœu ou un journal personnel.

- Soyez clair et ordonné dans l'enchaînement de vos informations. Essayez, dans la mesure du possible, de partir de l'information la plus générale pour aller vers la plus précise (dans l'exemple présenté plus haut, par exemple, on parle de l'*auteur*, du *courant* qui l'a marqué, des *caractéristiques* et des *thèmes* fréquemment abordés dans son œuvre ; cette progression est donc logique et appropriée).

Le sujet posé

Cette seconde partie de l'introduction consiste tout simplement à formuler à votre lecteur le sujet dont vous allez traiter dans la dissertation. La plupart du temps, vous pouvez vous contenter de le retranscrire presque intégralement, ce qui vous permet d'éviter toute erreur d'interprétation.

Exemple :

> Émile Nelligan est un poète québécois ayant écrit l'essentiel de son œuvre entre 1895 et 1904. Toute empreinte de l'influence du symbolisme (Baudelaire, Verlaine, Rimbaud), cette œuvre est celle d'un artiste torturé qui oppose à la tristesse du monde l'innocence de la jeunesse. Est-il juste, alors, de dire que « Devant deux portraits de ma mère » est un poème célébrant la jeunesse de la mère du poète ?

> Attention ! Si votre sujet vous a été présenté sous la forme d'une *affirmation* (« Devant deux portraits de ma mère » est un poème célébrant la jeunesse de la mère du poète), prenez bien soin de changer la formulation de manière à montrer à votre lecteur qu'il s'agit d'une hypothèse, et non d'une certitude. Par exemple, vous pourriez adopter tout simplement la forme interrogative directe (comme dans l'exemple présenté plus haut) ou reformuler le sujet en interrogation indirecte : « À ce titre, on pourrait se demander si "Devant deux portraits de ma mère" est un poème célébrant la jeunesse de la mère du poète. »

Le sujet divisé

La dernière partie de l'introduction consiste à présenter vos trois arguments principaux *clairement* formulés. Vous pouvez, bien entendu, les abréger quelque peu, mais assurez-vous de demeurer *clair* et *précis*.

Exemple (introduction complète) :

> Émile Nelligan est un poète québécois ayant écrit l'essentiel de son œuvre entre 1895 et 1904. Toute empreinte de l'influence du symbolisme (Baudelaire, Verlaine, Rimbaud), cette œuvre est celle d'un artiste torturé qui oppose à la tristesse du monde l'innocence de la jeunesse. Est-il juste, alors, de dire que « Devant deux portraits de ma mère » est un poème célébrant la jeunesse de la mère du poète ? On verra que, si Nelligan semble idéaliser la beauté de la jeune femme que fut sa mère, tout au long du poème, il n'en demeure pas moins profondément ému par ce qu'elle est devenue.

> Ainsi, le poème semble célébrer la figure maternelle dans son ensemble tout en proposant une réflexion sur le passage du temps.

À éviter…

– N'écrivez jamais : « On verra d'abord en quoi le poème célèbre la jeunesse de sa mère, puis en quoi il ne la célèbre pas, pour enfin prendre position. » Autrement dit, ne rappelez pas les principes du plan dialectique à votre lecteur, communiquez-lui plutôt *clairement* vos *arguments*.

– N'écrivez pas non plus : « Dans cette dissertation, nous verrons que… » Évitez toujours d'utiliser les termes techniques propres à la dissertation tout au long de votre travail (« dissertation », « introduction », « développement », « argument principal », etc.).

– Choisissez de recourir (dans toutes les parties de l'introduction, du développement et de la conclusion) au « nous » ou au « on ». Ces pronoms vous permettent d'éviter le piège du travail trop personnel (contrairement au « je », qui vous inciterait à y tomber), et ils assurent ainsi un caractère plus rationnel et rigoureux à votre composition.

– Attention de bien utiliser les marqueurs de relation et de bien formuler l'articulation entre vos arguments. Vous ne voulez pas avoir l'air de vous contredire. Ainsi, n'écrivez pas : « On verra que Nelligan idéalise la jeune femme que fut sa mère. Ensuite, on verra qu'il préfère la mère qu'il connaît. Enfin, il les aime toutes les deux. Le poème traite aussi du passage du temps. » Vous devez prendre soin de guider votre lecteur à travers votre processus de réflexion. Vous feriez donc mieux d'écrire : « On verra que Nelligan idéalise la jeune femme que fut sa mère. *Toutefois*, il se montre *également* très ému par la femme qu'elle est devenue. Il se dégage *ainsi* du poème l'impression d'un hommage à la figure maternelle et d'une réflexion sur le temps qui passe. »

– Ne préservez jamais de mystère autour de votre prise de position dans le but d'attiser la curiosité de votre lecteur. Vous n'écrivez pas un roman à suspense ! Communiquez clairement à votre lecteur votre troisième argument pour qu'il sache dès l'introduction ce que vous pensez de l'énoncé du sujet.

LA CONCLUSION

Une conclusion comporte deux parties :

1. la synthèse ;
2. l'ouverture.

La synthèse

Attention ! Ne confondez pas la synthèse du développement (le troisième argument principal) avec la synthèse de la conclusion. Dans la conclusion, la synthèse consiste à présenter (de manière abrégée) l'essentiel de votre développement, c'est-à-dire *chacun* des arguments principaux et secondaires. Vous devez, en somme, repasser à travers votre plan. À quoi cela sert-il? Considérez cette partie de la dissertation comme votre dernière chance de convaincre votre lecteur et d'exposer votre pensée clairement. Il arrive parfois qu'une bonne synthèse permette au professeur de mieux comprendre ce que vous cherchiez à exprimer dans votre développement et l'amène à revoir certains aspects de sa correction. Le seul fait de synthétiser votre pensée vous force en effet à formuler les choses un peu différemment, et donc parfois plus clairement.

Exemple:

En cherchant à savoir si, dans « Devant deux portraits de ma mère », le poète Émile Nelligan célèbre la jeunesse de sa mère, nous avons pu constater que, bien que le poète idéalise la beauté physique et intérieure qui se dégage du premier portrait, il se montre touché par cette femme mûre qui l'a mis au monde. En effet, après avoir exprimé une douleur empathique devant les ravages du temps, le poète sent émerger en lui un sentiment de bonheur à la vue du portrait le plus récent. En définitive, nous devrions plutôt considérer ce sonnet comme une sorte d'hommage à la figure maternelle dans son ensemble, et plus encore comme une réflexion tourmentée sur le passage du temps. L'opposition dialectique des deux quatrains trouve en effet sa résolution dans les deux tercets, où le poète exprime son amour inconditionnel tout en proposant une réflexion nostalgique sur le caractère éphémère de la jeunesse.

Conseils:
- Ayez soin de présenter vos idées *dans l'ordre*.
- Évitez de commencer votre synthèse par « En conclusion » ou « Pour conclure ». Faites preuve d'un peu plus de subtilité! Une expression comme « En définitive » est déjà de meilleur goût.
- Ne rappelez pas au lecteur les citations, les commentaires, etc. Contentez-vous de résumer efficacement votre plan.
- Soignez l'enchaînement de vos idées. Votre texte doit être à la fois *fluide* et *convaincant*. La structure de votre plan doit s'effacer derrière le naturel de votre composition.
- Avant de présenter votre premier argument principal, ayez soin de rappeler au lecteur le sujet que vous aviez à traiter (voir l'exemple présenté ci-dessus).

L'ouverture

L'ouverture consiste à formuler une question, une réflexion sur un sujet connexe au vôtre afin de « passer le relais » à votre lecteur et de l'amener ainsi à réfléchir à un nouveau problème. Une bonne ouverture doit donc...
- se distinguer de votre sujet tout en lui étant liée;
- mener à une ou plusieurs réponses potentielles;

- être formulée clairement (vous pouvez même suggérer une réponse à votre interrogation en guise de piste de réflexion);
- constituer un sujet potentiel aussi valable et enrichissant que celui dont vous avez traité.

Exemple 1:
La comparaison à d'autres poèmes du même auteur
Les poèmes « Ma mère » et « Le Talisman » de Nelligan présentent également la figure de la mère. Il serait intéressant de les comparer à « Devant deux portraits de ma mère » afin de voir si ces trois poèmes proposent une seule et même vision de l'amour du poète pour sa mère.

Exemple 2:
La comparaison à l'œuvre d'un autre auteur
(avec un élément de réponse, une piste de réflexion)
On sait que Nelligan admirait la poésie de Rimbaud, un autre « enfant prodige » de la poésie. Il serait intéressant de voir si l'adolescent français jette le même regard mélancolique sur la jeunesse que son disciple québécois. Un poème comme « Chanson de la plus haute tour » paraît, toutefois, prendre une direction quelque peu différente.

Exemple 3:
Un autre problème lié à l'œuvre étudiée
On sait que Nelligan admirait les symbolistes français. Il serait intéressant de vérifier si « Devant deux portraits de ma mère » traduit bien l'influence profonde qu'a eue, sur le jeune poète, le courant auquel ont contribué Rimbaud et Verlaine.

À proscrire...
- **L'ouverture qui réinvente le monde.** « Il serait intéressant de voir ce qu'aurait écrit Nelligan s'il n'avait pas connu sa mère. Aurait-il idéalisé autant la jeunesse? »
- **L'ouverture vague.** « Il serait intéressant de comparer ce poème à d'autres poèmes du même auteur pour voir s'ils se ressemblent. » Ou encore: « Y a-t-il d'autres poèmes de d'autres auteurs qui traitent aussi de l'amour maternel? »
- **L'ouverture du type « journal intime ».** « Quoi de plus touchant qu'un garçon avouant tout l'amour qu'il porte à sa mère? Nul doute que Nelligan l'aimait véritablement puisqu'il lui a consacré un si beau poème. »
- **L'ouverture moralisatrice.** « Pourquoi Nelligan se laisse-t-il gagner par la mélancolie, sachant qu'il peut compter sur l'amour de cette femme qu'il vénère? Aurait-il été trop gâté par sa mère? »
- **La surmultiplication.** « Nelligan était-il vraiment symboliste? Aimait-il vraiment sa mère? A-t-il écrit d'autres poèmes sur le même sujet? Prend-il beaucoup de libertés formelles dans l'écriture de son sonnet? Toutes questions auxquelles il serait intéressant de réfléchir. »

N.B.: Les exemples de dissertation contenus dans ce guide méthodologique ne visent qu'à vous introduire à l'art de rédiger une dissertation critique. Puisque chaque sujet exige une approche unique, légèrement différente des autres, évitez à tout prix de trop vous appuyer sur ces exemples en reprenant systématiquement (et sans réfléchir) les formulations qui y sont proposées. Tâchez de faire preuve d'autonomie et de créativité, tout en respectant, bien entendu, les règles de base. Le résultat n'en sera que meilleur!

Émile Nelligan est un poète québécois ayant écrit l'essentiel de son œuvre entre 1895 et 1904. Toute empreinte de l'influence du symbolisme (Baudelaire, Verlaine, Rimbaud), cette œuvre est celle d'un artiste torturé qui oppose à la tristesse du monde l'innocence de la jeunesse. Est-il juste, alors, de dire que «Devant deux portraits de ma mère» vise essentiellement à célébrer la jeunesse de la mère du poète? On verra que, si Nelligan semble idéaliser la beauté de la jeune femme que fut sa mère, tout au long du poème, il n'en demeure pas moins profondément ému par ce qu'elle est devenue. Ainsi, le poème semble célébrer la figure maternelle dans son ensemble tout en proposant une réflexion sur le passage du temps.

À première vue, il semble que Nelligan consacre la plupart des vers de son sonnet à idéaliser la beauté de la jeune femme que fut sa mère. C'est d'abord sa beauté physique qui semble l'émouvoir. Le premier quatrain est entièrement consacré à la description du portrait de la future maman:

> Ma mère, que je l'aime en ce portrait ancien,
> Peint aux jours glorieux qu'elle était jeune fille,
> Le front couleur de lys et le regard qui brille
> Comme un éblouissant miroir vénitien! (v. 1-4)

«Le front couleur de lys» représente ici la blancheur immaculée d'une statue, impression confirmée à la strophe suivante lorsque le poète évoque le «marbre frontal» (v. 6). De même, «le regard qui brille / Comme un éblouissant miroir vénitien» rappelle la beauté plastique et les richesses de l'Europe, qui contrastent fortement avec les charmes plus rustiques du Canada français. La mère du poète se trouve donc idéalisée, transformée en véritable «objet d'art» aux charmes exotiques. De plus, cette beauté physique évoque une vie intérieure tout aussi resplendissante. Après avoir évoqué le regard brillant de sa mère (v. 3-4), le poète précise la raison de cet éclat particulier dans le second quatrain. Il résulterait de «l'éclat du temps sentimental / Où son hymen chanta comme un rose poème» (v. 7-8). L'hymen, terme poétique qui désigne le mariage et est associé ici «aux jours glorieux» (v. 2) et au «temps sentimental» (v. 7) de la jeunesse, est donc à la source de ce «regard qui brille» jusqu'à éblouir. Il se dégage de tout cela une impression d'innocence qui semble confirmer une idéalisation de la jeunesse de la mère du poète. En raison de cette perception de la beauté tant physique qu'intérieure, le poète semble donc valoriser avant tout la jeune femme.

Toutefois, Nelligan semble également éprouver de l'empathie devant celle qui incarne pour lui l'amour maternel. Il se montre d'abord en proie à la douleur devant les ravages du temps. Dans le second quatrain, Nelligan oppose à cette jeune femme si vivante l'image d'un être vieilli par les aléas de l'existence: «Ma mère que voici n'est plus du tout la même; / Les rides ont creusé le beau marbre frontal» (v. 5-6). Alors que la première strophe semblait montrer une femme mise à l'épreuve du temps par sa transformation en objet d'art, ici même le marbre ne peut résister au travail de la vie. Notons également l'insistance du poète sur le caractère radical de cette transformation. Le vers «Ma mère que voici n'est plus du tout la même» crée en effet l'impression d'avoir affaire à une autre personne, comme si le vieillissement avait tué la jeune fille. Cette douleur empathique cède alors sa place à un sentiment de bonheur. Le deuxième tercet du sonnet est éloquent à ce sujet: «Comment puis-je sourire à ces lèvres fanées? / Au portrait qui sourit, comment puis-je pleurer?» (v. 13-14). Ici, le poète avoue tout l'amour filial qu'il éprouve en contemplant ce portrait de femme mûre, alors que celui de la jeune femme le plonge dans la tristesse. Ainsi, l'idéalisation première de la jeune femme s'oppose à la description plus réaliste de la figure maternelle et au sentiment positif que celle-ci éveille en Nelligan.

En définitive, on peut dire qu'en exprimant les sentiments qu'il ressent face aux deux portraits, le poète valorise à la fois la jeune femme et la mère, et offre en plus une réflexion mélancolique sur le passage du temps. En fait, Nelligan adopte lui-même une sorte de plan dialectique: il oppose à la jeune femme ce qu'elle est devenue et il propose une synthèse où triomphe son amour filial. Le premier tercet sert d'ultime affrontement entre ces deux visions de la figure maternelle:

> Aujourd'hui je compare, et j'en suis triste aussi,
> Ce front nimbé de joie et ce front de souci,
> Soleil d'or, brouillard dense au couchant des années. (v. 9-11)

L'opposition entre la joie et l'inquiétude, entre le soleil et le brouillard vient souligner la nature dialectique du sonnet plutôt que valoriser une seule facette du visage maternel. Enfin, dans le deuxième tercet, le bonheur éprouvé face au portrait de la mère pousse le poète à la mettre sur un piédestal. C'est elle que Nelligan aime par-dessus tout, cette jeune femme qui appartient à un passé qu'il n'a pas connu. On pourrait ainsi ajouter que le poème consiste plus en une réflexion sur le caractère éphémère de la jeunesse qu'en une valorisation de la future maman. La joie, la félicité et l'innocence sont le fait de cette jeunesse évanescente. La mère a aimé et a connu le bonheur, c'est au tour de Nelligan lui-même de le savourer : «Comment puis-je sourire à ces lèvres fanées ? / Au portrait qui sourit, comment puis-je pleurer ? » (v. 13-14). Si bonheur il y a, il réside dans l'amour du fils pour sa mère, puisque lui seul peut créer l'illusion momentanée de suspendre le temps. Le portrait de la jeune femme ne fait que mettre l'adolescent face à sa propre mortalité.

En cherchant à savoir si, dans «Devant deux portraits de ma mère», le poète Émile Nelligan célèbre la jeunesse de sa mère, nous avons pu constater que, bien que le poète idéalise la beauté physique et intérieure qui se dégage du premier portrait, il se montre touché par cette femme mûre qui l'a mis au monde. En effet, après avoir exprimé une douleur empathique devant les ravages du temps, le poète sent émerger en lui un sentiment de bonheur à la vue du portrait le plus récent. En définitive, nous devrions plutôt considérer ce sonnet comme une sorte d'hommage à la figure maternelle dans son ensemble, et plus encore comme une réflexion tourmentée sur le passage du temps. L'opposition dialectique des deux quatrains trouve en effet sa résolution dans les deux tercets, où le poète exprime son amour inconditionnel tout en proposant une réflexion nostalgique sur le caractère éphémère de la jeunesse.

On sait que Nelligan admirait la poésie de Rimbaud, un autre «enfant prodige» de la poésie. Il serait intéressant de voir si l'adolescent français jette le même regard mélancolique sur la jeunesse que son disciple québécois. Un poème comme «Chanson de la plus haute tour» paraît, toutefois, prendre une direction quelque peu différente.

6. La dissertation portant sur deux textes ou sur deux extraits de textes (plan analogique)

Tout comme la dissertation portant sur un seul texte, la dissertation critique portant sur deux textes (ou deux extraits de texte) repose sur le principe de la dialectique. À partir d'un sujet donné, il s'agit de trouver les ressemblances, puis les différences entre les deux textes avant de prendre position par un troisième argument principal. Vous devez donc vous demander si ces textes ou extraits se ressemblent ou se distinguent. Ce type de plan, une variante du plan dialectique, se nomme **plan analogique**.

On peut répondre au sujet suivant par un plan analogique :

Est-il juste de dire que dans les extraits de *L'Hiver de force* de Réjean Ducharme et du *Vrai Monde ?* de Michel Tremblay les personnages vivent la même révolte ?

Votre tâche première consiste à prendre position en passant à travers les mêmes étapes que celles que nous avons décrites précédemment : lecture et annotation des extraits, collecte de données, formulation de votre position (voir les pages 255 à 257). Une fois votre position clairement établie, vous voilà prêt à passer à la rédaction du plan.

PRISE DE POSITION : Bien que les personnages des deux extraits semblent révoltés par leur vie ennuyeuse, les protagonistes de *L'Hiver de force* ne semblent pas vivre leur révolte de la

même manière que la Madeleine I de Tremblay. On pourrait soutenir ainsi que l'extrait de *L'Hiver de force* met en scène des personnages révoltés contre la société, alors que l'extrait du *Vrai Monde ?* présente un personnage révolté contre son destin.

UN EXEMPLE COMPLET DE PLAN ANALOGIQUE

1. À première vue, il paraît évident que les personnages des deux extraits sont tous révoltés par leur vie ennuyeuse.
    1.1 Ils se sentent en effet bien désœuvrés.
    1.2 Ils semblent en proie à un sentiment d'impuissance qui attise leur colère.
2. Toutefois, cette révolte n'est pas vécue de la même manière.
    2.1 Madeleine I vit la sienne dans la solitude et le silence, contrairement au couple de *L'Hiver de force*.
    2.2 Les protagonistes de Ducharme ne semblent pas prisonniers de leur existence, ce qui n'est pas le cas de Madeleine I.
3. Bien que l'ennui soit au cœur de la révolte des personnages des deux extraits, la manière dont ils la vivent nous amène à penser que leur révolte n'est pas similaire : elle aide les personnages de *L'Hiver de force* à se définir, alors qu'elle tue Madeleine I à petit feu.
    3.1 Le couple de *L'Hiver de force* se définit en projetant sa révolte contre la société.
    3.2 Madeleine I est torturée par son existence de femme au foyer.

Sujet amené — Michel Tremblay et Réjean Ducharme sont des figures de proue de la littérature québécoise des années 1960. Leur œuvre porte la trace du bouillonnement culturel et social de la Révolution tranquille. Profondément anticonformiste, *L'Hiver de force* de Ducharme paraît en 1973, alors que la pièce *Le Vrai Monde ?*, mettant en scène des personnages déchirés par la vie, est publiée quatorze ans plus tard. **Sujet posé** — Peut-on affirmer que les personnages des deux extraits vivent la même révolte ? On verra que, même si cette révolte semble provoquée par l'ennui, elle n'est pas vécue de la même **Sujet divisé** — manière, une constatation qui nous amène à croire que cette révolte définit les personnages de *L'Hiver de force*, alors qu'elle tue Madeleine I à petit feu.

Argument principal — À première vue, il paraît évident que les personnages des deux extraits sont tous révoltés par leur vie ennuyeuse. **Illustration ou exemple** — Ils se sentent en effet bien désœuvrés. Madeleine I tourne en rond dans son appartement : **Preuve, citation** — «J'me promène dans'maison, j'sais pas quoi faire de mon corps…» (Tremblay, p. 196, l. 3-4), et le couple de *L'Hiver de force* fait de même : «Ça faisait bien quatre cinq heures qu'on venait de passer à ne rien faire quand on est sortis» (Ducharme, p. 126, l. 30-31). **Commentaire** — Rien ne semble retenir l'attention de ces trois personnages, hormis la sensation de perdre leur temps et leur existence à ne rien faire. **Argument secondaire** — Ils semblent ainsi en proie à un sentiment d'impuissance qui attise leur colère. Madeleine I se croit incapable de changer sa vie : «Oùsque j'irais, un coup divorcée ? M'ennuyer ailleurs ? […] J'sais rien faire d'autre que le ménage pis à manger !» (Tremblay, p. 197, l. 56-59). Les personnages de *L'Hiver de force*, de leur côté, ne semblent plus pouvoir discerner ce qui pourrait les sortir de leur torpeur : «Le bon, le meilleur et le mieux c'est rien. Reste assis là et nie tout […]» (Ducharme, l. 25-26). Dans les deux cas, c'est cette sensation de ne pas pouvoir changer leur vie et d'en être ainsi réduit à se résigner au malheur qui rend leur révolte si palpable et similaire. **Phrase de clôture** — L'ennui et la frustration sont donc des caractéristiques communes de la révolte des personnages des deux extraits.

Toutefois, cette révolte n'est pas vécue de la même manière. Madeleine I vit la sienne dans la solitude et le silence. Le personnage de Tremblay est une femme au foyer délaissée, qui ronge son frein : «Quand ton père est disparu depuis des jours pis que ta sœur est partie travailler, ça m'arrive de m'ennuyer, c'est sûr» (Tremblay, p. 196, l. 1-3). Les personnages de Ducharme, quant à eux, forment un couple et partagent leur ennui : «Nous avons parlé pour ne rien dire. Rien n'est meilleur que la vivacité de l'attention que Nicole porte aux niaiseries que je dis […]» (Ducharme, l. 13-15). Il se dégage ainsi l'impression d'un désespoir beaucoup plus grand chez Madeleine I que chez les protagonistes de Ducharme. Cela semble d'autant plus juste que ces derniers ne paraissent pas prisonniers de leur existence. Ils n'ont en effet aucune obligation : «On a pris le métro. Il n'allait nulle part. […] ça faisait notre affaire. Quand on en a eu assez on a débarqué» (Ducharme, l. 37-41). De son côté, Madeleine I suit sa routine, elle a un mari et des enfants devant lesquels elle s'efforce de faire bonne figure : «T'arriverais au milieu de tout ça [la révolte qu'elle vit en silence] pis tu penserais que chus juste dans la lune ou ben que chus t'en train de me demander c'que j'vas faire pour le souper… […]» (Tremblay, p. 196, l. 41-44). Libres comme l'air, les personnages de Ducharme construisent leurs journées, alors que Madeleine I, en plus de remplir ses obligations, doit cacher sa révolte pour sauver son ménage. Il est donc clair que la manière dont les personnages des deux extraits vivent leur révolte engendre des conséquences différentes.

Ainsi, bien que l'ennui soit au cœur de la révolte des personnages des deux extraits, la manière dont ils la vivent nous amène à penser que leur révolte n'est pas similaire ; en fait, la révolte aide les personnages de *L'Hiver de force* à se définir, alors qu'elle tue Madeleine I à petit feu. Le couple de *L'Hiver de force* se définit en effet en projetant sa révolte contre la société. Ainsi, ils s'encouragent à pester contre la programmation télévisuelle : « [...] on démolit les acteurs des films annoncés. [...] c'est de leur faute s'il n'y a plus d'amour [...] » (Ducharme, l. 18-21). De plus, ils retirent, de leur perpétuelle négation de tout, une sensation de force bénéfique : « Nie, nie, nie, et recueille-toi comme une bombe dans chacun de tes *non* [...] » (Ducharme, l. 27-28). Ils en éprouvent même une certaine satisfaction : « On était de bonne humeur ; on était fiers de n'avoir rien fait si longtemps » (Ducharme, l. 31-32). En agissant comme des enfants boudeurs, les personnages de Ducharme se donnent la sensation d'exister comme individus. Leur complaisance dans la révolte est ainsi justifiée par l'illusion positive qu'elle crée en eux. Cela n'est pas le cas de Madeleine I, que la conscience de son malheur torture inlassablement. Madeleine I sait pertinemment qu'il n'y a pas d'issue pour elle autre que dans le fantasme : « J'deviens... une sorte d'héroïne... J'démolis la maison ou ben j'y mets le feu, j'égorge ton père, j'y fais même pire que ça... [...] Mais tout ça, Claude, se fait dans le silence » (Tremblay, p. 196, l. 36-41). Madeleine I souffre de cette prise de conscience et de cette colère ravalée qui, au lieu de la construire, la dévore progressivement. Les personnages de Ducharme peuvent bien jouer aux rebelles, Madeleine I, quant à elle, ne se croit autorisée qu'à en rêver. Cette distinction importante nous amène donc à conclure que la révolte vécue par les personnages des deux extraits, bien qu'elle ait la même origine, est loin d'avoir la même portée et d'engendrer les mêmes conséquences.

Les personnages des deux extraits (du roman *L'Hiver de force* de Réjean Ducharme et de la pièce *Le Vrai Monde ?* de Michel Tremblay) vivent-ils la même révolte ? Non, et cela en dépit du fait qu'elle a pour source commune une vie ennuyeuse. La manière dont les personnages vivent cette révolte (Madeleine I dans le silence, la solitude et l'asservissement ; le narrateur de *L'Hiver de force* et Nicole dans la vie à deux et la plus totale liberté) nous entraîne à penser que la révolte construit les personnages de Ducharme, alors qu'elle détruit le personnage de la pièce de Michel Tremblay. Les protagonistes de *L'Hiver de force*, en effet, en se donnant la permission de jouer aux rebelles et de pester contre la société, tirent le sentiment de devenir des individus à part entière ; Madeleine I, de son côté, semble résignée à sa servitude et se réfugie dans le fantasme stérile et destructeur.

Synthèse

Il serait intéressant de voir en quoi cette distinction entre la révolte des personnages est la conséquence de leur appartenance à des générations différentes, puisque les jeunes de *L'Hiver de force* sont typiques de la contre-culture des années 1960-1970, alors que Madeleine du *Vrai Monde ?* semble être leur aînée.

Ouverture

N.B. Notez que dans l'exemple de développement présenté ci-dessus, l'auteur a choisi de ne pas inclure de phrase de clôture pour le premier argument secondaire de chacun des arguments principaux, afin de montrer qu'il est aussi possible de structurer un paragraphe sans cet élément. Consultez votre professeur afin de vérifier s'il approuve cette façon de faire ou non avant de l'adopter dans votre propre travail.

B. Récapitulation des notions théoriques vues dans les cours de littérature française

Être capable d'analyser convenablement une œuvre littéraire suppose non seulement qu'on puisse y découvrir la vision du monde de l'auteur, mais également en déceler les caractéristiques esthétiques et formelles (genre de l'œuvre, appartenance à un courant, style, rapports entre la forme et le fond, etc.).

Il est également important de garder à l'esprit que l'épreuve ministérielle vise non seulement à vérifier votre maîtrise de la dissertation critique, mais également votre connaissance des œuvres et des courants marquants des littératures française et québécoise.

Afin de vous aider dans cette tâche complexe, voici un rappel des principales notions d'analyse et de culture générale que vous avez probablement abordées durant votre parcours d'apprentissage au cégep.

1. Les principaux genres littéraires

Un genre est tout simplement une catégorie (ou un «type») d'œuvres comportant des caractéristiques formelles communes. Le terme est souvent employé pour désigner indifféremment les genres, les sous-genres ainsi que toute autre sous-catégorie susceptible de venir se greffer à cette classification.

Les principaux genres sont exposés dans le tableau suivant.

Genre narratif	Définition	Exemples tirés de la littérature française	Exemples tirés de la littérature québécoise
Le roman	Œuvre de fiction longue qui, par le biais de descriptions entrecoupées de dialogues, fait vivre des personnages dans un lieu et un temps donnés.	*Les Liaisons dangereuses* de Choderlos de Laclos (1782) *Notre-Dame de Paris* de Victor Hugo (1831) *Germinal* d'Émile Zola (1885) *L'Étranger* d'Albert Camus (1942)	*Maria Chapdelaine* de Louis Hémon (1914) *Bonheur d'occasion* de Gabrielle Roy (1945) *Le Libraire* de Gérard Bessette (1960) *L'Hiver de force* de Réjean Ducharme (1973)
La nouvelle	Œuvre de fiction courte qui comprend une plus grande unité d'action et un nombre plus restreint de personnages que le roman.	«Sylvie» de Gérard de Nerval (1854) *Les Diaboliques* de Jules Barbey d'Aurevilly (recueil) (1874) *Le Horla* de Guy de Maupassant (1887)	*Le Torrent* d'Anne Hébert (1950)
Le conte	Comme la nouvelle, le conte est généralement bref, mais il se distingue d'elle par ses visées morales ou son caractère fantaisiste. De plus, il est généralement lié à la tradition orale.	«Le Petit Chaperon rouge» de Charles Perrault (1697) «Trilby ou Le Lutin d'Argail» de Charles Nodier (1822)	*La Sorcière et le Grain d'orge* de Jacques Ferron (1968)
La légende	Comme le conte, la légende est brève et s'inspire de la tradition orale. Toutefois, à la différence du conte, la légende inscrit la fantaisie à l'intérieur d'un cadre réaliste, voire historique.	*Légendes rustiques* de George Sand (1858)	*La Chasse-galerie* d'Honoré Beaugrand (1900)
La biographie	La biographie relate la vie, ou une tranche de vie d'un personnage célèbre. Dans le cas d'une biographie qui fait la part belle à l'invention, on parle de biographie romancée. Dans l'autobiographie, l'auteur raconte sa propre vie, tandis que dans le journal intime, il se livre quotidiennement à ses pensées et à ses émotions.	*Mémoires d'outre-tombe* de Chateaubriand (mémoires) (1809-1841)	*La Détresse et l'Enchantement* de Gabrielle Roy (autobiographie) (1984)

Genre poétique	Définition	Exemples tirés de la littérature française	Exemples tirés de la littérature québécoise
Formes fixes	On parle de forme fixe lorsque le poème est construit selon des règles préétablies (nombre et type de strophes, métrique, rimes, agencement des rimes, contenu, etc.). Ces formes fixes sont : – Le sonnet — Le virelai – La ballade — Le haïku – Le rondeau — L'ode – Le lai — etc. – L'élégie	«La Ballade des pendus» de François Villon (ballade) (XVe siècle) «L'Albatros» de Charles Baudelaire (sonnet) (1857)	«Devant deux portraits de ma mère» d'Émile Nelligan (sonnet) (publié en 1904)
Formes libres	Le poème est de forme libre lorsqu'il n'appartient à aucune des formes fixes connues ou traditionnelles et que sa construction n'est donc pas soumise à des règles préétablies bien précises. Ces formes libres sont : – Le vers libre – Le poème en prose – Le calligramme	*Petits poëmes en prose* de Charles Baudelaire (1862) *Une saison en enfer* d'Arthur Rimbaud (1873) *Calligrammes, poèmes de la paix et de la guerre 1913-1916* de Guillaume Apollinaire (1918)	«Accompagnement» d'Hector de Saint-Denys Garneau (1937) «Pris et protégé» d'Alain Grandbois (1944) «Cantouque menteur» de Gérald Godin (1967)

Genre dramatique	Définition	Exemples tirés de la littérature française	Exemples tirés de la littérature québécoise
La tragédie	Pièce dont l'origine remonte à l'Antiquité, qui met en scène des personnages de haut rang dont les dilemmes moraux en font des victimes du destin.	*Œdipe roi* de Sophocle (-430) *Le Cid* de Pierre Corneille (1636) *Britannicus* de Jean Racine (1669)	Au Québec, la tragédie est un genre peu exploité. On retiendra toutefois l'influence de ce genre dans l'œuvre dramatique de Michel Tremblay.
Le drame	Pièce dont les personnages, issus de n'importe quelle classe sociale, sont aux prises avec les difficultés de la vie.	*Lorenzaccio* d'Alfred de Musset (1834) *Cyrano de Bergerac* d'Edmond Rostand (1897)	*Tit-Coq* de Gratien Gélinas (1948) *La Charge de l'orignal épormyable* de Claude Gauvreau (1956) *Un simple soldat* de Marcel Dubé (1957) *À toi, pour toujours, ta Marie-Lou* de Michel Tremblay (1971)
La comédie	Pièce dont le but principal est de faire rire le public.	*L'Avare* de Molière (1667) *La Cantatrice chauve* d'Eugène Ionesco (1950)	*Les Voisins* de Claude Meunier et Louis Saïa (1980)

Texte d'opinion	Définition	Exemples tirés de la littérature française	Exemples tirés de la littérature québécoise
L'essai	Texte dans lequel l'auteur émet son opinion dans un style littéraire et personnel à propos de sujets variés, souvent d'actualité.	*Essais* de Montaigne (1580-1588) *Choses vues* de Victor Hugo (posthume, 1887 et 1900)	*Nègres blancs d'Amérique* de Pierre Vallières (1968)
Le manifeste	Le manifeste peut être rédigé par un ou plusieurs auteurs, et sert à imposer le programme d'un groupe, d'un courant, d'un mouvement donné.	*Manifeste du surréalisme* d'André Breton (1924)	*Refus global* de Paul-Émile Borduas (1948)

2. Les principaux courants littéraires

LES PRINCIPAUX COURANTS DE LA LITTÉRATURE FRANÇAISE		
Courant	**Définition**	**Principaux auteurs**
L'humanisme (XVIe siècle)	L'humanisme (du mot latin *humanitas,* qui désigne la culture) est un courant à la fois philosophique et littéraire. Il met l'accent sur l'homme, qu'il considère comme étant doté d'un potentiel illimité, et favorise la recherche du savoir et l'exercice de la raison. Il s'inspire largement des valeurs et de l'esthétique de l'Antiquité.	Rabelais Montaigne Ronsard Du Bellay
Le classicisme (XVIIe siècle)	Principal courant du XVIIe siècle, le classicisme s'inspire des modèles littéraires et artistiques de l'Antiquité. Ce courant se caractérise par l'ordre, la rigueur et la recherche d'un idéal moral qui trouve son écho dans la poursuite d'un idéal esthétique. C'est ainsi, par exemple, qu'est valorisée dans la tragédie classique la fameuse et très exigeante règle des trois unités (temps, lieu, action).	Racine Corneille Molière La Fontaine
Les Lumières (XVIIIe siècle)	Les Lumières, courant de pensée principal du XVIIIe siècle, se caractérisent par une approche philosophique et matérialiste du monde. Les philosophes des Lumières utilisent la littérature pour communiquer leurs idées sur la société et leur vision souvent contestataire des valeurs et des institutions de l'Ancien Régime.	Montesquieu Laclos Voltaire Beaumarchais Rousseau Diderot
Le romantisme (1800-1850)	Au XIXe siècle, le romantisme français s'efforce de briser les règles du classicisme en valorisant l'expression de la subjectivité de l'auteur. La passion amoureuse, la mélancolie, l'exotisme, l'histoire nationale et la nature sont au cœur des préoccupations de ce courant révolutionnaire. Le romantisme est le courant qui marque l'entrée de la littérature dans le monde moderne.	Chateaubriand Sand Mme de Staël Vigny Constant Hugo Lamartine Nerval Musset
Le réalisme et le naturalisme (1850-1904)	S'opposant aux excès lyriques et à la trop grande subjectivité des romantiques, les réalistes souhaitent dresser un portrait à la fois objectif et saisissant de la société de leur temps. Travaillant souvent à partir d'une abondante documentation, ils tentent de reproduire le monde tel qu'il est plutôt que tel qu'ils le voient. Créé par Émile Zola, le naturalisme est un courant dérivé du réalisme. S'inspirant du développement de la médecine expérimentale, Zola cherche à rapprocher la littérature des sciences exactes et propose le concept de roman expérimental, qui lui permet d'étudier les conséquences sociales des lois de l'hérédité.	Balzac (précurseur) Stendhal (précurseur) Flaubert Maupassant Les frères Goncourt Zola
Le symbolisme (1870-1900)	Le symbolisme est un courant essentiellement poétique qui s'oppose à la froideur des Parnassiens ainsi qu'au réalisme et au naturalisme, jugés trop matérialistes. Les poètes symbolistes se tournent vers l'exploration du monde intérieur, de la vie spirituelle, et expriment leur spleen (mélancolie noire), leur angoisse métaphysique et leur besoin d'évasion.	Baudelaire (d'abord Mallarmé attiré par le Parnasse) Huysmans Verlaine (anciennement Rimbaud disciple de Zola) Au Québec : Émile Nelligan
Le dadaïsme (1916-1925)	Le dadaïsme (du mot enfantin «dada», qui désigne le cheval) est un courant nihiliste fondé par le Roumain Tristan Tzara. Marqué par l'horreur de la Première Guerre mondiale, Tzara rejette en bloc la société bourgeoise, impérialiste et colonialiste de son temps. Cherchant à faire table rase du passé, les dadaïstes s'insurgent contre les canons de la beauté en art. Ils axent leurs œuvres (le plus souvent poétiques) sur le jeu, l'arbitraire et la provocation.	Tzara Breton Soupault

LES PRINCIPAUX COURANTS DE LA LITTÉRATURE FRANÇAISE (suite)

Courant	Définition	Principaux auteurs
Le surréalisme (1924-1950)	Créé par d'anciens dadaïstes (Breton et Soupault), le surréalisme est un courant tourné principalement vers l'exploration de l'inconscient. S'intéressant au rêve, qu'ils considèrent à la suite de Freud comme la porte d'entrée de cet inconscient, les surréalistes en valorisent l'esthétique étrange et déroutante. C'est ainsi qu'au moyen de l'expérience de l'écriture automatique, les poètes surréalistes tentent de déjouer la censure et de se rendre au-delà du monde rationnel pour accéder à ce territoire inconnu, d'une fascinante beauté.	Breton Desnos Soupault Aragon Éluard Péret Au Québec: l'automatisme, représenté entre autres par le peintre et essayiste Paul-Émile Borduas, est un courant largement tributaire du surréalisme.
L'existentialisme (1940-1960)	L'existentialisme est un courant philosophique et littéraire qui affirme la primauté de l'existence sur l'essence. En effet, les existentialistes jugent que l'homme est libre de donner un sens à sa vie après avoir pris conscience de l'absurdité de l'existence (athéisme). Ces écrivains philosophes valorisent la notion d'engagement, de responsabilité collective et de solidarité lors d'événements éprouvants.	Sartre Camus Beauvoir Au Québec: *Poussière sur la ville* d'André Langevin et *Le Libraire* de Gérard Bessette sont deux exemples de romans inspirés par l'existentialisme.
Le théâtre de l'absurde (1950-1980)	Les dramaturges du théâtre de l'absurde considèrent, comme les existentialistes, que l'existence est absurde, mais ils refusent toutefois de voir dans l'engagement une possibilité de donner un sens à la vie. Dans les pièces de théâtre de ce courant, les personnages sont le plus souvent en proie au désespoir, à l'attente, à l'aliénation, à l'incommunicabilité et à la dérive progressive vers la vieillesse et la mort.	Beckett Ionesco
Le Nouveau roman (1950-1970)	Courant de protestation contre le roman réaliste et psychologique, le Nouveau roman propose une littérature de l'objet, dans laquelle le personnage, sans épaisseur psychologique, s'efface derrière le décor de la société post-industrielle de l'après-guerre. Par la déconstruction de l'intrigue linéaire, les nouveaux romanciers imposent un temps discontinu ainsi qu'une narration fractionnée, reflet d'une pensée qui se cherche sans jamais aboutir réellement.	Robbe-Grillet Sarraute Butor
Le post-modernisme (1970 à aujourd'hui)	Le postmodernisme est davantage une tendance, un phénomène social et culturel qu'un courant littéraire au sens strict. Il s'agit en bref d'une remise en question du concept de progrès et de modernité, d'une critique des «remèdes» (socialisme, communisme, capitalisme, etc.) proposés jusqu'ici au «mal social» et d'une valorisation de l'individualisme et de la subjectivité. Dans le domaine artistique, le créateur postmoderne se nourrit d'influences diverses issues du passé, qu'il «recycle» dans une composition tenant souvent du collage.	Au Québec: *L'Hiver de force* de Réjean Ducharme est l'un des premiers romans postmodernes québécois.

3. Les principales tonalités

L'intention de l'auteur, son appartenance à un courant, l'adoption d'un genre particulier, les caractéristiques formelles de l'œuvre étudiée sont autant d'éléments qui participent à créer la tonalité (ou le registre) du texte. Chercher la dominante tonale d'un texte consiste donc à essayer de trouver le terme le plus approprié pour résumer l'essence de ce texte.

Tonalité	Définition
La tonalité dramatique	Tonalité qui traduit un effet de gravité, de sérieux, d'intensité.
La tonalité comique	Tonalité qui provoque le rire.
La tonalité réaliste	Tonalité qui renforce l'impression de réalisme, qui favorise l'identification du lecteur au héros, à ce qu'il vit, au monde dans lequel il évolue.
La tonalité fantastique	Tonalité qui crée de l'ambiguïté propre au fantastique, de l'étrangeté, du mystère, une impression d'irréalité.
La tonalité épique	Tonalité caractérisée par la démesure de l'épopée, où les personnages sont aux prises avec des événements qui les dépassent et dont les aventures plus grandes que nature les font souvent entrer dans l'Histoire.
La tonalité tragique	Tonalité propre à la tragédie, où le protagoniste, victime de son destin, est voué à l'échec et à la mort.

Tonalité (suite)	Définition
La tonalité pathétique	Tonalité qui cherche à provoquer de vives émotions, entre autres par la description de la souffrance humaine.
La tonalité lyrique	Tonalité qui met l'accent sur l'expression personnelle des émotions, des sentiments.
La tonalité ironique	Tonalité qui consiste, pour l'auteur, à exprimer le contraire de ce qu'il veut faire entendre afin de dénoncer par la raillerie une situation, un fait, un événement, une idéologie, etc., qu'il juge inacceptable.
La tonalité satirique	Tonalité qui cherche, par le biais de l'humour (ironie, sarcasme, caricature), à faire la critique d'une certaine réalité.

4. Les principaux niveaux de langue

Les niveaux de langue peuvent varier dans une même œuvre ou d'une œuvre à l'autre. Par exemple, la narration d'un roman peut être de niveau **littéraire,** alors que les personnages issus de la classe populaire s'y expriment dans un langage **vulgaire** et que ceux de l'aristocratie le font dans un langage **soutenu.** De même, lorsque le narrateur d'un roman intègre des extraits de son journal intime, le niveau de langue employé peut être **familier.**

Niveau de langue	Définition
Le niveau littéraire	Langue recherchée, qui favorise l'emploi d'un vocabulaire riche et de tournures propres à la littérature.
Le niveau soutenu	Langue dont le vocabulaire et la syntaxe sont recherchés.
Le niveau familier	Langue utilisée tous les jours dans les situations où les individus communiquent avec des membres de leur entourage.
Le niveau vulgaire	Langue dont le vocabulaire est injurieux, blasphématoire, ordurier, grossier, et la syntaxe, très relâchée.

5. L'auteur, le narrateur et le personnage

Une des nombreuses erreurs de «débutant» commises dans l'analyse d'une œuvre littéraire est de confondre auteur, narrateur et personnage. Consultez le tableau suivant afin de démêler ces notions élémentaires mais néanmoins complexes.

L'auteur	Le narrateur	Le personnage
Il a écrit et signé le texte.	Il raconte l'histoire.	Il participe à l'histoire, il la vit.
L'auteur, à moins qu'il s'agisse d'une autobiographie ou d'une œuvre lyrique (poème, journal intime, etc.), se distingue du narrateur, qui peut cependant lui ressembler comme un frère.	Dans bien des cas, le narrateur est à distinguer de l'auteur. Le narrateur explique au lecteur ce que ressent tel ou tel personnage ou ce qu'il éprouve lui-même à l'égard de tel ou tel événement. Autrement dit, c'est le narrateur créé par l'auteur qui raconte l'histoire. Bien sûr, le narrateur peut être le porte-parole de l'auteur, mais il n'en constitue pas moins une entité distincte. Le narrateur peut être omniscient, subjectif ou objectif.	Le personnage *peut* être le narrateur du récit (on parle alors de narration subjective). C'est le cas, par exemple, dans *L'Hiver de force* de Réjean Ducharme, dont le narrateur est André, le personnage principal du roman.

6. Les principales figures de style

Les figures de style sont des procédés littéraires qui permettent de s'exprimer dans un style riche ou de traduire une pensée ou un fait de manière imagée et surprenante. Savoir repérer les figures de style dans un texte permet de mieux évaluer la richesse du style de l'auteur et de comprendre plus précisément son intention et la manière dont il s'y prend pour la communiquer au lecteur.

Les figures d'analogie		
La comparaison	Rapprochement de deux éléments à l'aide d'un outil comparatif («comme», «de même que», «semblable à», etc.).	*Il y a en Madeleine une force cruelle qui se manifeste rarement, mais inquiète, comme le grand dogue dont on ne sait pas s'il ne mordra pas un jour.* – André Langevin *Il courait en lançant des plaintes vastes comme des steppes arbustives, longues comme la corne somalienne et triste avec ça.* – Sylvain Trudel *Son cœur se tourna donc dans le sens de l'amour, à la façon des feuilles qui cherchent le soleil.* – Germaine Guèvremont
La métaphore	Comparaison exécutée sans recours à un outil comparatif. La métaphore est filée lorsque l'auteur enchaîne une série de métaphores sur le même thème.	*Les derniers restes de l'hiver, des sortes d'os salés, achevaient de fondre sur le béton du trottoir, cette sorte de mur horizontal.* – Réjean Ducharme *mon conduit nasal est une campagne d'incinérateurs en collision.* – Denis Vanier
L'allégorie	Analogie qui se manifeste par la présence de plusieurs figures consécutives qui concourent toutes à illustrer une réalité d'un autre niveau, généralement une idée abstraite.	*Sur une arête de roc, je vis un gibet auquel pendait, attachée par les pieds, une femme divinement belle. Des forcenés lui criblaient la poitrine de coups de fouet, tandis que des gamins sordides se balançaient, comme en des escarpolettes, au bout de sa puissante chevelure, qui pendait jusqu'à terre et le long de laquelle coulaient des ruisseaux de sang.* *Je reconnus cette femme.* *C'était la Liberté qu'on avait pendue!* – Jean-Charles Harvey
La personnification	Attribution de caractéristiques humaines à une chose inanimée.	*La neige féroce fonce sur le pare-brise.* – Monique Larue *J'ai roulé quatre cents milles* *Sous un ciel fâché* – Richard Desjardins
Les figures d'opposition		
L'antithèse	Rapprochement de deux termes, expressions, propositions contrastées afin de les mettre en valeur.	*Ma joie ou ma douleur chante le paysage.* – Alfred Desrochers
L'antiphrase	Figure qui consiste à laisser entendre ce que l'on pense vraiment en exprimant son contraire; elle est typique de l'ironie.	*speak white and loud* *qu'on vous entende* *de Saint-Henri à Saint-Domingue* *oui quelle admirable langue* *pour embaucher* *donner des ordres* *fixer l'heure de la mort à l'ouvrage* *et de la pause qui rafraîchit* *et ravigote le dollar* – Michèle Lalonde
L'oxymore	Rapprochement syntaxique étroit entre deux mots de sens opposés afin de créer une image surprenante et forte.	*Il craignait de réveiller en sursaut la paresseuse violence de son père.* – Marie-Claire Blais

Les figures de substitution

La métonymie	Raccourci d'expression qui substitue au nom d'une réalité celui d'une de ses caractéristiques.	*[...] il veut descendre en ville prendre un verre.* – Honoré Beaugrand *Un petit peuple serré de près aux soutanes restées les seules dépositaires de la foi [...]* – Paul-Émile Borduas
La périphrase	Figure qui consiste à remplacer le mot par sa définition, par ce qu'il désigne.	*L'immense nappe grise qui cachait le ciel s'était faite plus opaque et plus épaisse [...]* – Louis Hémon

Les figures d'amplification

L'hyperbole	Amplification d'une notion par l'exagération.	*Nous avions apporté dans nos poitrines le cœur des hommes de notre pays, vaillant et vif, aussi prompt à la pitié qu'au rire, le cœur le plus humain de tous les cœurs humains [...]* – Louis Hémon *Il vous levait un cheval d'une seule main. Vous tordait le trente sous jusqu'à ce que la face de la reine saigne du nez.* – Fred Pellerin
La gradation	Dans une énumération, progression ascendante qui va souvent jusqu'à l'hyperbole.	*Et le vent qui tourbillonne tout autour de la maison fait résonner Griffin Creek avec des voix de femmes patientes, repasseuses, laveuses, cuisinières, épouses, grossissantes, enfantantes, mères des vivants et des morts, désirantes et désirées dans le vent amer.* – Anne Hébert

Les figures d'atténuation et d'omission

L'euphémisme	Formulation qui atténue le caractère trop choquant d'un mot ou d'une réalité.	*On ne pouvait pas prétendre qu'elle fût un beau type de femme.* – Rodolphe Girard
La litote	Figure qui consiste à dire moins pour laisser entendre plus.	*L'important, c'est que j'ai passé avec Rose (ainsi s'appelle-t-elle) une nuit agréable.* – Gérard Bessette
L'ellipse	Figure par laquelle l'auteur fait l'économie de mots inutiles à la compréhension.	*Longue file d'attente au bureau de poste.* – Dany Laferrière *Les gens de mon pays* *Ce sont gens de paroles* – Gilles Vigneault

Les figures d'insistance

La répétition	Reprise d'un mot, d'une expression afin d'en augmenter l'effet ou de créer un rythme particulier.	*Pleurez, oiseaux de février,* *Pleurez mes pleurs, pleurez mes roses,* – Émile Nelligan *Jolliet! Jolliet! quel spectacle féerique* *Dut frapper ton regard [...]* – Louis Fréchette *Mais la route le reprendra. C'est épouvantable. La route le reprendra... La route le reprendra... La route le reprendra...* – Germaine Guèvremont
Le pléonasme	Répétition ou redoublement d'une idée, d'une expression afin d'obtenir un plus grand effet.	*La neige du printemps fond, mouille, slotche, revole, splache, avec des bruits liquides.* – Monique Larue
L'anaphore	Répétition d'un même mot en début de phrases ou de vers successifs.	*PLACE À LA MAGIE! PLACE AUX MYSTÈRES OBJECTIFS!* *PLACE À L'AMOUR!* *PLACE AUX NÉCESSITÉS!* – Paul-Émile Borduas *Sur l'eau bercée de nénuphars* *Sur l'eau piquée de nénuphars* *Sur l'eau percée de nénuphars* – Hector de Saint-Denys Garneau

BIBLIOGRAPHIE

ALLARD, J. *Le Roman du Québec; histoire, perspectives, lectures*, Montréal, Éditions Québec Amérique, 2000.

ARGUIN, M. *Le Roman québécois de 1944 à 1965*, Montréal, L'Hexagone, coll. «CRELIQ», 1989.

ASSINIWI, B. *Histoire des Indiens du Haut et du Bas-Canada*, 3 tomes, Montréal, Leméac, coll. «Ni-T'Chawama mon ami mon frère», 1973.

BAILLARGEON, S. *Littérature canadienne-française*, Montréal, Fides, 1961.

BEAUDOIN, R. *Le Roman québécois*, Montréal, Boréal, coll. «Boréal Express», 1991.

BEAULIEU, V.-L. *Manuel de la petite littérature du Québec*, Montréal, L'aurore, 1974.

BELLEAU, A. *Le Romancier fictif: essai sur la représentation de l'écrivain dans le roman québécois*, Québec, Nota bene, coll. «Visées critiques», 1999.

BÉRAUD, J. *350 ans de théâtre au Canada français*, Montréal, CLF, 1958.

BESSETTE, G., L. GESLIN et C. PARENT. *Histoire de la littérature canadienne-française par les textes*, Montréal, Centre éducatif et culturel, 1968.

BIRON, M., F. DUMONT et É. NARDOUT-LAFARGE. *Histoire de la littérature québécoise*, Montréal, Boréal, 2007.

BOISMENU, G., L. MAILHOT et J. ROUILLARD. *Le Québec en textes. Anthologie (1940-1986)*, Montréal, Boréal, 1986.

BOSQUET, A. *Poésie du Québec*, Montréal, HMH, 1962.

BOURASSA, A.-G. *Surréalisme et littérature québécoise. Histoire d'une révolution culturelle*, Montréal, Typo, 1986.

BOURASSA, A.-G. et G. LAPOINTE. *Refus global et ses environs*, Montréal, L'Hexagone, 1988.

BRAULT, J. *Chemin faisant*, Montréal, Boréal, coll. «Papiers collés», 1989.

BROSSARD, N. et L. GIROUARD. *Anthologie de la poésie des femmes au Québec*, Montréal, Éditions du Remue-ménage, 1991.

CAUMARTIN, A. et M.-E. LAPOINTE. *Parcours de l'essai québécois*, Montréal, Nota bene, 2003.

CENTRE DES AUTEURS DRAMATIQUES. *Théâtre québécois: 146 auteurs, 1067 pièces résumées*, Montréal, VLB éditeur/CEAD, 1994.

CHAMBERLAND, R. et A. GAULIN. *La Chanson québécoise, de la Bolduc à aujourd'hui*, Québec, Nuit blanche Éditeur, 1994.

CHARTIER, D. *Dictionnaire des écrivains émigrés au Québec: 1980-1999*, Montréal, Nota bene, 2003.

CHASSAY, J.-F. *L'Ambiguïté américaine: le roman québécois face aux États-Unis*, Montréal, XYZ, coll. «Théorie et littérature», 1995.

CHASSAY, J.-F. (dir.). *Anthologie de l'essai au Québec depuis la Révolution tranquille*, Montréal, Boréal, 2003.

COLLECTIF CLIO. *L'Histoire des femmes au Québec depuis quatre siècles*, Montréal, Les quinze, 1983.

COURNOYER, J. *La Mémoire du Québec. De 1534 à nos jours. Répertoire de noms propres*, Montréal, Stanké, 2001.

DESAULNIERS, J.-P. *De «La famille Plouffe» à «La petite vie»*, Québec, Musée de la civilisation, 1996.

DICKINSON, J.A. et B. YOUNG. *Brève histoire socio-économique du Québec*, Sillery, Septentrion, 1992.

DIONNE, R. (dir.) *Le Québécois et sa littérature*, Sherbrooke, Éditions Naaman, 1984.

DUMONT, F. *La Poésie québécoise*, Montréal, Boréal, coll. «Boréal Compact», 1993.

DUMONT, M. et L. TOUPIN. *La Pensée féministe au Québec. Anthologie (1900-1985)*, Montréal, Éditions du remue-ménage, 2003.

FREDETTE, N. *Montréal en prose, 1892-1992*, Montréal, L'Hexagone, 1992.

FRÉGAULT, G. et M. TRUDEL. *Histoire du Canada par les textes*, 4 tomes, Ottawa, Fides, 1963.

FRENETTE, Y. *Brève Histoire des Canadiens français*, Montréal, Boréal, 1998.

GAGNON, F.-M. *Chronique du mouvement automatiste québécois*, Montréal, Lanctôt, 1998.

GARNEAU, F.-X. *Histoire du Canada depuis sa découverte jusqu'à nos jours*, Montréal, Beauchemin & Fils, 1883.

GAUVIN, L. et G. MIRON. *Écrivains contemporains du Québec*, Paris, Seghers, 1989.

GIROUX, R., C. HAVARD et R. LAPALME. *Le Guide de la chanson québécoise*, Montréal, Triptyque, 1991.

GODIN, J.-C. et L. MAILHOT. *Le Théâtre québécois*, 2 volumes, Montréal, Hurtubise/HMH, 1970 et 1980.

GRANDPRÉ, P. de. *Histoire de la littérature française du Québec*, 4 tomes, Montréal, Beauchemin, de 1967 à 1969.

GUÉRIN, M.-A. et R. HAMEL. *Dictionnaire Guérin des poètes d'ici*, Montréal, Guérin, 2005.

HAMEL, R., J. HARE et P. WYCZYNSKI. *Dictionnaire des auteurs de langue française en Amérique du Nord*, Montréal, Fides, 1989.

HARE, J. *Anthologie de la poésie québécoise du XIXe siècle (1790-1890)*, Montréal, Cahiers du Québec/Hurtubise HMH, 1979.

HAREL, S. *Le Voleur de parcours: identité et cosmopolitisme dans la littérature québécoise contemporaine*, Montréal, XYZ, coll. «Documents», 1999.

KWATERKO, J. *Le Roman québécois de 1960 à 1975. Idéologie et représentation littéraire*, Longueuil, Éditions du Préambule, 1989.

LACOURSIÈRE, J., J. PROVENCHER et D. VAUGEOIS. *Canada-Québec*, Sillery, Septentrion, 2000.

LAFON, D. (dir). *Le Théâtre québécois 1975-1995*, Montréal, Fides, coll. «Archives des lettres canadiennes», tome X, 2001.

LE BEL, M. et J.-P. PAQUETTE. *Le Québec par ses textes littéraires (1534-1976)*, Montréal, Éditions France-Québec/Fernand Nathan, 1979.

LÉGER, R. *La Chanson québécoise en question*, Montréal, Québec Amérique, 2003.

LEMIRE, M. (dir.). *Dictionnaire des œuvres littéraires du Québec*, 6 tomes, Montréal, Fides, de 1978 à 1994.

LESAGE, M. et F. TARDIF. *30 ans de Révolution tranquille*, Montréal, Mellarmin, 1989.

LINTEAU, P.-A., R. DUROCHER, J.-C. ROBERT et F. RICARD. *Histoire du Québec contemporain*, Montréal, Boréal, coll. «Boréal Compact», 1989.

MAILHOT, L. *La Littérature québécoise depuis ses origines*, Montréal, Typo, 1997.

MAILHOT, L. *L'Essai québécois depuis 1845*, Montréal, HMH, coll. «Littérature», 2005.

MAILHOT, L. et B. MELANÇON (coll.). *Essais québécois 1837-1983*, Montréal, Hurtubise/HMH, coll. «Textes et documents littéraires», 1984.

MAILHOT, L. et P. NEPVEU. *La Poésie québécoise des origines à nos jours*, Montréal, Typo, 1996.

MARCOTTE, G. *Une littérature qui se fait*, Montréal, HMH, 1962.

MARCOTTE, G. *Le Temps des poètes*, Montréal, HMH, 1969.

MARCOTTE, G. (dir.). *Anthologie de la littérature québécoise*, 4 tomes, Montréal, La Presse, de 1978 à 1980.

MARTINEAU, J. *Les 100 romans québécois qu'il faut lire*, Québec, Nuit blanche, 1994.

MILOT, L. et J. LINVELT. *Le Roman québécois depuis 1960. Méthodes et analyses*, Québec, PUL, 1992.

NEPVEU, P. *L'Écologie du réel. Mort et naissance de la littérature québécoise*, Montréal, Boréal, 1998.

NEVERT, M. *La Petite Vie ou les entrailles d'un peuple*, Montréal, XYZ, coll. «Documents», 2000.

PARSAL, G. (dir.). *Le Roman québécois au féminin (1980-1995)*, Montréal, Triptyque, 1995.

PELLETIER, J. *Le Poids de l'histoire : littérature, idéologies, société du Québec moderne*, Québec, Nuit blanche, coll. «Essais critiques», 1995.

PRUD'HOMME, N. *La Problématique de l'identité collective et des littératures (im)migrantes au Québec*, Montréal, Nota bene, coll. «Études», 2002.

PRZYCHODZEN, J. *Un Projet de liberté. L'essai littéraire au Québec (1970-1990)*, Québec, IQRC, coll. «Edmond-de-Nevers», 1993.

RICARD, F. *La Littérature contre elle-même*, préface de Milan Kundera, Montréal, Boréal, 2002.

ROY, C. *Manuel d'histoire de la littérature canadienne de langue française*, Montréal, Beauchemin, 1940.

ROYER, J. *La Poésie québécoise contemporaine*, Montréal, L'Hexagone, 1987.

ROYER, J. *Introduction à la poésie québécoise*, Montréal, Bibliothèque québécoise, 1989.

RUTCHÉ, J. et A. FORGET. *Précis d'histoire du Canada*, Montréal, 1932.

SAINT-JACQUES, D. *Ces livres que vous avez aimés : les best-sellers au Québec de 1970 à aujourd'hui*, Québec, Nuit blanche, coll. «NBE», 1997.

SERVAIS-MAQUOIS, M. *Le Roman de la terre au Québec*, Québec, PUL, coll. «Vie des lettres québécoises», 1974.

SMART, P. *Écrire dans la maison du père : l'émergence du féminin dans la tradition littéraire du Québec*, Montréal, XYZ, 2003.

WYCZYNSKI, P., F. GALLAYS et S. SIMARD (dir.). *L'Essai et la Prose d'idées au Québec*, Montréal, Fides, coll. «Archives des lettres canadiennes», tome VI, 1985.

WYCZYNSKI, P., B. JULIEN et H. BEAUCHAMP-RANK (dir.). *Le Théâtre canadien-français*, Montréal, Fides, coll. «Archives des lettres canadiennes», tome V, 1976.

INDEX DES NOMS PROPRES

INDEX DES ŒUVRES

INDEX DES NOTIONS LITTÉRAIRES

SOURCES DES TEXTES

Chapitre 1

P. 7-8 : Jacques Cartier, *Voyages en Nouvelle-France*, Adaptation moderne par Robert Lahaise et Marie Couturier, Montréal, Les Éditions Hurtubise HMH, coll. «Les Cahiers du Québec», 1977, p. 60-61 • P. 9 : Paul Le Jeune, *Relation de ce qui s'est passé en la Nouvelle-France en l'année 1634*, Québec, Côté, 1858 • P. 10-11 : Lahontan, *Suite du voyage de l'Amérique ou Dialogues de Monsieur le Baron de Lahontan et d'un Sauvage dans l'Amérique*, à Amsterdam, chez la Veuve de Boeteman, 1704 • P. 12-13 : Élisabeth Bégon : textes choisis, présentés et annotés par Céline Dupré, Fides, 1960 • P. 15 : Anonyme.

Chapitre 2

P. 24-25 : Patrice Lacombe, *La Terre paternelle*, Montréal, 1871 (paru d'abord dans la *Revue canadienne* en 1846) • P. 25-26 : Pierre-Joseph-Olivier Chauveau, *Charles Guérin : roman de mœurs canadiennes*, Montréal, 1853 • P. 27 : Philippe Aubert de Gaspé, *Les Anciens Canadiens*, Québec, 1863 • P. 28-29 : Laure Conan, *Angéline de Montbrun*, Québec, 1884 (paru en feuilleton dans la *Revue canadienne* de juin 1881 à août 1882) • P. 31-32 : Honoré Beaugrand, *La Chasse galerie : légendes canadiennes*, Montréal, 1900 • P. 33 : Philippe Aubert de Gaspé fils, *L'Influence d'un livre : roman historique*, Québec, 1837 ; Louis Fréchette, «Le Revenant de Gentilly», paru la première fois dans *Le Monde illustré*, le 26 février 1898 • P. 35 : Octave Crémazie, *Œuvres complètes de Octave Crémazie*, Montréal, 1882 • P. 36 : Eudore Évanturel, *Premières Poésies, 1876-1878*, Québec, 1878 ; Arthur Rimbaud, *Poésies*, Paris, 1870 • P. 37 : Louis Fréchette, *Les Fleurs boréales, Les Oiseaux de neige : poésies canadiennes*, Québec, 1879 • P. 38 : Chevalier de Lorimier, *Lettres d'un patriote condamné à mort*, Montréal, 1996 • P. 39 : *Le Rapport Durham*, traduction de Maurice Séguin dans *Canada-Québec : synthèse historique*, ouvrage réalisé par l'équipe du Boréal-Express sous la direction de Denis Vaugeois et Jacques Lacoursière, Éditions du Renouveau pédagogique, 1969 • P. 40-41 : Arthur Buies, *La Lanterne*, Montréal, 1884.

Chapitre 3

P. 51 : Rodolphe Girard, *Marie Calumet*, Montréal, 1904 • P. 53-54 : Louis Hémon, *Maria Chapdelaine*, Paris, Grasset, 1921 • P. 55 : Albert Laberge, *La Scouine*, Les Éditions de l'Actuelle, 1972 • P. 56-57 : Claude-Henri Grignon, *Un homme et son péché*, Stanké, 1977 • P. 58-59 : Jean-Charles Harvey, *Les Demi-civilisés*, Les Éditions de l'Actuelle, 1970 • P. 60-61 : Félix-Antoine Savard, *Menaud maître-draveur*, Fides, 1959 • P. 62 : Ringuet, *Trente arpents*, Fidès, 1957 • P. 63-64 : Germaine Guèvremont, *Le Survenant*, Fides, 1974 • P. 65-66 : Émile Nelligan et son œuvre, Montréal, 1904 • P. 66 : Charles Baudelaire, *Les Fleurs du Mal*, 1857 • P. 67 : Pamphile Lemay, *Les Gouttelettes*, Montréal, 1904 • P. 69 : Paul Morin, *Œuvres poétiques : Le Paon d'émail. Poèmes de cendre et d'or*, Fides, 1961 • P. 70 : Émile Coderre, *J'parle tout seul quand Jean Narrache*, Les Éditions de l'Homme, 1961 • P. 71 : La Bolduc, «Ça va venir, découragez-vous pas», 1930 • P. 72 : Alfred Desrochers, *À l'ombre de l'Orford*, Bibliothèque québécoise, 2005 • P. 74-76 : Hector de Saint-Denys Garneau, *Regards et Jeux dans l'espace*, Montréal, 1937 • P. 76 : Anne Hébert, «La Fille maigre», dans *Œuvre poétique 1950-1990*, Éditions du Boréal, Boréal Compact, 1993 • P. 77-78 : Alain Grandbois, *Les Îles de la nuit*, Typo, 1994 • P. 79 : Lionel Groulx, *Une anthologie*, Bibliothèque québécoise, 1998.

Chapitre 4

P. 89-90 : Gabrielle Roy, *Bonheur d'occasion*, Boréal, 1993 © Fonds Gabrielle Roy • P. 91-92 : Roger Lemelin, *Les Plouffe*, Montréal, Éditions Stanké, 1995 • P. 92 : Gabrielle Roy, *Bonheur d'occasion*, Boréal, 1993 © Fonds Gabrielle Roy ; Roger Lemelin, *Les Plouffe*, Montréal, Éditions Stanké, 1995 • P. 93 : André Langevin, *Poussière sur la ville*, Éd. Pierre Tisseyre, 1982 • P. 94-95 : Yves Thériault, *Agaguk*, © 1980 Éditions Quinze – Reproduction autorisée par la Succession Yves Thériault • P. 96 : Gérard Bessette, *Le Libraire*, Éd. Pierre Tisseyre, 1993 • P. 97 : Albert Camus, *L'Étranger*, Gallimard, 1957 • P. 98 : Roland Giguère, *Forêt vierge folle*, L'Hexagone, 1978 • P. 100-101 : Anne Hébert, *Œuvre poétique 1950-1990*, Éditions du Boréal, Boréal Compact, 1993 • P. 102 :

Chapitre 5

P. 119 : Jacques Renaud, *Le Cassé*, Parti pris, 1968 • P. 120 : Marie-Claire Blais, *Une saison dans la vie d'Émmanuel*, Éd. Quinze, 1976 • P. 121-122 : Hubert Aquin, *Prochain Épisode*, Bibliothèque québécoise, 1995 • P. 123 : Marie-Claire Blais, *Une saison dans la vie d'Émmanuel*, Éd. Quinze, 1976 ; Hubert Aquin, *Prochain Épisode*, Bibliothèque québécoise, 1995 ; Réjean Ducharme, *L'Avalée des avalés*, Gallimard, 1966 • P. 124 : Victor-Lévy Beaulieu, *Race de monde*, Typo, 2000 • P. 125 : Jacques Ferron, *La Chaise du maréchal ferrant*, Éditions du Jour, 1972 • P. 126-127 : Réjean Ducharme, *L'Hiver de force*, Gallimard, 1973 • P. 128 : Paul-Marie Lapointe, «Épitaphe pour un jeune révolté», dans *Le Réel absolu ; poèmes 1948-1965*, L'Hexagone, 1971 • P. 129-130 : Jacques Brault, extrait de *Mémoire* dans *Poésie I*, Éd. Du Noroît/La table rase, 1986 • P. 132-133 : Gérald Godin, *Cantouques et Cie*, L'Hexagone, 1991 • P. 134-135 : «Speak white», © Michèle Lalonde, 1968. Tous droits réservés en tous pays et en toutes langues. Reproduction avec son aimable autorisation • P. 136-137 : Gaston Miron, *L'Homme rapaillé*, Presses de l'Université de Montréal, 1970 • P. 139 : Denis Vanier, «Lesbiennes d'acid» dans *Œuvres complètes tome 1 (1965-1993)*, Montréal, Les Herbes rouges, 2008. © Éditions Les Herbes rouges, 2008 • P. 140 : France Théoret, *Bloody Mary* suivi de *Vertiges ; Nécessairement putain ; Intérieurs*, L'Hexagone, 1991 • P. 141-142 : Michel Tremblay, *À toi, pour toujours, ta Marie-Lou*, Leméac, 1971 • P. 144 : *La Nef des sorcières*, Typo, 1992 • P. 146-147 : Pierre Vallières, *Nègres blancs d'Amérique*, Québec-Amérique, Typo, 1994 • P. 149 : *Les Gens de mon pays*, paroles et musique de Gilles Vigneault, Éditions le vent qui vire, 1965 • P. 150 : *Bozo*,

Paroles et musique de Félix Leclerc. © Éditions Raoul Breton • P. 150-151 : Raymond Lévesque, «Bozo-les-culottes» • P. 151 : Paul Verlaine, *Sagesse*, Paris, 1881 • P. 152 : «California» © Robert Charlebois / Les éditions Gamma / Les productions Garou • P. 153 : Beau Dommage, «Montréal».

Chapitre 6

P. 164-165 : Jacques Godbout, *Les Têtes à Papineau*, Montréal, Éditions du Boréal, Boréal Compact, 1991 • P. 166-167 : Anne Hébert, *Les Fous de Bassan*, Paris, Éditions du Seuil, coll. Points, 1998 • P. 168-169 : Monique La Rue, *Les Faux Fuyants*, Québec/Amérique, 2002 • P. 170 : Francine Noël, *Maryse*, Montréal, Bibliothèque québécoise, 1994 • P. 172-173 : Jacques Poulin, *Volkswagen blues*. Copyright 1988, Leméac Éditeur • P. 174-175 : Dany Laferrière, *Comment faire l'amour avec un Nègre sans se fatiguer*, Montréal, VLB Éditeur, 1985 • P. 176-177 : Sylvain Trudel, *Le Souffle de l'Harmattan*, Éd. Quinze, 1986 • P. 179 : Ying Chen, *Les Lettres chinoises* - nouvelle version, Leméac/Actes Sud (coll. Babel), 1998 • P. 180-181 : Sergio Kokis, *Le Pavillon des miroirs*, Montréal, XYZ, coll. Romanichels poche, 1995 • P. 183-184 : Monique Proulx, *Les Aurores montréales*, Montréal, Éditions du Boréal • P. 185 : Gaétan Soucy, *La petite fille qui aimait trop les allumettes*, Montréal, Éditions du Boréal, 1999 • P. 186-187 : Gil Courtemanche, *Un dimanche à la piscine à Kigali*, Montréal, Éditions du Boréal, 2000 • P. 188-189 : Louis Hamelin, *Le Joueur de flûte*, Montréal, Éditions du Boréal, 2001 • P. 190-191 : Nelly Arcan, *Putain*, Paris, Éditions du Seuil, coll. Points, 2002 • P. 192 : François Charron, *Pour les amants*, Les Herbes Rouges, 1995 • P. 193 : Gilbert Langevin, *PoéVie : anthologie*, Montréal, Éditions Typo, 1997 • P. 194-195 : Marie Laberge, *L'Homme gris*, suivi de *Éva et Évelyne*, Les Éditions du Boréal, Montréal, 1995, • P. 196-197 : Michel Tremblay, *Le Vrai Monde ?* dans *Théâtre I*, Montréal, Leméac/Actes Sud – Papiers, 1991 • P. 198-199 : Michel-Marc Bouchard, *Les Muses orphelines*, Montréal, Leméac, 1995 • P. 200-201 : Michel Garneau, *Les Guerriers*, Montréal, VLB Éditeur, 1989 • P. 202 : Frédéric Beigbeder, *99 Francs*, Bernard

Grasset, 2000 • P. 203-204 : Dominic Champagne *et al.* *Cabaret Neiges Noires*, Montréal, VLB Éditeur, 1994 • P. 206-207 : Jean-Pierre Ronfard, «Les Mots» dans *Écritures pour le théâtre 3*, Montréal, Dramaturges Éditeur, 2002 • P. 208-209 : Robert Lepage, *La Face cachée de la Lune*, Québec, L'instant même, 2007 • P. 210-211 : Jean Larose, *L'Amour du pauvre*, Montréal, Éditions du Boréal, Boréal Compact, 1998 • P. 212-213 : François Ricard, *La Génération lyrique*, Éditions du Boréal, Boréal Compact, 1994, • P. 214-215 : Bernard Arcand, «La Télévision», *Quinze Lieux communs*, Montréal, Éditions du Boréal, coll. Papiers collés, 1993 • P. 216 : Roland Barthes, «Le Cerveau d'Einstein», *Mythologies*, Paris, Éditions du Seuil, 1970 • P. 217 : Serge Bouchard, «L'Intelligence», *Quinze Lieux communs*, Montréal, Éditions du Boréal, coll. Papiers collés, 1993 • P. 219 : Paul Piché, «Cochez oui, cochez non» • P. 220-221 : Richard Desjardins / Éditions Foukinic • P. 222-223 : Auteur-compositeur-interprète : Jean Leloup / Éditions Audiogram • P. 224 : © Daniel Bélanger / Éditions Kaligram • P. 225-226 : © Jean-Pierre Ferland / Les Éditions du 08-08-88 à 8H08 • P. 227 : Bon Yeu. Louis Alan Lord. Éditions Solodarmo.

Chapitre 7
P. 237-238 : Lise Tremblay, *La Héronnière*, Leméac, 2003 • P. 239 : Nicolas Dickner, *Nikolski*, Alto, 2007 • P. 240 : Fred Pellerin, *Comme une odeur de muscles*, Planète rebelle, 2005 • P. 241 : François Rabelais, *Pantagruel*, adaptation libre en français moderne • P. 243 : Michel Garneau, *Discrète Parade d'éléphants*, Lanctôt Éditeur, 2004 • P. 244 : Hélène Dorion, *Mondes fragiles, choses frêles : poèmes, 1983-2000*, L'Hexagone, 2006

• P. 245 : Wajdi Mouawad, *Incendies*, Leméac / Actes Sud, 2003 • P. 246-247 : Extrait de *Bashir Lazhar* de Évelyne de la Chenelière in *Au bout du fil/Bashir Lazhar*, © éditions Théâtrales, Paris, 2003 • P. 248-249 : Normand Baillargeon, *Petit Cours d'autodéfense intellectuelle*, Lux Éditeur, 2005 • P. 250-251 : «En berne» de Jean-François Pauzé et Marie-Annick Lépine. Interprétée par Les Cowboys Fringants. La Compagnie Larivée Cabot Champagne / Les éditions de la Tribu • P. 252 : Mes Aïeux / Éditions SB inc. • P. 253 : Pierre Lapointe / éditorial Avenue.

CRÉDITS ICONOGRAPHIQUES

Légende : (h) = en haut, (b) = en bas, (d) = à droite, (g) = à gauche, (c) = au centre

de l'amiante - Fonds Famille Gérard Chamberland • P. 87 : Succession Marcelle Ferron / SODRAC (2008). Photo : Musée national des beaux arts de Québec, 77.388. Photographe : Jean-Guy Kerouac • P. 89 : CP Photo/Annette & Basil Zarov • P. 90 : Succession Adrien Hebert / Art Gallery of Hamilton. Photo : Milce Lalich • P. 91 : © 1952 Office national du film du Canada. Tous droits réservés • P. 93 : Kèro • P. 94 : Kèro • P. 95 : La Fédération des Coopératives du Nouveau-Québec. Photo : Musée national des beaux arts de Québec, 2005.1859. Photographe : Patrick Altman • P. 96 : Kèro • P. 97 : © Succession Balthus / SODRAC (2008). Photo : Private Collection, © DACS / The Bridgeman Art Library • p. 98 : Josée Lambert • P. 99 : Succession Paul-Émile Borduas / SODRAC (2008). Collection Musée d'art contemporain de Montréal. Photo : Richard-Max Tremblay • P. 100 (h) : © 2000 Office national du film du Canada. Tous droits réservés • p. 100 (b) : © Succession Jean-Paul Lemieux. Photo : Musée des beaux-arts du Canada • P. 101 : © Kèro • P. 103 : Henri Paul / Bibliothèque et Archives Canada / e000001374 • P. 104 : Yves Beauchamps/La Presse • P. 105 : Yousuf Karsh / Bibliothèque et Archives Canada / e000001112 • P. 107 : Gracieuseté du Musée d'art contemporain de Montréal • P. 108 : Succession Paul-Émile Borduas / SODRAC (2008). Collection Musée d'art contemporain de Montréal. Photo : Richard-Max Tremblay • P. 109 : Yves Beauchamps/La Presse

Chapitre 5

P. 111 : Succession Albert Dumouchel. Collection Lavalin du Musée d'art contemporain de Montréal, A 92 395 P 1. Photo : Richard-Max Tremblay • P. 112 (hg) : Corbis • P. 112 (cd) : Archives, Université de Sherbrooke • P. 112 (cg) : NASA Kennedy Space Center (NASA-KSC) • P. 112 (bg) : Patrick Chauvel/Sygma/Corbis • P. 112 (bd) : Francois Renaud / Publiphoto • P. 113 (hd) : © 1962 Office national du film du Canada • P. 113 (c1) : Jacques renaud, Le cassé, Parti pris, 1964 • P. 113 (c2) : Cinémathèque québécoise • P. 113 (b) : Archives Le Soleil • P. 114 : Selva/Leemage • P. 115 : Centre d'histoire de Montréal • P. 117 : Succession Léon Bellefleur. Photo : Musée d'art contemporain de Montréal • P. 119 (h) : Kèro • P. 119 (b) : SODART (Montréal) 2008. Photo :

Galerie Simon Blais • P. 120 : Paul-Henri Talbot/La Presse • P. 121 (h) : Paul-Henri Talbot/ La Presse • P. 122 (b) : akg-images • P. 124 (h) : Kèro • P. 124 (b) : Succession Jean Dallaire / SODRAC (2008). Collection Musée d'art de Joliette. Photo : Clément & Mongeau • P. 125 : Kèro • P. 126 : Archives La Presse • P. 127 : Vieux snoro © Roch Plante, Les Éditions Michel Brûlé • P. 128 (h) : Kèro • P. 128 (b) : Time Life Pictures/Getty Images • P. 129 : Kèro • P. 130 : Canada. Dept. de la Défense canadienne / Bibliothèque et Archives Canada / PA-114511 • P. 131 : Copyright © 2007 Stanley Cosgrove Inc/Ann Cosgrove. Courtesy Kinsman Robinson Galleries. Collection d'œuvres d'art de l'Université de Montréal. Photo : Daniel Roussel • P. 132 : Armand Trottier/ La Presse • P. 133 : Reproduit avec l'autorisation de la succession Edmund Alleyn • P. 134 : © 1970 Office national du film du Canada • P. 135 : Gesù, Centre de Créativité. Reproduit avec la permission du Gesù, Centre de Créativité. nlc-9633 • P. 136 : Archives/ La Presse • P. 137 : © Succession Jean-Paul Lemieux. Photo : Musée des beaux-arts du Canada • P. 138 : Kèro • P. 140 (h) : Archives La Presse • P. 140 (b) : Ginette Laurin, directrice et chorégraphe, O Vertigo © Photo Michael Slobodian • P. 141 (h) : J.Y. Letourneau/La Presse • P. 141 (b) : Guy Dubois photographe avec la permission du Théâtre du Rideau Vert • P. 143 (d) : Gracieuseté de la Cinémathèque québécoise • P. 143 (g) : Réal St-Jean/La Presse • P. 144 : © André Le Coz photographe. Avec la permission du TNM • P. 145 : © Francine Larivée / SODART (Montréal) 2008 • P. 146 : Robert Nadon/ La Presse • P. 148 : Archives Le Soleil • P. 149 : Francine Bajande / RAPHO • P. 150 (g) : Richard Melloul/Sygma/CORBIS • P. 150 (d) : Jean Lauzon / Publiphoto • P. 151 : Louvre, Paris, France / The Bridgeman Art Library • P. 152 (h) : Keystone-France • P. 152 (b) : © Unidisc Music Inc • P. 153 (h) : Capital Records • P. 153 (b) : Galerie Yves Laroche

Chapitre 6

P. 155 : © Pierre Dorion Gracieuseté de la Galerie René Blouin, Montréal • P. 156 (hg) : Patrick Durand/Corbis SYGMA • P. 156 (bg) : David Butow/Corbis SABA • P. 156 (hd) : R. Croteau / Publiphoto • P. 156 (bd) : CP

PHOTO/Ryan Remiorz • P. 157 (h) : Collection Cinémathèque québécoise. Maison de production PRISMA. Photo : Yves Ste-Marie • P. 157 (b) : Gracieuseté des Éditions Boréal • P. 159 : © Reuters/ Corbis • P. 161 : Y. Derome / Publiphoto • P. 162 : © Geneviève Cadieux. Gracieuseté de la Galerie René Blouin • P. 164 : Andersen ULF/Gamma/ PONOPRESSE • P. 165 : CP PHOTO/Journal de Quebec • P. 166 : Andersen ULF/Gamma/ PONOPRESSE • P. 167 : © Succession Jean-Paul Ladouceur • P. 168 : Archives/La Presse • P. 169 : © Zilon. Photo : Galerie Yves Laroche • P. 168 (h) : Archives/La Presse • P. 170 : René Picard/La Presse • P. 171 : Les Filles de Caleb, une production Cité Amérique Photographe : Michel Gauthier • P. 172 : © Kèro • P. 173 : Collection de l'artiste • P. 174 : Andersen ULF/Gamma/PONOPRESSE • P. 175 : Conception : Yvan Adam. Photo : Pierre Choinière • P. 176 : Marie-Reine Mattera • P. 178 : © Michele Assal. Galerie Trois Points Jocelyne Aumont. Photo : Guy L'Heureux • P. 179 : © Ulf Andersen / Gamma-Eyedea / PONOPRESSE • P. 180 : Pierre Roussel / Publiphoto • P. 181 : © XYZ Éditions • P. 182 : Joyce Yahouda Gallery • P. 183 : © Josée Lambert • P. 184 (d) : GAILLARDE-Reglain/ Gamma/PONOPRESSE • P. 184 (g) : Collection de l'artiste • P. 185 : © Sophie Jodoin • P. 186 : © Benoit Aquin • P. 187 : © Véro Boncompagni • P. 188 : Andersen ULF/Gamma/ PONOPRESSE • P. 189 : Collection de l'artiste • P. 190 : Andersen ULF/Gamma/ PONOPRESSE • P. 191 : Collection de l'artiste • P. 192 (h) : Michel Gravel/La Presse • P. 192 (b) : © Lilo Raymond • P. 193 (h) : © Josée Lambert • P. 193 (b) : © SODART (2008). Photo : Galerie Simon Blais • P. 194 : Jean Allen/La Presse • P. 195 : © SODART (2008). Photo : Galerie Simon Blais • P. 196 : © Sophie Bassouls/ Corbis SYGMA • P. 197 : © Marc Séguin • P. 198 : Denis Courville/ La Presse • P. 199 : © Théâtre de la Bordée • P. 200 : © Kèro • P. 203 : Photo : Camirand © 2001 Cirque du Soleil Inc. • P. 204 : Collection Cinémathèque québécoise. Photo : Yves Dubé • P. 205 : Photo : Éric Labbe • P. 206 : Rémi Lemée/La Presse • P. 207 : Photo de Gilbert Duclos • P. 208 : Pierre Roussel / Publiphoto. • P. 209 : © Sophie

Grenier • P. 210 : © Josée Lambert • P. 211 : © SODART (Montréal) 2008. Collection de l'artiste • P. 212 : © Martine Doyon • P. 213 : Collection privée • P. 214 (g) : Yves Médam (Arcand) • P. 214 (d) : © Kèro • P. 215 : Collection de l'artiste • P. 216 (g) : Bettmann/Corbis • P. 216 (d) : Bettmann/Corbis • P. 219 : Pierre McCann/La Presse • P. 220 : © Vero Boncompagni / Publiphoto. • P. 221 : Gracieuseté de la Ville de Rouin-Noranda • P. 222 : CP PHOTO/ Acadien de Caraquet/ Mario Landry • P. 223 : © David Leeson/Dallas Morning News/Corbis SYGMA • P. 224 (h) : CP PHOTO/Journal de Montréal - Normand Jolicœur • P. 224 (b) : © SODART (2008). Photo : Galerie Simon Blais • P. 225 : Imagesdistribution • P. 226 : Collection de l'artiste • P. 227 : © Benoit Aquin

Chapitre 7

P. 229 : © Jean-Pierre Lafrance • P. 230 (hg) : Reuters/Corbis • P. 230 (bg) : Smiley N. Pool/ Dallas Morning News/Corbis • P. 230 (hd) : Reuters/Corbis • P. 230 (bd) : Megapress.ca/ Pharand • P. 231 (h) : CANAL + / The Kobal Collection • P. 231 (b) : Gracieuseté des Éditions Hexagone • P. 232 : © Neville Elder/Corbis • P. 234 : CP PHOTO/Francis Vachon • P. 235 : Peter Bregg/Maclean's • P. 237 (h) : © Martine Doyon • P. 237 (b) : © Victoria Block • P. 238 : © Antoine Tanguay / Alto • P. 239 : © Jocelyn Aird-Bélanger / Collection Loto-Québec • P. 240 : CP PHOTO/ Marie-France Coallier • P. 242 : Paul-Henri Talbot/La Presse • P. 243 : Collection de l'artiste © SODART (Montréal) 2008 • P. 244 (h) : Collection privée • P. 244 (b) : © Charles Gagnon. Photo : Musée des Beaux arts du Canada • P. 245 (h) : Patrick Sanfaçon / La Presse • P. 245 (b) : Photo : André Cornellier • P. 246 : Photo : Isabel Zimmer • P. 247 : Denis Graveraux / prod. Théâtre d'Aujourd'hui © Valérie Remise • P. 248 (h) : Collection privée • P. 248 (b) : © Charb • P. 250 (h) : © Benoit Aquin • P. 250 (b) : Imagesdistribution • P. 252 : Image de Simon Ménard • P. 253 (h) : Imagesdistribution • P. 253 (b) : Gracieuseté de l'Équipe Spectra • © Rene Lortie •